L'intégralité de votre livre accessible en ligne

avec une simple connexion Internet !

+ Des outils utiles et intuitifs :
- sommaire interactif
- surlignage en couleurs
- notes personnelles et marque-page.

Smartphone

Tablette

PC/Mac

 Pour ACTIVER votre livre en ligne

- Rendez-vous sur www.nathan.fr/livre-en-ligne .
- Créez un compte **Nathan** en suivant les indications en ligne
  OU connectez-vous simplement avec vos identifiant et mot de passe **Facebook**
  si vous disposez déjà d'un compte **Facebook**.
- Cliquez sur « Activer un livre », saisissez votre clé d'activation personnelle
  puis le mot du livre qui vous sera demandé.

Votre clé d'activation personnelle :

7TLM6H-GA4-B24G

Pour toute CONNEXION ULTÉRIEURE

Connectez-vous sur www.nathan.fr/livre-en-ligne avec vos identifiants **Nathan** OU **Facebook**.

IMPORTANT

Votre clé d'activation est unique et personnelle : une fois utilisée, elle ne sera plus valide. Elle offre un accès de 24 mois à compter de la date d'activation. Elle est réservée à un seul utilisateur et ne peut être partagée.

Configuration minimale requise : Internet Explorer 8, Mozilla Firefox 3.4, Chrome, Safari, Opera toutes versions.
Retrouvez les conditions générales d'utilisation sur www.nathan.fr/livre-en-ligne.

Nathan

Bac STI2D 978-2-09-164932-0

BAC STI2D

Terminale

Sciences et Technologies de l'Industrie et du Développement Durable

Toutes les matières

- **Les fiches « Je gère mon BAC »**
  Mathilde IROLLO
  Gwenola LAUNAY
  Fabien MIETURKA
  Pierre-François THOMAS

- **Enseignements technologiques et transversaux**
  Gwenola LAUNAY

- **Physique-chimie**
  Pierre-François THOMAS

- **Mathématiques**
  Fabien MIETURKA

- **Philosophie**
  Mathilde IROLLO

- **Anglais**
  Claire DELAROCQUE
  Marie-Hélène FOUGERON

- **Espagnol**
  Martine TEILLARD

Édition : Aude Benkaki, Clarisse Léon, Fanny Morquin
Fabrication : Isabelle Guerrier
Coordination artistique : Vincent Rioult
Couverture : Vincent Rioult
Maquette intérieure : Graph'm : Aude Paradis/Évelyn Audureau
Composition : Nord Compo

Nathan – 25 avenue Pierre de Coubertin – 75013 Paris – 2017
ISBN : 978-2-09-164932-0

Sommaire

Je gère mon bac

- Les épreuves de Terminale ... 7
- L'admission post-bac (APB) ... 8
- Enseignements technologiques transversaux ... 12
- Projet en enseignement technologique spécifique ... 13
- Enseignement technologique en LV1 ... 14
- Physique-Chimie ... 15
- Mathématiques ... 17
- Philosophie ... 19
- Langues ... 21

ENSEIGNEMENTS TECHNOLOGIQUES TRANSVERSAUX

Savoirs

1. Les enjeux technologiques liés au développement durable ... 23
2. Étude fonctionnelle d'un système ... 28
3. Étude structurelle d'un système ... 34
4. Étude comportementale des mécanismes ... 46
5. Étude comportementale des matériaux ... 56
6. Traitement de l'information ... 64
7. Étude comportementale des réseaux informatiques ... 74

- S'entraîner au Bac ... 81
- Corrigés ... 116

PHYSIQUE-CHIMIE

Savoirs

1. Mesures et capteurs ... 127
2. L'énergie solaire ... 131
3. Les fluides dans l'habitat ... 133
4. Les changements d'état ... 135
5. Les ondes électromagnétiques ... 137
6. Les produits d'entretien ... 139
7. Les matériaux ... 141
8. Forces, couples et énergie ... 144
9. Les convertisseurs électromécaniques ... 148
10. Les chaînes énergétiques ... 150
11. Carburants et combustion ... 152
12. Piles et accumulateurs ... 154
13. Radioactivité et radioprotection ... 158
14. Champ magnétique et diagnostic médical ... 161

- S'entraîner au Bac ... 163
- Corrigés ... 169

3

Sommaire

MATHÉMATIQUES

Savoirs

1. Suites numériques 173
2. Limites de fonctions 175
3. Fonctions dérivées et primitives 177
4. Fonctions logarithmes 180
5. Fonctions exponentielles 183
6. Intégration 186
7. Équations différentielles 188
8. Produit scalaire dans le plan et nombres complexes 190
9. Exemples de lois à densité 193
10. Estimation et prise de décision 196

S'entraîner au Bac 198
Corrigés 213

PHILOSOPHIE

Savoirs

1. La culture 227
2. L'art et la technique 228
3. Les échanges 229
4. La vérité 230
5. La raison et la croyance 231
6. L'expérience 232
7. La liberté 233
8. La justice et la loi 234
9. Le bonheur 235

S'entraîner au Bac 236
Corrigés 241
Lexique 245

ANGLAIS

Savoirs

1. L'épreuve écrite 247
2. L'épreuve orale 251
3. Mythes et héros 253
4. Le progrès 255
5. Lieux et formes de pouvoir 257
6. Espace et échange 259

Lexique 261
S'entraîner au Bac 263
Corrigés 267

Sommaire

ESPAGNOL

Savoirs

1. Compréhension orale 269
2. Oral en continu 270
3. Oral en interaction 271
4. Compréhension écrite 272
5. Expliquer – Argumenter – Décrire 273
6. Commenter un document iconographique 275
7. Lire un graphique, un diagramme, un camembert 277
8. Les nombres et les dates 278
9. Le vouvoiement, les possessifs, les démonstratifs 279
10. Les adverbes 280
11. Les prépositions 281
12. Les pronoms 282
13. Le vocabulaire des notions du programme 283

S'entraîner au Bac 286

Corrigés 288

⚠️ **Nouvelle réglementation sur l'usage de la calculatrice aux examens et concours**

À partir de 2018, seules les calculatrices comportant le logo ci-contre seront autorisées en examens.
Pour plus d'informations : rendez-vous sur le site education.gouv.fr

Les épreuves de Terminale

Intitulé de l'épreuve	Nature de l'épreuve	Coefficient	Durée	Dates de mes épreuves
Éducation physique et sportive	CCF	2		
Langue vivante 1	Écrite et orale	2	2 heures pour la partie écrite + Contrôle en cours d'année pour la partie orale	
Langue vivante 2	Écrite et orale	2	2 heures pour la partie écrite + Contrôle en cours d'année pour la partie orale	
Mathématiques	Écrite	4	4 heures	
Philosophie	Écrite	2	4 heures	
Physique-chimie	Écrite	4	3 heures	
Enseignements technologiques transversaux	Écrite	8	4 heures	
Projet en enseignement spécifique à la spécialité	Orale	12	20 minutes pour l'oral terminal	
Enseignement technologique en LV1	Orale	2 (pour les points supérieurs à 10/20)	Deux épreuves orales de 10 minutes chacune	
EPS de complément (si enseignement suivi)	CCF	2		

CCF : contrôle en cours de formation

Je gère mon Bac

Français écrit 6/20 2 −8
          oral 4/20 2 −12 } −26 pts
Hist/Géo 7/20 2 −6

L'orientation post-bac

LES POURSUITES D'ÉTUDES APRÈS UN BAC STI2D

Les types de formation

Le tableau ci-dessous présente les orientations les plus fréquentes ou envisageables, mais la liste n'est pas exhaustive.

	Pourcentage d'élèves de STI2D ayant intégré la formation	Durée du cursus	Qualités pour réussir
BTS	40 %	2 ans puis éventuellement 1 an de licence pro	Goût pour le domaine choisi Envie de se confronter à la vie active au travers des stages en entreprise
DUT	20 %	2 ans puis 1 an de licence pro ou 3 ans d'école d'ingénieur	Bon dossier scolaire avec un bon niveau en maths, car se retrouvent également dans cette filière des élèves issus de bac S
Université	10 %	3 ans pour avoir une licence puis éventuellement 2 années pour avoir un Master	Grande motivation Autonomie dans le travail
Classe préparatoire aux grandes écoles (TSI)	6 %	2 ans puis 3 ans d'école d'ingénieur	Très bon dossier scolaire avec un bon niveau en maths Bonne capacité de travail
École d'ingénieur à classe préparatoire intégrée et école spécialisée	10 %	Généralement 5 ans	Bon dossier scolaire Attention, ces écoles ont parfois des frais d'inscription élevés, de l'ordre de 7 000 € par an !
Autres (réorientation, entrée dans la vie active...)	14 %		

Source : ministère de l'Éducation nationale, *Repères et références statistiques 2016*, taux d'inscription dans l'enseignement supérieur en 2015.

Les domaines généralement suivis en fonction des spécialités

Grâce à la polyvalence de leur formation, les élèves de la série STI2D peuvent postuler sur l'ensemble des filières industrielles, quelle que soit leur spécialité. Néanmoins, les poursuites d'études généralement visées sont proches ou complémentaires de la spécialité suivie :

Spécialité SIN (Systèmes d'information et numérique)	Informatique, électronique, réseaux de télécommunication, technico-commercial en informatique, audiovisuel…
Spécialité AC (Architecture et construction)	Cabinets d'architectes, conseil en urbanisme, entreprises du bâtiment ou des travaux publics, services de l'urbanisme dans la fonction publique, géomètre-topographe…
Spécialité ITEC (Innovation technologique et écoconception)	Productique, robotique, automatisme, conception de produits industriels, réalisation d'outillages, technico-commercial…
Spécialité EE (Énergies et environnement)	Électrotechnique, maintenance des équipements, génie thermique, génie frigorifique, domotique, électricité…

 La procédure Parcoursup

Parcoursup est une plateforme Internet mise en place afin de rendre plus faciles et efficaces vos démarches de pré-inscription dans l'enseignement supérieur. Elle remplace la plateforme APB.

Elle permet de déposer vos vœux en vue de votre inscription en première année d'une formation de l'enseignement supérieur dans le cadre de la formation initiale, d'obtenir des réponses à vos vœux et de répondre aux propositions qui vous sont transmises par le biais de la plateforme.

Vous trouverez dans Parcoursup des informations pour éclairer votre choix :
– des informations précises sur les formations, leurs contenus, l'organisation des enseignements, les débouchés, etc.
– les attendus de chaque formation (connaissances et compétences nécessaires pour réussir) ;
– les dates des journées portes ouvertes organisées par les établissements qui vous intéressent ; les contacts pour échanger avec ces établissements.
– les éléments pris en compte lors de l'examen de vos vœux.

Le calendrier de l'admission post-bac

Ouverture de la plateforme d'admission PARCOURSUP
Janvier
↓
Inscription et saisie des vœux sans les classer (10 maximum)
Janvier-mars pour toutes les formations
↓
Examen des vœux en conseil de classe
Mars
↓
Transmission des dossiers aux établissements demandés
Avril – mai
↓

- **Notification aux candidats par les établissements destinataires de la réponse à leur(s) dossier(s) de candidature**
- **Consultation et réponse des candidats**
Mai – septembre (avec pause mi-juin*)
*Le processus de proposition est suspendu pendant les épreuves écrites du bac.

Ouverture de la phase complémentaire
Fin Juin

↓
Inscription administrative dans la formation
Durant l'été
↓
Fin de la procédure
Fin septembre

La réponse aux propositions d'orientation

Vous recevrez une réponse des établissements sollicités pour chacun de vos vœux, mais pas forcément en même temps.
Pour que vous puissiez affiner vos choix et en même temps pour ne pas les bloquer les places que d'autres attendraient, vous aurez un temps limité pour choisir si deux de vos vœux reçoivent un « oui ». Il vous sera alors demandé de renoncer à l'un des deux, mais cela n'aura pas d'impact sur les vœux pour lesquels vous n'avez pas encore reçu de réponse.
Ce flux d'échanges entre les établissements et vous pourra se dérouler de mai à septembre, avec une pause au moment des épreuves du bac.

Que faire si vous n'avez pas de proposition ?

Si vous n'avez pas de proposition, dès la fin du mois de juin, vous pouvez, pendant la phase complémentaire, formuler de nouveaux vœux dans les formations où des places restent vacantes. Et après les résultats du bac, si vous n'avez pas toujours reçu de proposition d'admission, une commission d'accès à l'enseignement supérieur va examiner votre situation, pour vous proposer d'autres formations ayant des places disponibles et les plus proches possibles de vos vœux de départ.

◼ Que faire si vous n'avez pas de proposition ?

Les différents cas	Que faire ?	Comment faire ?
Je suis en BTS et la formation ne me convient pas.	Changer de spécialité.	Contactez le conseiller d'orientation de votre établissement, il pourra vous conseiller utilement et voir s'il reste des places dans d'autres spécialités.
	Changer d'orientation.	La rentrée universitaire se faisant en octobre, il est encore temps de s'inscrire à l'université. Vous pouvez également tenter une rentrée en décalé en IUT.
Je suis en fac : cours trop abstraits, trop éloignés du monde professionnel, besoin d'être davantage encadré, difficulté à suivre...	S'orienter en DUT ou en BTS.	S'adresser au SCUIO (Service Commun Universitaire d'Information et d'Orientation) pour savoir s'il y a des accords et des passerelles vers certains DUT ou BTS. – La rentrée accélérée en DUT est possible s'il existe un dispositif de passerelle licence/IUT. – Pour le BTS, il vous faudra rattraper de manière autonome les cours que vous n'avez pas suivis. – Si aucune de ces possibilités n'existe, contac- tez les IUT proposant des rentrées décalées en février.
La licence choisie ne me plaît pas.	Intégrer une autre licence dans une autre filière universitaire.	Renseignez-vous auprès de l'université que vous voulez rejoindre pour savoir si elle gère les situations de réorientation. Si tel est le cas, consultez le site de l'université pour connaître la procédure à suivre.
Je suis en prépa, c'est trop difficile.	Se réorienter vers un premier semestre de licence.	Renseignez-vous auprès de l'administration de votre établissement car certaines classes prépas ont un partenariat avec l'université et proposent des inscriptions en cumulatif (vous êtes inscrit(e) en fait aux deux cursus). Vos démarches administratives s'en trouvent simplifiées !
	Attendre la fin de l'année.	Vous disposerez de 60 crédits ECTS *(European Credit Transfer and Accumulation System)* pour vous réorienter en L2. Votre candidature sera examinée par une commission composée des responsables de la classe prépa et de l'université.

Je gère mon Bac

Enseignements technologiques transversaux

PRÉSENTATION DE L'ÉPREUVE

Durée : **4 heures** – Coefficient : **8**.

L'épreuve relative aux enseignements technologiques transversaux vous amène, en vous faisant faire une analyse de documents et des calculs de dimensionnement, à réfléchir sur les aspects écologiques, économiques et sociaux du système étudié. L'épreuve écrite comporte deux parties indépendantes. Ces deux parties peuvent traiter, ou non, du même système technique.

Les analyses menées permettent de mettre en œuvre les démarches de résolution liées au triptyque matière-énergie-information.

CONSTITUTION DU SUJET

Vous ne devez pas vous laisser impressionner par le nombre de pages du sujet (jusqu'à 30 pages !).

Le sujet comporte :
– une dizaine de pages de questions détaillées ;
– des documents techniques (notés DT) qui apportent des précisions sur les exigences du cahier des charges et sur les performances des composants du système étudié ;
– des documents réponses (notés DR) que vous devez rendre avec votre copie.

OBJECTIFS DE L'ÉPREUVE

Au cours de l'épreuve, vous serez amené à :
– **exploiter des graphes**, **tableaux** de données, **chronogrammes** et **simulations numériques** ;
– **réaliser des calculs de dimensionnement** ;
– **valider des modèles** ;
– **analyser des écarts** entre le modèle, le réel et le cahier des charges ;
– **argumenter vos choix** ;
– **réaliser des schémas**, croquis et algorigrammes ;
– **rédiger des commentaires et des propositions** en utilisant un vocabulaire technique précis et un langage adapté.

Projet en enseignement technologique spécifique

PRÉSENTATION DE L'ÉPREUVE

Oral : **20 minutes** – Coefficient : **12**.

En début d'année, les professeurs d'enseignement de spécialité proposent des sujets de projet. Ces sujets peuvent porter sur l'amélioration d'une installation existante ou sur l'ajout d'une fonctionnalité sur un objet technique.

Lorsque les sujets ont été validés par une commission, les groupes de projet, généralement constitués de 3 à 5 élèves, sont formés, et chaque élève reçoit une fiche précisant le travail qu'il doit réaliser.

L'épreuve de projet en enseignement spécifique à la spécialité se scinde en deux parties :

– **la première est évaluée en contrôle continu** (vos professeurs analysent votre implication pendant les séances) **et au travers de revues de projet**. Les revues de projet sont des « réunions » entre votre groupe et vos professeurs au cours desquelles vous expliquez où vous en êtes dans le projet et les difficultés que vous rencontrez. Vos professeurs vous conseillent alors et vous aident à avancer ;

– **la seconde fait l'objet d'un oral individuel en fin d'année.** Cet oral a une durée de 20 minutes (10 minutes de présentation, puis 10 minutes de questions). Au cours de cet oral, vous présentez les objectifs à atteindre par votre groupe de projet et vous détaillez la partie du projet qui vous a été attribuée. Le jury est constitué de deux enseignants de technologie qui ne sont pas vos professeurs de spécialité et dont l'un n'est pas de votre spécialité.

OBJECTIFS DE L'ÉPREUVE

Le projet de spécialité vous permet de mettre concrètement en œuvre les connaissances que vous avez acquises en enseignement de technologie. Chaque partie de l'évaluation a des objectifs différents :

– **l'évaluation, en cours d'année**, vise à mesurer votre capacité à concevoir et valider des solutions techniques en lien avec l'enseignement de spécialité. Elle permet d'évaluer votre implication dans votre groupe de projet, votre capacité à tenir compte des remarques de vos professeurs et votre travail ;

– **l'évaluation individuelle, lors de la présentation orale du projet**, permet d'évaluer votre capacité à communiquer sur les choix techniques effectués, à justifier ces choix sous l'angle du développement durable et/ou de l'innovation technologique, et à analyser les résultats obtenus relativement au cahier des charges du projet.

Je gère mon Bac

Enseignement technologique en LV1

PRÉSENTATION DE L'ÉPREUVE

Coefficient : **2**.

L'épreuve porte sur les compétences de communication en langue vivante 1 dans le contexte de la réalisation du projet technologique. Elle est composée de deux parties, chacune affectée d'un coefficient 1.
Seules les notes supérieures à 10/20 sont prises en compte.

Première partie : conduite de projet et revues de projet

Oral : **10 minutes** (5 minutes de présentation, puis 5 minutes de questions).

Vous présentez en anglais l'objectif du projet, la répartition des tâches au sein de l'équipe et la planification des différentes étapes de votre projet, puis les objectifs de votre partie, le travail que vous avez effectué et ce qu'il vous reste à faire. Vous pouvez réaliser un diaporama qui servira de support à votre présentation.
L'évaluation est conduite par les enseignants de langue vivante 1 et de technologie participant au suivi du projet.

Deuxième partie : présentation du projet lors de l'oral terminal

Oral : **10 minutes** (5 minutes de présentation, puis 5 minutes de questions).

Vous présentez la synthèse du travail réalisé par votre équipe et vous détaillez votre partie en expliquant les choix et compromis que vous avez eu à faire. Vous pouvez réaliser un diaporama qui servira de support à votre présentation.
L'évaluation est conduite par les enseignants de langue vivante 1 et de technologie participant au suivi du projet.

OBJECTIFS DE L'ÉPREUVE

Ces épreuves en LV1 ont pour buts :
– de vérifier que vous savez mobiliser vos connaissances en LV1 pour vous exprimer sur votre projet de spécialité ;
– de vous amener à chercher le vocabulaire spécifique en lien avec les technologies utilisées à travers votre projet ;
– de vous faire vous exprimer de façon spontanée pour répondre aux questions du jury.

Physique-Chimie

PRÉSENTATION DE L'ÉPREUVE ÉCRITE

Durée : **3 heures** – Coefficient : **4**.

L'écrit est noté sur 20, il est constitué de deux ou trois parties indépendantes. Cette épreuve évalue votre capacité à raisonner, démontrer, argumenter et exercer votre esprit d'analyse, ainsi qu'à extraire et organiser l'information utile. **Les notions et capacités des programmes des classes antérieures doivent être maîtrisées**, car vous pouvez avoir à les utiliser. Les compétences dans le domaine de la **mesure** et des **incertitudes** sont évaluées au travers de l'analyse de situations expérimentales présentes dans le sujet.

La page de garde du sujet indique si la calculatrice est autorisée ou non.

LES CONSEILS POUR RÉUSSIR

Tout au long de l'année

▶ **Connaître les définitions des principales notions** permet de bien se repérer dans un sujet, mais également de mieux comprendre les problématiques en s'y référant. Certaines définitions sont souvent demandées dans les sujets écrits : longueur d'onde, fréquence et célérité d'une onde électromagnétique ; acide, base, couple acide/base ; oxydant, réducteur, couple redox ; isotopie, etc.

▶ **Connaître les formules présentes dans cet ouvrage par cœur et savoir les lire**. Connaître une formule seule ne sert pas à grand-chose si vous ne connaissez pas le nom et les unités des termes qui la composent. Savoir « lire » une formule est un excellent moyen de la retenir de façon efficace.

▶ **Savoir lire et exploiter les échelles des graphiques, y compris les échelles logarithmiques**. Pour effectuer une lecture graphique, il faut faire apparaître votre construction en pointillés (à la règle).

EXEMPLE
Détermination d'une demi-vie radioactive :

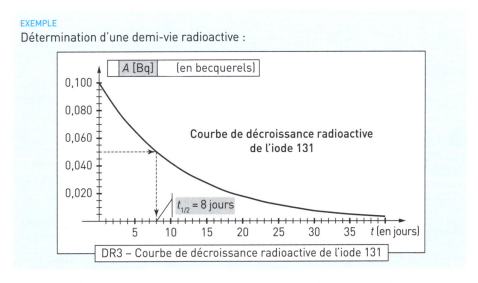

DR3 – Courbe de décroissance radioactive de l'iode 131

▶ **Connaître les multiples et sous-multiples usuels.** Les données des sujets demandent d'effectuer des conversions, il est donc nécessaire de connaître les préfixes multiplicatifs usuels (nano, micro, milli, kilo, méga, giga...).

▰▰▰ **Maîtriser l'écriture des nombres avec des puissances de 10.** L'écriture d'un résultat en utilisant des puissances de 10 s'appelle l'écriture scientifique. Les préfixes (multiples et sous-multiples) doivent généralement être convertis en notation scientifique pour les applications numériques.

Notation avec préfixe	50 µT	0,25 ms	120 keV	1 250 MHz
Notation scientifique	50×10^{-6} T	$0,25 \times 10^{-3}$ s	120×10^{3} eV	$1\ 250 \times 10^{6}$ Hz

▰▰▰ **Penser aux chiffres significatifs des données et des résultats.** Tout résultat doit comporter un nombre de chiffres significatifs compatible avec les données de l'énoncé.

Règles pour déterminer le nombre de chiffres significatifs :
– La position de la virgule, la présence d'un préfixe (multiple ou sous-multiple) ou d'une puissance de 10 n'intervient pas.
– Tout chiffre différent de zéro est un chiffre significatif.
– Tous les zéros situés devant ne sont pas significatifs.
– Les zéros situés en fin de nombre ou au milieu sont significatifs.

Valeur	0,100 µT	$0,050 \times 10^{-6}$ m	1 020 hPa	$1,400 \times 10^{9}$ Hz
Nombre de chiffres significatifs	3	2	4	4

▰▰▰ **Savoir effectuer une analyse dimensionnelle.** Toute application numérique d'une formule nécessite de connaître l'unité de chaque grandeur intervenant dans le calcul :
– en physique, les grandeurs sont généralement à exprimer dans les unités du système international (SI) et leurs unités dérivées (kg, N, m·s^{-1}, W, J…) ;
– en chimie, la situation est différente, car les bilans de matière utilisent généralement les masses en grammes et les volumes en litres.
L'analyse dimensionnelle consiste à analyser la compatibilité des unités de chacun des termes intervenant dans une formule.

EXEMPLE
Analyse dimensionnelle de deux formules :

$P = mg$	$[N] = [kg] \times [m \cdot s^{-2}] = [kg \cdot m \cdot s^{-2}]$
$F_{\text{trainée}} = \frac{1}{2} \rho_{\text{fluide}} \cdot S \cdot C_x \cdot V^2$	$[N] = [kg \cdot m^{-3}] \times [m^2] \times [m^2 \cdot s^{-2}] = [kg \cdot m \cdot s^{-2}]$

▰▰▰ **Savoir utiliser les fonctions avancées de votre calculatrice.** Vous devez par exemple savoir mettre en mémoire un résultat, calculer un écart-type ou une moyenne, effectuer une régression linéaire, etc.

⬢ Le jour de l'épreuve

▰▰▰ **Avoir son matériel prêt et en état** (prévoyez par exemple des piles de rechange pour votre calculatrice).

▰▰▰ **Lire attentivement tous les documents** du sujet.

▰▰▰ **Faire apparaître sur la copie les éléments de recherche** pour les questions complexes. Même s'ils ne sont pas aboutis, ils peuvent vous rapporter des points.

▰▰▰ **En cas de blocage, tenter une résolution en utilisant l'analyse dimensionnelle.** Par exemple, pour calculer un débit en m$^3 \cdot$ s^{-1}, vous pouvez multiplier une surface d'écoulement [m^2] par une vitesse d'écoulement [m · s^{-1}], ou diviser un volume [m^3] par un temps de remplissage ou de vidange [s].

Mathématiques

PRÉSENTATION DE L'ÉPREUVE ÉCRITE

Durée : **4 heures** – Coefficient : **4**.

Notée sur 20 points, l'épreuve écrite de mathématiques se décompose en plusieurs exercices indépendants. En théorie, ces exercices sont au nombre de trois à cinq, mais depuis 2013, quatre exercices composent les sujets et abordent des domaines divers et variés du programme de mathématiques du cycle terminal. Le thème d'au moins un des exercices est choisi en rapport étroit avec les objectifs propres à la formation suivie par les candidats. Ainsi en 2013, un exercice abordait les pertes de puissance électrique sur les lignes haute tension. En 2014, les élèves planchaient sur les suites numériques en rapport avec l'échelle de Fujita, échelle servant à classer les tornades par ordre d'intensité. Un des exercices portait en 2015 sur la comparaison des ventes en France de véhicules thermiques et de véhicules hybrides, et en 2016 sur la dégradation du chlore contenu dans les piscines ou l'intensité acoustique.

Calculatrices et formulaires

Par chance, pour l'instant, **vous avez le droit d'utiliser une calculatrice** (si elle porte la mention « Mode examen »). Cette autorisation est mentionnée sur la première page du sujet. La maîtrise de l'usage des calculatrices est un objectif important de la formation des élèves.
Un conseil avant l'épreuve : **vérifiez le bon état de fonctionnement de votre calculatrice, et prévoyez des piles de rechange**...
Certaines formules peuvent être incluses dans le sujet, ou ajoutées en annexe, en fonction de la nature des questions. En revanche, l'utilisation par le candidat d'un formulaire non fourni avec le sujet est interdite.

Un QCM à chaque session pour le moment

Pour le moment, à chaque session, on retrouve un exercice de type QCM (questions à choix multiples). Cet exercice se décompose en quatre questions avec pour chacune quatre propositions. Une seule proposition est correcte, et aucune justification n'est demandée.
Une bonne réponse rapporte un point ; une mauvaise réponse, plusieurs réponses ou l'absence de réponse à une question ne rapportent ni n'enlèvent de point. Attention, certains pensent déjà que répondre au hasard peut rapporter des points, c'est une belle erreur ! Vous avez 1 chance sur 256 d'avoir toutes les réponses correctes (soit 4 points) et si vous êtes à l'aise avec les calculs de probabilité, vous démontrerez facilement que vous avez environ seulement 1 chance sur 5 d'obtenir 1 point. Eh oui, répondre au hasard ne rapporte pas grand-chose !

Les algorithmes souvent liés aux suites numériques

La démarche algorithmique a une place naturelle dans tous les problèmes mathématiques. Dans le cadre de cette activité, vous devez savoir décrire des algorithmes en langage naturel ou dans un langage symbolique, mais aussi interpréter des algorithmes plus complexes. Le caractère récurrent des suites numériques s'associe parfaitement aux algorithmes, aussi on retrouve-t-on à chaque fois un algorithme dans les derniers sujets de mathématiques associé à un exercice sur les suites numériques.

Vérification du nombre minimum de semaines de révision du Bac

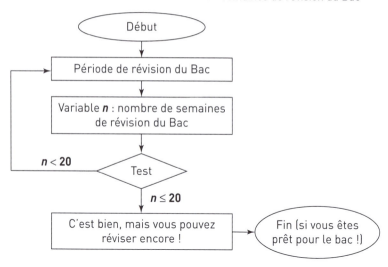

PRÉSENTATION DE L'ÉPREUVE ORALE

Durée : **20 minutes** – Temps de préparation : **20 minutes**.

L'épreuve orale de contrôle poursuit les mêmes objectifs que l'épreuve écrite. Elle consiste en un entretien entre le candidat et un examinateur. Cet entretien porte sur plusieurs questions relatives au programme de mathématiques de la classe de Terminale.
L'usage des calculatrices électroniques est autorisé, dans le cadre de la réglementation en vigueur. L'examinateur peut fournir, avec les questions, certaines formules jugées nécessaires. En revanche, l'utilisation par le candidat d'un formulaire non fourni par l'examinateur est interdite.

▶ **Pour préparer l'entretien**, l'examinateur soumet au moins deux questions au candidat, relatives à des parties différentes du programme. Les énoncés des questions posées sont adaptés aux modalités orales de l'épreuve.

▶ **Pendant l'entretien**, le candidat et l'examinateur disposent d'un tableau. L'examinateur veille à faciliter l'expression du candidat et à lui permettre de mettre en valeur ses compétences. Le candidat peut s'appuyer sur ses notes, prises pendant la préparation.

LES CONSEILS POUR RÉUSSIR

▶ **Faire les sujets des années précédentes.** Réussir l'épreuve de mathématiques est aussi une question d'entraînement. Vous exercer en faisant les sujets des années précédentes vous permettra d'être à l'aise avec tous les types d'exercices. De nombreux sites proposent ces sujets, avec parfois des corrections détaillées.

▶ **Gérer son temps.** Vous avez quatre heures pour réussir cette épreuve, il vous faut donc gérer votre temps et ne pas en perdre ! Commencez par les exercices que vous savez faire et ne passez pas plus de 1 h 30 sur un exercice. Si vous bloquez sur une question, peut-être pouvez-vous admettre le résultat demandé et passer à la question suivante ?

▶ **Soigner sa copie.** La présentation doit être claire, les résultats ou les conclusions doivent se démarquer nettement sur votre copie. Faites attention à l'orthographe et rédigez des phrases courtes.

Philosophie

LA DISCIPLINE

La philosophie est enseignée deux heures par semaine en terminale STI2D. L'objectif de l'année de philosophie est de vous apprendre à émettre des questionnements, utiliser votre esprit critique, remettre votre opinion en question, structurer votre pensée et comprendre un texte philosophique.

Le programme comporte **neuf notions** sur lesquelles vous serez susceptible d'être interrogé à l'épreuve du baccalauréat :
– La culture
– L'art et la technique
– Les échanges
– La vérité
– La raison et la croyance
– L'expérience
– La liberté
– La justice et la loi
– Le bonheur

Ces notions sont assorties de **repères** que vous devez maîtriser :

Absolu/Relatif – Abstrait/Concret – Cause/Fin – Contingent/Nécessaire – En fait/En droit – Légal/Légitime – Objectif/Subjectif	Obligation/Contrainte – Persuader/Convaincre – Principe/Conséquence – En théorie/En pratique – Universel/Général – Particulier/Singulier

PRÉSENTATION DE L'ÉPREUVE ÉCRITE

Le format de l'épreuve

Durée : **4 heures**. Coefficient : **2**.

L'épreuve de philosophie présente trois sujets au choix : deux sujets de dissertation et un sujet d'explication de texte.

La dissertation

Les sujets de dissertation se présentent sous la forme d'une question. Vous devez être capable d'en étudier toutes les dimensions de façon méthodique et structurée. Le but est de formuler le problème philosophique que soulève la question posée. Le sujet renvoie toujours à une ou plusieurs notions du programme étudiées en classe.

La dissertation doit être rédigée de façon soignée et cohérente, dans un français correct.

L'objectif est que vous montriez au correcteur que vous êtes capable de mener un raisonnement logique et structuré. La dissertation doit mener à une véritable réponse – claire, approfondie et justifiée – au problème posé par le sujet.

L'explication de texte

C'est un texte de 10 à 20 lignes qui est accompagné de trois questions. Ces questions doivent vous permettre de réfléchir sur le texte et de guider votre explication. Elles doivent être traitées dans l'ordre. Il s'agit de dégager les enjeux philosophiques du texte et de le mettre en perspective à l'aide de vos connaissances conceptuelles. Les questions ont toujours le même objectif :
– la **première question** vous invite à dégager l'idée principale du texte, ainsi que les grandes parties qui le composent, la façon dont le texte est organisé ;
– la **deuxième question** vous invite à expliquer deux ou trois moments particuliers du texte (sens d'une phrase ou d'un terme précis dans le texte) ;
– la **troisième question** est posée sous la forme d'une question de dissertation. Elle vous invite à discuter l'idée centrale du texte, à la mettre en perspective et à faire apparaître clairement et de manière organisée le problème que pose le texte.
Les réponses aux questions doivent toutes être intégralement rédigées dans une syntaxe correcte. La réponse à la question trois doit prendre la forme d'un développement structuré et cohérent et comporter une introduction, un développement (parties et sous-parties), et une conclusion.

PRÉSENTATION DE L'ÉPREUVE ORALE DE RATTRAPAGE

Temps de préparation : **20 minutes**. Temps de passage : **20 minutes**.

Pour passer l'oral de rattrapage en philosophie, vous devez présenter une liste de textes étudiés en classe. L'épreuve porte sur l'un des textes présentés. Vous devrez montrer quel est le problème posé par le texte, quelle est sa thèse, sa structure, et le mettre en perspective.

CONSEILS POUR RÉUSSIR L'ANNÉE

Ne négligez pas la philosophie, car malgré la difficulté apparente de cette discipline, un minimum de travail peut vous permettre d'avoir des résultats très satisfaisants ! Il faut veiller pour ce faire à :
– apprendre son cours ;
– apprendre les citations extraites des œuvres étudiées ;
– comprendre les repères et savoir les utiliser à bon escient ;
– soigner l'orthographe et la syntaxe dans la rédaction des copies ;
– être curieux, et être capable de remettre ses représentations habituelles en question.
Enfin, une bonne culture générale permet d'enrichir les copies de philosophie grâce à des exemples pertinents. Il faut donc lire, aller au cinéma, aller au musée, etc. Bref se cultiver !

Langues

L'épreuve de langues est décomposée en trois étapes :
– compréhension orale ;
– expression orale ;
– compréhension et expression écrites.

OBJECTIFS

Compréhension écrite
– Identifier le thème des différents documents.
– Repérer les informations importantes, les argumentations ou les événements essentiels présents dans les documents.
– Comprendre les liens logiques, chronologiques ou thématiques entre ces informations.
– Cerner le comportement des personnages, narrateurs ou auteurs.
– Percevoir les différents points de vue exprimés (LV1 uniquement).

Expression écrite
– Rédiger dans une langue correcte et compréhensible un ou des textes cohérents et clairement articulés.
– Exprimer une opinion dans une langue correcte, en présentant clairement les avantages et inconvénients d'une proposition ou les points forts et les points faibles d'une prise de position (LV1 uniquement).

PRÉSENTATION DES ÉPREUVES

Compréhension orale (LV1 et LV2)
Elle est organisée en CCF (Contrôle en Cours de Formation) au cours du deuxième trimestre de l'année de Terminale, sur des supports audio ou vidéo. Elle s'appuie sur des documents liés aux notions du programme. Cette compréhension est notée sur 20 et correspond au quart de la note finale de l'épreuve de langues vivantes.
Les documents proposés peuvent être des extraits d'émissions de radio, de documentaires, de films, de journaux télévisés. La durée de l'enregistrement ne peut pas excéder 1 minute 30 :
– trois écoutes sont proposées, chacune séparée d'une minute ;
– vous pouvez prendre des notes durant tout le temps imparti à l'écoute ;
– vous disposez ensuite de dix minutes pour rendre compte par écrit (sur copie d'examen et en français) de ce que vous avez compris.

Expression orale (LV1 et LV2)
Elle est organisée en CCF au cours du dernier trimestre de l'année de Terminale, et porte sur l'une des notions du programme qui sera tirée au sort par le candidat. Cette partie de l'épreuve est notée sur 20 et correspond au quart de la note finale. Le temps de préparation est de 10 minutes et le temps de prise de parole est aussi de 10 minutes : 5 minutes de présentation de la notion tirée au sort par le candidat et 5 minutes maximum d'interaction avec le jury.

Compréhension et expression écrites (LV1 et LV2)
Chacune est notée sur 10, pour un total sur 20 correspondant à la moitié de la note finale de l'épreuve de langues vivantes. Cette épreuve ponctuelle intervient en fin d'année de Terminale, conjointement aux autres épreuves du Baccalauréat.

– La compréhension de l'écrit s'appuie sur un, deux ou trois documents (dans la langue vivante choisie) qui renvoient à des notions du programme. Certains documents peuvent comporter des éléments iconographiques.
– L'expression écrite comprend une ou plusieurs tâches selon si vous êtes LV1 ou LV2. Les LV1 et LV2 doivent rédiger un ou plusieurs textes construits qui prendront appui sur les documents supports à l'épreuve de compréhension écrite.
Les LV1 devront aussi construire une argumentation personnelle nuancée à propos d'un thème en relation avec les documents supports.

CRITÈRES DE L'ÉVALUATION

Compréhension orale

LV1

– 02/20 : le document n'est pas compris ; seuls des éléments isolés ont été repérés ; le sujet n'est pas identifié.
– 06/20 : (niveau A1), amorce de compréhension grâce à des mots/expressions courantes mis en relation ; les idées les plus simples ont été comprises.
– 10/20 : (niveau A2), certaines informations ont été comprises mais elles sont incomplètes. La compréhension du document n'est que partielle.
– 16/20 : (niveau B1), les informations principales ont été relevées ; compréhension satisfaisante (avec des éléments d'information détaillés).
– 20/20 : (niveau B2), des détails significatifs ont été relevés et retranscrits selon la logique du document ; l'attitude du locuteur (ton, point de vue, etc.) a été identifiée.

LV2

– 04/20 : le document n'est pas compris ; seuls des éléments isolés ont été repérés ; le sujet n'est pas identifié.
– 08/20 : (niveau A1), amorce de compréhension grâce à des mots/expressions courantes mis en relation ; les idées les plus simples ont été comprises.
– 12/20 : (niveau A2), certaines informations ont été comprises mais elles sont incomplètes. La compréhension du document n'est que partielle.
– 20/20 : (niveau B1), les informations principales ont été relevées ; compréhension satisfaisante (avec des éléments d'information détaillés).

Expression orale

LV1 et LV2 : le total des points est ramené à une note sur 20.
L'évaluation est répartie selon trois critères et les points ne peuvent être fractionnés :
– capacité à s'exprimer en continu lors de l'exposé de l'élève : /6 ;
– capacité à prendre part à une conversation lors de l'entretien avec le jury : /6 ;
– qualité de la langue : /8.

Compréhension et expression écrites

• Les questions de compréhension globale et détaillée de l'écrit sont notées sur 10. Vos réponses à ces questions permettent d'évaluer votre compréhension du ou des documents.
• La note d'expression écrite sur 10 se décompose en deux parties :
– pour le contenu de votre production écrite : /4 ;
– pour la qualité de la langue : /6.
Le correcteur peut attribuer des points supplémentaires pour des références culturelles pertinentes.

Savoir 1

Les enjeux technologiques liés au développement durable

LU ☐
SU ☐
REVU ☐

1 Les impacts environnementaux de l'activité humaine

1.1. Trois catégories d'impacts

Les activités humaines ont principalement trois types d'impacts :
– l'**épuisement des ressources** ;
– la **pollution** ;
– la **destruction des habitats**.
Ces trois types d'impacts sont souvent liés les uns aux autres.

1.2. Description de quelques impacts

• **L'augmentation de l'effet de serre**

Les gaz à effet de serre (par exemple le CO_2, le méthane, les CFC…) bloquent le rayonnement infrarouge. Leur augmentation participe ainsi au réchauffement climatique, qui entraîne la fonte des glaces, et donc l'augmentation du niveau des mers.
Les gaz ont des pouvoirs de contribution à l'effet de serre différents, donc pour les comparer, on les exprime en kilogrammes équivalents de CO_2 (kg éq CO_2).

• **La dégradation de la couche d'ozone**

La couche d'ozone nous protège des rayons ultraviolets du Soleil. Certains gaz, comme le fréon (utilisé pendant des années comme gaz propulseur dans les aérosols et encore aujourd'hui comme agent frigorigène), dégradent cette couche, avec pour conséquence une réduction de la photosynthèse qui peut entraîner une diminution des rendements et de la qualité des cultures, et la disparition du plancton.

• **L'acidification**

La combustion du pétrole et du charbon produit du dioxyde de soufre (SO_2). Le SO_2 réagit avec l'eau et produit de l'acide sulfurique. Cet acide sulfurique est responsable de pluies acides qui perturbent l'écosystème.

• **L'eutrophisation**

La concentration excessive, notamment dans les milieux aquatiques, d'azote et de phosphore, produits utilisés dans l'agriculture comme engrais, a pour conséquences les marées vertes (prolifération excessive d'un type d'algues) et un appauvrissement de la biodiversité.

• **L'épuisement des réserves de métaux rares**

Les métaux rares (lithium, antimoine, gallium, niobium, germanium, tantale…) sont très utilisés dans les secteurs technologiques de pointe (batteries, moteurs synchrones, laser, LED…). L'expansion de ces secteurs pose des problèmes d'approvisionnement en métaux rares.

• **L'épuisement des ressources**

Nous sommes actuellement très dépendants, à l'échelle mondiale, de certaines ressources non renouvelables comme le pétrole ou le charbon. Ces ressources diminuant, il est nécessaire de trouver des moyens de s'en passer.

• **La diminution de la biodiversité**

La modification rapide du climat, la disparition des habitats naturels et les pollutions industrielles et agricoles entraînent une diminution de la biodiversité.

2 Les différentes formes d'énergie

2.1. Énergie primaire, énergie secondaire, énergie finale

Pour fonctionner, les systèmes ont besoin d'énergie.

• L'énergie primaire

L'énergie primaire est la forme d'énergie que l'on peut trouver dans la nature, non transformée par l'homme. Les énergies primaires se classent en deux catégories : les énergies renouvelables et les énergies non renouvelables.

EXEMPLES

ÉNERGIES NON RENOUVELABLES	ÉNERGIES RENOUVELABLES
– Énergies fossiles : pétrole, gaz naturel, charbon – Énergie nucléaire, parfois appelée « énergie fissile », dont la source principale est l'uranium	– Énergie solaire, dont on peut utiliser la propriété thermique ou photovoltaïque – Énergies liées au vent, aux vagues, aux marées, à la chaleur du sol (géothermie), à la biomasse...

• L'énergie secondaire

L'énergie secondaire est l'énergie issue de la transformation de l'énergie primaire. C'est sous cette forme que l'énergie est transportée et stockée.

• L'énergie finale

L'énergie finale est l'énergie utilisée par le consommateur. Elle est le résultat d'une chaîne de transformations à partir de l'énergie primaire.

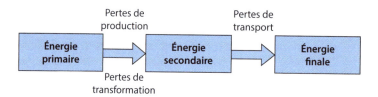

En France, l'énergie électrique distribuée sur le réseau peut provenir d'une réaction nucléaire, de la combustion de pétrole, de gaz, d'un barrage hydraulique... Il existe une valeur conventionnelle qui lie les énergies primaires (EP) et l'énergie finale (EF). Actuellement, en France, on a :
– pour l'électricité : $1\ kWh_{EF} \leftrightarrow 2{,}58\ kWh_{EP}$;
– pour les autres énergies (gaz, réseaux de chaleur, bois, etc.) : $1\ kWh_{EF} \leftrightarrow 1\ kWh_{EP}$.

2.2. La tonne d'équivalent pétrole

La tonne d'équivalent pétrole, de symbole « tep », est une unité d'énergie qui permet de comparer entre elles des formes d'énergie différentes. On les rapporte à l'énergie produite par la combustion d'une tonne de pétrole, ce qui représente environ 11 630 kWh.

2.3. L'énergie grise

L'énergie grise est l'énergie nécessaire au produit, ou au matériau, au cours des différentes étapes de son cycle de vie : extraction, transformation, transport, mise en œuvre, utilisation, recyclage.

3 Le développement durable

3.1. Définition

Le développement durable est un « développement qui répond aux besoins des générations du présent sans compromettre la capacité des générations futures à répondre aux leurs » (1987, Nations Unies, rapport Brundtland).

Le développement durable doit être à la fois économiquement efficace, socialement équitable et écologiquement tolérable. Le social doit être un objectif, l'économie un moyen et l'environnement une condition.

3.2. Les piliers du développement durable

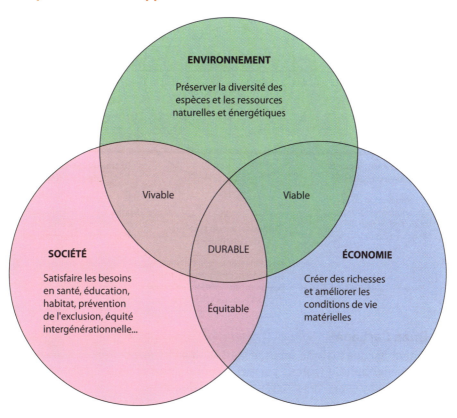

4 L'écoconception d'un produit

L'écoconception consiste à prendre en compte les aspects environnementaux d'un produit dès sa conception. Différents outils et normes ont été créés pour aider les concepteurs à réaliser des produits qui ont un impact limité sur l'environnement.

4.1. L'analyse du cycle de vie d'un produit (ACV)

L'analyse du cycle de vie d'un produit permet de quantifier les impacts environnementaux d'un produit (pollution de l'eau, de l'air, des sols, utilisation d'énergies non renouvelables ou de métaux rares…) tout au long de son cycle de vie.

4.2. La roue de stratégie de Brezet

L'objectif de cette méthode est de quantifier chacun des items de la roue ci-dessous, en indiquant leur niveau de performance sur le diagramme, et de définir ensuite des axes d'amélioration du produit.

4.3. Le Bilan Carbone®

Bilan Carbone® est une marque déposée par l'Ademe (Agence de l'environnement et de la maîtrise de l'énergie). Ce logiciel permet d'évaluer l'empreinte carbone d'un produit (émission de CO_2) au cours des différentes étapes de son cycle de vie.

4.4. SolidWorks® Sustainability

SolidWorks® Sustainability permet, à partir d'une maquette numérique, d'établir un bilan de l'impact environnemental en termes de bilan carbone, de consommation des ressources naturelles en eau, de pollution de l'air...
Ce bilan évolue en fonction du matériau, des process de production, du mode de transport, du lieu de fabrication...

4.5. La réglementation thermique RT2012

Dans le domaine de la construction des bâtiments, la réglementation thermique RT2012 a pour objectif de limiter la consommation en énergie primaire des constructions neuves. Les trois critères pris en compte dans cette réglementation sont :
– le besoin bioclimatique conventionnel (Bbio) ;
– le coefficient de consommation d'énergie primaire (Cep) ;
– la température intérieure conventionnelle (Tic).

4.6. La norme HQE (haute qualité environnementale)

La haute qualité environnementale est une démarche de qualité, qui vise un impact environnemental réduit et un meilleur confort dans la construction et l'usage du bâti. Elle est basée sur une approche du « coût global » (financier et environnemental) d'un projet, de sa conception à sa fin de vie.

4.7. Le bâtiment à énergie positive (BEPOS)

Un bâtiment à énergie positive produit plus d'énergie qu'il n'en consomme au cours de son utilisation. Pour diminuer la consommation en énergie primaire d'un bâtiment, on peut améliorer son isolation, lui ajouter des panneaux solaires, un chauffe-eau solaire plutôt qu'électrique, une pompe à chaleur, une ventilation double flux, un éclairage très basse consommation...

5 Les innovations technologiques

Les innovations technologiques sont nécessaires :
– pour faire évoluer les produits existants de façon à ce qu'ils soient plus respectueux de l'environnement ;
– pour concevoir de nouveaux produits répondant aux attentes des consommateurs.

Pour protéger leurs innovations, les entreprises déposent des brevets. Un brevet est un titre de propriété industrielle qui permet à l'inventeur de protéger son invention de la concurrence pour une durée généralement limitée à 20 ans.

Pour protéger le consommateur et l'environnement, les produits doivent respecter des normes. Les normes permettent d'assurer un cadre réglementaire concernant : les performances du système, la compatibilité des produits, la non-toxicité des matériaux mis en œuvre...

Savoir 2 — Étude fonctionnelle d'un système

LU ☐
SU ☐
REVU ☐

1 Le cahier des charges

Un <mark>système</mark>, ou <mark>produit</mark>, est conçu dans le but de satisfaire un besoin, exprimé ou non, pour de futurs utilisateurs.
Le <mark>cahier des charges</mark> est le document, ou dossier de documents, qui définit ce que l'utilisateur attend du produit en termes de fonctions et/ou de fonctionnalités.
L'<mark>analyse fonctionnelle</mark> consiste à analyser les fonctions remplies par le système compte tenu du but à atteindre.

2 Le diagramme des cas d'utilisation : « uc » (*Use Case Diagram*)

Le diagramme des cas d'utilisation présente les interactions entre le système et son environnement. Il permet de décrire ce que le futur système devra faire, sans spécifier comment il le fera.
Sur un diagramme des cas d'utilisation, on trouve les éléments détaillés dans le tableau suivant.

ÉLÉMENTS DU DIAGRAMME DES CAS D'UTILISATION		EXEMPLE
Le système, délimité par le rectangle qui constitue sa frontière		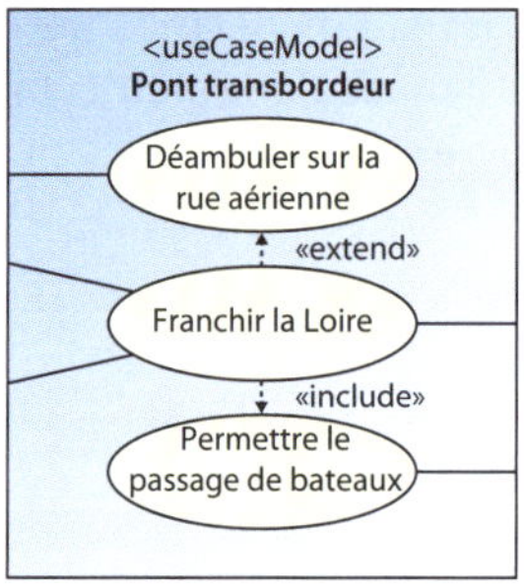 *Pont transbordeur : Déambuler sur la rue aérienne «extend», Franchir la Loire «include», Permettre le passage de bateaux*
Les acteurs humains	Les acteurs principaux sont représentés à gauche du système et les acteurs secondaires à droite.	 *Utilisateur*
Les « choses » en interaction avec le système (ex. : bateaux, énergie, voiture…)		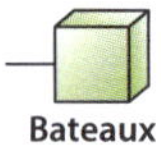 *Bateaux*
Le cas d'utilisation, c'est-à-dire l'action pouvant être accomplie par le système		 *Franchir la Loire*
« Extend », la liaison d'extension, qui signifie que la fonction pointée n'est pas indispensable à la réalisation de la fonction principale		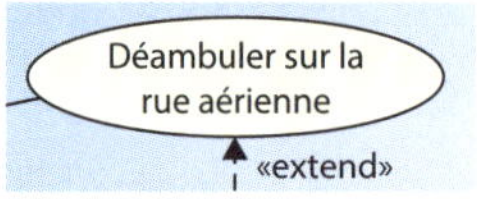 *Déambuler sur la rue aérienne «extend»*
« Include », la liaison d'inclusion, qui signifie que la fonction pointée est indispensable à la réalisation de la fonction principale		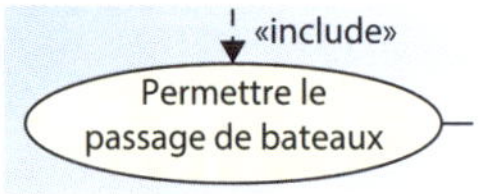 *«include» Permettre le passage de bateaux*

EXEMPLE
Diagramme des cas d'utilisation du pont transbordeur à Nantes (sujet de bac 2015)

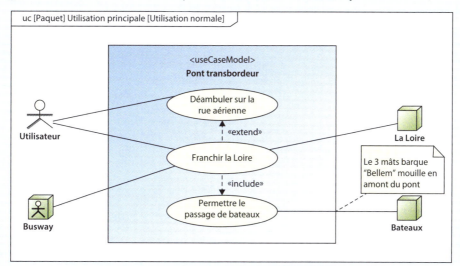

3 Le diagramme d'exigences : « req » (*Requirement Diagram*)

Le diagramme d'exigences est un diagramme qui décrit les exigences du cahier des charges. Les exigences sont les fonctions que doit réaliser le système et les contraintes qu'il doit respecter.
Une priorité haute, moyenne ou basse (1, 2, 3) peut être associée à chaque exigence.
Les exigences sont reliées entre elles par des liens de dépendance, comme indiqué ci-après.

SYMBOLE DU LIEN	SIGNIFICATION
«mert» omie	Indique qu'une exigence générale est constituée d'un ensemble d'exigences plus détaillées
«refine» Id='2.2A Text='A 10 heure fonctionn	Ajoute des précisions sur l'élément pointé
«deriveRqt» Gestion Id="2.2B Text=" "	Découle, est déduite de l'exigence pointée
«satisfy» ‹bl Comm : USB	Répond à la demande formulée par l'exigence pointée (souvent un nom d'objet)

EXEMPLE

Extrait du diagramme d'exigences du projet de pont transbordeur à Nantes (sujet de bac 2015)

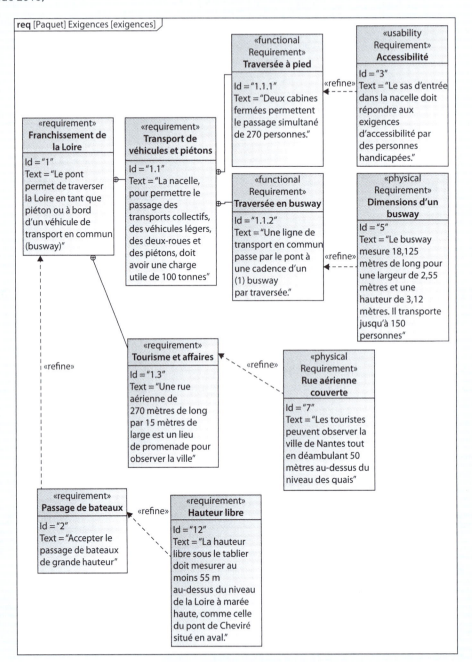

4 Les chaînes fonctionnelles

Pour analyser les flux d'énergie et d'information circulant à travers le système, il peut être utile de représenter les chaînes fonctionnelles du système :

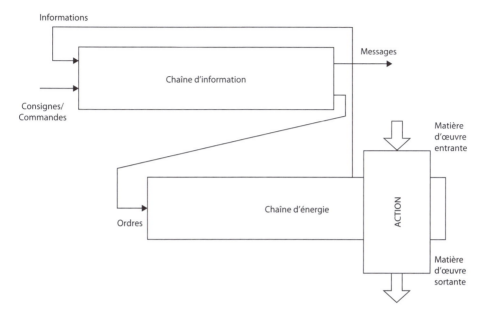

4.1. La chaîne d'énergie

La chaîne d'énergie d'un système permet de décrire la façon dont l'énergie est distribuée, convertie et transmise aux différents composants de façon à réaliser une action. Elle se présente, en général, sous la forme suivante :

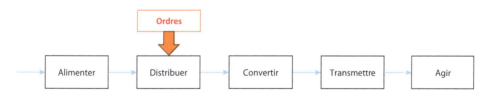

Exemple
Composants pouvant remplir chaque fonction

FONCTION	EXEMPLES DE COMPOSANTS
Alimenter	Batterie, pile, réseau électrique, réservoir…
Distribuer	Transistor, distributeur pneumatique, contacteur, relais…
Convertir	Moteur électrique, pompe, vérin pneumatique, compresseur…
Transmettre	Engrenages, système poulies-courroie, système roue-vis sans fin, barres articulées, système pignon-crémaillère…
Agir	Ventouse, roue, chenille, pince…

Sur ce diagramme, on peut ajouter des informations caractérisant chaque élément : rapport de réduction, rendement, vitesse nominale, pas du système vis-écrou... Sur les liens de puissance reliant les éléments, on peut préciser les grandeurs de flux et les grandeurs d'effort.

DOMAINE	GRANDEUR DE FLUX	GRANDEUR D'EFFORT	PUISSANCE ÉCHANGÉE
Électrique	Intensité I en ampères	Tension U en volts	$P = U \times I$
Mécanique (translation)	Vitesse V en m·s^{-1}	Force F en newtons	$P = F \times V$
Mécanique (rotation)	Vitesse angulaire ω en rad·s^{-1}	Couple C en newtons·mètres (N·m)	$P = C \times \omega$
Hydraulique	Débit Q en m^3·s^{-1}	Pression p en pascals	$P = Q \times p$

4.2. La chaîne d'information

La chaîne d'information d'un système permet de décrire la façon dont les informations issues du système, ou de l'extérieur, sont acquises, traitées et communiquées, sous forme d'ordre à destination de la chaîne d'énergie ou d'informations à destination de l'utilisateur. Ce diagramme contient, en général, les fonctions Acquérir, Traiter, Communiquer, mais il peut y en avoir d'autres comme Conditionner ou Transmettre.

Exemple
Composants pouvant remplir chaque fonction

FONCTION	EXEMPLES DE COMPOSANTS
Acquérir	Capteur (de contact, de température, de distance, accéléromètre, gyroscope...), bouton-poussoir, clavier...
Traiter	Carte électronique à microcontrôleur, microprocesseur, API (automate programmable industriel)...
Communiquer	Écran, voyant lumineux, haut-parleur, composant de pilotage des distributeurs pneumatiques...

Entre chaque bloc, on peut ajouter le type d'information : logique, analogique, numérique.

4.3. Exemple (projet de pont transbordeur à Nantes, sujet de bac 2015)

La nacelle, située sous le pont, permet de transporter des passagers et des véhicules entre les deux rives. La nacelle est suspendue par des suspentes à un chariot qui roule sur des rails. La nacelle est mise en mouvement par des moteurs électriques qui sont alimentés par le réseau EDF. Des réducteurs à engrenages sont intercalés entre les moteurs et les roues pour adapter la vitesse et le couple à transmettre.

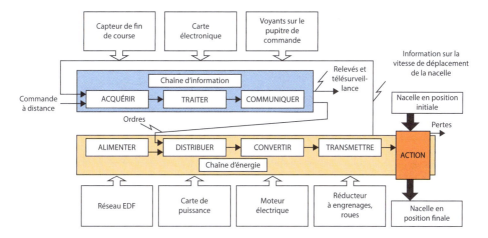

Savoir 3 — Étude structurelle d'un système

LU ☐
SU ☐
REVU ☐

1 Le diagramme de définition de blocs : « bdd » (*Block Definition Diagram*)

Le diagramme de définition de blocs permet de décrire le système d'un point de vue « composants » et de visualiser les liens entre les différents blocs. Il est utilisé pour décrire l'architecture matérielle du système.

Dans un diagramme de définition de blocs, on trouve les éléments détaillés dans le tableau suivant.

ÉLÉMENTS DU DIAGRAMME DE DÉFINITION DE BLOCS	EXEMPLE
Le nom du diagramme, toujours situé en haut à gauche	**bdd** [Paquet] Blocks [BDD Ferry Boat]
Le système (« *system* ») avec son nom et ses caractéristiques principales. Les liens qui partent du système pointent vers les sous-systèmes.	«system» **Ferry boat** — values — Largeur = 4.70 m ; Longueur = 13 m ; Poids à vide = 11 tonnes ; Tirant d'eau = 1.05 m ; Vitesse à pleine puissance = 7 nœuds (13 km/h environ)
Si le losange à la base du lien est blanc, alors l'élément pointé est optionnel. Sur le lien, il peut y avoir une valeur indiquant le nombre d'éléments identiques.	 ◇
Si le losange à la base du lien est noir, alors l'élément pointé est obligatoire. Sur le lien, il peut y avoir une valeur indiquant le nombre d'éléments identiques.	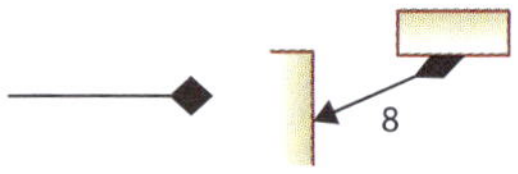 ◆ — 8
Les sous-systèmes (« *subsystem* »). Les liens qui partent du sous-système pointent vers les blocs.	«subsystem» **Alimentation électrique**
Les blocs (« *block* »), qui sont les composants. Leurs caractéristiques (« *values* ») sont données.	«block» **Panneaux photovoltaïques Service** — values — Dimensions = 1,585 m × 0,805 m ; Modèle = CENIT 150 ; Puissance crête = 150 Wc par panneau ; Rendement = 11,8 %

EXEMPLE

Extrait d'un diagramme de définition de blocs d'une navette maritime électro-solaire (sujet de bac 2015)

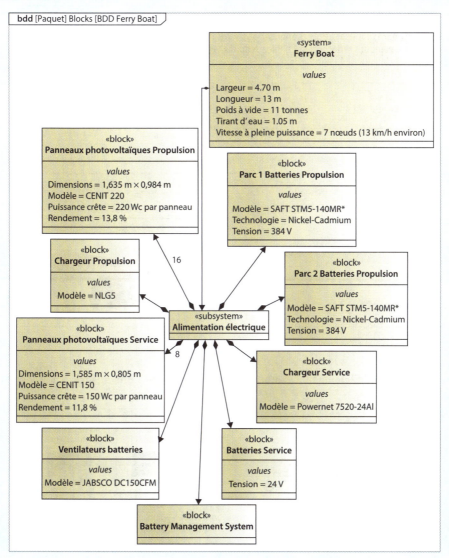

2 Le diagramme de définition de blocs internes : « ibd » (*Internal Block Diagram*)

Le diagramme de définition de blocs internes est un diagramme structurel. Il décrit les échanges matière-énergie-information entre les blocs de même niveau grâce aux ports de flux.

Sur un diagramme de définition de blocs internes, on trouve les éléments détaillés dans le tableau ci-après.

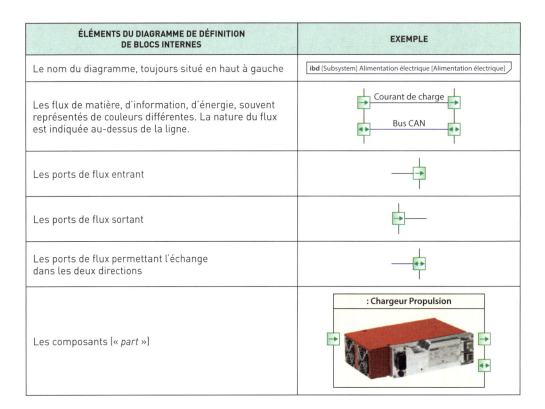

Exemple

Diagramme de définition de blocs internes d'une navette maritime électro-solaire (sujet de bac 2015)

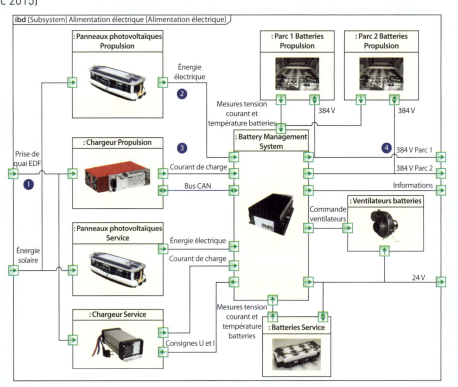

3. Le schéma cinématique

3.1. Définition

Le schéma cinématique d'un système est une figure spatiale ou plane, qui permet d'analyser les mouvements des éléments du système les uns par rapport aux autres. Les pièces qui sont en liaison encastrement les unes par rapport aux autres sont regroupées en classes d'équivalence cinématique. Chaque classe d'équivalence cinématique est identifiée sur le schéma par un nom ou un numéro.

EXEMPLE

Représentations permettant l'analyse des mouvements du bras du robot de traite (sujet de bac 2015).

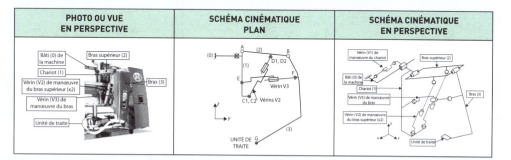

Sur un schéma cinématique, on trouve les éléments détaillés dans le tableau suivant.

ÉLÉMENTS DU SCHÉMA CINÉMATIQUE	EXEMPLE
Un repère qui permet d'analyser l'orientation du mécanisme et des liaisons les unes par rapport aux autres	(repère xyz) ou (repère yz)
Un élément de référence qui représente la partie immobile, par rapport au repère d'étude, du système	(0)
Des liaisons normalisées qui permettent de connaître les mobilités d'un élément par rapport à un autre	Liaison pivot (B, x)
Les classes d'équivalence, schématisées par des traits, représentent les groupes de pièces	Bras supérieur (2)

Attention à ne pas confondre :
– les **mouvements** : rotation, translation circulaire, mouvement sur le plan... ;
– les **liaisons** : pivot, glissière, rotule, sphère-plan... ;
– les **trajectoires** : segment de droite, arc de cercle, cercle, courbe quelconque...

3.2. Les liaisons cinématiques

Dans le tableau suivant, dans la colonne des degrés de liberté, les mouvements possibles entre les deux pièces sont notés « T » pour une translation et « R » pour une rotation.

CARACTÉRISATION DE LA LIAISON	DEGRÉS DE LIBERTÉ	SCHÉMATISATIONS PLANES		SCHÉMATISATION SPATIALE	COMPOSANTES DE LA FORCE (X, Y, Z) ET DU MOMENT (L, M, N) TRANSMISSIBLES PAR LA LIAISON
Encastrement de centre A	$\begin{bmatrix} 0 & 0 \\ 0 & 0 \\ 0 & 0 \end{bmatrix}$				$\left\{ \begin{matrix} X_A & L_A \\ Y_A & M_A \\ Z_A & N_A \end{matrix} \right\}_{A,R}$
Pivot d'axe $(A, \vec{x})$	$\begin{bmatrix} 0 & Rx \\ 0 & 0 \\ 0 & 0 \end{bmatrix}$				$\left\{ \begin{matrix} X_A & 0 \\ Y_A & M_A \\ Z_A & N_A \end{matrix} \right\}_{A,R}$
Glissière d'axe $(A, \vec{x})$	$\begin{bmatrix} Tx & 0 \\ 0 & 0 \\ 0 & 0 \end{bmatrix}$				$\left\{ \begin{matrix} 0 & L_A \\ Y_A & M_A \\ Z_A & N_A \end{matrix} \right\}_{A,R}$
Hélicoïdale d'axe $(A, \vec{x})$	$\begin{bmatrix} Tx- & Rx \\ 0 & 0 \\ 0 & 0 \end{bmatrix}$				$\left\{ \begin{matrix} X_A & -L_A \\ Y_A & M_A \\ Z_A & N_A \end{matrix} \right\}_{A,R}$
Pivot glissant d'axe $(A, \vec{x})$	$\begin{bmatrix} Tx & Rx \\ 0 & 0 \\ 0 & 0 \end{bmatrix}$				$\left\{ \begin{matrix} 0 & 0 \\ Y_A & M_A \\ Z_A & N_A \end{matrix} \right\}_{A,R}$
Rotule de centre A	$\begin{bmatrix} 0 & Rx \\ 0 & Ry \\ 0 & Rz \end{bmatrix}$				$\left\{ \begin{matrix} X_A & 0 \\ Y_A & 0 \\ Z_A & 0 \end{matrix} \right\}_{A,R}$
Appui plan de normale $(A, \vec{y})$	$\begin{bmatrix} Tx & 0 \\ 0 & Ry \\ Tz & 0 \end{bmatrix}$				$\left\{ \begin{matrix} 0 & L_A \\ Y_A & 0 \\ 0 & N_A \end{matrix} \right\}_{A,R}$
Linéaire rectiligne (ou cylindre plan) de normale $(A, \vec{y})$, d'axe $(A, \vec{x})$	$\begin{bmatrix} Tx & Rx \\ 0 & Ry \\ Tz & 0 \end{bmatrix}$				$\left\{ \begin{matrix} 0 & 0 \\ Y_A & 0 \\ 0 & N_A \end{matrix} \right\}_{A,R}$
Linéaire annulaire (ou sphère cylindre) d'axe $(A, \vec{z})$	$\begin{bmatrix} 0 & Rx \\ 0 & Ry \\ Tz & Rz \end{bmatrix}$				$\left\{ \begin{matrix} X_A & 0 \\ Y_A & 0 \\ 0 & 0 \end{matrix} \right\}_{A,R}$
Ponctuelle (ou sphère plan) de normale $(A, \vec{x})$	$\begin{bmatrix} 0 & Rx \\ Ty & Ry \\ Tz & Rz \end{bmatrix}$				$\left\{ \begin{matrix} X_A & 0 \\ 0 & 0 \\ 0 & 0 \end{matrix} \right\}_{A,R}$

Schéma cinématique de quelques systèmes de transmission de mouvement

NOM	SYMBOLE	FONCTION
Engrenage		Un engrenage permet de transmettre une puissance mécanique de rotation. Si les diamètres des roues sont différents, alors cela modifie le couple et la vitesse de rotation en sortie par rapport à leur valeur en entrée. $$r = \frac{\text{Vitesse en sortie}}{\text{Vitesse en entrée}} = \frac{Z_{menante}}{Z_{menée}}$$ r : rapport de transmission Z : nombre de dents des roues
Train d'engrenages		Pour calculer le rapport de transmission d'un train d'engrenages, on a besoin de connaître les nombres de dents (notés Z) des roues dentées. Le rapport de transmission se note généralement r : $$r = \frac{\text{Produit des nombres de dents des roues menantes}}{\text{Produit des nombres de dents des roues menées}}$$ $$r = \frac{Z_1 \times Z_3}{Z_2 \times Z_4}$$
Pignon-crémaillère		Un système pignon-crémaillère permet de transformer un mouvement de rotation en translation, et vice versa. $d = R \times \theta$ d : distance parcourue par la crémaillère (m) R : rayon du pignon (m) θ : angle de rotation du pignon (rad)
Roue-vis sans fin		Avec un système roue et vis sans fin, on peut obtenir un très grand rapport de réduction avec un encombrement réduit. Le système est, en général, **irréversible** (la roue ne peut pas entraîner la vis). $$r = \frac{\omega_2}{\omega_1} = \frac{Z_1}{Z_2}$$ r : rapport de transmission Z_1 : nombre de dents de la roue 1 Z_2 : nombre de filets de la vis 2
Poulies-courroie		Un système poulies-courroie permet de transmettre une puissance mécanique de rotation. Si les diamètres des poulies sont différents, alors la vitesse et le couple en sortie seront différents de ceux en entrée. $$r = \frac{\omega_2}{\omega_1} = \frac{d_1}{d_2}$$ $$V_{courroie} = \frac{d_1 \omega_1}{2} = \frac{d_2 \omega_2}{2}$$ r : rapport de transmission d_i : diamètre de la poulie i (m) ω_i : vitesse angulaire de la poulie i (rad/s) V : vitesse de translation de la courroie (m/s)

NOM	SYMBOLE	FONCTION
Vis-écrou 	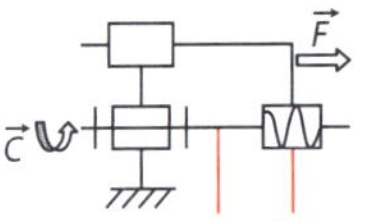 Vis 2 Ecrou 1	Le système vis-écrou permet de transformer un mouvement de rotation en un mouvement de translation. Ce mécanisme est, en général, **irréversible** (l'écrou ne peut pas entraîner la vis). Distance = Pas × Angle avec la distance en mm, le pas en mm/tour et l'angle en tours.

4 Les schémas fluidiques : pneumatiques, hydrauliques, thermiques

Le schéma fluidique est une représentation structurelle d'un système, qui permet de visualiser les constituants du système et de représenter, de manière simplifiée, le transport des fluides.
Les principaux symboles normalisés sont reproduits dans le tableau suivant.

NOM	SYMBOLE	FONCTION
Vérin double effet	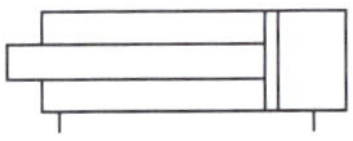	Convertir une puissance hydraulique (débit, pression) en une puissance mécanique (force, vitesse de translation)
Distributeur piloté électriquement	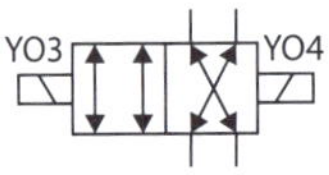 YO3 YO4	Distribuer l'énergie hydraulique (aiguiller le fluide vers une voie ou vers l'autre)
Moteur électrique et pompe	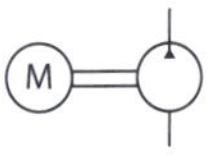 M	Entraîner la pompe qui fait circuler le fluide dans le circuit
Filtre		Éliminer des particules solides dans le fluide
Accumulateur		Stocker du fluide. Il peut servir à limiter les à-coups dans le circuit
Manomètre		Permet de lire la valeur de la pression dans le circuit
Clapet anti-retour	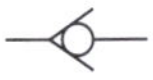	Ne laisse passer le fluide que dans un seul sens. Ci-contre, le fluide peut passer de la gauche vers la droite.
Vanne		Stopper ou laisser passer le fluide
Électrovanne	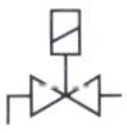	Stopper ou laisser passer le fluide en étant pilotée électriquement
Réducteur de débit		Réduire le débit. En réduisant le débit, on peut, par exemple, réduire la vitesse de translation de la tige d'un vérin.

5 Les schémas électriques

Les schémas électriques permettent de représenter les composants d'une installation électrique et de comprendre leurs interactions.

5.1. Les principaux composants

NOM	SYMBOLE	FONCTION
Phases (L1, L2, L3) et Neutre	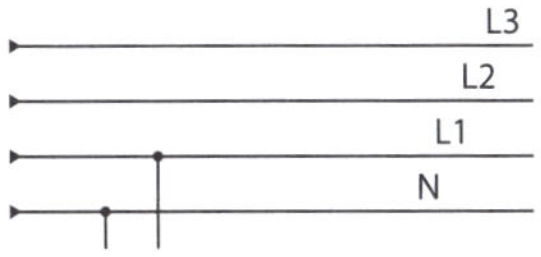 L3, L2, L1, N	Alimentation triphasée d'une installation
Pack batterie composé de 2 modules	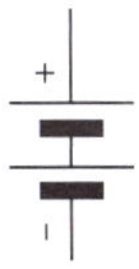 (symbole pile)	Alimenter en énergie électrique, en courant continu
Transformateur	 (deux cercles entrelacés)	Modifier la tension d'alimentation
Moteur électrique	 M~	Convertir l'énergie électrique en énergie mécanique de rotation
Lampe	 ⊗	Convertir l'énergie électrique en énergie lumineuse
Interrupteur	 (symbole interrupteur)	Laisser passer ou bloquer le passage du courant
DEL (Diode Électro Luminescente) ou LED	 Anode ▷|◁ Cathode	Émettre de la lumière lors du passage d'un courant électrique
Transistor	 B, C, E	Se comporter comme un interrupteur contrôlé électroniquement, sans partie mécanique
Résistance électrique	 ▭ (norme européenne)  / ∿ (norme américaine)	Opposer une résistance au passage du courant électrique pour contrôler et réguler le courant dans un circuit électrique ou électronique

5.2. Les lois fondamentales

Loi d'Ohm

$$U = R \times I$$

U : tension en volts (symbole : V)
R : résistance en ohms (symbole : Ω)
I : courant en ampères (symbole : A)

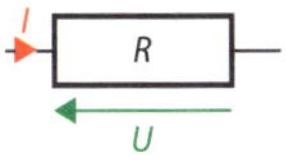

Loi des mailles

La somme des tensions le long d'une maille est toujours nulle.
Dans l'exemple ci-contre :

$$(+V_1) + (-V_2) + (-V_3) + (-V_4) = 0$$

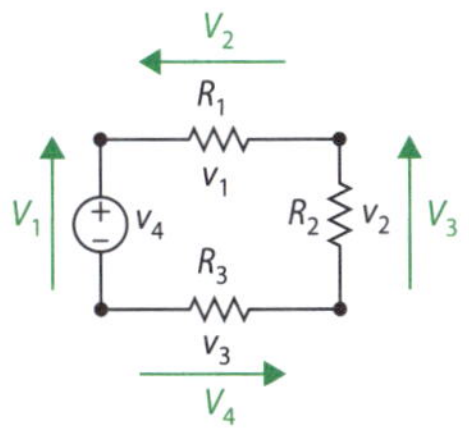

Loi des nœuds La somme des courants qui entrent dans un nœud est égale à la somme des courants qui sortent d'un nœud. Dans l'exemple ci-contre : $$I_1 + I_4 = I_2 + I_3$$	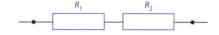
Association de résistances en série La valeur de la résistance équivalente à n résistances branchées en série est : $$R_{équivalente} = R_1 + R_2 + R_3 + ... + R_n$$ Dans l'exemple ci-contre : $$R_{équivalente} = R_1 + R_2$$	
Association de résistances en parallèle (ou en dérivation) La valeur de la résistance équivalente à n résistances branchées en parallèle est : $$\frac{1}{R_{équivalente}} = \frac{1}{R_1} + \frac{1}{R_2} + ... + \frac{1}{R_n}$$ Dans l'exemple ci-contre : $$\frac{1}{R_{équivalente}} = \frac{1}{R_1} + \frac{1}{R_2}$$	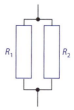

5.3. Les composants électriques (convertisseurs d'énergie)

• L'onduleur

L'onduleur permet de délivrer des tensions et des courants alternatifs à partir d'une source d'énergie électrique continue.

> **EXEMPLE**
> Les panneaux solaires délivrent du courant continu. Il est nécessaire d'utiliser un onduleur pour convertir ce courant continu en courant alternatif avant de le réinjecter sur le réseau EDF.

• Le redresseur

Le redresseur permet de convertir un courant alternatif en courant continu.

> **EXEMPLE**
> Les cartes électroniques ont, en général, besoin d'être alimentées en courant continu. Lorsque la source d'énergie est l'énergie électrique du réseau EDF, il est nécessaire d'utiliser un redresseur pour convertir le courant alternatif en courant continu.

• Le hacheur

Le hacheur permet, à partir d'une source de courant continu, de fournir une tension continue variable.

> **EXEMPLE**
> Pour pouvoir faire varier la vitesse de rotation d'un moteur à courant continu, il faut faire varier la valeur de la tension d'alimentation de ce moteur. On utilise donc un hacheur entre la source d'énergie, par exemple une batterie, et le moteur.

• Le variateur

Un variateur permet de faire varier la fréquence et la tension d'un courant alternatif. Il est aussi appelé gradateur.

Exemple

Les moteurs fonctionnant en courant alternatif ont une vitesse de rotation qui dépend de la fréquence du courant avec lequel ils sont alimentés. On utilise donc un variateur lorsqu'il est nécessaire de pouvoir piloter la vitesse de ces moteurs.

5.4. Les panneaux solaires et les batteries

Le montage en parallèle consiste à relier les pôles plus (+) ensemble et les pôles moins (–) ensemble. Le voltage reste identique, et les ampérages s'additionnent.

Le montage en série consiste à relier le pôle (+) d'un élément au pôle (–) d'un autre. Les voltages s'additionnent, et l'ampérage reste identique.

Il est également possible de combiner un montage en série et en parallèle.

- **Les panneaux solaires**

En série, les tensions U s'additionnent, la valeur du courant I ne change pas.
En parallèle, la tension U ne change pas, les courants I s'additionnent.
Quel que soit le type de branchement pour les cellules, la puissance délivrée par le panneau est la même :

$$P = U \times I$$

avec P la puissance en W, U la tension en V et I l'intensité en A.

Exemple

Chaque cellule a pour caractéristiques : U = 18 V et I = 5,56 A. Elle peut donc délivrer une puissance de 100 W.

BRANCHEMENT EN PARALLÈLE	BRANCHEMENT EN SÉRIE ET PARALLÈLE	BRANCHEMENT EN SÉRIE

Caractéristiques du panneau :
U = 18 V
I = 4 × 5,56
   = 22,2 A
$P = U \times I$
   = 18 × 22,2
   = 400 W
	Caractéristiques du panneau :
	U = 2 × 18 = 36 V
	I = 2 × 5,56 = 11,1 A
	$P = U \times I$
	   = 72 × 5,56
	   = 400 W
		Caractéristiques du panneau :
		U = 4 × 18 = 72 V
		I = 5,56 A
		$P = U \times I$
		   = 36 × 11,1
		   = 400 W

- **Les batteries**

En série, les tensions U s'additionnent, la valeur de la capacité Q, en Ah, ne change pas.
En parallèle, la tension U ne change pas, les capacités Q s'additionnent.

Quel que soit le type de branchement des batteries, l'énergie contenue dans le pack est la même :

$$E = U \times Q$$

avec E l'énergie en Wh, U la tension en V et Q la capacité en Ah.
La capacité d'une batterie est la quantité d'énergie électrique qu'elle est capable de restituer après avoir reçu une charge complète :

$$Q = I \times t$$

avec Q la capacité en Ah, I le courant en A et t le temps en heures.

EXEMPLE
Chaque cellule a pour caractéristiques une capacité (Q) de 7 Ah et une tension (U) de 12 V. Une batterie d'une capacité de 7 Ah peut délivrer 7 A pendant 1 heure ou 3,5 A pendant 2 heures.

BRANCHEMENT EN PARALLÈLE	BRANCHEMENT EN SÉRIE ET PARALLÈLE	BRANCHEMENT EN SÉRIE
Caractéristiques de la batterie : U = 12 V Q = 4 × 7 = 28 Ah E = $U \times Q$ = 12 × 28 = 336 Wh	Caractéristiques de la batterie : U = 2 × 12 = 24 V Q = 42 × 7 = 14 Ah E = $U \times Q$ = 24 × 14 = 336 Wh	Caractéristiques de la batterie : U = 4 × 12 = 48 V Q = 7 Ah E = $U \times Q$ = 48 × 7 = 336 Wh

Profondeur de décharge des batteries : pour accroître la durée de vie d'une batterie, il est conseillé de ne pas la décharger complètement. C'est pour cela que l'on respecte toujours une profondeur de décharge (PdD) maximale lors du dimensionnement d'une installation électrique autonome.

6 La représentation dans le bâtiment

Les représentations d'un bâtiment permettent de donner les dimensions de l'édifice, de préciser la nature des matériaux et parfois de fournir des indications sur l'environnement de la construction.

6.1. Le plan et la coupe en dessin de bâtiments

On appelle « plan » une coupe horizontale exécutée à 1 mètre au-dessus du sol fini de l'étage considéré.

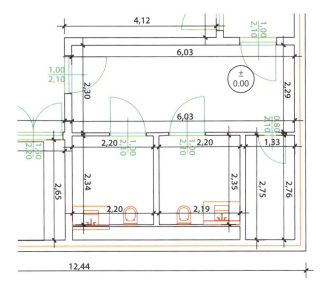

On appelle « coupe » une coupe verticale exécutée de la base des fondations au faîtage de la toiture.

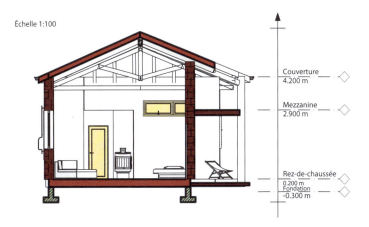

6.2. La cotation des niveaux

La cotation des niveaux indique le niveau, ou l'altitude, par rapport à une référence. Elle s'exprime en mètres.

Exemple
Cotation des niveaux en plan et en coupe

6.3. Représentation normalisée des matériaux

En vue de faciliter la lecture des dessins techniques, des hachures spécifiques sont utilisées pour différencier les matériaux les plus fréquemment utilisés.

Exemple
Hachures distinguant les matériaux

Couche étanche — Isolation — Terrain — Matériau de calfeutrement — Gravier — Acier, métal

Étude comportementale des mécanismes

Savoir 4

LU ☐
SU ☐
REVU ☐

1 Le modèle de comportement

Un modèle de comportement est une traduction de la réalité sous forme mathématique. Pour un système, la réalisation d'un modèle de comportement peut permettre :
– de prédire ses performances ;
– de valider ses performances ;
– d'analyser l'incidence de la modification de certains paramètres sur ses performances.

Un modèle de comportement met en relation des paramètres externes et internes au système qui peuvent être des variables (position, vitesse, température, intensité du courant…) et des constantes (masse, raideur, volume, résistance électrique…).

1.1. La puissance

Les variables peuvent être du type « effort » ou « flux ». Le produit d'une variable d'effort et d'une variable de flux donne une puissance.

DOMAINE PHYSIQUE	VARIABLE D'EFFORT	VARIABLE DE FLUX	PUISSANCE
Mécanique (translation)	Force F en N	Vitesse V en m/s	$P = F \times V$
Mécanique (rotation)	Couple C en N·m	Fréquence de rotation ω en rad/s	$P = C \times \omega$
Hydraulique	Pression p en Pa	Débit volumique Q en m^3/s	$P = Q \times p$
Électrique en courant continu	Tension U en V	Intensité I en A	$P = U \times I$
Thermique	Température T en K (kelvins)	Flux thermique S en W/K	$P = T \times S$

1.2. Le rendement

Une partie de la puissance se dissipe dans les mécanismes sous forme de chaleur, de vibration, de bruit… Un rendement de 60 %, souvent noté $\eta = 0{,}6$, indique qu'en sortie du mécanisme, il ne reste de 60 % de la puissance d'entrée, et donc que 40 % de la puissance s'est dissipée.

$$\eta = \frac{P_{sortie}}{P_{entrée}}$$

Pour connaître le rendement global d'un système, connaissant le rendement de chacun des éléments du système, on utilise l'égalité suivante :

$$\eta_{global} = \eta_1 \times \eta_2 \times \ldots \times \eta_n$$

2 Le comportement mécanique des systèmes

2.1. Les actions mécaniques

On appelle action mécanique toute cause physique capable :
– de maintenir un solide en équilibre ;
– de déplacer un solide ou de modifier son mouvement ;
– de déformer un solide.

Les actions mécaniques qui s'exercent sur les solides peuvent être réparties en deux grandes catégories :
– les actions mécaniques à distance (champ de pesanteur, champ électromagnétique…) ;
– les actions mécaniques de contact exercées par un solide sur un autre par l'intermédiaire de leurs surfaces de contact.

- **Les forces et les moments**

Les actions mécaniques peuvent être :
– des forces (efforts), exprimées en newtons (N) : pousser ou tirer selon un axe ;
– des moments (couples), exprimés en newtons-mètres (N · m) : tourner/tordre autour d'un axe.

Les forces et les moments sont modélisables par des vecteurs, ils ont donc :
– un point d'application,
– un support,
– un sens,
– une norme (en N pour les forces, et en N · m pour les moments).

- **La projection d'un vecteur dans un repère**

Pour connaître les composantes d'un vecteur dans un repère, il faut projeter le vecteur dans le repère.

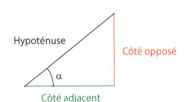

$$\sin \alpha = \frac{\text{Côté opposé}}{\text{Hypoténuse}}$$

$$\cos \alpha = \frac{\text{Côté adjacent}}{\text{Hypoténuse}}$$

$$\tan \alpha = \frac{\sin \alpha}{\cos \alpha} = \frac{\text{Côté opposé}}{\text{Côté adjacent}}$$

Soit un vecteur $\vec{F}$ dont on souhaite connaître les composantes sur les axes x et y. En utilisant les formules précédentes, on obtient :

$$\vec{F_x} = -F \cdot \sin\beta \cdot \vec{i}$$
$$\vec{F_y} = +F \cdot \cos\beta \cdot \vec{j}$$
$$\vec{F_z} = \vec{0}$$

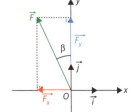

On met un signe « + » si la composante va dans le même sens que l'axe et un signe « – » dans le cas contraire.
Les résultats peuvent être notés sous la forme :

$$\vec{F} : \begin{vmatrix} -F \cdot \sin\beta \\ +F \cdot \cos\beta \\ 0 \end{vmatrix}$$

- **La norme d'un vecteur**

Pour connaître la norme d'une force connaissant ses composantes, il faut utiliser le théorème de Pythagore :

$$F = \sqrt{F_x^2 + F_y^2 + F_z^2}$$

2.2. Les actions mécaniques à connaître

• **L'action mécanique de pesanteur**

La résultante des actions de pesanteur se place au centre de gravité de l'objet. Sa norme est :

$$P = m \cdot g$$

avec P le poids (N), m la masse (kg) et g l'accélération de la pesanteur (9,81 m/s² à la surface de la Terre).

• **L'action d'un fluide sur une surface S**

La résultante de la force d'un fluide sur une surface se place au centre de la surface. Elle dépend de la pression et de l'étendue de la surface :

$$F = p \cdot S$$

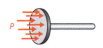

avec F la force en newtons (N), p la pression en pascals (Pa) (1 bar = 10^5 Pa) et S la surface en mètres carrés (m²).

2.3. Le calcul d'un moment

Le moment d'une force par rapport à un point est égal au produit de l'intensité de la force et de la distance d entre le support de la force et le point considéré (avec d le bras de levier ; d est perpendiculaire au support de la force et passe par le point considéré).

$$\text{Moment (N} \cdot \text{m)} = \text{Force (N)} \times \text{Bras de levier (m)}$$

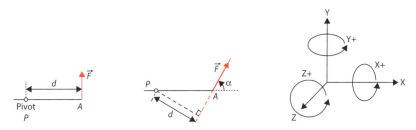

Le signe du moment algébrique dépend du sens de rotation de la pièce, provoqué par la force, autour du point considéré. Le sens trigonométrique est généralement choisi comme sens positif.

DANS LE PLAN (x, y)	DANS LE PLAN (y, z)	DANS LE PLAN (x, z)
↑y ↻+ z⊙ →x	↑y ↻+ z← ⊙x	↑z ↻+ x← ⊙y

2.4. Le calcul d'un couple

Le couple (exemple : couple-moteur) est causé par un ensemble de forces dont la somme vectorielle est nulle. Il s'exprime en newtons-mètres (N · m).

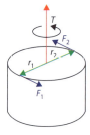

EXEMPLE

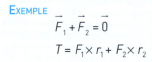

$$\vec{F}_1 + \vec{F}_2 = \vec{0}$$

$$T = F_1 \times r_1 + F_2 \times r_2$$

2.5. La modélisation des actions mécaniques sous forme de torseur

Les composantes d'une action mécanique peuvent être exprimées dans un torseur (outil mathématique).
Un torseur d'action mécanique est composé de deux vecteurs :
– le vecteur force ;
– le vecteur moment.
Chaque vecteur a 3 composantes (sur x, sur y et sur z). Les composantes de la force sont notées X, Y, Z. Les composantes du moment sont notées L, M, N.
Le torseur d'action mécanique de la pièce 1 sur la pièce 2 s'écrit :

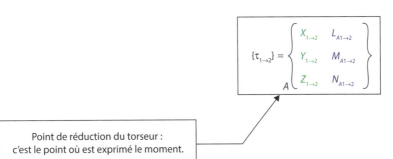

$$\{\tau_{1\to 2}\} = \begin{Bmatrix} X_{1\to 2} & L_{A1\to 2} \\ Y_{1\to 2} & M_{A1\to 2} \\ Z_{1\to 2} & N_{A1\to 2} \end{Bmatrix}_A$$

Point de réduction du torseur : c'est le point où est exprimé le moment.

2.6. Le principe fondamental de la statique (PFS)

L'objectif de la statique est de calculer l'ensemble des actions mécaniques appliquées à un solide en équilibre.
La démarche de résolution d'un problème de statique est la suivante :
– On isole le solide.
– On fait la liste de toutes les actions mécaniques qui s'exercent sur le solide (actions de contact et actions à distance).
– On modélise ces actions mécaniques.
– On choisit une méthode de résolution.
– On présente ses résultats.
Il existe deux méthodes de résolution : analytique et graphique.

• **La méthode analytique**

L'équilibre du solide (S) se traduit par le fait que la somme des torseurs des actions mécaniques extérieures qui s'exercent sur (S) est égale au torseur nul.
Attention : tous les torseurs doivent être exprimés au même point !

$$\sum {}_A\{\tau_{ext\to s}\} = {}_A\{0\}$$

Cette équation peut s'écrire sous la forme de deux équations vectorielles :
– le théorème des résultantes :

$$\sum \overrightarrow{R_{ext\to S}} = \vec{0}$$

– le théorème des moments (attention, tous doivent être exprimés au même point) :

$$\sum \overrightarrow{M_{A, ext\to S}} = \vec{0}$$

• **La méthode graphique**

SOLIDE EN ÉQUILIBRE SOUS L'ACTION DE 2 FORCES	SOLIDE EN ÉQUILIBRE SOUS L'ACTION DE 3 FORCES
Lorsqu'un solide est en équilibre sous l'action de 2 forces : les 2 forces ont le même support, la même intensité et sont de sens opposé.	Lorsqu'un solide est en équilibre sous l'action de 3 forces : – les 3 supports se coupent en 1 point ; – la somme vectorielle des 3 forces est nulle.
La pièce est soit en traction, soit en compression.	**Exemple :** 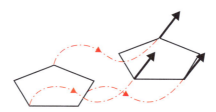 $\vec{A_{2 \to S}} + \vec{B_{0 \to S}} + \vec{P} = \vec{0}$

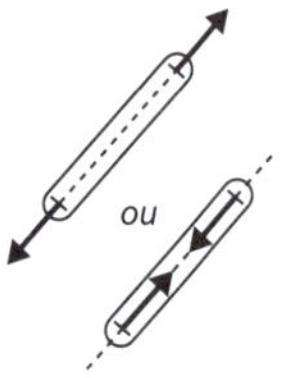

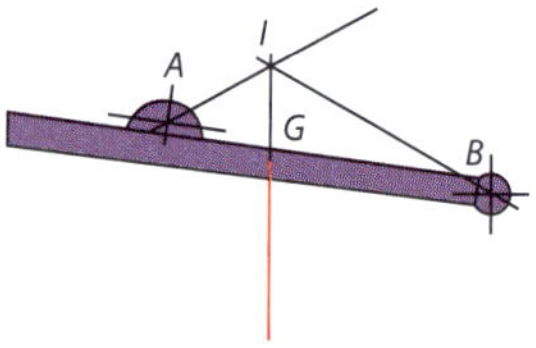

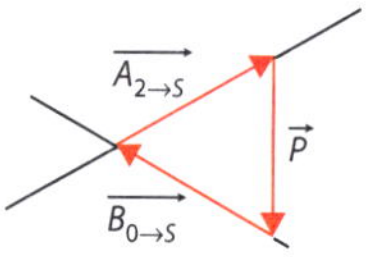

2.7. Les mouvements

Un mouvement se définit toujours par rapport à une référence. Cette référence peut être un repère ou une pièce du mécanisme.

• **La translation**

Dans une translation, les trajectoires de tous les points sont superposables. À un instant donné, tous les vecteurs vitesse du solide sont identiques.

Si la trajectoire est :
– une ligne, c'est une translation rectiligne ;
– un cercle, c'est une translation circulaire ;
– une courbe, c'est une translation curviligne.

• **La rotation**

Les trajectoires des points du solide sont des cercles concentriques.

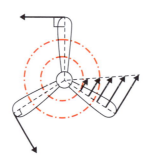

La vitesse V d'un point est proportionnelle au rayon R :

$$V = R \cdot \omega$$

avec V la vitesse en m/s, R le rayon en m, et ω la vitesse angulaire en rad/s.

Pour convertir une vitesse angulaire ω en rad/s en une vitesse angulaire N en tr/min, on utilise la formule :

$$N = \frac{\omega \cdot 60}{2\pi}$$

Pour convertir une vitesse angulaire N en tr/min en une vitesse angulaire ω en rad/s, on utilise la formule :

$$\omega = \frac{2\pi \cdot N}{60}$$

• **Le mouvement plan**

Dans un mouvement plan, tous les points du solide se déplacent dans des plans parallèles à un plan du solide ou du repère de référence (exemple : une voiture glissant sur du verglas).

Deux méthodes permettent de passer de la vitesse d'un point à celle d'un autre point du solide : l'équiprojectivité et le centre instantané de rotation (cir).

ÉQUIPROJECTIVITÉ	CENTRE INSTANTANÉ DE ROTATION (CIR)
Si A et B sont deux points distincts d'un solide, la projection orthogonale du vecteur vitesse du point A sur la droite (AB) est égale à la projection orthogonale du vecteur vitesse du point B sur la même droite (AB). $\vec{V}_A \cdot \vec{AB} = \vec{V}_B \cdot \vec{AB}$	À chaque instant t, il existe un point appelé CIR (centre instantané de rotation), habituellement noté I, qui peut être considéré comme le centre de rotation de la pièce. Il possède donc les propriétés suivantes : – il se trouve à l'intersection des perpendiculaires aux vecteurs vitesse ; – la norme des vecteurs vitesse est proportionnelle à la distance les séparant du CIR ($V = R \cdot \omega$). À savoir : le vecteur vitesse est toujours tangent à la trajectoire.

• **Les équations du mouvement**

t_0, x_0 et v_0 sont appelées les <mark>conditions initiales</mark> du mouvement.
Attention, les conditions initiales ne sont pas forcément à zéro au début du mouvement !
– Lorsque la vitesse est constante, et donc l'accélération nulle, on a un <mark>mouvement uniforme</mark>.

MOUVEMENT DE TRANSLATION RECTILIGNE UNIFORME	MOUVEMENT DE ROTATION UNIFORME, AUTOUR D'UN AXE FIXE
$a(t) = 0$ (en m/s²) $v(t) = v_0 =$ Constante (en m/s) $x(t) = v_0 \cdot (t - t_0) + x_0$ (en m)	$\theta''(t) = 0$ (en rad/s²) $\theta'(t) = \theta'_0 =$ Constante (en rad/s) $\theta(t) = \theta'_0 (t - t_0) + \theta_0$ (en rad)

– Lorsque l'accélération est constante, on a un mouvement uniformément varié (accélération ou freinage).

MOUVEMENT DE TRANSLATION RECTILIGNE UNIFORMÉMENT VARIÉ	MOUVEMENT DE ROTATION UNIFORMÉMENT VARIÉ, AUTOUR D'UN AXE FIXE
$a(t) = a_0$ = constante (en m/s²) $v(t) = a_0 \cdot (t - t_0) + v_0$ (en m/s) $x(t) = \frac{1}{2} a_0 \cdot (t - t_0)^2 + v_0 \cdot (t - t_0) + x_0$ (en m)	$\theta''(t) = \theta''_0$ (en rad/s²) $\theta'(t) = \theta''_0 \cdot (t - t_0) + \theta'_0$ (en rad/s) $\theta(t) = \frac{1}{2} \theta''_0 \cdot (t - t_0)^2 + \theta'_0 \cdot (t - t_0) + \theta_0$ (en rad)

Si l'accélération est positive, le solide accélère.
Si l'accélération est négative, le solide freine.

3 Le comportement des structures

Les structures porteuses rencontrées dans le domaine de la construction sont principalement de deux types : les bâtiments (à usage individuel ou collectif) et les ouvrages d'aménagement du territoire (ponts, barrages…).
Les structures porteuses ont pour fonction d'encaisser et d'acheminer les charges mécaniques subies (poids, charges spécifiques comme le vent ou la neige) jusqu'aux points d'ancrage au sol (fondations).
On distingue la partie visible nommée superstructure de la partie invisible nommée infrastructure.

3.1. Les actions mécaniques sur les structures porteuses

DIRECTION DES ACTIONS MÉCANIQUES	FRÉQUENCE	SOURCE DE L'ACTION MÉCANIQUE
Verticale	Permanente	Poids propre
Verticale	Variable	Charges d'exploitation (utilisateurs, stockages…), neige…
Horizontale	Variable	Vent, séisme, pression de l'eau…

- **La descente de charges**

La descente de charges a pour objectif d'étudier le transfert des charges dans la structure. Le but est de connaître la répartition et le cheminement des charges sur l'ensemble des éléments porteurs de la structure depuis le haut jusqu'aux fondations.
Les charges transitent par plusieurs éléments porteurs dits « horizontaux » principalement fléchis, lesquels reportent ces charges sur des porteurs « verticaux » principalement comprimés. D'autres constituants structurels peuvent intervenir comme des éléments inclinés (charpentes, câbles, haubans…).
Les valeurs obtenues permettront de dimensionner les éléments porteurs.

- **Les types d'utilisation**

Une structure est calculée pour deux types d'utilisation :
– l'utilisation « quotidienne » : ELS (état limite de service). Les charges ne sont pas pondérées ;
– l'utilisation dans le cas le plus défavorable : ELU (état limite ultime). On veut s'assurer que l'ouvrage va résister à la rupture pour assurer la sécurité des utilisateurs. Pour cela, on pondère les charges, c'est-à-dire qu'on augmente leur valeur en les multipliant par un coefficient défini par une norme.

3.2. La modélisation des appuis au sol

SYMBOLE	NOM
	Appui simple fixe La pointe du triangle symbolise le fait que l'appui est ponctuel, permettant ainsi la rotation autour de la pointe du triangle.
	Appui simple glissant La pointe du triangle symbolise le fait que l'appui est ponctuel, permettant ainsi la rotation autour de la pointe du triangle. Les rouleaux signifient que l'appui est glissant, permettant la translation de l'élément.
	Encastrement Les deux pièces sont en liaison complète : il n'y a aucun degré de liberté.

4. Le comportement thermique

La chaleur désigne l'énergie apportée à un corps qui a pour conséquence une augmentation de sa température.

4.1. La propagation de la chaleur

Le flux de chaleur φ va de la zone la plus chaude vers la zone la plus froide. La chaleur peut se propager par conduction, par convection et par rayonnement.

EXEMPLE

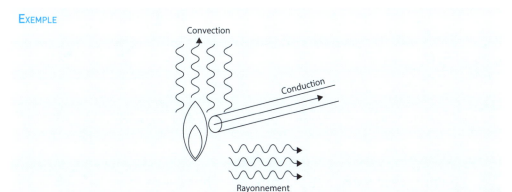

- **La conduction**

La conduction est la transmission de chaleur par la matière.

EXEMPLE
Le manche d'une petite cuillère plongée dans un liquide chaud s'échauffe.

- **La convection**

La convection est la transmission de la chaleur par mouvement d'un fluide.

EXEMPLE
L'air au contact de la paroi chaude d'un radiateur s'échauffe, se dilate, s'allège et s'élève. De nouvelles molécules plus froides remplacent continûment les molécules ascendantes chaudes. Cela entraîne une agitation permanente du fluide contre la paroi.

• **Le rayonnement**

Le rayonnement est l'émission par un corps chaud de rayons porteurs d'énergie (rayons infrarouges) qui sont absorbés par d'autres corps et alors transformés en chaleur. Plus le rayonnement est absorbé, plus il y a d'échanges thermiques.

EXEMPLE
Les caméras thermiques permettent de détecter ce rayonnement.

4.2. Chaleur sensible, chaleur latente

Il faut distinguer :
– la chaleur sensible : c'est la part de la chaleur échangée qui fait varier la température (par exemple, pour chauffer de l'eau de 0 °C à 100 °C, il faut fournir 419 kJ/kg) ;
– la chaleur latente : c'est la part de la chaleur échangée qui fait changer d'état le système (par exemple, pour faire passer de l'eau de l'état liquide à l'état gazeux, il faut fournir 2 257 kJ/kg).

4.3. Les unités de température

L'unité légale de température dans le système international est le kelvin de symbole K.
L'unité que nous avons l'habitude d'utiliser est le degré Celsius (°C).
On passe de l'une à l'autre de ces unités avec la formule suivante :

$$K = °C + 273,15$$

Une variation de température s'exprime indifféremment en °C ou en K.

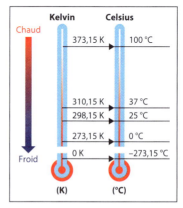

EXEMPLE
Si la température d'une pièce passe de 5 °C à 20 °C, sa variation de température est de 15 °C ou 15 K.

5 Le comportement acoustique d'un bâtiment

5.1. Les paramètres liés au son

Le son est une sensation auditive produite par une variation rapide de la pression de l'air. L'origine de cette variation est la vibration d'un corps (enceinte, cordes vocales, etc.) qui agite les molécules d'air environnantes. Ainsi est créée une succession de zones de pression et de dépression qui constitue l'onde acoustique. Quand cette onde, transmise par les molécules adjacentes, arrive à l'oreille, elle fait vibrer le tympan : le son est alors perçu.
La vitesse de propagation du son dans l'air est de 340 m/s.
Le son se caractérise par :
– sa fréquence, exprimée en Hertz (Hz), qui correspond au nombre d'oscillations par seconde. Plus la fréquence est élevée, plus le son est aigu ; plus la fréquence est basse, plus le son est grave. L'oreille humaine perçoit les sons dont la fréquence est comprise entre 20 Hz et 20 000 Hz ;
– sa pression acoustique (niveau sonore), mesurée en pascals (Pa). L'oreille humaine est sensible à des pressions allant de 0,00002 Pa à 20 Pa, soit un rapport de 1 à 1 000 000. Pour ramener cette large échelle de pression, exprimée en pascals, à une échelle plus réduite et donc plus pratique d'utilisation, on a adopté la notation logarithmique et créé le décibel (dB). L'oreille humaine perçoit les sons de 0 à 130 dB, seuil de la douleur.

5.2. La transmission d'un bruit aérien à travers une paroi

Lorsqu'une onde sonore rencontre une paroi, son énergie incidente est divisée en trois :
– l'énergie transmise qui traverse la paroi ;
– l'énergie absorbée par la paroi et dissipée en chaleur ;
– l'énergie réfléchie vers le local d'origine.
L'isolation acoustique traite de l'énergie transmise par la paroi en la réduisant le plus possible. Les parties absorbées et réfléchies sont du domaine de la correction acoustique.

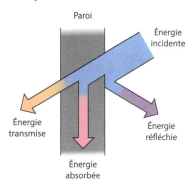

6 Le comportement lumineux – L'éclairage

6.1. Les grandeurs photométriques

- **Le flux lumineux**

Le flux lumineux est la quantité d'énergie émise par une source sous forme de rayonnements visibles dans toutes les directions par unité de temps.
Symbole : φ.
Unité : lumen (lm).

Flux lumineux

- **L'intensité lumineuse**

L'intensité lumineuse définit l'importance du flux lumineux émis dans une direction donnée par une source ponctuelle.
Symbole : I.
Unité : candela (cd).

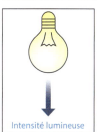

Intensité lumineuse

- **L'éclairement lumineux**

L'éclairement lumineux caractérise la quantité de lumière reçue par unité de surface.
Symbole : E.
Unité : lux (lx).
1 lux = 1 lumen par mètre carré.

Éclairement

- **L'efficacité lumineuse**

L'efficacité lumineuse ou rendement lumineux η d'une source est le quotient de son flux lumineux φ par sa puissance P :

$$\eta = \frac{\varphi}{P}$$

Symbole : η.
Unité : lumen par watt (lm/W).

6.2. Les sources lumineuses

On distingue deux types de fonctionnement des sources lumineuses :
– les lampes à incandescence (filament chauffé qui émet un rayonnement) ;
– les lampes à décharge (décharge électrique dans un gaz qui émet un rayonnement).
Les lampes sont caractérisées par trois critères :
– leur performance (indice de rendu des couleurs, efficacité lumineuse, température de couleur) ;
– l'économie (puissance absorbée, durée de vie, coût) ;
– l'utilisation (température de la lampe, temps d'allumage).

Étude comportementale des matériaux

1 Les critères de choix des matériaux

Le choix d'un matériau dépend de plusieurs critères liés à des caractéristiques:
– mécaniques : limite élastique, masse, dureté, résilience… ;
– physico-chimiques : comportement à la corrosion, vieillissement… ;
– de mise en œuvre : usinabilité, soudabilité, trempabilité… ;
– économiques : prix, disponibilité, expérience industrielle… ;
– écologiques : toxicité, empreinte carbone, recyclabilité…

Parfois, pour comparer différents matériaux, on utilise un diagramme qui fait apparaître les indices de performance relatifs des matériaux avec une échelle de notation de 0 à 5, du centre vers l'extérieur du diagramme :

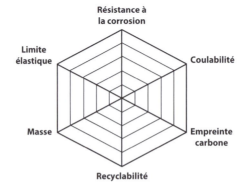

Notes	0 Mauvais	1 Faible	2 Médiocre	3 Acceptable	4 Bon	5 Excellent

2 Les types de matériaux

2.1. Les métaux

Les métaux sont issus de l'extraction de minerais. Généralement, ils ne sont pas utilisés à l'état pur, mais mélangés à d'autres composants afin d'améliorer leurs caractéristiques (résistance à la corrosion, résistance aux chocs…). Ils sont alors appelés « alliages ».

> **EXEMPLES**
> Voici quelques alliages fréquemment utilisés :
> - fonte = fer + carbone (plus de 2,1 % de carbone) ;
> - acier = fer + carbone (moins de 2,1 % de carbone) ;
> - bronze = cuivre + étain ;
> - laiton = cuivre + zinc.

2.2. Les céramiques

Les céramiques sont des matériaux obtenus à partir de la fusion du quartz contenu dans du sable ou dans de l'argile. Elles sont très dures, très rigides. Résistantes à la chaleur, à l'usure, aux agents chimiques et à la corrosion, elles sont cependant fragiles, car elles cassent facilement lorsqu'elles sont soumises à un choc.

Exemples
Les céramiques sont utilisées dans la fibre optique (silicium), les outils de coupe (carbures), les joints d'étanchéité, les isolants électriques, les filtres…

2.3. Les matériaux composites
Un matériau composite est un assemblage d'au moins deux matériaux non miscibles. Le nouveau matériau ainsi élaboré possède des performances supérieures à celles des éléments pris séparément.

Exemples
Les cadres de raquettes de tennis sont souvent réalisés avec de la fibre de verre et de la résine polyester. Ils sont ainsi plus souples et plus légers que lorsqu'ils sont réalisés en acier.
Le béton armé est composé de béton et de tiges en acier.
Les emballages pour les briques alimentaires (lait, sauces…) sont composés de carton, de plastique et d'aluminium.

2.4. Les nanomatériaux
Un nanomatériau est un matériau possédant des propriétés particulières à cause de sa taille et/ou de sa structure nanométrique.

Exemples
Des nanoparticules d'oxyde de cérium sont utilisées comme additifs pour augmenter les performances du diesel. Des membranes de polymères nanostructurées sont utilisées pour la purification de l'eau.

2.5. Les matériaux organiques
La matière organique est la matière fabriquée par les êtres vivants : végétaux, animaux, champignons…

Exemples
Le bois, le coton, le cuir et le papier sont des matériaux organiques. On sait fabriquer des matières plastiques à partir de matériaux organiques.

2.6. Les plastiques
Les plastiques, ou matières plastiques, sont des substances polymères. Une matière plastique est souvent obtenue par la transformation du pétrole. Les matières plastiques ne laissent pas passer le courant électrique, elles sont légères, généralement étanches… Leurs utilisations sont très vastes.
Il existe deux catégories de matières plastiques :
– les thermoplastiques, qui fondent sous l'effet de la chaleur et se solidifient sous l'effet d'un refroidissement ;
– les thermodurcissables, dont la transformation est irréversible. Une fois formé, le plastique ne se déforme plus.

3 Les caractéristiques des matériaux

3.1. Masse volumique de quelques matériaux

MATÉRIAUX	MASSE VOLUMIQUE (kg/m³)
Bronze	8 900

…/…

.../...

MATÉRIAUX	MASSE VOLUMIQUE (kg/m³)
Acier	7 800
Alliage d'aluminium	2 700
Fibres de verre	2 500
Fibres de carbone	1 750
Nylon	1 000

3.2. Propriétés électriques de quelques matériaux

TYPE DE MATÉRIAU	RÉSISTIVITÉ (EN Ω · m)	COMPORTEMENT ÉLECTRIQUE
Polystyrène Nylon Verre	10^{20} $5 \cdot 10^{12}$ 10^{17}	Isolant
Alliages ferreux Aluminium Cuivre	$9,8 \cdot 10^{-8}$ $2,8 \cdot 10^{-8}$ $1,7 \cdot 10^{-8}$	Conducteur

3.3. Résistance à la corrosion de quelques matériaux

Or — Aluminium — Acier inoxydable — Cuivre — Zinc — Acier

Le moins sensible à la corrosion → Le plus sensible à la corrosion

3.4. L'impact environnemental des matériaux

Chaque étape du cycle de vie a un impact environnemental selon le type de matériau.

ÉTAPE DU CYCLE DE VIE	MATÉRIAUX	IMPACT SUR L'ENVIRONNEMENT
Extraction de la matière première	Bois	Déforestation
	Métaux, verre	Construction de carrières
	Plastiques	Installation de plateformes pétrolières
Transport	Tous types	Émissions de gaz à effet de serre produits par les véhicules de transport
Fabrication/Production	Tous types	Émissions de gaz à effet de serre produits par les usines
Utilisation	Tous types	Émissions de gaz à effet de serre produits par le produit lui-même
Fin de vie	Tous types	Pollution atmosphérique et visuelle, pollution de l'eau produite par les déchets

La valorisation d'un objet consiste à le recycler ou à le réutiliser. Il existe trois types de valorisation :
– la ==réutilisation== : l'objet est encore utilisable en remplaçant éventuellement certains composants ;
– le ==recyclage== : à partir d'un matériau usagé, on crée de la matière qui va entrer dans la constitution d'un produit (par exemple, le recyclage du verre) ;
– la ==valorisation énergétique== : on brûle le matériau et on récupère l'énergie de la combustion pour produire de la chaleur.

4 Les procédés de fabrication des matériaux

Pour obtenir un produit fini, il est souvent nécessaire d'utiliser plusieurs procédés successivement.

• Le moulage
Le moulage est l'obtention de pièces de formes complexes en coulant du métal ou du plastique en fusion dans un moule.

• Le soudage
Le soudage est l'assemblage de pièces en chauffant leurs bords jusqu'à ce qu'ils s'assemblent par fusion.

• Le forgeage
Le forgeage est l'obtention de pièces par déformation en appliquant, à froid ou à chaud, une force très importante pour contraindre la pièce à prendre la forme du moule.

• L'injection
L'injection est l'obtention de pièces thermoplastiques en utilisant des granulés de plastique, en les faisant fondre et en les introduisant sous pression dans un moule.

• L'usinage (tournage, fraisage, perçage…)
L'usinage est l'obtention des pièces voulues en enlevant de la matière grâce à des outils de coupe.

• Les traitements complémentaires
Les pièces peuvent subir des traitements complémentaires :
– un traitement mécanique : grenaillage, polissage… ;
– un traitement thermique : trempe, recuit, revenu… ;
– un traitement thermochimique : cémentation, carbo-nitruration… ;
– un traitement de surface : peinture, chromisation…

5 Le comportement mécanique des matériaux

L'étude de la résistance des matériaux a trois objectifs principaux :
– la connaissance des caractéristiques mécaniques des matériaux (comportement sous l'effet d'une action mécanique), de façon à renseigner des bases de données sur les propriétés des différents alliages ;
– l'étude de la résistance des pièces mécaniques en prenant en compte leur géométrie ;
– l'étude de la déformation des pièces mécaniques.

Ces études permettent de choisir le matériau et les dimensions d'une pièce mécanique en fonction des conditions de déformation et de résistance requises.

Pour mener des études de résistance des matériaux, il est nécessaire de poser des hypothèses sur le matériau. On considère que :
– le matériau est isotrope s'il possède les mêmes propriétés mécaniques dans toutes les directions. Cette propriété n'est pas vérifiée pour les matériaux tels que le bois, les matériaux composites… ;
– le matériau est homogène s'il a la même composition en tout point.

5.1. La sollicitation simple
La pièce étudiée peut être soumise à une sollicitation simple : traction, compression, flexion simple.

EXEMPLES

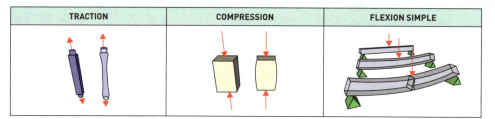

5.2. La déformation élastique et la déformation plastique

Lorsque l'on applique un effort sur une pièce, celle-ci commence par se déformer de manière réversible (déformation élastique), c'est-à-dire que ses dimensions changent, mais qu'elle reprend sa forme initiale lorsque la sollicitation s'arrête.

Pour les matériaux dits ductiles, lorsque l'on augmente la sollicitation, on déforme de manière définitive la pièce (déformation plastique). Lorsque l'on arrête la sollicitation, la pièce reste déformée.

La longévité et le bon fonctionnement des mécanismes imposent que les pièces restent dans le domaine élastique.

5.3. Le comportement des pièces en traction

Les caractéristiques des différents matériaux sont définies à partir d'essais. Le plus classique est l'essai de traction qui permet d'établir, pour le matériau testé, la courbe de l'évolution de la déformation en fonction des contraintes appliquées à la pièce.

• **Le module d'élasticité longitudinale**

Le module d'élasticité longitudinale E (ou module de Young) caractérise l'élasticité du matériau et correspond à la pente de la courbe dans le domaine élastique. Plus E est grand, plus le matériau est rigide (et inversement).

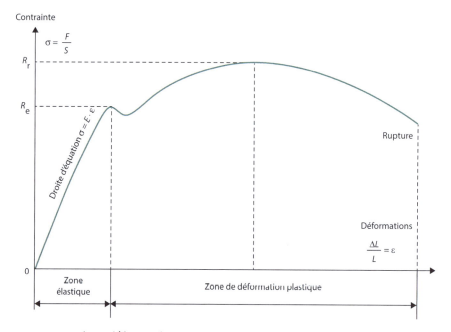

Diagramme contrainte-déformation

EXEMPLES
E_{acier} = 200 000 N/mm², $E_{caoutchouc}$ = 7,5 N/mm².

- **La loi de Hooke**

La loi de Hooke traduit ce principe :

$$\sigma = E \cdot \varepsilon$$

sachant que $\sigma = \dfrac{F}{s}$ et $\varepsilon = \dfrac{\Delta L}{L}$, avec σ la contrainte en N/mm² (MPa), F la force en newtons (N), S la surface en mm², L la longueur de la pièce en mm, ΔL l'allongement de la pièce en mm, ε l'allongement relatif (ΔL/L) et E le module de Young en N/mm² (MPa).

- **La résistance limite à la rupture R_r**

La résistance limite à la rupture correspond à la contrainte maximale atteinte au cours de l'essai.

- **La résistance limite élastique R_e**

La résistance limite élastique marque la fin du domaine élastique. Au-delà de cette valeur, la pièce se déforme plastiquement.

5.4. La condition de résistance

La contrainte maximale ne doit pas dépasser la limite élastique du matériau :

$$\sigma_{max} \leq R_e$$

Pour tenir compte des incertitudes liées au matériau, à la simulation, à l'intensité des efforts…, on applique fréquemment un coefficient de sécurité :

$$\sigma_{max} \leq \dfrac{R_e}{s}$$

avec R_e la résistance limite élastique (en MPa) et s le coefficient de sécurité (s > 1).
Afin de calculer le coefficient de sécurité pour une pièce dont on connaît l'intensité maximale des contraintes, on applique la formule :

$$s = \dfrac{R_e}{\sigma_{max}}$$

5.5. La modélisation par éléments finis

Lorsqu'une pièce a une géométrie complexe, on utilise une modélisation par éléments finis pour identifier les zones et valeurs des contraintes maximales dans la pièce, ainsi que la valeur des déformations.

6 Le comportement thermique des matériaux

Certaines fonctions techniques imposent de conduire la chaleur et d'autres d'isoler pour éviter les pertes d'énergie thermique. Le pouvoir d'isolation vient du matériau lui-même, mais aussi parfois de la forme qu'on lui donne. Lorsque l'on emprisonne de l'air à l'intérieur d'une structure, celui-ci participe à l'isolation thermique (par exemple, dans le double vitrage). Lorsqu'on laisse l'air circuler autour d'un élément, celui-ci participe à la dissipation d'énergie thermique par convection (par exemple, autour du radiateur).

6.1. La dilatation thermique

Un changement de température entraîne une modification de la longueur de certains matériaux qui s'exprime selon la loi :

$$\Delta L = L_0 \cdot \alpha \cdot \Delta \theta$$

avec ΔL la variation de longueur en m, L_0 la longueur initiale en m, α le coefficient de dilatation linéaire en °C^{-1} et $\Delta \theta$ la variation de température en °C.

6.2. Degrés Celsius, kelvins

Une variation de température peut s'exprimer en degrés Celsius ou en kelvins. Ces deux échelles n'ont pas la même origine (0 K = –273,15 °C), mais l'intervalle entre deux degrés est le même.

6.3. La conductivité thermique λ en W/(m · K)

La conductivité thermique indique la quantité de chaleur qui se propage à travers un matériau d'un mètre d'épaisseur pour une différence de température de 1 kelvin entre les deux faces.

Plus la conductivité thermique est élevée, plus la chaleur aura de la facilité à traverser le matériau.

Plus la conductivité thermique est faible, plus le matériau est isolant.

EXEMPLES
Propriétés thermiques de quelques matériaux

TYPE DE MATÉRIAU	CONDUCTIVITÉ (EN W/(m/K))	COMPORTEMENT THERMIQUE
Laine de verre Béton Nylon Verre	0,04 1 0,25 1,2	Isolant
Fer Aluminium Cuivre	80 237 390	Conducteur

6.4. La résistance thermique R en m² · K/W

La résistance thermique R représente la capacité d'un matériau à s'opposer au flux de chaleur en prenant en compte son épaisseur.

$$R = \frac{e}{\lambda}$$

avec R la résistance thermique en m² · K/W, e l'épaisseur du matériau en m et λ la conductivité thermique en W/(m · K).

Pour perdre moins d'énergie, il faut choisir un matériau isolant ayant une faible conductivité thermique et/ou augmenter l'épaisseur de la paroi isolante.

6.5. Association de résistances thermiques en série

Soit un mur composé de n couches de matériaux différents. La résistance thermique totale du mur est égale à la somme des résistances thermiques de chaque matériau :

$$R_\lambda^{\text{série}} = R_\lambda^1 + R_\lambda^2 + R_\lambda^3 + \cdots + R_\lambda^n$$

6.6. Le calcul du flux de chaleur φ en W/m²

Le flux de chaleur φ qui passe à travers une paroi dépend de plusieurs paramètres :
- la **différence de température** ΔT entre l'extérieur et l'intérieur : plus la différence de température est importante, plus il y a de déperditions ;
- l'**épaisseur** e de la paroi : plus l'épaisseur est importante, plus la paroi est isolante ;
- la **conductivité** λ du matériau : plus la conductivité est faible, plus la paroi est isolante.

$$\varphi = \lambda \cdot \frac{\Delta T}{e}$$

Le flux de chaleur va toujours **du chaud vers le froid**.

6.7. La chaleur massique ou capacité thermique massique C en J/(kg · K)

La chaleur massique d'un matériau caractérise sa capacité de stockage d'énergie thermique.

6.8. La quantité de chaleur Q en J

La quantité de chaleur Q (en joules) est l'énergie qu'il faut apporter à un système pour qu'il passe de la température initiale à la température finale.

$$Q = m \cdot C \cdot (T_{finale} - T_{initiale})$$

avec Q la quantité de chaleur en J, m la masse en kg, C la chaleur massique en J/(kg · K) et T les températures initiale et finale exprimées dans la même unité (soit °C, soit K).

Savoir 6 — Traitement de l'information

LU ☐
SU ☐
REVU ☐

1 L'acquisition de l'information

Un **transducteur** est un dispositif convertissant un signal physique en un autre type de signal physique.

L'**acquisition de grandeurs physiques** se fait par l'intermédiaire de composants appelés **capteurs**. Un capteur est un composant qui convertit une grandeur physique en un signal exploitable par la partie commande (par exemple, capteur de température, de vitesse, d'ensoleillement, d'accélération...).

L'**acquisition des informations issues de l'utilisateur** peut se faire par l'intermédiaire de boutons, de claviers, d'écrans tactiles... Cette information est convertie en un signal exploitable par la partie commande.

2 Les types de signaux : logique, analogique et numérique

SIGNAL LOGIQUE (OU BINAIRE)	SIGNAL ANALOGIQUE	SIGNAL NUMÉRIQUE
Il ne peut prendre que deux valeurs : 0 ou 1.	Il évolue de façon continue au cours du temps. Le signal peut être périodique ou non périodique.	Il prend un nombre fini de valeurs de l'intervalle de définition. Il est codé en utilisant une suite de « 0 » et de « 1 ».
— Signal logique — Grandeur physique ○ Valeur seuil	— Signal logique — Grandeur physique	— Signal logique — Grandeur physique

3 La caractérisation des signaux

3.1. La caractérisation d'un signal analogique périodique

- **La période**

La période représente la durée d'une variation, en secondes (s).

- **La fréquence**

La fréquence correspond au nombre d'oscillations d'un phénomène périodique par unité de temps ($f = 1/t$), en hertz (Hz).

EXEMPLE Signal sinusoïdal

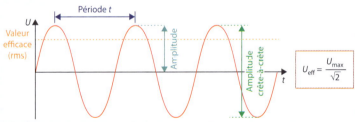

$$U_{eff} = \frac{U_{max}}{\sqrt{2}}$$

• **Le déphasage**

Le déphasage φ correspond au décalage temporel entre deux signaux de même période. Pour faciliter son analyse, on convertit cette durée de décalage en angle en considérant que la période correspond à 1 tour :

– en radians : $\varphi = \dfrac{\Delta t \times 2\pi}{T}$;

– en degrés : $\varphi = \dfrac{\Delta t \times 360}{T}$.

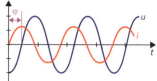

3.2. La caractérisation des signaux numériques

On distingue deux niveaux :
– niveau haut : H (*High*), NL1, 1 ;
– niveau bas : L (*Low*), NL0, 0.

• **Le chronogramme**

Le chronogramme est un diagramme utilisé pour représenter les signaux en fonction du temps.

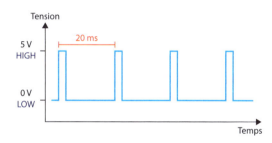

• **Le train d'impulsions**

Le train d'impulsions est un signal ayant deux états stables dont les changements d'état dans le temps constituent l'information utile (par exemple un codeur incrémental).

• **La modulation par largeur d'impulsion (MLI) ou *Pulse Width Modulation* (PWM)**

L'information utile est le temps au niveau haut par rapport à la période.

• **Le rapport cyclique**

Le rapport cyclique $\alpha = \dfrac{T_h}{T}$ (en %) correspond au ratio entre la durée du phénomène sur une période et la durée de cette même période.

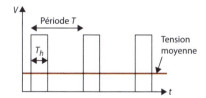

EXEMPLES D'UTILISATION
- Pilotage des servomoteurs analogiques.
- Pilotage de la vitesse des moteurs à courant continu. La vitesse étant proportionnelle à la tension moyenne d'alimentation, en faisant varier le rapport cyclique, on fait varier la tension moyenne : $\dfrac{T_h}{T} = \dfrac{U_{moyenne}}{U_{max}}$.

4. La conversion analogique-numérique (CAN)

Une information peut être un son, une image, une vidéo, un texte…
L'information que l'on désire transmettre doit être adaptée au mode de fonctionnement des éléments utilisés (ordinateur, carte électronique…). Il faut donc coder les informations sous forme de signaux numériques (suites de « 0 » et de « 1 »).
L'objectif de la numérisation est de transformer un signal analogique en un signal numérique contenant une quantité finie de valeurs.
Le passage de l'analogique au numérique comprend deux étapes : l'échantillonnage (fait de prélever la valeur d'un signal à intervalles de temps réguliers) et la conversion analogique-numérique (CAN).
Le nombre d'échantillons composant le signal numérique devra être suffisamment grand pour pouvoir représenter le signal analogique de départ, mais pas trop grand non plus pour que le signal numérique ne soit pas trop volumineux.

4.1. Le bit

Le terme bit (b avec une minuscule dans les notations) signifie « *binary digit* », c'est-à-dire 0 ou 1 en numérotation binaire. Il s'agit de la plus petite unité d'information manipulable par une machine numérique.

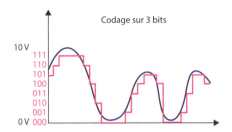

Dans un nombre binaire, la valeur d'un bit, appelée poids, dépend de la position du bit en partant de la droite. À la manière des dizaines, des centaines et des milliers pour un nombre décimal, le poids d'un bit croît d'une puissance de deux en allant de la droite vers la gauche.
Le bit de poids faible (en anglais *least significant bit*, ou lsb) est, dans le nombre binaire, le bit le plus à droite. Le bit de poids fort est celui le plus à gauche (en anglais *most significant bit*, ou msb).

Exemple
Pour un simple nombre en représentation binaire conventionnelle :

4.2. L'octet

L'octet (en anglais *byte* ou B avec une majuscule dans les notations) est une unité d'information composée de 8 bits.
Pour un octet, le plus petit nombre est 0 (représenté par huit zéros : 0000 0000), et le plus grand est 255 (représenté par huit chiffres « un » : 1111 1111), ce qui représente 256 (= 2^8) possibilités de valeurs différentes.
Si l'on ne souhaite récupérer que certains bits d'un octet, on applique un masque sur l'octet. Cela consiste à faire une opération logique « ET » entre l'octet reçu et le masque, composé de « 0 » et de « 1 ».

EXEMPLE

On désire conserver les deux bits de poids fort et forcer la valeur des autres à zéro dans un mot de 8 bits. On choisit donc un masque comportant des 1 à la même position que les bits à conserver et des zéros ailleurs : 1100 0000.
Ainsi, si la donnée est 1011 0001, l'application du calcul donnera :

```
Mot        1011 0001
Masque     1100 0000
           ─────────
Résultat   1000 0000
```

On a donc bien conservé la valeur des deux premiers bits tout en forçant celle des autres à 0.

4.3. Le convertisseur analogique-numérique (CAN)

Un convertisseur analogique-numérique (CAN) est un dispositif électronique permettant la conversion d'un signal analogique en un signal numérique.

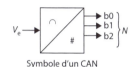

Symbole d'un CAN

Sur la gauche se trouve la tension d'entrée V_e, c'est une grandeur analogique (elle peut varier de façon continue entre une valeur minimale et une valeur maximale). Sur la droite, se trouve le mot numérique codé, dans cet exemple, sur 3 bits.

Sur le schéma ci-dessous, on peut voir le résultat de la conversion d'un signal analogique en un signal numérique codé sur 3 bits.

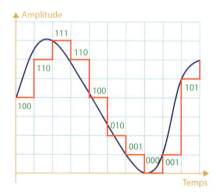

Le **quantum** (q) est la variation minimale de la tension d'entrée qui garantit une variation d'une unité de la donnée numérique de sortie :

$$q = \frac{V_{ref}}{2^n}$$

avec q le quantum du convertisseur (en V), V_{ref} la valeur maximale de la tension d'entrée (en V) et n le nombre de bits du convertisseur.

5 Numération et changement de base

En fonction des applications, la manipulation de mots binaires (successions de « 0 » et de « 1 ») est rendue plus aisée par un changement de base. Les bases les plus utilisées en Enseignement Technologique Transversal sont la base 2, la base 10 et la base 16.
De nombreuses calculatrices font les changements de bases.

(DÉCIMAL)$_{10}$	(BINAIRE)$_2$	(HEXADÉCIMAL)$_{16}$
0	0000	0
1	0001	1
2	0010	2
3	0011	3
4	0100	4
5	0101	5
6	0110	6
7	0111	7
8	1000	8
9	1001	9
10	1010	A
11	1011	B
12	1100	C
13	1101	D
14	1110	E
15	1111	F

Pour indiquer qu'une valeur est en hexadécimal, on écrit « $ » ou « 0x » devant la valeur : par exemple 0x3A6 ou $3A6 ou (3A6)$_{16}$.

EXEMPLES

- **Conversion d'une valeur binaire en valeur décimale**

1011 0111 = $1 \times 2^0 + 1 \times 2^1 + 1 \times 2^2 + 0 \times 2^3 + 1 \times 2^4 + 1 \times 2^5 + 0 \times 2^6 + 1 \times 2^7$
= $1 \times 1 + 1 \times 2 + 1 \times 4 + 0 \times 8 + 1 \times 16 + 1 \times 32 + 0 \times 64 + 1 \times 128$
= $1 + 2 + 4 + 16 + 32 + 128$
= 183

- **Conversion d'une valeur hexadécimale en valeur décimale**

$A7 4C = $12 \times 16^0 + 4 \times 16^1 + 7 \times 16^2 + 10 \times 16^3$
= $12 \times 1 + 4 \times 16 + 7 \times 256 + 10 \times 4096$
= 42 828

- **Conversion d'une valeur binaire en valeur hexadécimale**

En partant de la droite, séparer le mot binaire en groupes de 4 bits et utiliser le tableau de la page précédente :

0001	1101	0101	1100
1	D	5	C

donc (0001 1101 0101 1100)$_2$ = (1D5C)$_{16}$.

- **Conversion d'une valeur hexadécimale en valeur binaire**

Utiliser le tableau de la page précédente pour convertir chaque caractère hexadécimal en un mot de 4 bits :

7	F	E	9
0111	1111	1110	1001

donc $(7FF9)_{16} = (0111\ 1111\ 1110\ 1001)_2$

- **Conversion d'une valeur décimale en valeur binaire**

Il faut effectuer des divisions successives par 2. Les restes des divisions donnent le mot binaire.

Ici $(47)_{10} = (10\ 1111)_2$.

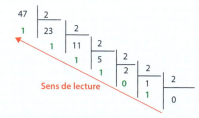

- **Conversion d'une valeur décimale en valeur hexadécimale**

Il faut effectuer des divisions successives par 16. Les restes des divisions donnent le mot en hexadécimal.

Or en hexadécimal, 15 s'écrit « F », donc $(47)_{10} = (2F)_{16}$.

6. La logique combinatoire (fonctions logiques)

Dans la plupart des systèmes, une action est conditionnée par un évènement ou une combinaison d'évènements. Cette combinaison peut être vraie ou fausse. On peut donc utiliser les variables logiques (« 0 » et « 1 ») pour modéliser ces évènements ou combinaisons d'évènements et leur résultat.
Les outils utilisés sont les suivants.

6.1. La table de vérité

La table de vérité est un tableau dans lequel on peut lire l'état logique de la (ou des) sortie(s) en fonction de toutes les combinaisons possibles des états logiques des variables d'entrée. Soit n le nombre de variables d'entrée. La table de vérité comporte 2^n combinaisons différentes, donc 2^n lignes.

a	b	S
0	0	0
0	1	1
1	0	1
1	1	0

6.2. L'équation logique

L'équation logique est une fonction mathématique binaire reliant des variables binaires par des opérateurs logiques. Les opérateurs logiques sont : ET (•), OU (+), NON (−).

$S1 = a \bullet (\bar{e} + c)$

Dans les langages de type « C », la fonction ET est notée « && », la fonction OU est notée « || », et la fonction NON est notée « ! ».

6.3. Les symboles logiques

Les symboles logiques sont la représentation graphique normalisée des fonctions logiques :

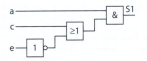

6.4. Le logigramme

Le logigramme est un schéma représentant le lien entre les variables d'entrée en utilisant les symboles des fonctions logiques.

EXEMPLE
Logigramme correspondant à l'équation logique $S1 = a \bullet (\bar{e} + c)$

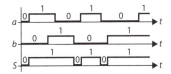

6.5. Le chronogramme

Le chronogramme est un graphe permettant de visualiser, en fonction du temps, l'état logique des sorties en fonction de l'état logique des entrées.

		OUI	NON	ET	OU
Équation logique		$S = e_1$	$S = \bar{e}_1$	$S = e_1 \bullet e_2$	$S = e_1 + e_2$
Chronogramme					
Table de vérité		e_1 | S 0 | 0 1 | 1	e_1 | S 0 | 1 1 | 0	e_1 | e_2 | S 0 | 0 | 0 0 | 1 | 0 1 | 0 | 0 1 | 1 | 1	e_1 | e_2 | S 0 | 0 | 0 0 | 1 | 1 1 | 0 | 1 1 | 1 | 1
Logigramme		e_1 —[1]— S	e_1 —[1]o— S	e_1, e_2 —[&]— S	e_1, e_2 —[≥1]— S

7. Le diagramme de séquence : « sd » (*Sequence Diagram*)

Un diagramme de séquence représente les échanges de messages entre les acteurs et le système, ou entre des parties du système. Il se lit de haut en bas et montre l'ordre des messages passés entre blocs.
Dans un diagramme de séquence, on trouve les éléments détaillés dans le tableau suivant.

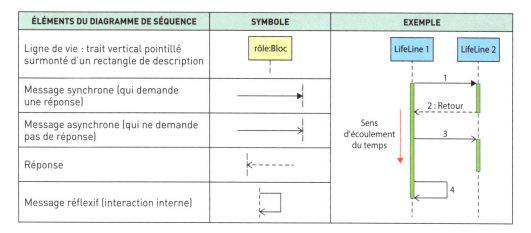

Lorsque le message à transmettre n'est pas linéaire, on utilise des opérateurs. Trois de ces opérateurs sont décrits ci-dessous.

TYPE DE SÉQUENCE ET OPÉRATEUR	FONCTION	EXEMPLE
Séquence conditionnelle Opérateur : alt	Faire l'action si la condition est vraie, sinon (else) faire	alt [condition] Alternatif [else]
Séquence répétitive Opérateur : loop	Répéter l'action tant que la condition est vraie	loop [condition] Répétitif
Séquence simultanée Opérateur : par	Exécuter simultanément (en même temps) plusieurs actions	par [condition] Simultané [condition]

8 Le diagramme d'état : « stm » (*State Machine Diagram*)

Le diagramme d'état modélise l'évolution de l'état d'un block en fonction des événements qui peuvent se produire.
Sur un diagramme d'état, on trouve les éléments détaillés dans le tableau suivant.

ÉLÉMENT DU DIAGRAMME D'ÉTAT	SYMBOLE
État initial	●
État final	⊙
État	Acquérir les informations des deux codeurs de position
Transition	↓
Événement	[(Tcap-Tbal)>Carrêt && (Tcap-Tbal)< Cmarche]
Commentaire	Fin du cycle de traitement

EXEMPLE

Le diagramme d'état ci-dessous décrit le principe de commande pour piloter le cycle de fonctionnement de vannes sur le barrage du Mont Saint Michel (sujet ETT, 2012).

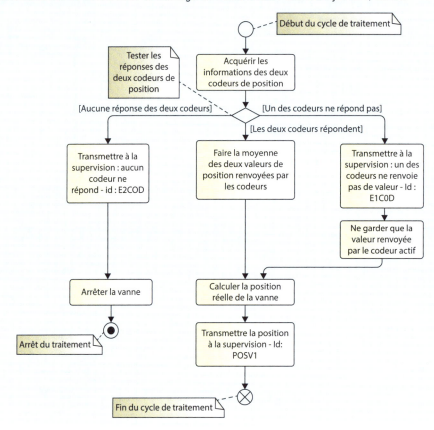

9 Algorithme et algorigramme

9.1. L'algorithme

Un algorithme est un ensemble de règles opératoires rigoureuses, ordonnant à un processeur d'exécuter, dans un ordre déterminé, un nombre fini d'opérations élémentaires appelées « instructions ».

L'algorithme est composé :
- d'un **en-tête** dans lequel le concepteur donne un nom à l'algorithme. Il définit le traitement effectué et les données auxquelles il se rapporte ;
- d'une **partie déclarative** dans laquelle le concepteur décrit les différents « objets » que l'algorithme utilise (voir tableau ci-après) ;
- d'une **partie exécutive** délimitée par les mots « début » et « fin ».

LES CONSTANTES	LES VARIABLES
Ce sont des « objets » constants dans tout l'algorithme. Déclaration : nom_constante=valeur *Exemple :* Pi = 3,1416	Ce sont des « objets » dont la valeur peut changer au cours de l'exécution de l'algorithme. Déclaration : nom_variable : type Le « type » peut être : nombre entier, octet, chaîne de caractères…

9.2. L'algorigramme

Un algorigramme est une représentation graphique de l'algorithme.

• Les symboles utilisés

Pour construire un algorigramme, on utilise des symboles normalisés.

EXEMPLES

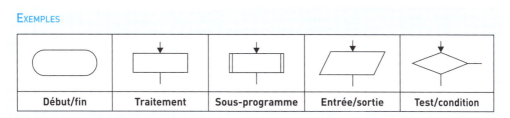

| Début/fin | Traitement | Sous-programme | Entrée/sortie | Test/condition |

• Les différentes structures

STRUCTURE	ALGORIGRAMME	ALGORITHME
Structure linéaire La structure linéaire se caractérise par une suite d'actions à exécuter successivement dans l'ordre de leur énoncé.	Algorigramme Traitement 1 Traitement 2 Traitement 3	FAIRE « traitement 1 » FAIRE « traitement 2 » FAIRE « traitement 3 »

Structure alternative ou conditionnelle
Une structure alternative n'offre que deux issues possibles s'excluant mutuellement. Une condition est testée, et en fonction du résultat du test, soit le traitement 1, soit le traitement 2 est réalisé.
	Condition → non
	oui
	Traitement 1 / Traitement 2
		SI « condition » vraie
		   ALORS FAIRE
		« traitement 1 »
		   SINON FAIRE
		« traitement 2 »
		FIN SI

Structure répétitive ou itérative Dans cette structure, on commence par tester la condition. Si elle est vraie, alors le traitement est exécuté.	Condition → oui → Traitement non	TANT QUE « condition » vraie FAIRE « traitement » FIN TANT QUE
Boucle avec comptage On initialise la variable N avec une valeur x. On teste si N est égal à 0. Si ce n'est pas le cas, on exécute le traitement et on décrémente la variable N, puis on teste à nouveau la variable N, et ainsi de suite, jusqu'à ce que $N = 0$.	$N = x$ $N = 0$ → non → Traitement oui $N = N - 1$	POUR $N = x$ à $N = 0$ REPETER « traitement » FIN POUR

Savoir 7
Étude comportementale des réseaux informatiques

LU ☐
SU ☐
REVU ☐

1 Les réseaux informatiques

Un réseau informatique est un ensemble d'ordinateurs et de périphériques reliés entre eux pour partager des informations et accéder à des services.

1.1. Le réseau d'ordinateurs

Le réseau d'ordinateurs fonctionne très souvent sur le principe : Clients/Serveur. Plusieurs ordinateurs ont un besoin et font appel à un ordinateur central pour les aider. L'ordinateur central est appelé serveur, car il est là pour rendre service aux autres (clients), mais il doit attendre qu'on lui demande quelque chose. Un serveur ne peut rien faire sans qu'on le lui demande.

1.2. Le réseau entre modules industriels

Dans ce type de réseau, le principe rencontré est souvent : Maître/Esclaves. Un des appareils (ordinateur ou automate) demande ou fournit à tour de rôle à tous les autres appareils une information (température, comptage, consigne de vitesse, etc.) : il est le maître. Les autres appareils doivent obéir : ce sont les esclaves.

1.3. Le réseau hétérogène

Dans un réseau hétérogène, il est possible de faire communiquer des ordinateurs équipés de systèmes d'exploitation différents (Windows, Linux, MacOS) avec des cartes électroniques, des automates, des caméras IP. Si ces appareils utilisent le même langage (normes de communication, protocoles), alors ils pourront échanger leurs informations.

EXEMPLE

2 Les composants d'un réseau informatique

NOM	FONCTION
Serveur	Ordinateur dédié à l'administration d'un réseau informatique, qui gère l'accès aux ressources et aux périphériques, et les connexions des différents utilisateurs
Routeur	Appareil informatique qui dirige le trafic des réseaux à partir des adresses IP.
Routeur Wi-Fi	Appareil informatique qui connecte des équipements de réseau grâce à des ondes radio.
Hub ou concentrateur	Appareil informatique qui rediffuse les informations à tous les postes
Switch ou commutateur	Appareil informatique qui rediffuse les informations uniquement au bon destinataire, grâce à sa table contenant les adresses MAC.
Carte réseau	Carte connectée ou intégrée à la carte mère qui relie les machines aux canaux de transmission
Connecteur	Élément qui fait la jonction entre la carte réseau et le support de transmission (RJ45, BNC...)
Support de transmission	Support physique qui relie les postes entre eux (câble coaxial, paire torsadée, fibre optique, air...)
Répéteur	Appareil informatique qui reçoit des informations et les retransmet en régénérant le signal. Il permet de connecter deux segments Ethernet dans un LAN.

3 Les types de réseaux

Les types de réseaux sont définis en fonction de leur localisation, de leur étendue géographique et de leurs débits maximaux.

NOM	FONCTION
CAN (*Controller Area Network*) ou VAN (*Vehicle Area Network*)	Réseau local industriel permettant de connecter divers capteurs, émetteurs… généralement sur de faibles distances
PAN (*Personal Area Network*)	Réseau domestique reliant des appareils électroniques personnels (ordinateur avec imprimante sans fil, tablette et enceintes, smartphone et oreillettes…)
LAN (*Local Area Network*)	Réseau local permettant l'échange de données et le partage de ressources au niveau d'une maison, d'une entreprise, d'un établissement scolaire
MAN (*Metropolitan Area Network*)	Réseau permettant de relier plusieurs bâtiments d'une commune ou d'un pôle universitaire. Ce sont des interconnexions de LAN.
WAN (*Wide Area Networks*)	Réseau longue distance assurant la transmission des données à l'échelle de la planète

4 Les topologies des réseaux

La topologie désigne la représentation que l'on se fait d'un réseau sous deux points de vue : ==topologie physique== (point de vue de l'emplacement et de la connexion des appareils) et ==topologie logique== (point de vue du parcours de l'information).
Ces deux points de vue utilisent des représentations graphiques définies : bus, étoile, anneau, maillé, arbre, libre…
Un réseau peut avoir une topologie physique différente de sa topologie logique : on parle de ==topologie mixte==.

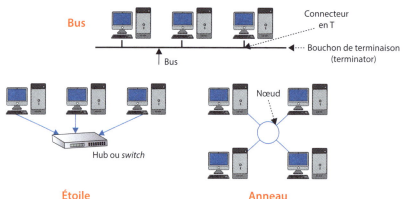

TOPOLOGIE	PRINCIPE
Point à point	Deux éléments communiquent en étant directement reliés l'un à l'autre.
Bus	Les machines sont connectées en série sur le bus. L'information circule, tous les postes la voient. Seuls ceux qui ont la bonne adresse de destination la lisent.
Anneau	Les ordinateurs sont situés sur une boucle et communiquent à tour de rôle. Le répartiteur situé sur la boucle gère la communication entre les ordinateurs.
Étoile	Tous les postes sont interconnectés grâce à un concentrateur. Les hôtes émettent vers ce concentrateur qui renvoie les données vers tous les autres ports réseaux (hub) ou uniquement au destinataire (switch).

5 Le transport de l'information

Pour communiquer, les appareils ont besoin d'être interconnectés physiquement. Pour cela, il existe plusieurs possibilités.

	DÉBIT MAX	LONGUEUR DE CÂBLE/PORTÉE	TOPOLOGIE PHYSIQUE
CÂBLE COAXIAL (SIGNAL ÉLECTRIQUE)	10 Mb/s	500 mètres	Bus
PAIRE TORSADÉE (SIGNAL ÉLECTRIQUE)	1 000 Mb/s	100 mètres	Étoile
FIBRE OPTIQUE (SIGNAL LUMINEUX)	De 100 Mb/s à 10 Tb/s	Milliers de km	Anneau
LIAISON SANS FIL (ONDES RADIO) Bluetooth, Wi-Fi, GSM, GPRS, 3G+, 4G	De 10 Mb/s à 600 Mb/s	Portée : de quelques mètres (Bluetooth) à quelques dizaines de mètres (Wi-Fi) et quelques kilomètres (4G)	Infrastructure/ Ad hoc
COURANTS PORTEURS EN LIGNE (CPL) (SIGNAL ÉLECTRIQUE)	De 14 Mb/s à 500 Mb/s	200 mètres	Étoile

Le Wi-Fi peut opérer selon deux modes : le mode *ad hoc* (les machines clientes sont interconnectées directement entre elles sans passer par un point d'accès, par exemple un drone Parrot) et le mode infrastructure (les machines clientes sont connectées à un point d'accès partageant la bande passante disponible).

Les CPL permettent de construire un réseau informatique sur un réseau électrique. On superpose au courant électrique alternatif (50 Hz) un signal à plus haute fréquence et de faible énergie. Ce deuxième signal se propage sur l'installation électrique et peut être reçu et décodé à distance.

Exemple

Le fournisseur d'accès Free relie ses deux boîtiers Freebox (Internet et télévision) par des « FreePlugs », adaptateurs CPL, inclus dans leur alimentation.

6 L'identification des appareils sur un réseau informatique

6.1. L'adresse MAC

Une adresse MAC (*Media Access Control*), parfois nommée « adresse physique », identifie de façon unique une carte réseau. Elle est composée d'une suite de 6 octets en hexadécimal séparés par des « : ».

Exemple
08:00:27:5c:10:0a.

6.2. L'adresse IP

Une adresse IP est un numéro d'identification attribué de façon permanente ou provisoire à chaque appareil connecté à un réseau informatique.

- **La norme IPv4**

L'adresse comporte 4 valeurs comprises entre 0 et 255 séparées par un point. Elle se décompose en deux informations : l'adresse réseau (Net Id) et l'adresse machine (Host Id).

Exemple
172.20.1.32.

CLASSES	NET ID	HOST ID	ÉTENDUE DE LA PLAGE	MASQUE DE RÉSEAU
A	8 bits/1 octet	24 bits/3 octets	De 1.x.x.x à 127.x.x.x	255.0.0.0
B	16 bits/2 octets	16 bits/2 octets	De 128.0.x.x à 191.255.x.x	255.255.0.0
C	24 bits/3 octets	8 bits/1 octet	De 192.0.0.x à 223.255.255.x	255.255.255.0

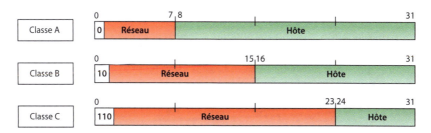

Pour trouver l'adresse réseau, on fait un ET binaire entre l'adresse IP et le masque réseau. Lorsqu'un masque est noté : X.X.X.X/24, cela signifie qu'il est composé de 24 « 1 » et donc de 8 « 0 ».

EXEMPLE
132.90.114.1 (classe B) associé au masque réseau 255.255.0.0.

```
Adresse : 132.90.114.1    s'écrit en binaire    10000100 . 01011010 . 01110010 . 00000001
Masque : 255.255.0.0      s'écrit en binaire    11111111 . 11111111 . 00000000 . 00000000
                          ET binaire            ---------------------------------------------
                                                10000100 . 01011010 . 00000000 . 00000000
             L'adresse du réseau est donc : 132.90.0.0
```

- **L'adresse réseau** : lorsque l'on annule la partie Host Id, c'est-à-dire lorsque l'on remplace les bits réservés aux machines du réseau par des zéros (par exemple, 132.90.0.0), on obtient ce que l'on appelle l'adresse réseau. Cette adresse ne peut être attribuée à aucun des ordinateurs du réseau.
- **L'adresse de broadcast** : lorsque tous les bits de la partie Host Id sont à 1, l'adresse obtenue est appelée adresse de diffusion (en anglais broadcast). Il s'agit d'une adresse spécifique, permettant d'envoyer un message à toutes les machines situées sur le réseau spécifié par le Net Id. Cette adresse ne peut être attribuée à aucun des ordinateurs du réseau.
- **L'adresse de loopback** : l'adresse 127.0.0.1 est appelée adresse de *loopback* ou adresse de « rebouclage » et permet de tester en local la pile TCP/IP. Pour vérifier si une carte réseau fonctionne, il suffit d'effectuer un ping sur cette adresse de *loopback* : si les paquets sont bien reçus, alors la carte réseau fonctionne.
- **Les adresses privées/adresses publiques** : les adresses IPv4 sont dites publiques si elles sont enregistrées et routables sur Internet, elles sont donc uniques mondialement (par exemple, l'adresse d'une box Internet). À l'inverse, les adresses privées ne sont utilisables que dans un réseau local, et ne doivent être uniques que dans ce réseau.

• **La norme IPv6**
Une adresse IPv6 est longue de 128 bits, soit 16 octets, contre 32 bits pour IPv4. On dispose ainsi d'environ $3,4 \cdot 10^{38}$ adresses ($2^{128} = 3,4 \cdot 10^{38}$).
IPv6 a été principalement développée en réponse à la forte demande d'adresses Internet qu'IPv4 ne permettait pas de contenter.
La notation décimale pointée employée pour les adresses IPv4 (par exemple 172.31.128.1) est abandonnée au profit d'une écriture hexadécimale (de 0 à f), dans laquelle les 8 groupes de 2 octets (soit 16 bits par groupe) sont séparés par un signe « : » :

$$2001:0db8:0000:85a3:0000:0000:ac1f:8001$$

La notation complète ci-dessus comprend exactement 39 caractères.
Il est permis d'omettre de 1 à 3 chiffres zéros non significatifs dans chaque groupe de 4 chiffres hexadécimaux. Ainsi, l'adresse IPv6 ci-dessus est équivalente à :

$$2001:db8:0:85a3:0:0:ac1f:8001$$

De plus, une unique suite d'un ou de plusieurs groupes consécutifs de 16 bits tous nuls peut être omise, en conservant toutefois les signes deux points (:) de chaque côté de la suite de chiffres omise, c'est-à-dire une paire de deux points (::). Ainsi, l'adresse IPv6 ci-dessus peut être abrégée en :

$$2001:db8:0:85a3::ac1f:8001$$

7 Le modèle OSI

Le modèle OSI fournit un cadre général pour la conception des protocoles et standards de communication sur les réseaux. Le modèle comporte 7 couches : les 4 couches inférieures sont plutôt orientées « communication » et les 3 couches supérieures sont plutôt orientées « application ».

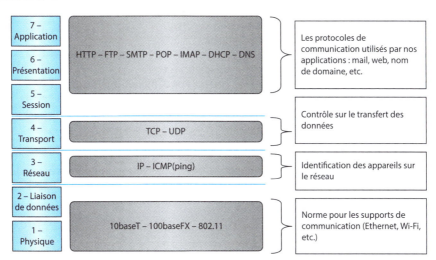

8 L'analyse de trames

8.1. Les protocoles de communication

Un protocole est un langage commun utilisé par l'ensemble des acteurs de la communication pour échanger des données.

Le message à transmettre est « encapsulé » dans une trame dont le format est défini par le protocole utilisé.

Une trame est délimitée par un début et une fin, c'est-à-dire des signaux spécifiques qui permettent de déterminer à quel moment elle commence et à quel moment elle finit. Elle peut également contenir d'autres informations, comme l'identification de l'émetteur, celle du récepteur, le contrôle des erreurs au niveau du transfert des informations…

8.2. Le format d'une trame d'un bus de terrain

Lorsque le réseau informatique est utilisé sur un terrain donné (véhicule, site de production…), on l'appelle bus de terrain. Un bus de terrain permet de transmettre des messages courts, par exemple des informations issues de capteurs ou d'actionneurs, avec une grande fiabilité et un temps de réaction très court. Ce réseau est peu sensible aux perturbations extérieures.

> **Exemple**
> Bus CAN (*Controller Area Network*).
> Le bus CAN est un moyen de communication série. La transmission des données est effectuée sur une paire filaire différentielle. La ligne est donc constituée de 2 fils.
> Le protocole bus CAN est basé sur le principe de diffusion générale : aucun organe n'est adressé, par contre, chaque message envoyé sur le bus est clairement explicité, et le ou les organes décident de l'ignorer ou non.

Constitution de la trame de données de type standard CAN 2.0A, la plus utilisée :

SOF 1 bit	Identificateur 10 bits	RTR 1 bit	Champ de contrôle 6 bits	Donnée 8 octets max	Champ de sécurité 16 bits	ACK 2 bits	Champ de fin 7 bits

Cette trame se décompose en huit parties principales que l'on appelle des champs :
- SOF : *Start Of Frame*, début de transmission sur 1 bit.
- Identificateur : indique l'émetteur de la trame.
- RTR : indique s'il s'agit d'une trame de données ou d'une demande de message.
- Champ de contrôle : indique la longueur de la donnée.
- Champ de sécurité : permet de détecter une erreur dans la transmission.
- ACK : *acknowledge* (envoyé par le récepteur).
- Champ de fin : signale la fin de la transmission.

8.3. Le format d'une trame Ethernet

Le protocole Ethernet est utilisé entre des systèmes possédant une carte réseau (adresse MAC).

EXEMPLE
Trame Ethernet V2

			Nombre d'octets :		
8	6	6	2	46 à 1500	4
Préambule	Adresse destination	Adresse source	Ether type	Données	CRC

Voici la description des champs d'une trame Ethernet :
- Préambule (8 octets) : annonce le début de la trame et permet la synchronisation.
- Adresse destination (6 octets) : adresse physique de la carte Ethernet (adresse MAC) destinataire de la trame.
- Adresse source (6 octets) : adresse physique de la carte Ethernet (adresse MAC) émettrice de la trame.
- Ether type ou type de trame (2 octets) : indique quel protocole est concerné par le message.
- Données (46 à 1 500 octets) : sur la station destinataire de la trame, ces octets seront communiqués à l'entité (protocole) indiquée par le champ « Ether type ». Notons que la taille minimale des données est 46 octets. Des octets à 0, dits de « bourrage », sont utilisés pour compléter les données dont la taille est inférieure à 46 octets.
- CRC (*Cyclic Redundancy Check*) : champ de contrôle de la redondance cyclique. Permet de s'assurer que la trame a été correctement transmise et que les données peuvent donc être délivrées au protocole destinataire.

S'entraîner au Bac

Exercice 1 — voir Fiche savoir 1

Testez vos connaissances

1. Laquelle de ces énergies n'est pas renouvelable ?
a) Géothermie ☐
b) Énergie nucléaire ☐
c) Éolien ☐
d) Bois ☐

2. Qu'est-ce que le biogaz ?
a) Un mélange gazeux d'hydrocarbures présent dans certaines roches poreuses ☐
b) Un gaz obtenu en brûlant des hydrocarbures ☐
c) Un gaz fabriqué par des organismes vivants lors de la décomposition de certaines matières comme le fumier, le lisier ou le feuillage ☐

3. Qu'est-ce que l'énergie grise ?
a) La dépense énergétique totale de l'élaboration d'un matériau jusqu'à son recyclage ☐
b) L'énergie nécessaire pour le recyclage d'un matériau ☐
c) L'énergie contenue dans les fumées des centrales thermiques ☐

4. Quel document permet de protéger une invention ?
a) Un copyright ☐
b) Un brevet ☐
c) Une marque déposée par l'entreprise ☐

5. Lorsque l'on consomme 5 kWh d'électricité en France, quelle quantité d'énergie primaire consomme-t-on ?
a) 12,9 kWh ☐
b) 5 kWh ☐
c) 12,9 MWh ☐

6. Lorsque l'on consomme 5 kWh de gaz de ville, quelle quantité d'énergie primaire consomme-t-on ?
a) 12,9 kWh ☐
b) 5 kWh ☐
c) 12,9 MWh ☐

7. À combien de Wh correspondent 3 Tep ?
a) 34 800 Wh ☐
b) 34,8 Wh ☐
c) 34 800 000 Wh ☐

8. À combien de Tep correspondent 20 MWh ?
a) 1,72 ☐
b) 0,001 72 ☐
c) $1,7 \cdot 10^{-6}$ ☐

9. En France, quel est le secteur d'activité le plus consommateur en énergie ?
a) Le transport ☐
b) Le bâtiment ☐
c) L'agriculture ☐
d) La communication ☐

10. Qu'est-ce qu'un bâtiment à « énergie positive » ?
a) Un bâtiment qui n'utilise aucune source d'énergie ☐
b) Un bâtiment qui n'utilise que des sources d'énergie renouvelables ☐
c) Un bâtiment qui produit plus d'énergie qu'il n'en consomme ☐

FAIT ☐   REVU ☐

Exercice 2 — voir Fiche savoir 2

Testez vos connaissances

1. Le diagramme permettant de décrire les exigences du cahier des charges est :
a) le diagramme des cas d'utilisation ☐
b) le diagramme d'exigences ☐
c) le diagramme d'état ☐

2. Sur un diagramme des cas d'utilisation, « *extend* » signifie que :
a) la fonction pointée est obligatoire à la réalisation de la fonction principale ☐
b) la fonction pointée n'est pas indispensable à la réalisation de la fonction principale ☐
c) l'élément apporte des précisions sur la fonction pointée ☐

3. Sur un diagramme des cas d'utilisation, « *include* » signifie que :
a) la fonction pointée est obligatoire à la réalisation de la fonction principale ☐
b) la fonction pointée n'est pas indispensable à la réalisation de la fonction principale ☐
c) l'élément apporte des précisions sur la fonction pointée ☐

4. Sur un diagramme d'exigences, « *refine* » signifie que le bloc à l'origine de la flèche :

a) apporte des précisions sur l'élément pointé ☐
b) découle ou est déduit de l'exigence pointée ☐
c) satisfait, répond à la demande formulée par l'exigence pointée ☐

5. Sur un diagramme d'exigences, « *satisfy* » signifie que le bloc à l'origine de la flèche :

a) apporte des précisions sur l'élément pointé ☐
b) découle ou est déduit de l'exigence pointée ☐
c) répond à la demande formulée par l'exigence pointée ☐

6. Dans un tableau des critères, une flexibilité de ± 5 % sur une valeur de 500 N correspond à :

a) ± 5 N ☐
b) ± 2,5 N ☐
c) ± 25 N ☐

7. Le composant vérin permet de remplir la fonction :

a) Alimenter ☐
b) Distribuer ☐
c) Convertir ☐

8. Dans la fonction Acquérir, on peut trouver le composant :

a) batterie ☐
b) accéléromètre ☐
c) microcontrôleur ☐

9. Le composant système vis-écrou permet de remplir la fonction :

a) Transmettre ☐
b) Distribuer ☐
c) Agir ☐

10. Quelle est la fonction d'un capteur ?

a) Acquérir ☐
b) Communiquer ☐
c) Traiter ☐

FAIT ☐   REVU ☐

Exercice 3 — voir Fiche savoir 3

Testez vos connaissances

1. Quelle doit être la capacité d'une batterie alimentant une charge de 3 Ω avec une différence de potentiel de 12 V pendant 30 minutes ?

a) 4 Ah ☐
b) 2 Ah ☐
c) 0,5 Ah ☐

2. Quelle doit être la capacité d'une batterie alimentant une charge de 48 W avec une différence de potentiel de 12 V pendant 2 heures ?

a) 8 Ah ☐
b) 4 Ah ☐
c) 2 Ah ☐

3. Quelle est l'autonomie d'une batterie de 12 V possédant une capacité de 100 Ah et alimentant une charge de 24 W ?

a) 100 h ☐
b) 24 h ☐
c) 50 h ☐

4. On branche 2 modules de batteries en série. Chacun des modules a pour caractéristiques : $U = 12$ V, $Q = 50$ Ah. Quelles sont les caractéristiques de l'association de ces deux modules ?

a) $U = 24$ V et $Q = 100$ Ah ☐
b) $U = 12$ V et $Q = 100$ Ah ☐
c) $U = 24$ V et $Q = 50$ Ah ☐

5. On branche 2 modules de batteries en parallèle. Chacun des modules a pour caractéristiques : $U = 12$ V, $Q = 50$ Ah. Quelles sont les caractéristiques de l'association de ces deux modules ?

a) $U = 24$ V et $Q = 100$ Ah ☐
b) $U = 12$ V et $Q = 100$ Ah ☐
c) $U = 24$ V et $Q = 50$ Ah ☐

6. Quel est le rapport de transmission d'un engrenage dont l'axe d'entrée tourne à 28 tr/min et l'axe de sortie à 14 tr/min ?

a) 0,5 ☐
b) 14 ☐
c) 2 ☐

7. Dans quel sens tourne la roue dentée jaune si la roue dentée bleue tourne dans le sens trigonométrique ?

S'entraîner au Bac

a) Sens trigonométrique ☐
b) Sens anti-trigonométrique ☐
c) Cela dépend. ☐

8. Dans un système poulies-courroie, la grande poulie tourne :

a) toujours plus vite que la petite poulie ☐
b) toujours moins vite que la petite poulie ☐
c) Cela dépend. ☐

9. On appelle R_{equ} la résistance équivalente de deux résistances R_1 et R_2 branchées en dérivation. Quelle est la bonne relation ?

a) $\dfrac{1}{R_{equ}} = \dfrac{1}{R_1 + R_2}$ ☐

b) $R_{equ} = \dfrac{1}{R_1} + \dfrac{1}{R_2}$ ☐

c) $\dfrac{1}{R_{equ}} = \dfrac{1}{R_1} + \dfrac{1}{R_2}$ ☐

10. Quelle est l'expression du courant I_3 dans le schéma ci-dessous ?

a) $I_3 = I - I_2 - I_1$ ☐
b) $I_3 = -I_1 - I - I_2$ ☐
c) $I_3 = I + I_1 - I_2$ ☐

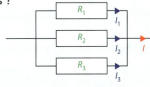

FAIT ☐ REVU ☐

Exercice 4 voir Fiche savoir 4

Testez vos connaissances

1. Les points d'un solide en translation ont tous :

a) des trajectoires différentes, des vitesses et des accélérations différentes ☐
b) des trajectoires identiques, mais des vitesses et des accélérations différentes ☐
c) des trajectoires identiques, la même vitesse et la même accélération ☐

2. Les trajectoires des points appartenant à un solide en translation :

a) sont obligatoirement des droites parallèles entre elles ☐
b) peuvent être des droites ou des courbes identiques entre elles ☐
c) peuvent être des droites ou des courbes géométriques différentes ☐

3. Un mouvement de translation rectiligne et uniforme est :

a) un mouvement à accélération constante ☐
b) un mouvement à accélération nulle ☐
c) un mouvement à accélération variable ☐

4. Les équations définissant le mouvement de translation rectiligne et uniforme pour lequel $t_0 = 0$ sont :

a) $a(t) \neq 0$; $v(t) = v_0$ = constante ; $x(t) = v_0 + x_0 \cdot t$ ☐
b) $a(t) = 0$; $v(t) = v_0$ = constante ; $x(t) = x_0 \cdot t + v_0$ ☐
c) $a(t) = 0$; $v(t) = v_0$ = constante ; $x(t) = v_0 \cdot t + x_0$ ☐

5. Les équations du mouvement d'un solide en translation rectiligne uniformément accéléré pour lequel $t_0 = 0$ sont :

a) $a(t) = 0$ = constante ; $v(t) = a(t) + v_0 \cdot t$;
$x(t) = \dfrac{1}{2} \cdot a(t) \cdot t^2 + v_0 + x_0 \cdot t$ ☐

b) $a(t) \neq 0$ = constante ; $v(t) = a(t) \cdot t + v_0$;
$x(t) = \dfrac{1}{2} \cdot a(t) \cdot t^2 + v_0 \cdot t + x_0$ ☐

c) $a(t) \neq 0$ = constante ; $v(t) = a(t) \cdot t + v_0$;
$x(t) = \dfrac{1}{2} \cdot v_0 \cdot t^2 + a(t) \cdot t + x_0$ ☐

6. Un point est animé d'un mouvement de rotation uniformément varié autour d'un axe fixe dont les caractéristiques sont : $\theta''(t) = 2$ rad/s^2 ; $\theta'(t) = 10$ rad/s ; $\theta_0 = 10$ rad.

Quelle sera la position angulaire du point à l'instant $t = 2$ s ?

a) $\theta = 34$ rad ☐
b) $\theta = 24$ rad ☐
c) $\theta = 32$ rad ☐

7. Un point est animé d'un mouvement de rotation uniforme autour d'un axe dont les caractéristiques sont : $\theta'(t) = 10$ rad/s ; $\theta_0 = 5$ rad.

Quelle sera la position angulaire du point à l'instant $t = 5$ s ?

a) $\theta = 50$ rad ☐
b) $\theta = 45$ rad ☐
c) $\theta = 55$ rad ☐

8. Un objet exerce sur le sol une force verticale de 104 N. On considère que g = 10 m/s^2. Quelle est la masse de l'objet ?

a) 10,4 N ☐
b) 10,4 kg ☐
c) 1 040 kg ☐

9. Quelle est la pression résultant d'une force de 20 N exercée sur une surface de 2 m^2 ?

a) 10 Pa ☐
b) 20 Pa ☐
c) 40 Pa ☐

S'entraîner au Bac

10. Sur la brouette ci-dessous, comment s'écrit le théorème du moment résultant donnant la condition d'équilibre du système ?

a) $(P + F) \cdot R = -F \cdot S$ ☐
b) $(P - F) \cdot R = -F \cdot S$ ☐
c) $(P - F) \cdot R = F \cdot S$ ☐

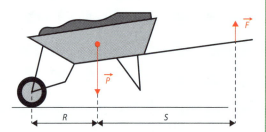

11. La documentation pour un réfrigérateur indique « Consommation : 1,5 kWh/24 h ». Cette documentation nous renseigne sur :

a) l'énergie consommée ☐
b) la puissance électrique de l'appareil ☐
c) l'abaissement de température ☐

12. Quelle quantité d'énergie consomme-t-on pour regarder un film de 2 heures sur une télévision de 100 W ?

a) 200 J ☐
b) 200 Wh ☐
c) 200 kWh ☐

13. Quel est le rendement global d'une installation composée d'un moteur de rendement 0,7 et d'un réducteur de rendement 0,5 ?

a) 1,2 ☐
b) 20 % ☐
c) 35 % ☐

14. Quel est le rendement d'une installation lumineuse émettant un flux lumineux de 80 lm pour une puissance de 100 W ?

a) 20 % ☐
b) 80 % ☐
c) 0,8 % ☐

15. Quelle lampe consomme le plus de courant électrique ?

a) une lampe d'automobile (55 W ; 12 V) ☐
b) une lampe de poids lourd (84 W ; 24 V) ☐
c) une lampe domestique (100 W ; 230 V) ☐

FAIT ☐   REVU ☐

Exercice 5 — voir Fiche savoir 5

Testez vos connaissances

1. Le bronze est un alliage :
a) de cuivre et de fer ☐
b) d'étain et de fer ☐
c) de cuivre et d'étain ☐

2. L'acier est un alliage :
a) de cuivre et de fer ☐
b) de fer et de carbone ☐
c) de fer et de plomb ☐

3. Le matériau dont la masse volumique est la plus faible est :
a) l'aluminium ☐
b) le bronze ☐
c) l'acier ☐

4. Le matériau qui a la meilleure résistance à la corrosion est :
a) le cuivre ☐
b) l'acier ☐
c) l'or ☐

5. Les matériaux qui composent la famille « métallique » sont :
a) le bronze, l'acier, l'aluminium ☐
b) le fer, les céramiques, le bronze ☐
c) l'acier, le béton, l'aluminium ☐

6. Quel type de déformation est illustré ci-contre ?
a) Traction ☐
b) Compression ☐
c) Flexion simple ☐

7. Si une barre de section 0,02 m² est soumise à un effort de traction d'intensité 10 000 N, la contrainte dans la pièce est de :
a) 500 000 MPa ☐
b) 0,5 Pa ☐
c) 0,5 MPa ☐

8. Un matériau de résistance élastique R_e = 600 MPa est soumis à une contrainte de 200 MPa. Le coefficient de sécurité est de :
a) 3 ☐
b) 12 ☐
c) 1,2 ☐

9. Quel matériau est le plus isolant ?
a) Laine de verre (λ = 0,04 W · m^{-1} · K^{-1}) ☐
b) Ouate de cellulose (λ = 0,039 W · m^{-1} · K^{-1}) ☐
c) Polystyrène extrudé (λ = 0,035 W · m^{-1} · K^{-1}) ☐

10. Une paroi est composée d'un mur en béton de résistance thermique R = 0,04 m^2 · K/W recouvert de laine minérale de résistance thermique R = 2,5 m^2 · K/W. La résistance thermique équivalente pour cette paroi est de :
a) 2,46 m^2 · K/W ☐
b) 2,54 m^2 · K/W ☐
c) 0,1 m^2 · K/W ☐

FAIT ☐   REVU ☐

Exercice 6 — voir Fiche savoir 6

Testez vos connaissances

1. Quelle est la définition d'un signal analogique ?
a) C'est un signal variant de façon continue dans le temps. ☐
b) C'est un signal variant de façon discontinue dans le temps. ☐
c) C'est un signal variant de façon continue dans l'espace. ☐
d) C'est un signal variant de façon discontinue dans l'espace. ☐

2. Deux signaux de période 800 ms ont un déphasage de 200 ms. Quelle est la valeur de ce déphasage en degrés ?
a) 200 ☐
b) 90 ☐
c) 45 ☐

3. Lorsque l'on applique un rapport cyclique de 0,25 à une tension continue de 24 V, quelle tension moyenne obtient-on ?
a) 6 V ☐
b) 18 V ☐
c) 23,75 V ☐

4. Lorsque l'on applique un rapport cyclique de 20 % à une tension continue de 12 V, quelle tension moyenne obtient-on ?
a) 9,6 V ☐
b) 11,8 V ☐
c) 2,4 V ☐

5. Quel est le résultat du masque 0110 0011 sur le mot 1010 0110 ?
a) 0010 0010 ☐
b) 1000 0100 ☐
c) 1110 0111 ☐

6. Dans une variable, on a la valeur binaire suivante : 0101 1100. On souhaite masquer les 4 bits de poids faible. Quel masque doit-on appliquer ?
a) 0000 1111 ☐
b) 1111 0000 ☐
c) 0101 1100 ☐

7. Soit le mot en hexa A3. Que vaut le bit de poids faible ?
a) 0 ☐
b) 1 ☐
c) 3 ☐

8. Soit un CAN 3 bits avec une tension U_{ref} = 32 V. Calculez la valeur du quantum.
a) 10,7 V ☐
b) 5,3 V ☐
c) 4 V ☐

9. Quelle est l'équation logique correspondant au logigramme ci-dessous ?

a) $S = (a \cdot b) + (b \cdot \overline{c})$ ☐
b) $S = (a + b) \cdot (b + \overline{c})$ ☐
c) $S = (a \cdot b) + (b \cdot c)$ ☐

10. Un diagramme de séquence :
a) modélise l'évolution de l'état d'un block en fonction des événements qui peuvent se produire ☐
b) représente les échanges de messages entre les acteurs et le système ou entre les parties du système ☐
c) présente les interactions entre le système et son environnement ☐

FAIT ☐   REVU ☐

S'entraîner au Bac

Exercice 7 voir Fiche savoir 7

Testez vos connaissances

1. Quel est l'autre nom d'un *switch* ?
a) Un concentrateur ☐
b) Un modulateur ☐
c) Un commutateur ☐

2. Que caractérise l'adresse IP ?
a) L'adresse d'un ordinateur connecté à Internet ☐
b) L'adresse physique de la carte réseau ☐
c) Le débit d'une connexion à Internet ☐

3. Que caractérise l'adresse MAC ?
a) L'adresse d'un ordinateur connecté à Internet ☐
b) L'adresse physique de la carte réseau ☐
c) Le débit d'une connexion à Internet ☐

4. Des ordinateurs sont connectés à un réseau local. L'un des ordinateurs a pour adresse IP 213.215.60.178. Le masque de réseau est 255.255.255.0. Quelle est l'adresse du réseau local ?
a) 213.215.60.178 ☐
b) 0.0.60.178 ☐
c) 213.215.60.0 ☐

5. Quelle est l'adresse de *broadcast* de la machine 10.11.12.13, si elle a pour masque de réseau 255.255.255.0 ?
a) 0.0.0.255 ☐
b) 10.11.12.255 ☐
c) 10.11.12.0 ☐

6. Quelle est l'adresse IP réservée pour la fonction rebouclage (*loopback*) sur un réseau ?
a) 127.0.0.1 ☐
b) 127.1.1.0 ☐
c) 127.0.1.0 ☐

7. Combien y a-t-il de couches dans le modèle OSI ?
a) 6 ☐
b) 7 ☐
c) 8 ☐

8. Dans un modèle OSI, la couche 3, couche réseau, a notamment pour rôle de permettre :
a) l'utilisation correcte du support physique (câble, onde…) ☐
b) de découper l'information en entités plus petites ☐
c) l'identification des appareils sur le réseau ☐

9. Lequel de ces protocoles dépend de la couche transport ?
a) TCP ☐
b) IP ☐
c) SMTP ☐

10. Lors d'une transmission, chaque octet de données est précédé d'un bit de start et est suivi d'un bit de parité et de deux bits de stop. Combien de bits sont transmis à chaque fois que l'on transmet un octet de données ?
a) 8 ☐
b) 10 ☐
c) 12 ☐

11. Lors d'une transmission, on souhaite envoyer un message comportant 20 bits. Le débit de la transmission est de 2 000 bits/s. Quelle est la durée de l'émission du message ?
a) 0,01 s ☐
b) 100 ms ☐
c) 1 ms ☐

FAIT ☐   REVU ☐

Exercice 8 — voir Fiche savoir 1

Analyse d'impacts environnementaux (d'après sujet Nouvelle-Calédonie 2014)

Nous allons comparer les impacts environnementaux liés à l'utilisation du trolleybus (un bus hybride alimenté en énergie électrique par des lignes aériennes et par un moteur diesel pour les opérations de parking), de l'autobus et de la voiture particulière.

Le tableau suivant permet de comparer les émissions de gaz à effet de serre produits par l'utilisation des différents véhicules. Les résultats proviennent de la méthode Bilan Carbone® développée par l'Ademe (Agence de l'environnement et de la maîtrise de l'énergie).

TYPE VÉHICULE	Trolleybus	Autobus	Voiture particulière
NOM COMMERCIAL	CRISTALIS	CITELIS	CLIO 1.5dCi
ÉNERGIE D'ALIMENTATION	Électricité	Gazole	Gazole
CONSOMMATION MOYENNE	2,7 kWh pour 1 km = 9,72 MJ·km^{-1}	42 L pour 100 km	4 L pour 100 km
ÉMISSION DE GAZ À EFFET DE SERRE	92 g Eq CO_2/km	1409 g Eq CO_2/km	127 g Eq CO_2/km
	g Eq CO_2 = gramme équivalent CO_2		
NOMBRE DE PERSONNES TRANSPORTÉES	96 maxi	105 maxi	5 maxi

1. Déterminer l'émission de gaz à effet de serre par passager pour chacun des véhicules lorsqu'il est à son remplissage maximal. Classer alors les véhicules en fonction de leurs performances en termes d'émission de gaz à effet de serre.

Le remplissage moyen constaté pour les trajets en véhicule particulier est de 1,3 passager par véhicule.

2. Comparativement au remplissage moyen d'un véhicule automobile, déterminer à partir de combien de passagers les autres modes de transport sont plus performants concernant l'émission de gaz à effet de serre.

Nous allons maintenant évaluer les quantités d'énergies primaires nécessaires à l'utilisation du trolleybus. Il faut intégrer pour cela les rendements de l'acheminement et de la distribution d'électricité visibles sur le diagramme de flux énergétique ci-dessous.

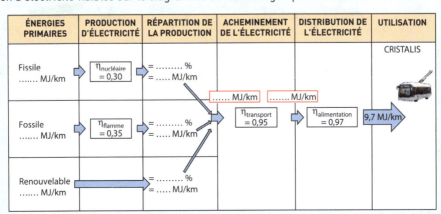

3. À partir des rendements de l'alimentation et du transport d'électricité, déterminer et inscrire, près des flèches de flux du diagramme de flux énergétique, l'énergie électrique nécessaire (en MJ · km^{-1}) en sortie et en entrée du réseau de transport d'électricité (acheminement et distribution).

4. En utilisant le diagramme ci-après, classer les différents modes de production d'électricité en trois groupes : énergies renouvelables, énergies fossiles ou énergie fissile (fission nucléaire).

Déterminer la part d'électricité (en %) générée par chacun des trois groupes d'énergies (renouvelable, fossile et fissile) et en déduire l'énergie consommée correspondante (en MJ · km^{-1}). Reporter ces valeurs sur le diagramme de flux énergétique.

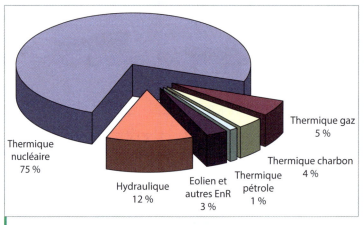

Fig. 1 : Origine électricité France 2012

5. À partir des rendements énergétiques de chacun des modes de production d'électricité, en déduire les quantités d'énergie primaire nécessaires au fonctionnement du trolleybus (en MJ · km^{-1}). Reporter ces valeurs près de chaque flèche du diagramme de flux.

Nous nous intéressons à présent à l'utilisation de l'autobus à moteur diesel, nécessitant du gazole comme carburant nécessaire à son fonctionnement.

Le diagramme de flux permet de remonter à l'énergie primaire nécessaire.

Pouvoir calorifique du gazole : $C = 38\ 080$ kJ · L^{-1}.

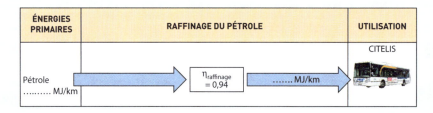

6. À partir du pouvoir calorifique du gazole, convertir la consommation de l'autobus en MJ · km^{-1} et la reporter sur le diagramme de flux. À l'aide du rendement du processus de raffinage, en déduire la quantité d'énergie primaire nécessaire et la reporter sur le diagramme.

7. Au regard de plusieurs critères environnementaux (production de gaz à effet de serre, consommation de ressources non renouvelables, etc.), conclure sur la pertinence du trolleybus par rapport au bus à moteur diesel.

FAIT ☐   REVU ☐

S'entraîner au Bac

Exercice 9 — voir Fiche savoir 2

Calcul de flux (d'après sujet Métropole 2015)

La ville de Nantes, confrontée à la saturation de son périphérique, envisage de faire construire un nouveau pont.

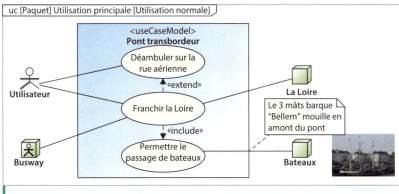

Fig. 1

La notion d'éco-mobilité met en valeur par ordre d'importance : les modes de transport doux (sans motorisation), les transports en commun, le covoiturage, par opposition à un véhicule utilisé seul. Le pont transbordeur s'inscrit dans cette exigence en privilégiant les transports en commun et l'accès aux piétons.

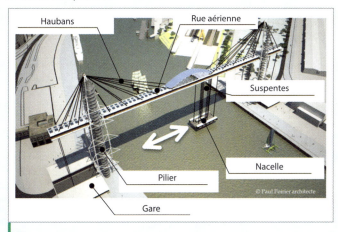

Fig. 2

1. À l'aide des données du diagramme d'exigences (fig. 3), calculer, à partir d'un temps de passage de la nacelle et des moyens de transport possibles (un busway + piétons), le flux maximal de passagers par heure dans un sens de circulation. La possibilité d'utiliser la rue aérienne ne sera pas prise en compte.

2. À partir du tableau ci-dessous, comparer le flux maximal de passagers autorisé par le pont transbordeur à celui d'autres modes de franchissement, en précisant si le flux est faible, moyen ou élevé par rapport aux autres moyens de franchissement.

Comparaison de différents modes de franchissement

	COÛT (1 M€ = 1 000 000 €)	FLUX PASSAGERS
BAC (ROTATION 15 MIN)	7 M€ pour un bac de Loire	1 400 pers/heure/sens
PONT BAS	35 M€	20 000 pers/heure/sens

.../...

S'entraîner au Bac

…/…	COÛT (1 M€ = 1 000 000 €)	FLUX PASSAGERS
PONT TRANSBORDEUR	30 M€ à 70 M€ pour le projet de l'architecte P. Poirier, suivant la capacité de la rue aérienne	7 200 pers/heure/sens
PONT LEVANT	155 M€ pour le pont Gustave Flaubert à Rouen	20 000 pers/heure/sens
PONT HAUT	70 M€ pour le pont de Cheviré	20 000 pers/heure/sens
TUNNEL	200 M€	20 000 pers/heure/sens
TÉLÉPHÉRIQUE	15 M€	1 200 pers/heure/sens

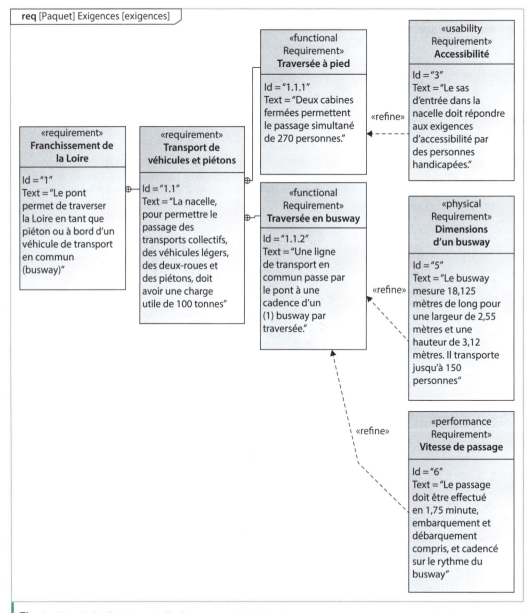

Fig. 3 : Extrait du diagramme d'exigences

S'entraîner au Bac

Exercice 10 voir Fiche savoir 3

Étude des panneaux solaires et des batteries (d'après sujet Polynésie 2015)

Le ferry-boat est une navette maritime utilisée à Marseille pour traverser le vieux port.

La distance parcourue à chaque trajet par le ferry-boat est de 283 m. La durée de la traversée est de 5 minutes environ, déchargement et chargement des passagers compris.

Le toit du ferry-boat est recouvert de panneaux solaires.

Étude des panneaux solaires

1. À l'aide des besoins en énergie indiqués dans le tableau ci-dessous et de la simulation de production photovoltaïque, déterminer si les panneaux photovoltaïques peuvent suffire à l'alimentation du ferry en mode écoconduite. Justifier votre réponse.

Besoin en énergie par jour suivant les mois d'utilisation

TEMPS DE FONCTIONNEMENT	MODE ÉCOCONDUITE	SANS MODE ÉCOCONDUITE
8 h (janvier, février, novembre, décembre)	22 752 Wh/jour	32 448 Wh/jour
10 h (mars, avril, septembre, octobre)	28 440 Wh/jour	40 560 Wh/jour
18 h (mai, juin, juillet, août)	51 192 Wh/jour	73 008 Wh/jour

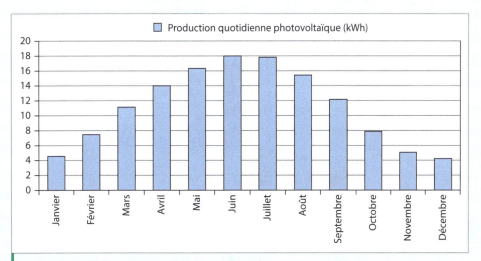

Fig. 1 : Simulation de la production d'énergie des panneaux photovoltaïques « propulsion »

2. En vous aidant de l'extrait du BDD, indiquer le nombre de panneaux photovoltaïques utilisés pour la propulsion et le nombre de panneaux utilisés pour le circuit service.

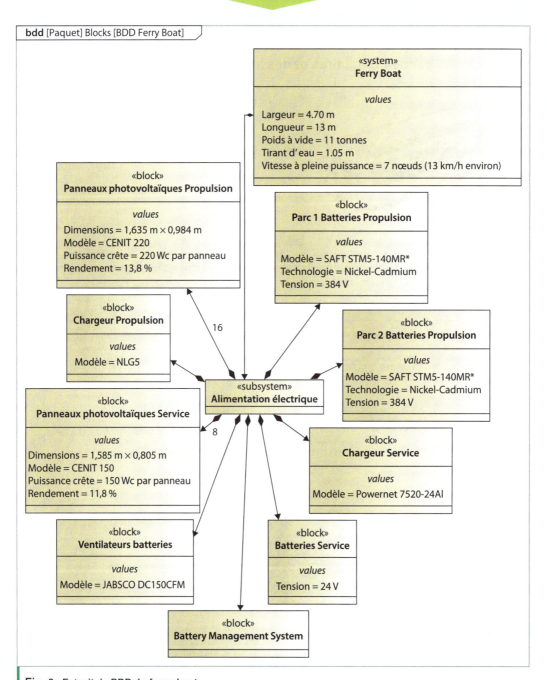

Fig. 2 : Extrait du BDD du ferry-boat

3. Pour estimer la production photovoltaïque destinée à la propulsion, on utilise le modèle de simulation ci-dessous.

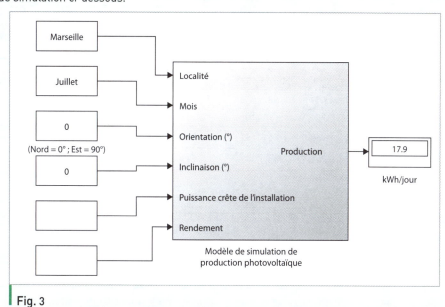

Fig. 3

En vous aidant de l'extrait du BDD, **donner** la valeur des deux paramètres d'entrée manquants sur le modèle de simulation ci-dessus.

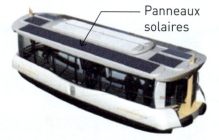

Panneaux solaires

4. Préciser l'influence de l'orientation et de l'inclinaison des panneaux photovoltaïques sur la production d'électricité.

Conclure sur l'efficacité du positionnement des panneaux sur le ferry-boat.

Stockage de l'énergie

L'énergie nécessaire pour la propulsion est fournie par deux parcs de batteries nickel-cadmium. Chaque parc est logé dans des bacs spéciaux placés dans une coque inaccessible au public.

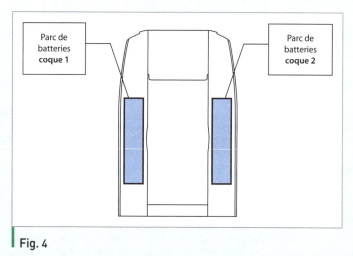

Fig. 4

On cherche à vérifier que la capacité de stockage d'énergie est suffisante pour assurer le service quotidien.

5. À l'aide de l'extrait du BDD du ferry-boat et de la documentation sur les batteries, calculer le nombre de batteries d'un parc permettant d'obtenir la tension nécessaire à la propulsion. Préciser le type de câblage de ces batteries.

BATTERIE STM 5-140 MR*				
Electrical characteristics				
	STM 5-100 MR*	STM 5-100 MRE**	STM 5-140 MR*	STM 5-180 ***
Nominal voltage [V]	6	6	6	6
Rated capacity [Ah]	100	100	136	180
Typical specific energy [Wh/kg]	55	55	54	54
Typical energy density [Wh/dm^3]	88	87	95	93
Typical specific power at 3/4 Uo at 80% DOD [W/kg]	122	120	108	82
Typical power density [W/l]	203	200	190	142
Mechanical characteristics				
Typical weight [kg]	12.9	13.2	17.0	23.2
Dimensions [mm]	248×120×260	246×123×260	244×153×260	260×190×260
Volume [dm^3]	7.74	7.87	9.7	12.85

*MR: air-cooled - **MRE: integrated liquid cooling - ***Water filling system [made with individual vents]

6. Pour augmenter la durée de vie des batteries, on souhaite limiter la profondeur de décharge à 70 %.

Déterminer, à l'aide de la documentation sur les batteries et du bdd, l'énergie disponible (en Wh) pour les deux parcs de batteries de stockage. On rappelle que la profondeur de décharge correspond à l'énergie prélevée dans la batterie.

7. À l'aide du tableau des besoins en énergie par jour, justifier la nécessité d'avoir un stockage d'énergie aussi important.

Montrer l'influence du mode écoconduite et de la production photovoltaïque sur la durée de vie des batteries.

Charge des batteries

Les deux parcs de batteries de propulsion sont chargés durant la journée par 16 panneaux solaires. Les équipements du bord sont alimentés par les batteries de service 24 V qui sont chargées pendant la journée par 8 autres panneaux solaires. La nuit, le bateau est branché sur une prise électrique de quai afin de recharger totalement les batteries.

S'entraîner au Bac

8. Indiquer la nature de la tension (continue ou alternative) présente aux points repérés ❶ ❷ ❸ ❹ de l'IBD de l'alimentation électrique.

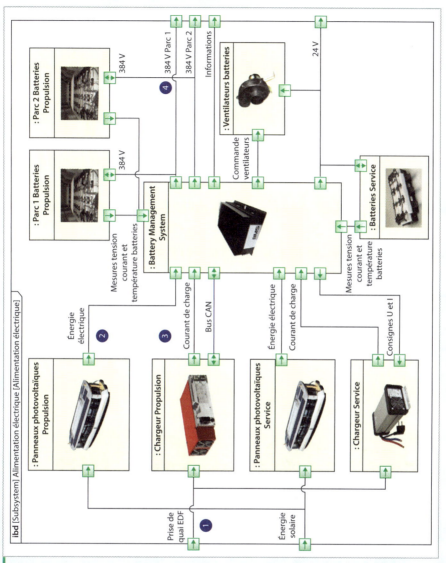

Fig. 5

Impact écologique

9. Calculer la moyenne annuelle d'émission de gaz à effet de serre (grammes de CO_2 par kWh) en utilisant le « Suivi indicateur émissions gaz à effet de serre – 2013 ».

S'entraîner au Bac

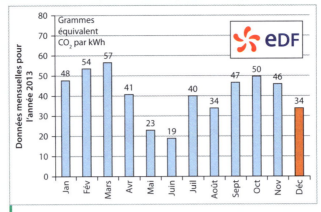

Fig. 6 : Suivi indicateur émission gaz à effet de serre 2013

10. Sachant que la production d'énergie photovoltaïque permet d'économiser 4 400 kWh par an, calculer la quantité de CO_2 économisée (en kg CO_2/an) grâce à la production solaire.

FAIT ☐   REVU ☐

Exercice 11 voir Fiche savoir 3

Schéma cinématique (d'après sujet Métropole juin 2014)

L'étude porte sur la structure interne de la caméra dôme située dans le hall d'entrée du Palais des sports.

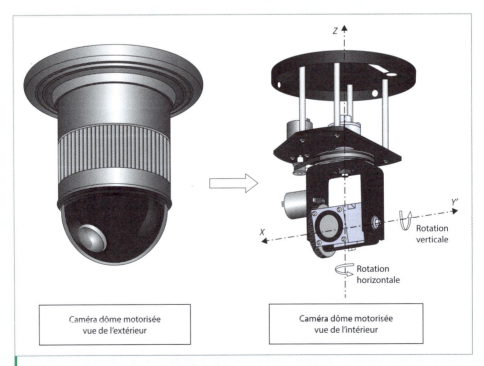

Fig. 1 : Structure interne de la caméra dôme

S'entraîner au Bac

1. À partir de la vue éclatée et de la nomenclature de la caméra dôme, compléter le schéma cinématique ci-après en indiquant dans les cercles les numéros des pièces et en notant « horizontale » ou « verticale » pour qualifier l'orientation de la rotation réalisée par chacun des deux moteurs.

À partir du sens de rotation donné par les moteurs de rotation horizontale et verticale, indiquer le sens de rotation autour de l'axe vertical (Rz+ ou Rz−) et le sens de rotation autour de l'axe horizontal (Ry+ ou Ry−) du module caméra.

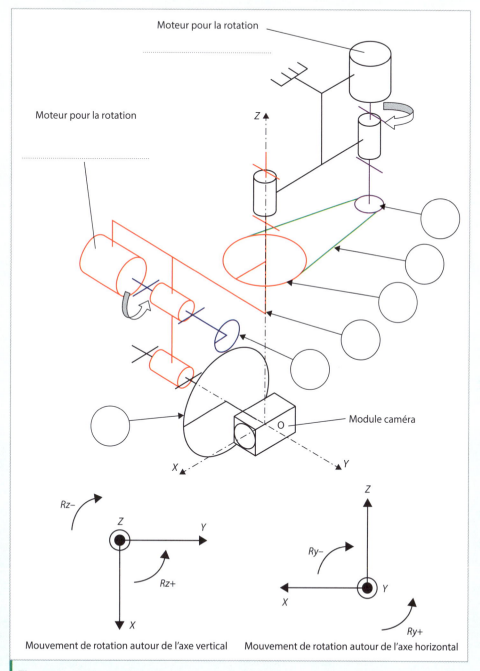

Fig. 2 : Schéma cinématique 3D

S'entraîner au Bac

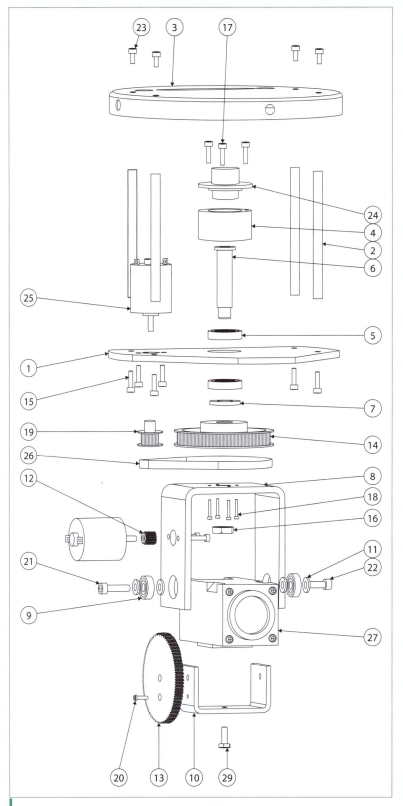

Fig. 3 : Vue éclatée

Nomenclature

REP	QTÉ	DÉSIGNATION	OBSERVATIONS
30	1	Capot	
29	1	Vis H M6-16	
28	1	Carter	
27	1	Module caméra	
26	1	Courroie	
25	2	Moteur CC	
24	1	Collecteur tournant	
23	4	Vis CHC M4-10	
22	1	Vis CHC M6-16	
21	1	Vis CHC M6-25	
20	1	Vis FHC M2,5-16	
19	1	Poulie	$Z19 = 10$
18	4	Vis CHC M2,5-16	
17	3	Vis CHC M5-16	
16	1	Écrou Hm M12	
15	8	Vis CHC M4-16	
14	1	Poulie	$Z14 = 56$
13	1	Roue dentée	$Z13 = 83$; $m = 1$
12	1	Pignon moteur	$Z12 = 10$; $m = 1$
11	4	Rondelle M6	
10	1	Chape rotation verticale	
9	2	Roulement à une rangée de billes	Ref = 1224
8	1	Chape rotation horizontale	
7	1	Rondelle	
6	1	Axe d'articulation	
5	2	Roulement à une rangée de billes	Ref = 1012
4	1	Noix d'articulation	
3	1	Plateau support	
2	4	Tige	
1	1	Platine	

S'entraîner au Bac

2. À partir du diagramme de définition de blocs, calculer la vitesse de rotation maximale de la caméra pour un mouvement horizontal. Exprimer le résultat en $° \cdot s^{-1}$.

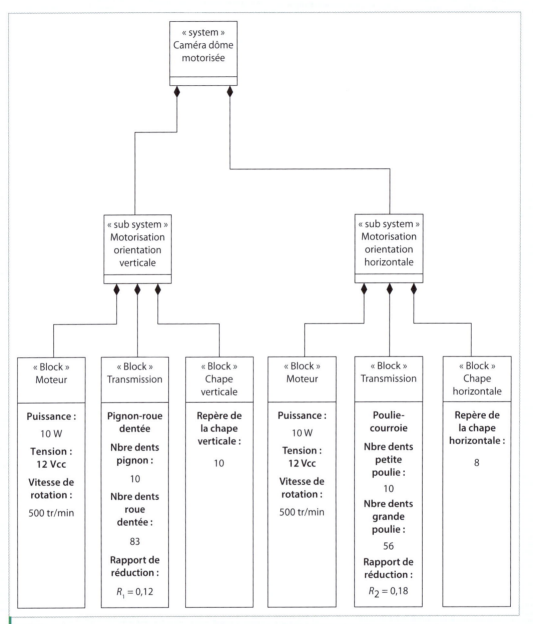

Fig. 4 : Diagramme de définition de blocs (bdd) de la caméra

Le démarrage du moteur étant progressif, la caméra se déplace à vitesse moyenne de $430° \cdot s^{-1}$.

S'entraîner au Bac

3. Déterminer le temps nécessaire pour que la caméra passe de la billetterie au bar. Le cahier des charges est-il respecté ? Justifier.

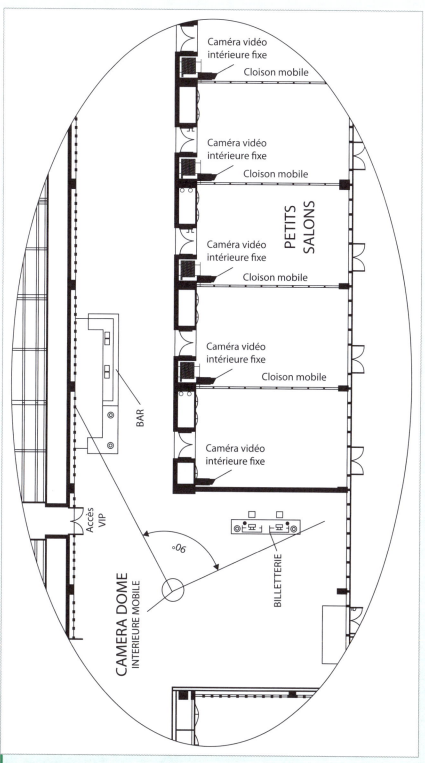

Fig. 5 : Vue de dessus du hall d'entrée du Palais des sports

Extrait du cahier des charges

Id = « 1.3.1 »	« Surveiller le déplacement de toutes les personnes circulant dans le Palais des sports »	Caméra motorisée pilotable à distance	
		Résolution :	480 × 560 minimum
		Angle rotation verticale :	90° minimum
		Angle rotation horizontale :	360° continu
		Jour et nuit	
		Zoom :	20 × minimum
		Alimentation :	PoE
		Liaison :	TCP/IP
		Vitesse de rotation :	Déplacement du bar à la billetterie en 2 secondes maximum

FAIT ☐   REVU ☐

Exercice 12 — voir Fiche savoir 4

Comparaison de solutions et étude de stabilité
(d'après sujet Métropole 2016)

Pour détecter précocement des départs de feux de forêts, des tours de guet, occupées par deux personnes du 1er juin au 30 septembre, sont implantées dans des zones stratégiques.

Les tours de guet sont situées dans des zones éloignées du réseau électrique. Un dispositif d'alimentation solaire permet de fournir l'énergie électrique nécessaire par l'intermédiaire de panneaux photovoltaïques.

1. À partir du tableau des consommations ci-dessous, et sachant que la tension en sortie du régulateur est de 12 V, calculer la valeur du courant I_s absorbé lorsque tous les consommateurs en sortie du régulateur fonctionnent.

RÉCEPTEUR	NB	P EN W	P TOTALE EN W	HEURES PAR JOUR	Wh · JOUR^{-1}
Éclairage					
Cabine	1	11	11	8	88
Périphérie cabine	4	5	20	0,5	10
Seuils escalier	12	5	60	0,5	30
Équipements					
PC 240 V	1	100	100	0,5	50
Onduleur	1	2,7	2,7	24	64,8
Autres récepteurs					
Radio (en émission)	1	48	48	4	192
Radio (en veille)	1	6	6	20	120
Réfrigérateur	1	40 (– 40 %)	24	24	576

2. L'installation comporte 14 panneaux photovoltaïques en parallèle. Chaque panneau peut délivrer au maximum un courant de 4,4 A.

Calculer l'intensité maximale du courant en sortie de l'installation.

Étude d'une configuration particulière : les panneaux photovoltaïques reçoivent un éclairement de $E = 130$ W·m^{-2} et la charge impose un courant I_s de 10 A.

3. Compléter le diagramme ci-dessous en calculant les valeurs de P_p, P_s et en déduisant la puissance de complément P_b. Calculer la valeur du courant I_b.

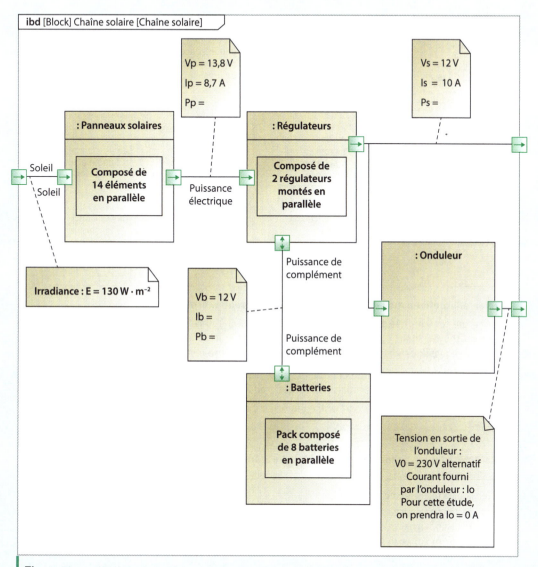

Fig. 1 : Diagramme

4. Pour chacun des cas particuliers suivants, indiquer si les panneaux photovoltaïques, les batteries et les consommateurs (charges électriques de la tour) reçoivent, fournissent ou n'échangent pas de puissance électrique.

S'entraîner au Bac

	PANNEAUX PHOTOVOLTAÏQUES		CHARGES (ÉQUIPEMENTS CONSOMMATEURS)		BATTERIES	
	P_P (W)	FONCTIONNEMENT	P_s (W)	FONCTIONNEMENT	P_B (W)	FONCTIONNEMENT
CAS 1 : EXPOSITION EN PLEIN MIDI AVEC UN ÉCLAIREMENT DE $E = 1\ 000\ W \cdot m^{-2}$ AVEC $I_s = 25\ A$	1 084	☐ reçoit de la puissance ☐ fournit de la puissance ☐ pas d'échange de puissance	300	☐ reçoit de la puissance ☐ fournit de la puissance ☐ pas d'échange de puissance	784	☐ reçoit de la puissance ☐ fournit de la puissance ☐ pas d'échange de puissance
CAS 2 : FAIBLE ÉCLAIREMENT $E = 130\ W \cdot m^{-2}$ AVEC $I_s = 10\ A$	120	☐ reçoit de la puissance ☐ fournit de la puissance ☐ pas d'échange de puissance	120	☐ reçoit de la puissance ☐ fournit de la puissance ☐ pas d'échange de puissance	0	☐ reçoit de la puissance ☐ fournit de la puissance ☐ pas d'échange de puissance
CAS 3 : DE NUIT AVEC $I_s = 20\ A$	0	☐ reçoit de la puissance ☐ fournit de la puissance ☐ pas d'échange de puissance	240	☐ reçoit de la puissance ☐ fournit de la puissance ☐ pas d'échange de puissance	240	☐ reçoit de la puissance ☐ fournit de la puissance ☐ pas d'échange de puissance

Bilan énergétique moyen sur la période de juin à septembre

L'énergie consommée par les consommateurs est de 1 100 Wh par jour. La durée d'ensoleillement moyenne sur cette période est de 5,93 h par jour dans les conditions STC (*standard test conditions*) : irradiance $E = 1\ 000\ W \cdot m^{-2}$; température des cellules $T_c = 25\ °C$.

5. Calculer l'énergie produite chaque jour par les panneaux solaires fonctionnant au point de puissance maximum. Comparer l'énergie produite avec celle consommée en une journée.

Justifier le choix d'un tel écart entre l'énergie consommée et celle produite par les panneaux.

Caractéristiques du module solaire SP75 de Siemens en configuration 12 V

Tension de référence du panneau	12 V
P_{max} Puissance maximale dans les conditions STC (*standard test conditions* soit $E = 1\ 000\ W \cdot m^{-2}$; $T_c = 25\ °C$)	75 W
I_{MPP} Courant au point de fonctionnement de puissance maximale (MPP : *maximum power point*)	4,4 A
V_{MPP} Tension au point de fonctionnement de puissance maximale (MPP : *maximum power point*)	17,6 V
Hauteur du panneau	1 200 mm
Largeur du panneau	533 mm

Étude de l'influence des panneaux photovoltaïques sur la stabilité de la tour de guet

La tour, du fait de sa hauteur, est soumise à l'action du vent.

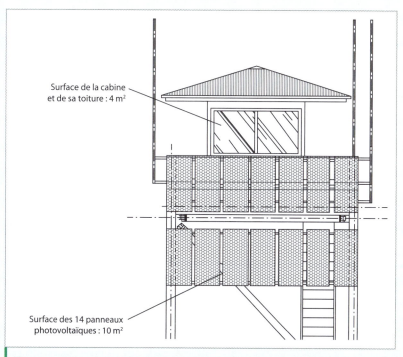

Fig. 2 : Tour de guet

Hypothèses :
- la résultante des efforts dus au vent est horizontale et s'applique au point V ;
- le poids total (fondations, tour, cabine et équipement) de 55 kN s'applique au point G, centre de gravité de l'ensemble ;
- on se place à la limite du basculement de la tour autour de la liaison en A. Dans cette situation particulière, l'action de liaison en B est nulle ;
- la réaction d'appui n'est présente qu'au point A (articulation).

6. À partir d'une étude de statique graphique menée sur la tour, tracer sur le schéma ci-dessous la direction de la réaction d'appui en A. Déterminer la valeur de la force du vent entraînant le basculement de la tour en justifiant la démarche utilisée. Vous préciserez l'échelle de représentation choisie.

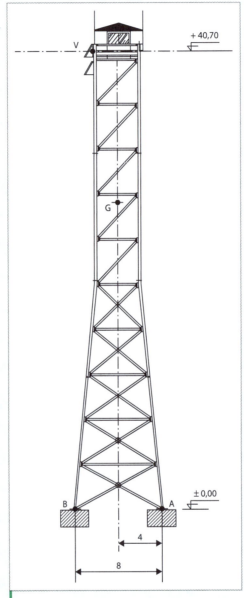

Fig. 3

Des mesurées réalisées sur la zone géographique où est située la tour ont donné les résultats suivants. La tour étudiée est construite sur un site considéré comme protégé.

SITE	PRESSION NORMALE (Pa)	PRESSION EXTRÊME (Pa)	VITESSE NORMALE (km · h⁻¹)	VITESSE EXTRÊME (km · h⁻¹)
Protégé	400	700	92	122
Normal	500	875	103	136
Exposé	675	1 181	119	158

7. Déterminer la pression du vent extrême à prendre en compte.

Compte tenu de la surface de prise au vent de 14 m² (surface des panneaux, de la cabine et de la toiture), calculer la force maximale d'un vent extrême appliqué sur la structure. Au regard du résultat de la question précédente, préciser s'il y a un risque de basculement dans ces conditions.

FAIT ☐ REVU ☐

Exercice 13 voir Fiche savoir 5
Résistance des matériaux (d'après sujet Nouvelle-Calédonie 2015)

L'objectif de l'étude est de vérifier la résistance de la structure d'un bâtiment de stockage de fourrage dans une ferme sur lequel vont être installés des panneaux photovoltaïques.

La structure du bâtiment est décrite ci-dessous :

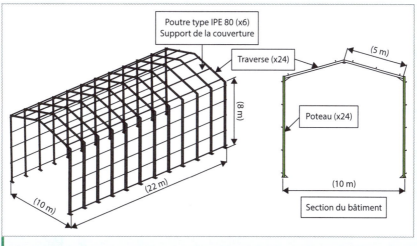

Fig. 1

La structure du bâtiment est composée de 12 sections identiques espacées de 2 m. Le bâtiment est recouvert par des tôles type bac acier, la structure de la toiture est composée de traverses sur lesquelles sont posées des poutres.

Modélisation du bâtiment sans les panneaux photovoltaïques

Les résultats de la simulation sous charge de la structure sans panneaux photovoltaïques sont donnés ci-après.

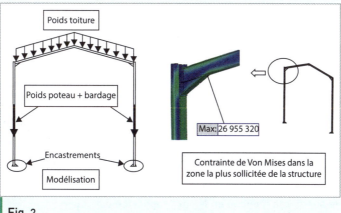

Fig. 2

1. Les résultats de la simulation montrent que dans la zone la plus sollicitée de la structure, la contrainte est de 26 955 320 N · m^{-2} dans le matériau. Sachant que la limite d'élasticité de l'acier est de 275 · 10^6 N · m^{-2}, **d**éterminer la valeur du coefficient de sécurité.

Les résultats d'une simulation des déformations permettent d'estimer la valeur du déplacement vertical maximum dans la structure.

2. Sur la figure ci-dessous, entourer la zone où se situent les plus forts déplacements. Noter la valeur du déplacement maximal.

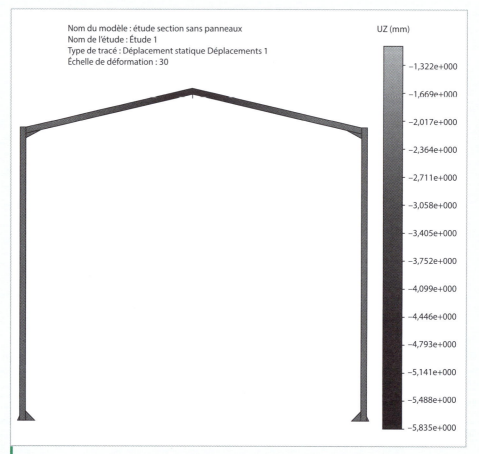

Fig. 3

Modélisation du bâtiment avec les panneaux photovoltaïques

On souhaite vérifier la résistance de la structure lorsque l'on ajoute des panneaux photovoltaïques sur le toit.

La figure ci-contre indique la disposition des 70 panneaux. Chaque panneau pèse 10,9 kg et a pour dimensions : 1 499 mm × 708 mm.

3. Calculer la masse totale des 70 panneaux photovoltaïques.

Indiquer en expliquant votre démarche le nombre de traverses sur lesquelles la masse des panneaux va se répartir. En déduire la surcharge linéique en N · m^{-1} supportée par chaque traverse supportant les panneaux en prenant $g = 9{,}81$ m · s^{-2}.

Fig. 4

S'entraîner au Bac

On souhaite vérifier que la surcharge induite par les panneaux n'entraîne pas de contraintes trop importantes ou des déplacements excessifs dans la structure. L'augmentation ne doit pas excéder 25 % sur chaque critère. Les résultats de simulation sont donnés ci-dessous.

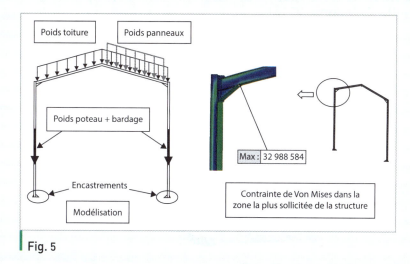

Fig. 5

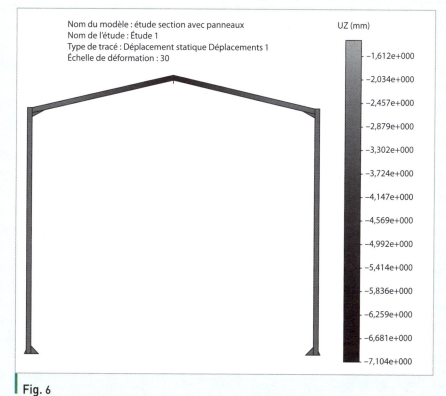

Fig. 6

4. Relever la valeur de la contrainte équivalente de Von Mises maximale dans la structure du bâtiment équipé de panneaux solaires. Repérer en l'entourant la zone où se situent les plus forts déplacements. Noter la valeur maximale du déplacement vertical.

5. Conclure sur la possibilité d'installer des panneaux photovoltaïques sur le toit du bâtiment.

Exercice 14 — voir Fiche savoir 6

Acquisition de l'information de vitesse des roues (d'après sujet Nouvelle-Calédonie 2014)

La mesure de vitesse du moteur de roue est effectuée sur l'arbre du moteur par un codeur. Son fonctionnement est décrit sur le document technique ci-après.

Le capteur de vitesse

C'est un capteur inductif à double tête très précis. Il assure une mesure sans contact et donc « sans usure » de la vitesse de la roue et la convertit en signaux électriques (fig. 1).

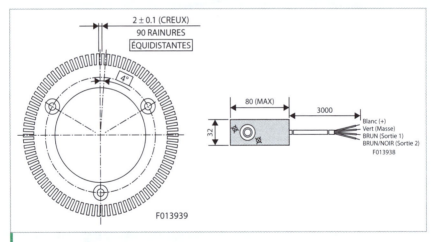

Fig. 1 : Capteur de vitesse de rotation

Principe de fonctionnement du capteur

Le capteur détecte le passage des dents d'une couronne solidaire de l'arbre de rotation du moteur. La couronne comportant 90 dents, chaque tête fournit un signal électrique de 90 impulsions par tour de rotation du moteur.

Le temps mis pour faire un tour de roue correspond donc à la durée de 90 périodes du signal de la tête 1 ou de la tête 2 (fig. 2).

Les deux têtes sont décalées d'une demi-dent : les deux signaux émis sont donc décalés d'un quart de période (fig. 2). La position du signal de la tête 2 par rapport au signal de la tête 1 permet de déterminer le sens de rotation.

S'entraîner au Bac

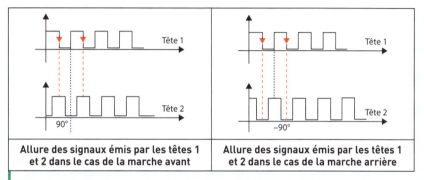

| Allure des signaux émis par les têtes 1 et 2 dans le cas de la marche avant | Allure des signaux émis par les têtes 1 et 2 dans le cas de la marche arrière |

Fig. 2 : Détermination du sens de rotation en fonction des signaux du capteur

Exemple de procédure de détermination pratique du sens de rotation :

a) Repérer les fronts descendants du signal de la tête 1 (le front descendant correspond à l'instant de passage du signal de l'état haut à l'état bas).

b) Lors du front descendant de T_1, lire l'état de T_2, en déduire le sens de rotation.

Des essais ont permis de relever le chronogramme suivant :

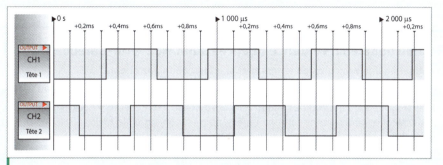

Fig. 3 : Chronogramme des signaux relevés au niveau des têtes 1 et 2 du capteur de vitesse

1. Mesurer la période T du signal issu de la tête 1 sur le chronogramme de la figure 3 et exprimer cette période en µs.

Exprimer, en fonction de la période T, le temps t mis par la roue pour effectuer un tour complet.
En déduire la fréquence de rotation du moteur en tr · min^{-1} lors de cet essai.

2. Compléter les affirmations suivantes concernant le sens de marche.

Sens de rotation : Sur front descendant de *Tête1*, si *Tête2* = 0

                 alors sens = MARCHE ....

                 Sur front descendant de *Tête1*, si *Tête2* = 1

                 alors sens = MARCHE ....

3. Compléter alors l'algorithme de détection du sens de marche (4 espaces à compléter par 0 ou 1), sur le document ci-après.

En déduire le sens de rotation du moteur lors de cet essai.

S'entraîner au Bac

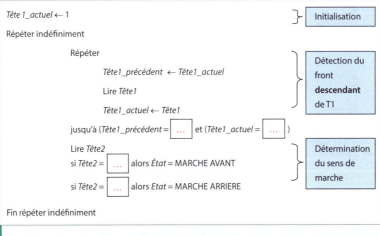

Fig. 4 : Algorithme de détection du sens de marche

FAIT ☐ REVU ☐

Exercice 15 — voir Fiche savoir 7

Réseau de télésurveillance (d'après sujet Nouvelle-Calédonie 2014)

Localisation des véhicules en temps réel et information aux clients

La figure 1 représente les échanges d'informations entre les différents acteurs du réseau.

L'ordinateur de bord qui équipe chaque véhicule dispose d'un récepteur GPS (positionnement par satellite) et peut se connecter au réseau de téléphonie mobile (GSM/GPRS) pour transmettre des données. Les véhicules envoient toutes les 20 secondes au centre de régulation des trames de données (indiquant n° de véhicule, heure, position, vitesse...).

Ces données sont traitées par le centre de régulation et envoyées en temps réel par le réseau de téléphonie mobile (GSM/GPRS) vers des bornes d'affichage situées sur les arrêts les plus fréquentés.

Les bornes d'affichage indiquent le temps d'attente des prochains bus en fonction de leur position réelle. À défaut (en cas de saturation du réseau GSM), elles affichent l'heure de passage théorique des prochains bus, les grilles horaires étant téléchargées dans les bornes à chaque changement de période (temps scolaire-vacances).

Le centre de régulation envoie également les informations de position en temps réel vers le serveur distant de l'application pour smartphones « BusInfo Limoges », qui permet aux clients, à partir de leur emplacement, de connaître les lignes et le temps d'attente des bus les plus proches.

Nous nous proposons de montrer comment le voyageur, situé à un arrêt ou à proximité d'un arrêt de bus, peut disposer d'informations horaires actualisées en temps réel. Pour cela, nous étudierons le séquencement des échanges de données représenté par le diagramme de séquence SysML (figure 2).

1. À l'aide des figures 1 et 2 et du texte descriptif précédent :

– compléter la colonne « Intitulé du message » du tableau avec les propositions de message fournies ci-après correspondant aux numéros du diagramme de séquence ;

– cocher le(s) support(s) de transmission de chaque message.

Propositions de messages :

a) Signaux GPS

b) Trames de position des véhicules

c) Information prochains bus à proximité du client
d) Situation complète du réseau de bus en temps réel
e) Situation de la ligne de bus en temps réel

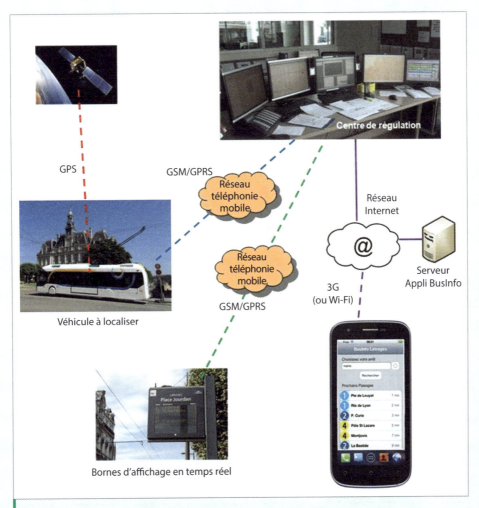

Fig. 1 : Géolocalisation et suivi en temps réel de la flotte de véhicules, et information aux voyageurs (bornes d'affichage, application smartphone).

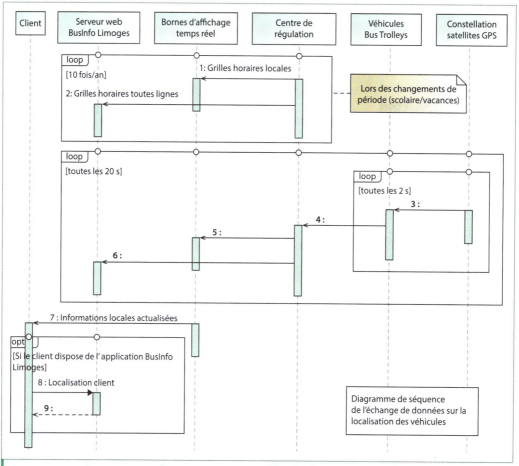

Fig. 2 : Diagramme de séquence SysML

N° DE MESSAGE	INTITULÉ DU MESSAGE	SUPPORT DU MESSAGE			
		RÉSEAU INTERNET	LIAISON GSM/ GPRS	RÉSEAU TÉLÉPHONIE 3G (OU WI-FI)	LIAISON RADIO SATELLITE GPS
1	Grilles horaires locales		X		
2	Grilles horaires toutes lignes	X			
3					
4					
5					
6					
7	Informations locales actualisées				
8	Localisation client	X		X	
9					

↑ Numéros figurant sur les flèches du diagramme de séquence SysML

S'entraîner au Bac

Étude du réseau de télésurveillance

Tous les véhicules comportent des équipements de sécurité dont des caméras de vidéosurveillance. Les informations sur l'état de ces équipements sont régulièrement collectées sur un réseau Wi-Fi spécifique dit « réseau de télésurveillance ».

Chaque véhicule est identifié par un numéro à trois chiffres qui lui est propre, et indépendant de la tournée à laquelle il est affecté à un moment donné.

On se propose d'étudier le plan d'adressage du réseau de vidéosurveillance afin de déterminer le nombre de véhicules qu'il est possible de relier à ce réseau.

Chacun des véhicules possède une adresse IP de type **10.0.y.z.** Le masque du réseau est : 255.255.252.0.

2. Compléter le tableau ci-après en exprimant en binaire l'adresse de véhicule 10.0.3.19., ainsi que le masque de réseau (lignes 1 et 2 du tableau).

En déduire les adresses possibles pour les hôtes (compléter la ligne 3 avec des « 1 » et des « 0 » pour la partie réseau de l'adresse, et des « x » pour la partie hôte).

Plage d'adresse des hôtes du réseau de télésurveillance

	1ᴱᴿ OCTET	2ᴱ OCTET	3ᴱ OCTET	4ᴱ OCTET
@ IP 10.0.3.19	....	0000 0000	0000 0011	....
MASQUE RÉSEAU	....	....	....	....
@ HÔTES	....	....	....	....
PLUS PETITE @ HÔTE	....	....	....	....
PLUS GRANDE @ HÔTE	....	....	....	....
PLAGE D'ADRESSES HÔTES (EN DÉCIMAL)	. . . .	à :	. . . .	

3. Exprimer en décimal l'adresse de diffusion (ou « *broadcast* ») de ce réseau. Expliquer pourquoi cette adresse ne doit pas être donnée à un hôte.

4. Dans le tableau, écrire en binaire la plus petite adresse et la plus grande adresse pouvant être attribuées à des hôtes.

Puis exprimer en notation décimale (exemple 192.168.1.0) la plage d'adresses disponible pour les hôtes.

5. Calculer le nombre d'hôtes (véhicules) que l'on peut adresser avec ce réseau.

En réalité, l'attribution des adresses IP aux véhicules est organisée de la façon suivante : on a donné à chaque véhicule une adresse IP fixe de type 10.0.y.z. où y et z représentent le numéro du véhicule, avec y la centaine, et z la valeur de 0 à 99 (par exemple, le véhicule n° 319 a pour adresse IP : 10.0.3.19.).

6. Calculer le nombre de véhicules que l'on peut adresser de la sorte, et déterminer le nombre d'adresses restant disponibles pour relier des caméras et équipements statiques (hors véhicules).

FAIT ☐ REVU ☐

Corrigés

Exercice 1

1. b) 2. c) 3. a) 4. b) 5. a) 6. b) 7. c) 8. a) 9. b) 10. c)

Exercice 2

1. b) 2. b) 3. a) 4. a) 5. c) 6. c) 7. c) 8. b) 9. a) 10. a)

Exercice 3

1. b) 2. a) 3. c) 4. c) 5. b) 6. a) 7. a) 8. b) 9. c) 10. a)

Exercice 4

1. c) 2. b) 3. b) 4. c) 5. b) 6. a) 7. c) 8. b) 9. a) 10. c) 11. a) 12. b) 13. c) 14. b) 15. a)

Exercice 5

1. c) 2. b) 3. a) 4. c) 5. a) 6. c) 7. c) 8. a) 9. c) 10. b)

Exercice 6

1. a) 2. b) 3. a) 4. c) 5. a) 6. b) 7. b) 8. c) 9. a) 10. b)

Exercice 7

1. c) 2. a) 3. b) 4. c) 5. b) 6. a) 7. b) 8. c) 9. a) 10. c) 11. a)

Exercice 8

1. Quantité de gaz à effet de serre (GES) émise par passager

CRISTALIS
Il émet 92 g Eq CO_2/km. Il peut transporter 96 personnes au maximum.

Donc $GES_{CRISTALIS} = \dfrac{92}{96}$ = 0,96 g Eq CO_2/km par passager.

CITELIS
Il émet 1 409 g Eq CO_2/km. Il peut transporter 105 personnes au maximum.

Donc $GES_{CITELIS} = \dfrac{1\,409}{105}$ = 13,42 g Eq CO_2/km par passager.

Clio
Elle émet 127 g Eq CO_2/km. Elle peut transporter 5 personnes au maximum.

Donc $GES_{Clio} = \dfrac{127}{5}$ = 25,4 g Eq CO_2/km par passager.

Classement des véhicules en fonction des performances en termes d'émission de GES
Le véhicule le plus performant par rapport à ce critère est le bus hybride, avec 0,96 g Eq CO_2/km par passager. Il est suivi par le bus diesel, avec une émission de 13,42 g Eq CO_2/km par passager. La voiture Clio arrive en dernier, avec une émission de 25,4 g Eq CO_2/km par passager.

Corrigés

2. Nombre de passagers à partir duquel les autres véhicules sont plus performants en termes d'émission de GES que la Clio

La Clio émet 127 g Eq CO_2/km pour un remplissage moyen de 1,3 passager. Donc pour 1 passager, elle émet $\frac{127}{1,3}$ = 97,7 g Eq CO_2/km.

Bus hybride CRISTALIS : 92/97 = 0,94 donc dès le 1er passager, ce mode de transport est plus performant que la Clio.

Bus diesel CITELIS : 1 409/97 = 14,5 donc dès le 15e passager, ce mode de transport est plus performant que la Clio.

3. Énergie électrique produite

$$\eta = \frac{\text{Énergie}_{sortie}}{\text{Énergie}_{entrée}} \text{ et } \eta_{alimentation} = \frac{\text{Énergie}_{utilisée}}{\text{Énergie}_{distribuée}}$$

donc $\text{Énergie}_{distribuée} = \frac{\text{Énergie}_{utilisée}}{\eta_{alimentation}}$ soit $\text{Énergie}_{distribuée} = \frac{9,7}{0,97}$ = 10 MJ/km

$\eta_{transport} = \frac{\text{Énergie}_{distribuée}}{\text{Énergie}_{produite}}$ donc $\text{Énergie}_{produite} = \frac{\text{Énergie}_{distribuée}}{\eta_{transport}}$

$\text{Énergie}_{produite} = \frac{10}{0,95}$ = 10,5 MJ/km

4. Classement des différents modes de production en trois groupes

Énergies renouvelables : hydraulique, éolien et autres énergies renouvelables.
Énergies fossiles : thermique pétrole, thermique charbon et thermique gaz.
Énergie fissile : thermique nucléaire.

Part d'électricité de chacun de ces trois groupes

Énergie renouvelable = 12 % + 3 % = 15 %   Énergie fossile = 1 % + 4 % + 5 % = 10 %
Énergie fissile = 75 %

Énergie consommée correspondante

$E_{produite}$ = 10,5 MJ/km $E_{nucléaire}$ = 10,5 × 0,75 = 7,9 MJ/km
$E_{fossile}$ = 10,5 × 0,1 = 1,1 MJ/km $E_{renouvelables}$ = 10,5 × 0,15 = 1,6 MJ/km

5. Quantités d'énergie primaire nécessaires

$\eta_{nucléaire} = \frac{\text{Énergie}_{nucléaire}}{EP_{nucléaire}}$ donc $EP_{nucléaire} = \frac{\text{Énergie}_{nucléaire}}{\eta_{nucléaire}}$ soit $EP_{nucléaire} = \frac{7,875}{0,3}$ = 26,3 MJ/km

$\eta_{flamme} = \frac{\text{Énergie}_{fossile}}{EP_{fossile}}$ donc $EP_{fossile} = \frac{\text{Énergie}_{fossile}}{\eta_{flamme}}$ soit $EP_{fossile} = \frac{1,05}{0,35}$ = 3 MJ/km

Synthèse

ÉNERGIES PRIMAIRES	PRODUCTION D'ÉLECTRICITÉ	RÉPARTITION DE LA PRODUCTION	ACHEMINEMENT DE L'ÉLECTRICITÉ	DISTRIBUTION DE L'ÉLECTRICITÉ	UTILISATION
Fissile 26,3 MJ/km	$\eta_{nucléaire}$ = 0,30	= 75 % = 7,9 MJ/km	10,5 MJ/km → $\eta_{transport}$ = 0,95	10 MJ/km → $\eta_{alimentation}$ = 0,97	CRISTALIS 9,7 MJ/km
Fossile 3 MJ/km	η_{flamme} = 0,35	= 10 % = 1,1 MJ/km			
Renouvelable 1,6 MJ/km		= 15 % = 1,6 MJ/km			

Corrigés

6. Consommation de l'autobus en MJ/km

L'autobus consomme 42 L pour 100 km, donc il consomme 0,42 L/km.
Le pouvoir calorifique du gazole est C = 38 080 kJ/L.
Donc l'énergie consommée est 38 080 × 0,42 = 15 994 kJ/km = 15,994 MJ/km.

$$\eta_{\text{raffinage}} = \frac{\text{Énergie}_{\text{utilisée}}}{\text{Énergie}_{\text{primaire}}} \text{ donc Énergie}_{\text{primaire}} = \frac{\text{Énergie}_{\text{utilisée}}}{\eta_{\text{raffinage}}} \text{ soit}$$

$$\text{Énergie}_{\text{primaire}} = \frac{15,994}{0,94} = 17 \text{ MJ/km}$$

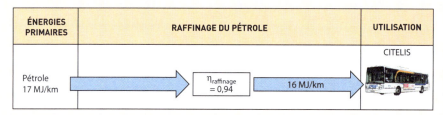

7. Conclusion

Cette étude a permis de montrer que le trolleybus, qui est alimenté par des lignes électriques en ville, n'émet pas de gaz à effet de serre pendant son fonctionnement, ce qui est une bonne chose pour préserver la qualité de l'air en ville.

Le trolleybus émet seulement 92 g Eq CO_2/km, car 90 % de l'énergie électrique produite en France ne provient pas de la combustion d'énergies fossiles. Cette émission de gaz à effet de serre est très inférieure à celle d'un bus diesel (1 409 g Eq CO_2/km).

On observe sur les diagrammes que le trolleybus consomme davantage d'énergie primaire non renouvelable (26,3 + 3 = 29,3 MJ/km) que le bus diesel (17 MJ/km). Dans le cas du trolleybus, cette énergie primaire est constituée à 75 % d'énergie fissile. Le minerai utilisé dans les centrales nucléaires est très répandu à la surface de la Terre, et il n'y a pour l'instant pas de pénurie à redouter, contrairement au pétrole qui se raréfie.

On peut donc conclure que l'utilisation du trolleybus est pertinente pour préserver la qualité de l'air et limiter l'utilisation de pétrole.

Exercice 9

1. Nombre maximal de passagers par heure dans un sens de circulation

La nacelle peut transporter des véhicules légers (voitures), des deux-roues, des piétons et des véhicules de transport en commun (busway).

Dans l'énoncé, on nous demande de ne prendre en compte que les piétons et les passagers dans les transports collectifs. Sur le diagramme d'exigences, on peut lire qu'à chaque passage, on transporte 270 piétons et 150 personnes dans le busway.

P_{passage} = 270 + 150 = 420 passagers

Un passage se fait en 1,75 minute. On ne s'intéresse au déplacement des piétons que dans un seul sens (comme si le retour se faisait à vide). Le nombre de dépose de personnes, dans un seul sens, en 60 minutes est donc : $N_{\text{dépose}} = \frac{60}{2 \times 1,75} \approx 17$ déposes par heure

Le flux de passagers par heure est donc :
$$\text{Flux} = P_{\text{passage}} \times N_{\text{dépose}} = 420 \times 17 = 7\,140 \text{ passagers par heure}$$

2. Comparaison des flux de passagers

Le pont transbordeur, avec un flux de 7 200 passagers/heure/sens, a un flux plus élevé que le bac ou le téléphérique, mais plus faible qu'un pont bas, un pont levant, un pont haut ou un tunnel. Le pont bas ne pouvait pas être choisi pour ce projet, car il ne permet pas le passage des bateaux. Les autres solutions sont globalement plus chères, et c'est peut-être ce qui a orienté le choix vers la solution du pont transbordeur.

Exercice 10

1. Panneaux photovoltaïques nécessaires à l'alimentation du ferry en mode écoconduite

Dans le tableau des besoins en énergie, on peut lire qu'il faut au minimum 22,8 kWh d'énergie par jour, or sur la simulation de la production photovoltaïque, on peut lire que la production quotidienne maximale est estimée à 18 kWh d'énergie par jour. Donc les panneaux photovoltaïques ne peuvent pas suffire à alimenter le ferry-boat.

2. Nombre de panneaux photovoltaïques utilisés pour la propulsion et pour le circuit service

Sur l'extrait du BDD, on peut lire que 16 panneaux photovoltaïques sont utilisés pour la propulsion et 8 pour le circuit service.

3. Puissance crête et rendement des panneaux destinés à la propulsion

Sur l'extrait du BDD, on peut lire que, pour la propulsion, chaque panneau a une puissance crête de 220 Wc. Il y a 16 panneaux, donc la puissance crête de l'installation est de 16 × 220 = 3 520 Wc. Le rendement indiqué sur l'extrait de BDD est de 13,8 %.

4. Influence de l'orientation et de l'inclinaison des panneaux photovoltaïques sur la production d'électricité

La production d'électricité est maximale lorsque les panneaux sont perpendiculaires aux rayons solaires.

Sur la photo du ferry-boat, on peut voir que les panneaux sont fixés horizontalement sur le toit du ferry-boat, donc la production d'électricité n'est pas optimisée.

5. Nombre de batteries d'un parc et type de montage

Sur l'extrait du BDD, on peut lire que pour la propulsion, il faut que chaque parc de batteries délivre une tension de 384 V. Sur la documentation technique de la batterie, on lit que la tension aux bornes d'une batterie est de 6 V.

Pour que les tensions s'additionnent, il faut brancher les batteries en série.

$$N = \frac{384}{6} = 64$$

Il faut donc 64 batteries par parc.

6. Énergie disponible (en Wh) pour les deux parcs de batteries sachant que l'on limite la profondeur de décharge à 70 %

$E = Q \times U$ avec E l'énergie en Wh, Q la capacité en Ah et U la tension en V.

$$E = 136 \times 384 = 52\,224 \text{ Wh/parc}$$

La profondeur de décharge est limitée à 70 %, donc l'énergie utilisable pour un parc est :

$$E_{utilisable} = 52\,224 \times 0{,}7 = 36\,557 \text{ Wh}$$

L'énergie disponible pour les deux parcs est donc :

$$E_{disponible} = 2 \times 36\,557 = 73\,114 \text{ Wh}$$

7. Nécessité d'avoir un stockage d'énergie aussi important

Dans le cas le plus défavorable, le ferry-boat a besoin de 73 008 Wh d'énergie par jour. Les parcs de batteries permettent de fournir 73 114 Wh en respectant une décharge ne dépassant pas 70 %. Ils sont donc dimensionnés pour couvrir les besoins dans le cas le plus défavorable.

Influence du mode éco-conduite et de la production photovoltaïque sur la durée de vie des batteries

Sur le diagramme à barres du document technique sur les batteries, on peut lire que la durée de vie des batteries, définie par le nombre de cycles de charge et décharge, augmente lorsque la profondeur de décharge diminue. Pour une profondeur de décharge de 70 %, le nombre de cycles est de 1 500, alors que lorsque la profondeur de décharge est de 50 %, les batteries peuvent supporter jusqu'à 2 500 cycles de charge/décharge.

Dans le cas le plus défavorable (18 h de temps de fonctionnement par jour) avec le mode éco-conduite, le besoin en énergie est de 51 192 Wh/jour. Or en limitant la profondeur de décharge des batteries à 50 %, elles peuvent fournir :

$$E_{\text{disponible 50 \%}} = 2 \times Q \times U \times \frac{50}{100} = 2 \times 136 \times 384 \times \frac{50}{100} = 52\,224 \text{ Wh}$$

Cela permet de couvrir les besoins en énergie quelle que soit la période de l'année dans la mesure où le mode éco-conduite est utilisé. La production photovoltaïque permet encore de réduire la profondeur de décharge des batteries, ce qui a pour effet d'accroître leur durée de vie.

8. Nature de la tension (continue ou alternative) présente aux points repérés ❶ ❷ ❸ ❹ de l'IBD de l'alimentation électrique

❶ en sortie de la prise EDF, la tension est alternative.
❷ les panneaux photovoltaïques délivrent une tension continue.
❸ le chargeur délivre une tension continue.
❹ en entrée et sortie des batteries, les tensions sont continues.

9. Moyenne annuelle d'émission de gaz à effet de serre (grammes de CO_2 par kWh)

Pour trouver la moyenne, il faut additionner les émissions générées chaque mois et diviser par le nombre de mois :

$$M = \frac{48 + 54 + 57 + 41 + 23 + 19 + 40 + 34 + 47 + 50 + 46 + 34}{12} \approx 41 \text{ g équ } CO_2 \text{ par kWh}$$

10. Quantité de CO_2 économisée par an

Nous avons calculé précédemment qu'en moyenne, pour chaque kWh d'énergie utilisé pour le ferry-boat, on émet 41 g équ CO_2.
La production d'énergie photovoltaïque permet d'économiser 4 400 kWh d'énergie par an, soit :

$$E = 4400 \times \frac{48 + 54 + 57 + 41 + 23 + 19 + 40 + 34 + 47 + 50 + 46 + 34}{12} = 180\,767 \text{ g équ } CO_2/\text{an}.$$

1 kg = 1 000 g
Les panneaux photovoltaïques permettent donc de réduire les émissions de gaz à effet de serre de 181 kg équ CO_2/an.

Exercice 11

1. Schéma complété

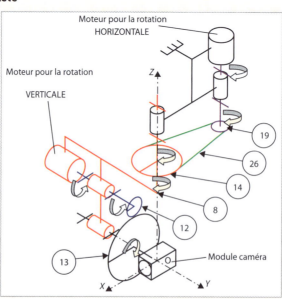

Le sens trigonométrique dans un repère orthonormé direct est désigné par le signe « + ».
Le moteur pour la rotation horizontale tourne dans le sens Z–.
Le moteur pour la rotation verticale tourne dans le sens Y–.

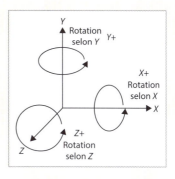

2. Vitesse de rotation maximale de la caméra pour un mouvement horizontal

Sur le diagramme de définition de blocs, on lit que la vitesse de rotation du moteur est de 500 tr/min.
Le système poulies-courroie est composé d'une petite poulie ayant 10 dents et d'une grande poulie ayant 56 dents. Le rapport de réduction est donc : $R = \dfrac{10}{56} = \dfrac{1}{5{,}6}$.

Cela signifie que la caméra tourne 5,6 fois plus lentement que l'axe du moteur.

$$N_{caméra} = R \times N_{moteur} = \dfrac{1}{5{,}6} \times 500 \approx 89{,}3 \text{ tr/min}$$

Pour convertir ce résultat en degrés par seconde, il faut se rappeler qu'un tour correspond à 360° et qu'une minute correspond à 60 secondes.

$$N_{caméra} = \dfrac{89{,}3 \times 360}{60} \approx 536°/s$$

3. Temps nécessaire pour que la caméra passe de la billetterie au bar

Sur la vue de dessus du hall d'entrée, on peut lire que la caméra effectue une rotation de 90° pour passer de la billetterie au bar.
La vitesse moyenne de rotation de la caméra est de 430 °/s.
Le temps nécessaire pour effectuer ce mouvement est donc :

$$t = \dfrac{\text{Angle à parcourir}}{\text{Vitesse de rotation}} = \dfrac{90}{430} \approx 0{,}2 \text{ s}$$

Respect du cahier des charges

Le cahier des charges impose que la caméra passe du bar à la billetterie en moins de 2 secondes. Nos calculs nous donnent un temps de déplacement de 0,2 s, donc ce critère du cahier des charges est validé.

Exercice 12

1. Calcul du courant I_s

P (W) $= U$ (V) $\times I$ (A) donc $I_s = P_{total}/U$
$P_{total} = 11 + 20 + 60 + 100 + 2{,}7 + 48 + 6 + 24 = 271{,}7$ W
$U = 12$ V
Donc $I_s = 271{,}7/12 = 22{,}6$ A

2. Intensité maximale du courant en sortie de l'installation

Les panneaux sont montés en parallèle, donc les courants s'additionnent :
$I_{max} = 14 \times 4{,}4 = 61{,}6$ A.

3. Calcul des puissances P_p, P_s et P_b, puis du courant I_b

$P_p = V_p \times I_p = 13{,}8 \times 8{,}7 = 120$ W $P_s = V_s \times I_s = 12 \times 10 = 120$ W
$P_b = P_s - P_p = 120 - 120 = 0$ W
Donc $I_b = 0$ A.

4. Analyse des échanges de puissance

Cas 1 : lorsque les panneaux photovoltaïques délivrent une puissance de 1 084 W et que les équipements consomment une puissance de 300 W, les batteries sont rechargées grâce à une puissance de 784 W (1 084 – 300 = 784).

Cas 2 : lorsque les panneaux solaires délivrent une puissance de 120 W et que les équipements consomment une puissance de 120 W, il n'y a pas d'échange de puissance avec les batteries (120 – 120 = 0).

Cas 3 : lorsque les panneaux solaires ne délivrent pas de puissance, mais que les équipements ont besoin de 240 W, cette puissance est délivrée par les batteries.

	PANNEAUX PHOTOVOLTAÏQUES		CHARGES (ÉQUIPEMENTS CONSOMMATEURS)		BATTERIES	
	P_P EN W	FONCTIONNEMENT	P_S EN W	FONCTIONNEMENT	P_B EN W	FONCTIONNEMENT
CAS 1 : EXPOSITION EN PLEIN MIDI AVEC UN ÉCLAIREMENT DE $E = 1\,000\ W \cdot m^{-2}$ AVEC $I_S = 25\ A$	1 084	☐ reçoit de la puissance √ fournit de la puissance ☐ pas d'échange de puissance	300	√ reçoit de la puissance ☐ fournit de la puissance ☐ pas d'échange de puissance	784	√ reçoit de la puissance ☐ fournit de la puissance ☐ pas d'échange de puissance
CAS 2 : FAIBLE ÉCLAIREMENT $E = 130\ W \cdot m^{-2}$ AVEC $I_S = 10\ A$	120	☐ reçoit de la puissance √ fournit de la puissance ☐ pas d'échange de puissance	120	√ reçoit de la puissance ☐ fournit de la puissance ☐ pas d'échange de puissance	0	☐ reçoit de la puissance ☐ fournit de la puissance √ pas d'échange de puissance
CAS 3 : DE NUIT AVEC $I_S = 20\ A$	0	☐ reçoit de la puissance ☐ fournit de la puissance √ pas d'échange de puissance	240	√ reçoit de la puissance ☐ fournit de la puissance ☐ pas d'échange de puissance	240	☐ reçoit de la puissance √ fournit de la puissance ☐ pas d'échange de puissance

5. Calcul de l'énergie produite chaque jour
Énergie (Wh) = Puissance (W) × Temps (h)
Il y a 14 panneaux solaires, donc :
$E = 14 \times 75 \times 5{,}93 = 6\,226{,}5\ Wh$

Comparaison avec l'énergie consommée chaque jour
L'énergie consommée chaque jour n'est que de 1 100 Wh, donc les panneaux couvrent largement les besoins journaliers en électricité. L'énergie supplémentaire sert à recharger les batteries pour l'utilisation de nuit et pour les jours où l'ensoleillement est inférieur à l'ensoleillement moyen.

6. Détermination de l'intensité du vent provoquant le basculement

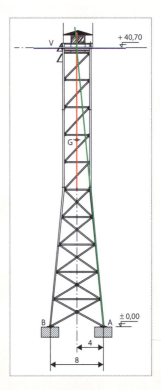

La tour est en équilibre sous l'action de 3 forces non parallèles :
– le poids (vertical, dirigé vers le bas) au centre de gravité G, $P = 55\,000$ N ;
– la force du vent (horizontale vers la droite) appliquée en V, dont on cherche l'intensité ;
– l'articulation en A.
L'équilibre de la tour se traduit par le fait que :
– les 3 supports des forces se coupent en 1 point (ce qui nous donne le support de la force en A) ;
– la somme vectorielle des 3 forces est nulle (ce qui nous donne l'intensité de l'effort en V).
On choisit une échelle de représentation des forces. Puis, on trace P. À l'origine de P, on trace

le support de V, et à l'extrémité de P, on trace le support de A. On mesure la longueur de V et on utilise l'échelle pour trouver sa valeur en newtons : V = 5 400 N.
Conclusion : le basculement est donc entraîné par le vent lorsque l'intensité de celui-ci est supérieure à 5 400 N.

7. Calcul de la force maximale du vent et risque de basculement de la tour
La pression du vent extrême à prendre en compte pour un site protégé est de 700 Pa.
$$\text{Pression(Pa)} = \frac{\text{Force (N)}}{\text{Surface (m}^2)} \text{ donc } F = P \times S = 700 \times 14 = 9\,800 \text{ N}$$

À la question précédente, nous avons trouvé que la force du vent nécessaire pour faire basculer la tour est de 5 400 N. Dans le cas d'un vent extrême, nos calculs nous indiquent qu'un effort de 9 800 N sera appliqué sur la tour, ce qui la fera basculer.

Exercice 13

1. Valeur du coefficient de sécurité
$$s = \frac{R_e}{\sigma_{max}} = \frac{275 \cdot 10^6}{26\,955\,320} = 10,2$$

2. Zone où les déplacements sont les plus importants et valeur du déplacement maximal
Le déplacement maximal se situe au sommet de la structure. Il est de 5,835 mm.

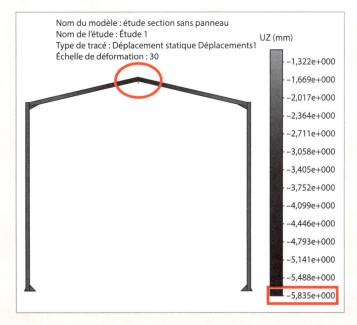

3. Masse des 70 panneaux
$$M = 70 \times 10,9 = 763 \text{ kg}$$

Nombre de traverses sur lesquelles vont reposer les panneaux
Sur la figure, on voit que l'on a disposé 10 panneaux sur la longueur et 7 panneaux sur la largeur.
La longueur des 10 panneaux est : L = 10 × 1,499 = 14,99 m. Les traverses sont espacées de 2 m, les panneaux vont donc reposer sur 8 traverses.

Surcharge linéique
$$P_{panneaux} = M \times g = 763 \times 9,81 = 7\,485 \text{ N}$$

Ce poids est supporté par 8 traverses, donc chaque traverse supporte :

$$P_{\text{panneaux/traverse}} = 7\,485/8 \approx 936 \text{ N}$$

Sur le 1er schéma, on lit que chaque traverse a une longueur de 5 mètres, donc la charge linéique est : $\rho = 936/5 = 187$ N/m

4. Contrainte et déplacements sur la structure avec les panneaux solaires

On lit que la contrainte maximale est de 32 988 584 N/m^2.
Le déplacement maximal se situe au sommet de la structure. Il est de 7,104 mm.

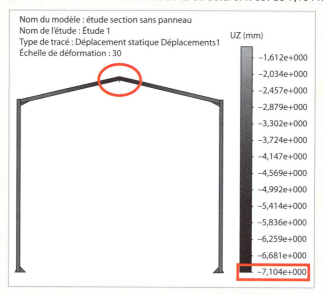

5. Conclusion

Il est indiqué dans l'énoncé que pour que l'installation de panneaux solaires puisse être validée, l'augmentation ne doit pas excéder 25 % sur chaque critère.
Sur la contrainte, on passe de 26 955 320 N/m^2 à 32 988 584 N/m^2, soit une augmentation de :

$$\varepsilon_{\text{contrainte}} = \frac{32\,988\,584 - 26\,955\,320}{26\,955\,320} \times 100 \approx 22\,\%$$

Sur le déplacement, on passe de 5,835 mm à 7,104 mm, soit une augmentation de :

$$\varepsilon_{\text{déplacement}} = \frac{7,104 - 5,835}{5,835} \times 100 \approx 22\,\%$$

L'augmentation de chaque critère reste inférieure à 25 %, donc l'installation est validée.

Exercice 14

1. Période du signal

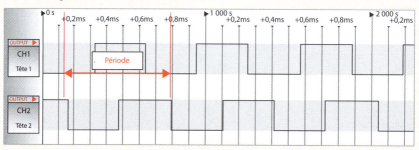

Corrigés

Sur le chronogramme, on lit que la période est d'environ :
$$T = 0{,}79 - 0{,}17 = 0{,}62 \text{ ms} = 620 \text{ µs}$$

Temps mis par la roue pour faire un tour
Il y a 90 impulsions par tour de roue, donc $t_{roue} = 90 \times 620 \cdot 10^{-6} = 0{,}055\,8$ s.

Fréquence de rotation du moteur
La fréquence est l'inverse de la période, donc : $f_{roue} = \dfrac{1}{t_{roue}} = \dfrac{1}{0{,}0558} = 17{,}9$ tr/s
soit $f_{roue} = 17{,}9 \times 60 = 1075$ tr/min.

2. Affirmations sur le sens de marche

Sens de rotation : Sur front descendant de *Tête1*, si *Tête2* = 0
alors sens = MARCHE **ARRIERE**
Sur front descendant de *Tête1*, si *Tête2* = 1
alors sens = MARCHE **AVANT**

3. Algorithme complété et sens de marche

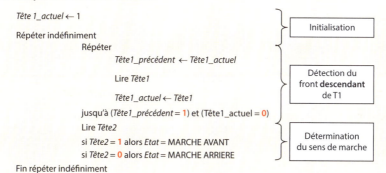

Sur le chronogramme, on voit que lors des fronts descendants du signal 1, le signal 2 est à 1, donc le véhicule est en marche avant.

Exercice 15

1. Tableau complété

N° DE MESSAGE	INTITULÉ DU MESSAGE	SUPPORT DU MESSAGE			
		RÉSEAU INTERNET	LIAISON GSM/ GPRS	RÉSEAU TÉLÉPHONIE 3G (OU WIFI)	LIAISON RADIO SATELLITE GPS
1	Grilles horaires locales		X		
2	Grilles horaires toutes lignes	X			
3	**a) Signaux GPS**				X
4	**b) Trames de position des véhicules**		X		
5	**e) Situation de la ligne de bus en temps réel**		X		
6	**d) Situation complète du réseau de bus en temps réel**	X			
7	Informations locales actualisées				
8	Localisation client	X		X	
9	**c) Information prochains bus à proximité du client**	X		X	

125

Corrigés

2. Tableau complété

@ IP 10.0.3.19	0000 1010	0000 0000	0000 0011	0001 0011
MASQUE RÉSEAU	1111 1111	1111 1111	1111 1100	0000 0000
@ HÔTES	0000 1010	0000 0000	0000 00xx	xxxx xxxx

3. Adresse de diffusion (*broadcast*)

L'adresse de *broadcast* est l'adresse qui permet de s'adresser à tous les hôtes d'un réseau à la fois. Elle est réservée à cette application. Elle ne peut donc pas être attribuée à une machine (un hôte) du réseau. Elle est définie comme étant la dernière adresse d'une plage d'adresses réseau. Donc :

@ RÉSEAU	0000 1010	0000 0000	0000 00xx	xxxx xxxx
ADRESSE DE DIFFUSION EN BINAIRE	0000 1010	0000 0000	0000 0011	1111 1111
ADRESSE DE DIFFUSION EN DÉCIMAL	10	0	3	255

4. Adresse des hôtes

@ HÔTES	0000 1010	0000 0000	0000 00xx	xxxx xxxx
@ RÉSEAU	0000 1010	0000 0000	0000 0000	0000 0000
PLUS PETITE @ HÔTE	0000 1010	0000 0000	0000 0000	0000 0001
PLUS GRANDE @ HÔTE	0000 1010	0000 0000	0000 0011	1111 1110

PLAGE D'ADRESSES HÔTES	10. 0 . 0 . 1	à	10. 0 . 3 .254

5. Nombre d'hôtes que l'on peut adresser

Le masque de réseau est : 255.255.252.0.
En binaire, cela donne : 1111 1111 . 1111 1111 . 1111 1100 . 0000 0000
Les 10 bits à 0 correspondent aux bits utilisés pour identifier les hôtes.
Le nombre d'adresses différentes pour les hôtes est donc : 2^{10} = 1 024 adresses.
Parmi ces adresses, deux sont réservées (l'une pour l'adresse du réseau et l'autre pour l'adresse de diffusion). Il reste donc 1 024 – 2 = 1 022 adresses pour les hôtes.

6. Nombre de véhicules que l'on peut adresser

Chaque véhicule possède une adresse IP du type : 10.0.y.z.
Le masque de réseau est : 1111 1111 . 1111 1111 . 1111 11xx . xxxx xxxx
Cela signifie qu'il ne reste que 2 bits pour coder y. Les valeurs possibles pour y sont donc :
$(00)_2 = (0)_{10}$; $(01)_2 = (1)_{10}$; $(10)_2 = (2)_{10}$; $(11)_2 = (3)_{10}$
Par conséquent, « y » peut prendre 4 valeurs (0 ; 1 ; 2 ; 3) et « z » peut prendre 100 valeurs (de 0 à 99). Cela fait donc 400 adresses. L'adresse 000 est réservée (c'est l'adresse du réseau), donc on peut adresser 399 véhicules.

Nombre d'adresses disponibles pour les équipements

Il reste donc 1 024 – 399 – 1 = 624 adresses disponibles pour les hôtes autres que les véhicules (nombre d'adresses du réseau – nombre de véhicules adressables – adresse de diffusion).

Mesures et capteurs

☐ LU
☐ SU
☐ REVU

1 Les signaux périodiques

1.1. La période temporelle et la fréquence

La fréquence d'un signal représente le nombre d'oscillations effectuées en une seconde. C'est l'inverse de la période temporelle.

$$f = \frac{1}{T}$$ avec f : fréquence du signal en Hz ; T : période du signal en s

La période temporelle peut se mesurer sur un oscillogramme.

EXEMPLE

Sensibilité verticale : 1 V·div^{-1}.
Balayage : 0,20 ms·div^{-1}.

Détermination graphique de la période :
$T = 3{,}0 \times 0{,}20 \times 10^{-3} = 0{,}60 \times 10^{-3}$ s

Calcul de la fréquence du signal :
$f = \dfrac{1}{0{,}60 \times 10^{-3}} = 1{,}7 \times 10^3$ Hz

1.2. Le spectre d'un signal

Le spectre d'un signal donne sa composition en fréquences. Pour un signal périodique non sinusoïdal, la fréquence F du signal est appelée fondamental. Les autres fréquences multiples de F sont appelées les harmoniques.

SIGNAL	OSCILLOGRAMME	SPECTRE	HARMONIQUES
Périodique sinusoïdal	u [V], t [s]	Amplitude [V], f [Hz], F	Une seule fréquence présente : F **Pas d'harmonique**
Périodique non sinusoïdal	u [V], t [s]	Amplitude [V], f [Hz], f_0, $2f_0$, $3f_0$, $4f_0$	f_0 : fondamental **Harmoniques** : – ordre 2 : $2f_0$; – ordre 3 : $3f_0$; – etc.

2 Mesurer des grandeurs avec des capteurs

2.1. Les grandeurs d'entrée et de sortie

2.2. Les capteurs actifs et passifs

Un capteur est actif ou passif suivant la nature de sa grandeur de sortie.

TYPE DE CAPTEUR	GRANDEUR DE SORTIE
Capteur passif	Résistance, capacité, inductance
Capteur actif	Tension électrique, courant électrique, charge électrique

2.3. Quelques caractéristiques importantes d'un capteur

Un capteur est caractérisé par :
– son **étendue de mesure E** (ou plage de mesure) :

$E = m_{max} - m_{min}$ avec m_{max} et m_{min} : valeurs maximale et minimale de la mesurande

– sa **sensibilités S** :

$S = \dfrac{\Delta s}{\Delta m}$ avec Δs : variation de la grandeur de sortie ; Δm : variation de la mesurande

Les unités de chacune de ces grandeurs dépendent de la nature du capteur.

CAPTEUR	THERMISTANCE	CAPTEUR À EFFET HALL	PHOTODIODE
TYPE	Passif	Actif	Actif
MESURANDE	Température	Champ magnétique	Éclairement
RÉPONSE	Résistance	Tension	Courant
UNITÉ DE LA SENSIBILITÉ S	$\Omega \cdot °C^{-1}$	$V \cdot T^{-1}$	$A \cdot lx^{-1}$
UNITÉ DE L'ÉTENDUE DE MESURE E	°C	T	lx

2.4. Les capteurs analogiques

Un capteur est **analogique** si sa réponse est une **fonction continue de la mesurande**. Sa réponse peut donc prendre une infinité de valeurs dans l'intervalle de l'étendue de mesure.

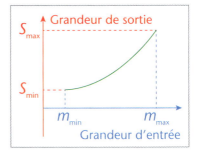

2.5. La numérisation d'un signal analogique

Il est possible de numériser les signaux analogiques par un traitement en plusieurs étapes.

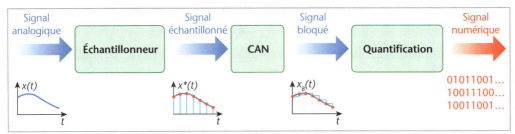

Le **convertisseur analogique-numérique** (CAN) est caractérisé par :
– le nombre de bits de codage : N ;
– sa plage d'entrée de conversion : $\Delta V_{E_{max}}$;
– sa rapidité (ou temps de conversion).

Le pas de quantification (ou quantum) est défini par le rapport : $q = \dfrac{\Delta V_{E_{max}}}{2^N}$.

Il détermine la précision du convertisseur analogique-numérique, il doit donc être le plus faible possible.

EXEMPLE

$q = \dfrac{4}{2^2} = 1$

- De 0 à 1 V : code binaire « 00 ».
- De 1 à 2 V : code binaire « 01 ».
- De 2 à 3 V : code binaire « 10 ».
- De 3 à 4 V : code binaire « 11 ».

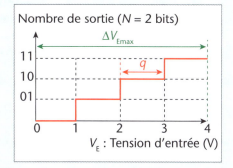

2.6. Les capteurs numériques

Un capteur est numérique si sa réponse est une fonction discrète (signal en « escalier ») de la mesurande. Sa réponse est un nombre binaire (exemple ci-contre), ou un train d'impulsions.

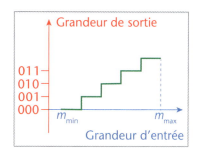

3 Les sources d'erreurs et les incertitudes associées

3.1. Les sources d'erreurs dans les mesures

La vraie valeur d'une grandeur physique n'est jamais accessible à cause des erreurs expérimentales de mesure. Ces erreurs sont classées en deux catégories :
– les erreurs systématiques, qui entraînent des défauts de justesse ;
– les erreurs aléatoires, qui entraînent des erreurs de fidélité.

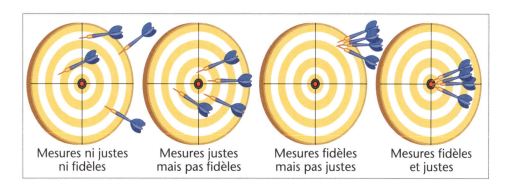

3.2. Les incertitudes de mesure

Les erreurs de mesure ne sont pas toujours connues, mais il est possible d'associer à toute mesure une incertitude avec son niveau de confiance.

EXEMPLE
Mesure d'une température : θ = 21,3 ± 0,2 °C (niveau de confiance 95 %)
Cette notation signifie que la vraie valeur de la température a 95 % de chances de se trouver dans l'intervalle [21,1 °C ; 21,5 °C].

De façon générale, le résultat d'une mesure M se met sous la forme d'un intervalle :

$M = m \pm \Delta M$ unité   avec m : valeur mesurée ;
ΔM : incertitude de mesure, suivie de l'unité de M

L'incertitude de mesure doit comporter au plus deux chiffres significatifs.

3.3. Le calcul de l'incertitude d'une mesure unique

L'incertitude de lecture se calcule à partir des données des appareils de mesure :

– pour les règles, éprouvettes graduées, etc. : $u_{lecture} = \dfrac{1 \text{ graduation}}{\sqrt{12}}$;

– pour les appareils numériques, la notice indique la méthode de calcul.

EXEMPLE
Pour un voltmètre numérique, 1 digit correspond à 1 unité sur le dernier chiffre significatif de la valeur lue.

VALEUR LUE	PRÉCISION DE L'APPAREIL	$u_{LECTURE}$
1,23 V	0,3 % valeur lue + 2 digits	$u_{lecture} = 1,23 \times 0,03 + 0,02 = 0,05$ V

L'énoncé fournit ensuite la relation de calcul permettant de calculer l'incertitude de mesure (associée à un niveau de confiance) à partir de l'incertitude de lecture.

NIVEAU DE CONFIANCE	95 %	99 %
DONNÉE ÉNONCÉ	$\Delta M = 2 \times u_{lecture}$	$\Delta M = 3 \times u_{lecture}$

3.4. Calcul de l'incertitude de répétabilité

Lorsque plusieurs mesures d'une même grandeur sont effectuées :
– la valeur mesurée m est donnée par la moyenne arithmétique des mesures ;
– l'incertitude dite de répétabilité est l'écart-type calculé à la calculette.

3.5. Évaluer l'incertitude avec une formule fournie

L'énoncé du sujet peut fournir une formule permettant de calculer une incertitude.

EXEMPLE
Pour une masse volumique : $\Delta\rho = \rho \times \sqrt{\left(\dfrac{\Delta m}{m}\right)^2 + \left(\dfrac{\Delta V}{V}\right)^2}$.

Les rapports $\dfrac{\Delta m}{m}$ et $\dfrac{\Delta V}{V}$ sont appelés incertitudes relatives et permettent d'évaluer puis de comparer la précision relative de chaque grandeur mesurée.

EXEMPLE
Avec des niveaux de confiance de 95 % :

	ρ [kg·m³]	m [kg]	Δm [kg]	$\dfrac{\Delta m}{m}$	V [m³]	ΔV [m³]	$\dfrac{\Delta V}{V}$
VALEUR	$1,00 \times 10^3$	1,000	0,0002	0,02 %	0,001000	0,000005	0,5 %

Résultat : ρ = 1 000 ± 5 kg·m^{-3} (niveau de confiance 95 %).

Savoir 2 — L'énergie solaire

LU ☐
SU ☐
REVU ☐

1 Les caractéristiques de l'énergie solaire

1.1. Relation entre énergie et puissance moyenne
La **puissance** indique la rapidité à laquelle l'énergie est échangée :

$P = \dfrac{E}{t}$ avec P : puissance moyenne à laquelle l'énergie est échangée en W ;
E : énergie échangée en J ; t : durée moyenne de l'échange d'énergie en s

Conversions : **1,0 kW·h = 3,6 × 10⁶ J = 3,6 MJ**.

1.2. L'énergie solaire reçue sur Terre
L'**énergie rayonnante surfacique annuelle** reçue sur Terre varie entre 750 et 2 500 kW·h·m⁻². Elle dépend de la latitude, de la saison, de l'alternance jour/nuit et de l'orientation du panneau par rapport au Soleil.
L'**énergie rayonnante absorbée** par un panneau est le produit de sa surface par l'énergie surfacique.

1.3. Quelques utilisations de l'énergie solaire
- Production d'électricité.
- Chauffage de l'eau chaude sanitaire.
- Apport solaire pour l'éclairement intérieur.

2 Le capteur solaire thermique

2.1. Principe d'un capteur solaire thermique

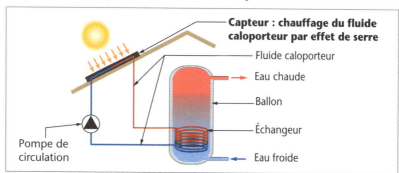

2.2. La chaîne énergétique

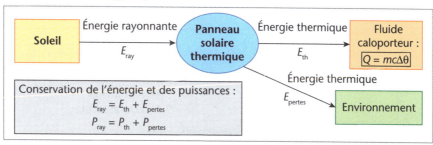

RENDEMENT DU PANNEAU SOLAIRE THERMIQUE			
Ordre de grandeur : $\eta \le 50\%$	exprimé en puissance :	$\eta = \dfrac{P_{th}}{P_{ray}}$	exprimé en énergie : $\eta = \dfrac{E_{th}}{E_{ray}}$

131

3 Le capteur solaire photovoltaïque

3.1. Énergie minimale des photons pour produire du courant

Un panneau solaire éclairé ne débite du courant que si l'énergie de chaque photon qu'il absorbe est supérieure à une énergie appelée « gap », caractéristique du semi-conducteur utilisé pour réaliser les cellules du panneau.

$E_{photon} = h\nu \geq E_{GAP}$ avec E_{photon} : énergie du photon en J ;

h : constante de Planck
(h = 6,63 × 10^{-34} J·s) ;
ν : fréquence du photon en Hz ;
E_{GAP} : énergie du GAP du semi-conducteur en J

EXEMPLE
E_{GAP} = 1,12 eV pour le silicium sachant que 1 eV = 1,6 × 10^{-19} J.

3.2. La chaîne énergétique

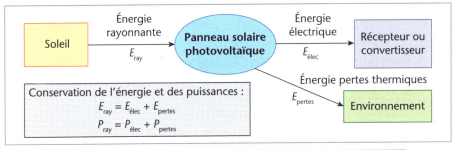

RENDEMENT DU PANNEAU PHOTOVOLTAÏQUE		
Ordre de grandeur : 8 % < η < 17 %	exprimé en puissance : $\eta = \dfrac{P_{élec}}{P_{ray}}$	exprimé en énergie : $\eta = \dfrac{E_{élec}}{E_{ray}}$

3.3. La caractéristique électrique d'une cellule photovoltaïque

Détails de la caractéristique intensité-tension d'un panneau solaire pour un éclairement énergétique de 1 000 W·m^{-2} :

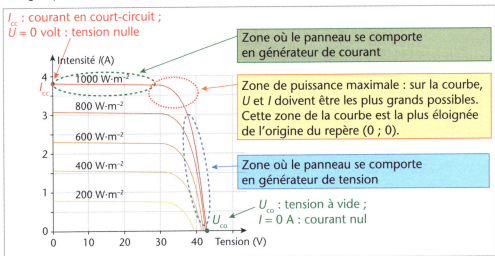

3.4. La puissance électrique en courant continu

$P = UI$ avec P : puissance électrique en W ; U : tension électrique en V ;
I : intensité du courant électrique en A

Savoir 3 — Les fluides dans l'habitat

LU ☐
SU ☐
REVU ☐

1 La pression dans un fluide

1.1. Relation entre pression et force

La pression dans un fluide est une force par unité de surface qui s'exerce dans toutes les directions.

$p = \dfrac{F}{S}$ avec p : pression uniforme exercée par le fluide en Pa ;
  F : force pressante exercée en N ;
  S : surface en m²

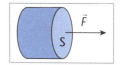

1.2. Les hypothèses de l'hydrostatique

Il existe deux hypothèses à vérifier pour appliquer la relation fondamentale de l'hydrostatique des fluides :
– le fluide doit être supposé incompressible ;
– le fluide doit être en équilibre mécanique dans le champ de pesanteur.

1.3. La surface libre d'un liquide

La surface d'un liquide en contact avec l'air ambiant s'appelle la surface libre. Sur une surface libre plane, la pression est égale à la pression atmosphérique.

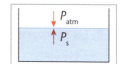

1.4. Le principe fondamental de l'hydrostatique

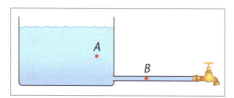

Les pressions en deux points A et B situés dans un même liquide sont liées par le principe fondamental de la statique des fluides.

$p_a + \rho g z_a = p_b + \rho g z_b$ avec p_a et p_b : pressions aux points A et B en Pa ;
  ρ : masse volumique du liquide en kg·m⁻³ ;
  g : accélération de la pesanteur en m·s⁻² ;
  z_a et z_b : altitudes des points A et B en m

1.5. Les pressions absolue, relative et différentielle

On définit, suivant la référence que l'on prend (le vide, la pression atmosphérique, ou une pression quelconque P_2), les pressions suivantes :

PRESSION ABSOLUE	PRESSION RELATIVE	PRESSION DIFFÉRENTIELLE
$P_{abs} = P - P_{vide}$	$P_{rel} = P_{abs} - P_{atmos}$	$P_{différentielle} = \Delta P = P_2 - P_1$

EXEMPLES

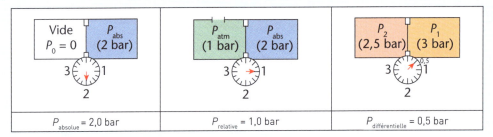

| $P_{absolue}$ = 2,0 bar | $P_{relative}$ = 1,0 bar | $P_{différentielle}$ = 0,5 bar |

2 L'écoulement stationnaire d'un fluide

2.1. Les débits volumique et massique

Lors du remplissage (ou de la vidange) d'un réservoir, les débits moyens du fluide sont liés aux temps de remplissage (ou de vidange) :

$D_v = \dfrac{V}{t}$ avec D_v : débit volumique moyen en m³·s⁻¹ ; V : volume de liquide écoulé en m³ ; t : temps de vidange ou de remplissage en s

$D_m = \dfrac{m}{t}$ avec D_m : débit massique moyen en kg·s⁻¹ ; m : masse de fluide écoulée en kg ; t : durée de l'écoulement en s

2.2. La conservation des débits

Pour l'écoulement en régime permanent d'un fluide homogène dans un réseau de canalisation, il y a conservation des débits volumique et massique.

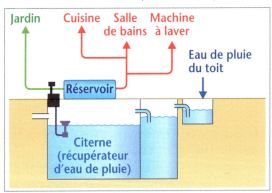

CONSERVATION DU DÉBIT VOLUMIQUE	$D_{v_{citerne}} = D_{v_{jardin}} + D_{v_{cuisine}} + D_{v_{SdB}} + D_{v_{machine\ à\ laver}}$
CONSERVATION DU DÉBIT MASSIQUE	$D_{m_{citerne}} = D_{m_{jardin}} + D_{m_{cuisine}} + D_{m_{SdB}} + D_{m_{machine\ à\ laver}}$

2.3. La vitesse moyenne d'écoulement dans une canalisation

En régime permanent, le débit volumique dans une canalisation est conservé. La vitesse moyenne de l'écoulement change avec la section d'écoulement.

$D_v = S_1 v_1 = S_2 v_2$

avec D_v : débit volumique moyen en m³·s⁻¹ ; S_1 et S_2 : sections droites de l'écoulement en m² ; v_1 et v_2 : vitesses moyennes du fluide en m·s⁻¹

Savoir 4 — Les changements d'état

1 Définition

1.1. La nomenclature des changements d'état

Les trois états les plus courants possibles pour la majorité des corps purs sont : l'état solide, l'état liquide et l'état gazeux.
La nomenclature des changements d'état les plus courants est la suivante :

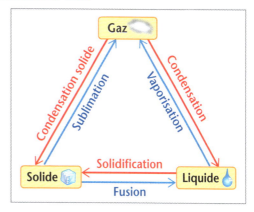

1.2. Du macroscopique au microscopique

Au niveau microscopique, un changement d'état correspond à l'établissement ou la rupture d'interactions entre les molécules (ou atomes).

EXEMPLE
Pour l'eau :

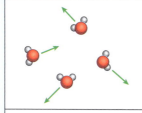 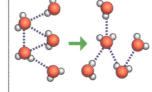 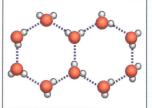

Vapeur : structure désordonnée et disperse	**Eau liquide** : structure désordonnée et compacte	**Glace** : structure ordonnée et compacte (représentation plane)
Très peu de liaisons hydrogène, les molécules sont quasiment libres.	En moyenne, 3,5 liaisons hydrogène par molécule (ces liaisons changent en permanence, environ toutes les 3×10^{-12} s !).	4 liaisons hydrogène (solides et rigides) par molécule. La 4ᵉ liaison est perpendiculaire au plan de la feuille.

2 Le bilan d'énergie d'un changement d'état

$\Delta E = mL$ avec ΔE : énergie échangée lors du changement d'état en J ;
m : masse du corps changeant d'état en kg ;
L : enthalpie massique de changement d'état en J·kg⁻¹

Les enthalpies massiques (L_V, L_F, L_S) sont des données de l'énoncé.

Lors du changement d'état vers une phase plus condensée, les enthalpies de changement d'état sont négatives.

EXEMPLE
Pour l'eau :

VAPORISATION	FUSION	SUBLIMATION
$L_V = 2{,}26 \times 10^6$ J·kg^{-1}	$L_F = 334 \times 10^3$ J·kg^{-1}	$L_S = 2{,}83 \times 10^6$ J·kg^{-1}

CONDENSATION	SOLIDIFICATION	CONDENSATION SOLIDE
$L_C = -L_V = -2{,}26 \times 10^6$ J·kg^{-1}	$L_S = -L_F = -334 \times 10^3$ J·kg^{-1}	$L_{CS} = -L_S = -2{,}83 \times 10^6$ J·kg^{-1}

3 Les diagrammes (P, T) des corps purs

3.1. Les domaines du diagramme (P, T) de l'eau pure

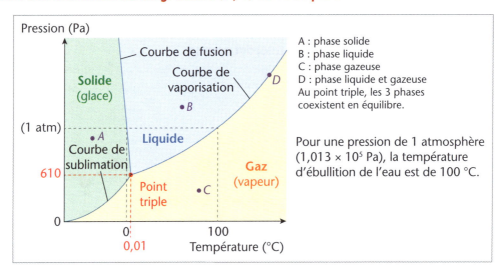

A : phase solide
B : phase liquide
C : phase gazeuse
D : phase liquide et gazeuse
Au point triple, les 3 phases coexistent en équilibre.

Pour une pression de 1 atmosphère (1,013 × 10^5 Pa), la température d'ébullition de l'eau est de 100 °C.

3.2. Lecture graphique de la température d'ébullition

Sur le diagramme d'état, quand on projette la valeur de la pression de l'air (situé au-dessus du liquide) sur la courbe de vaporisation, on lit en abscisse la température d'ébullition de l'eau.

3.3. La température lors d'un changement d'état

Lors d'un changement d'état, la température reste constante tant que les deux phases en présence cœxistent.

3.4. Ébullition et évaporation

L'ébullition et l'évaporation correspondent toutes les deux à la vaporisation d'un liquide, mais les processus sont très différents :
– l'ébullition nécessite de chauffer le liquide pour atteindre la température d'ébullition ;
– contrairement à l'ébullition, l'==évaporation a lieu à toute température==.
L'évaporation est favorisée par : une grande surface de contact avec l'air, la ventilation de la surface libre, la température élevée du liquide.

Savoir 5 — Les ondes électromagnétiques

1 Caractéristiques des ondes électromagnétiques

1.1. Constitution d'une onde électromagnétique

Les ondes électromagnétiques sont constituées d'un vecteur champ électrique $\vec{E}$ et d'un vecteur champ magnétique $\vec{B}$ qui oscillent.

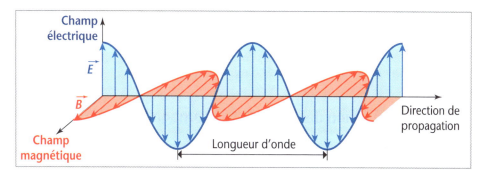

Relation de calcul entre les amplitudes des deux champs :

$B = \dfrac{E}{c}$ avec B : amplitude du champ magnétique en T ;
E : amplitude du champ électrique en V·m^{-1} ;
c : célérité des ondes électromagnétiques en m·s^{-1}

1.2. Période spatiale et période temporelle

La fréquence ν d'une onde électromagnétique correspond au nombre d'oscillations par seconde du champ électromagnétique. On lui associe la période temporelle T suivante :

$T = \dfrac{1}{\nu}$ avec T : période temporelle en s ; ν : fréquence de l'onde en Hz

La longueur d'onde correspond à la période spatiale de l'onde :

$\lambda = \dfrac{c}{\nu}$ avec λ : longueur d'onde en m ;
c : célérité (ou vitesse) des ondes électromagnétiques en m·s^{-1} ;
ν : fréquence de l'onde en Hz

1.3. Le spectre des ondes électromagnétiques

Le spectre des ondes électromagnétiques indique la composition en fréquence (ou en longueur d'onde) d'une onde électromagnétique. On classe les ondes dans les domaines suivants :

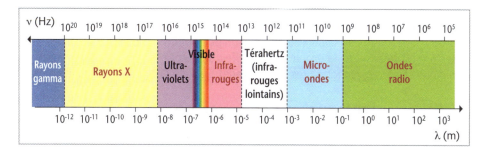

Le spectre simplifié autour des ondes électromagnétiques visibles (la lumière) est le suivant :

```
              400 nm       800 nm        λ [nm]
          ┼─────────────┼─────────────┼──────
         Ultraviolet  Lumière visible  Infrarouge
```

1.4. Aspect corpusculaire : énergie des photons

Le rayonnement électromagnétique peut également se décrire par son aspect corpusculaire : les photons. Chaque photon possède une énergie E :

$E = h\nu = \dfrac{hc}{\lambda}$ avec E : énergie d'un photon en J ;
  h : constante de Planck ($h = 6{,}63 \times 10^{-34}$ J·s) ;
  ν : fréquence de l'onde en Hz ;
  λ : longueur d'onde en m

L'énergie d'un photon est parfois exprimée en électronvolts : 1,0 eV = 1,6 × 10⁻¹⁹ J.

2 La propagation des ondes électromagnétiques

2.1. La vitesse de propagation en fonction du milieu

La vitesse des ondes électromagnétiques dépend du milieu de propagation :

VIDE	AIR	EAU	VERRE
$3{,}00 \times 10^8$ m·s⁻¹	$3{,}00 \times 10^8$ m·s⁻¹	$2{,}25 \times 10^8$ m·s⁻¹	$2{,}00 \times 10^8$ m·s⁻¹

En cas de changement de milieu, la fréquence de l'onde reste inchangée. La longueur d'onde, elle, est modifiée.

2.2. Le temps de propagation

SITUATION PHYSIQUE	RELATION ENTRE DISTANCE ET TEMPS DE PROPAGATION	
Émetteur ←d→ Récepteur	$t = \dfrac{d}{c}$	avec d : distance entre l'émetteur et le récepteur en m ; c : vitesse (ou célérité) des ondes électromagnétiques en m·s⁻¹ ; t : temps de propagation en s
Émetteur / Récepteur ←d→ Obstacle	$t = \dfrac{2 \times d}{c}$ L'onde effectue un aller-retour.	

2.3. La directivité des ondes électromagnétiques

Les caractéristiques de la source d'émission permettent d'obtenir :
– des ondes directives : la propagation s'effectue autour d'une direction préférentielle ;
– des ondes omnidirectionnelles : la propagation s'effectue dans toutes les directions.

2.4. La décroissance du champ électromagnétique

Les amplitudes du champ électrique et du champ magnétique diminuent quand on s'éloigne de la source d'émission des ondes électromagnétiques.

Savoir 6 — Les produits d'entretien

1. La classification des produits d'entretien

1.1. Les solvants de nettoyage

Un solvant de nettoyage permet d'éliminer une espèce chimique présente dans une tache, si cette espèce chimique est soluble dans le solvant. Ce solvant doit présenter un minimum de risque pour l'utilisateur.

NATURE DE LA TACHE	SOLUBILITÉ DE LA TACHE DANS DIFFÉRENTS PRODUITS COURANTS			
	EAU	ACÉTONE	DÉTACHANT	VINAIGRE BLANC
Goudron	Insoluble	Insoluble	Soluble	Insoluble
Vin rouge	Soluble	Insoluble	Soluble	Insoluble

1.2. Les produits d'entretien acido-basiques

Les produits d'entretien peuvent être classés en fonction de leurs propriétés acido-basiques.

1.3. Potentiel hydrogène (pH)

Le pH (potentiel hydrogène) permet de classer quantitativement les solutions acides et basiques.

$pH = -\log[H_3O^+]$

$[H_3O^+] = 10^{-pH}$

- pH désigne le potentiel hydrogène, il est sans unité.
- $[H_3O^+_{(aq)}]$ désigne la concentration molaire en ions oxoniums exprimée en $mol \cdot L^{-1}$.

Si la concentration molaire en ions oxoniums diminue, le pH augmente (et vice versa).
Le pH se mesure expérimentalement :
– à l'unité près avec du papier pH ;
– à 0,1 unité près (ou mieux) avec un pH-mètre.

1.4. Les pictogrammes de sécurité

Tout produit d'entretien possède une étiquette qui peut comporter des pictogrammes permettant d'évaluer les risques liés à son utilisation.

PICTOGRAMMES DE DANGERS POUR LA SANTÉ ET L'ENVIRONNEMENT				
Irritant ou toxique	Toxique ou mortel	Cancérogène, mutagène, reprotoxique	Corrosif	Dangereux pour l'environnement, écotoxique

2 Les réactions acido-basiques

2.1. Définitions d'un acide et d'une base
Un acide est une espèce chimique qui libère un ou plusieurs protons H^+.
Une base est une espèce chimique qui capte un ou plusieurs protons H^+.

EXEMPLES

L'ion oxonium (H_3O^+) est un acide : $H_3O^+ \rightleftarrows H_2O + H^+$.
L'ion hypochlorite (ClO^-) est une base : $ClO^- + H^+ \rightleftarrows HClO$.

2.2. Couples acide/base et demi-équation d'échange protonique
Un couple acide/base est formé d'un acide et d'une base qui sont dits conjugués. Par convention, l'acide est cité en premier.
Pour chaque couple acido-basique, on associe la demi-équation protonique correspondante :

COUPLE ACIDE/BASE	DEMI-ÉQUATION D'ÉCHANGE PROTONIQUE	
	LA BASE DU COUPLE RÉAGIT	L'ACIDE DU COUPLE RÉAGIT
$HClO/ClO^-$	$ClO^- + H^+ \rightleftarrows HClO$	$HClO \rightleftarrows ClO^- + H^+$
NH_4^+/NH_3	$NH_3 + H^+ \rightleftarrows NH_4^+$	$NH_4^+ \rightleftarrows NH_3 + H^+$
H_3O^+/H_2O	$H_2O + H^+ \rightleftarrows H_3O^+$	$H_3O^+ \rightleftarrows H_2O + H^+$
H_2O/OH^-	$OH^- + H^+ \rightleftarrows H_2O$	$H_2O \rightleftarrows OH^- + H^+$
HCO_3^-/CO_3^{2-}	$CO_3^{2-} + H^+ \rightleftarrows HCO_3^-$	$HCO_3^- \rightleftarrows CO_3^{2-} + H^+$

Remarque : l'eau appartient à deux couples différents. Elle peut se comporter à la fois comme un acide (H_2O/OH^-) et comme une base (H_3O^+/H_2O).

2.3. Les réactions acido-basiques
Une réaction acido-basique est une transformation mettant en jeu deux couples acido-basiques qui échangent un proton H^+. L'acide du premier couple réagit avec la base du second couple. Dans l'équation bilan, les protons n'apparaissent plus.

RÉACTION ENTRE L'ACIDE HYPOCHLOREUX HClO ET L'EAU
$HClO \rightleftarrows ClO^- + H^+$
$H_2O + H^+ \rightleftarrows H_3O^+$
$HClO + H_2O \rightleftarrows ClO^- + H_3O^+$
acide 1 + base 2 $\rightleftarrows$ base 1 + acide 2

RÉACTION ENTRE LES IONS OXONIUMS ET L'AMMONIAC NH_3
$H_3O^+ \rightleftarrows H_2O + H^+$
$NH_3 + H^+ \rightleftarrows NH_4^+$
$H_3O^+ + NH_3 \rightleftarrows H_2O + NH_4^+$
acide 1 + base 2 $\rightleftarrows$ base 1 + acide 2

$HClO + H_2O \rightleftarrows ClO^- + H_3O^+$

$H_3O^+ + NH_3 \rightleftarrows H_2O + NH_4^+$

EXEMPLE

Réaction entre les ions oxoniums (H_3O^+) et hydroxydes (OH^-) : $H_3O^+ + OH^- \rightleftarrows 2H_2O$.

Savoir 7 — Les matériaux

LU ☐
SU ☐
REVU ☐

1 Classification et propriétés des matériaux

1.1. La classification des matériaux

Il existe trois grandes familles de matériaux : les matériaux métalliques, organiques et minéraux.

Quand on assemble deux familles de matériaux qui ne se mélangent pas pour former un nouveau matériau, on parle de matériau composite.

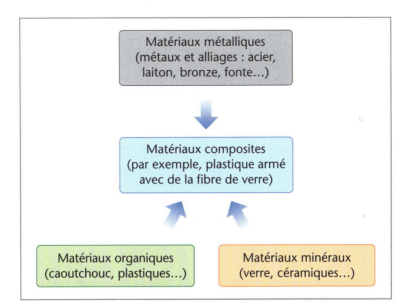

1.2. Adapter un matériau à son utilisation

Un matériau est choisi en reliant les caractéristiques et contraintes de l'utilisation envisagée avec les propriétés physico-chimiques qu'il doit posséder.

FAMILLE DE MATÉRIAUX	ASPECT	CONDUCTEUR ÉLECTRIQUE	CONDUCTEUR THERMIQUE	RÉSISTANCE MÉCANIQUE	OXYDATION
Métalliques (fer, cuivre, aluminium…)	Brillant ou mat	Bon	Bon	Bonne	S'oxydent
Organiques (bois, coton, plastiques…)	Mat, brillant, transparent	Mauvais	Mauvais	Très variable	Certains plastiques s'oxydent
Minéraux (céramiques, verres…)	Transparent pour le verre	Isolant	Moyen	Mauvaise	Ne s'oxydent pas

2 Corrosion et vieillissement des matériaux

2.1. Le vieillissement dû à des contraintes mécaniques

Les contraintes mécaniques (traction, flexion...) liées à des forces qui dépendent du temps (orientation, valeurs...) peuvent entraîner la rupture d'un matériau bien avant les effets des contraintes purement statiques : c'est le phénomène de fatigue.

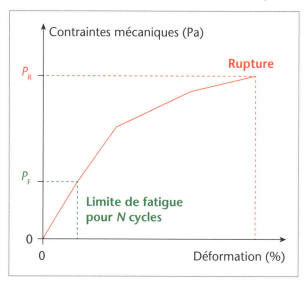

2.2. Le vieillissement dû à des contraintes thermiques

Les phénomènes de dilatation dus aux changements de température peuvent engendrer des fissures, voire la rupture du matériau.

2.3. Le vieillissement prématuré dû aux effets du rayonnement

Le rayonnement solaire contient environ 6 % d'ultraviolets. L'énergie d'un photon (domaine UV) est suffisante pour casser de nombreuses liaisons chimiques dans les matériaux organiques : c'est une cause de vieillissement.

2.4. La corrosion d'un métal

La corrosion d'un métal correspond à son oxydation en ions par perte d'électrons. Le métal qui s'oxyde constitue l'anode d'une pile de corrosion.

EXEMPLES
- Corrosion du fer : $Fe \rightleftarrows Fe^{2+} + 2e^-$;
- Corrosion du zinc : $Zn \rightleftarrows Zn^{2+} + 2e^-$.

Le dioxygène de l'air (O_2) et les protons (H^+) issus des acides sont les principaux oxydants responsables de la corrosion des métaux. Les demi-équations électroniques dépendent de l'acidité du milieu de corrosion.

EXEMPLES
- Corrosion du fer par un acide : $2\,H^+ + Fe \rightleftarrows Fe^{2+} + H_2$;
- Corrosion du fer par le dioxygène : $O_2 + 4\,H^+ + 2\,Fe \rightleftarrows 2\,Fe^{2+} + 2\,H_2O$.

L'équation bilan modélisant la transformation chimique qui se produit lors de la corrosion d'un métal s'écrit en appliquant la technique utilisée pour les piles (voir § 2.3 de la fiche 12).

EXEMPLES

CORROSION DU FER PAR UN ACIDE
$(2H^+ + 2e^- \rightleftarrows H_2) \times 1$
$(Fe \rightleftarrows Fe^{2+} + 2e^-) \times 1$
$Fe + 2H^+ \rightarrow Fe^{2+} + H_2$

$Fe + 2H^+ \rightarrow Fe^{2+} + H_2$

CORROSION DU ZINC PAR LE DIOXYGÈNE EN MILIEU NEUTRE
$(Zn \rightleftarrows Zn^{2+} + 2e^-) \times 2$
$(O_2 + 2H_2O + 4e^- \rightleftarrows 4OH^-) \times 1$
$O_2 + 2H_2O + 2Zn \rightarrow 4OH^- + 2Zn^{2+}$

$O_2 + 2H_2O + 2Zn \rightarrow 4OH^- + 2Zn^{2+}$

Remarque : l'oxydation des métaux en milieu humide consomme des protons H^+, ou produit des ions hydroxydes OH^- (qui sont basiques), ce qui entraîne une augmentation du pH.

3 La protection contre la corrosion des métaux

3.1. La protection physique contre la corrosion

Protection par couche protectrice non poreuse et isolante électriquement : peinture, plastique, céramique...

3.2. La passivation et l'anodisation

La passivation et l'anodisation consistent à réaliser une couche d'oxyde (par réaction chimique) qui protège le métal de la corrosion.

3.3. La protection par dépôt métallique

Cette technique consiste à réaliser en surface un dépôt d'un métal résistant mieux à la corrosion :
– galvanisation ou électrozingage : dépôt de zinc en surface ;
– nickelage : dépôt de nickel en surface.

3.4. Protection cathodique par anode sacrificielle

La protection cathodique par anode sacrificielle consiste à connecter électriquement le métal à protéger (cathode) avec un autre métal (anode) qui va s'oxyder à sa place. L'anode est consommée et se sacrifie pour protéger la cathode.

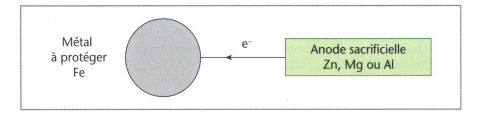

Savoir 8 — Forces, couples et énergie

1 Les actions mécaniques s'exerçant sur un solide

1.1. Les forces

Une force est une action mécanique à distance ou de contact. Elle est caractérisée par :
- sa direction (que l'on peut modéliser par sa droite d'action) et son sens ;
- sa valeur exprimée en newtons ;
- son point d'application.

	ACTION À DISTANCE	ACTION DE CONTACT
EXEMPLES DE FORCES	Poids Force magnétique Force électrostatique	Réaction du sol Force de frottement
POINT D'APPLICATION	Centre de gravité G du solide	Point de contact

L'instrument de mesure d'une force s'appelle le dynamomètre.

1.2. Cas particulier de la force de traînée aérodynamique

Les véhicules qui se déplacent dans un fluide (air ou eau) sont soumis à une force de résistance aérodynamique (encore appelée traînée) qui s'oppose au mouvement.

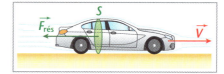

$F_{\text{traînée}} = \dfrac{1}{2} \rho_{\text{fluide}} \cdot S \cdot C_x \cdot v^2$ avec $F_{\text{traînée}}$: force de résistance aérodynamique en N ;

ρ_{fluide} : masse volumique du fluide en kg·m⁻³ ;
S : maître couple ou section frontale du véhicule en m² ;
C_x : coefficient caractérisant l'aérodynamisme du véhicule ;
v : vitesse du véhicule par rapport au fluide en m·s⁻¹

Dans le cas d'un véhicule terrestre, le fluide à prendre en compte est l'air ; dans le cas d'un bateau, c'est l'eau.

1.3. Moment et couple

Les couples et moments sont les actions mécaniques à prendre en compte pour les solides en rotation autour d'un axe.
Le moment d'une force par rapport à un axe Δ dépend du bras de levier. Le bras de levier est la distance $d = H_1H_2$, où H_1 est le projeté orthogonal de l'axe de rotation Δ sur la droite d'action de la force $\vec{F}$, et H_2 un point de l'axe Δ.

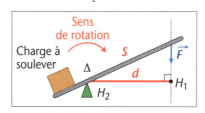

$M_\Delta(\vec{F}) = d \cdot F$ avec $M_\Delta(\vec{F})$: moment de la force $\vec{F}$ par rapport à Δ en N·m ;
  d : bras de levier de la force en m ;
  F : force exercée en N

La notion de **couple** est couramment rencontrée pour les machines tournantes (moteurs, alternateurs, pompes, etc.). C'est une action mécanique similaire à celle de deux forces opposées (de même valeur et de même droite d'action) de même bras de levier.

$C = d \cdot F$ avec C : couple en N·m ;
  d : distance entre les deux forces en m ;
  F : valeur des forces F_1 et F_2 en N

2 Le principe fondamental de la dynamique

2.1. Cas des solides en translation

L'accélération du centre de gravité G d'un solide de masse m est déterminée par la **résultante des forces extérieures** qui s'exercent sur lui :

$\vec{F_{résul}} = m \cdot \vec{a_G}$ avec $\vec{F_{résul}}$: résultante des forces extérieures de valeur $F_{résul}$ en N ;
  m : masse du solide en kg ;
  $\vec{a_G}$: accélération du centre de gravité de valeur a_G en m·s^{-2}

Si les forces se compensent, soit le solide est au repos (c'est-à-dire immobile), soit il se déplace en mouvement rectiligne uniforme (c'est-à-dire à vitesse constante). C'est ce que l'on appelle le **principe d'inertie**.

EXEMPLE
La résultante des forces s'exerçant sur une voiture de masse m = 1,0 tonne vaut – 5,0 kN quand elle freine. Son accélération vaut donc $a = \dfrac{-5,0 \times 10^3}{1,0 \times 10^3} = -5,0$ m·s^{-2}.

2.2. Cas des solides en rotation

L'accélération angulaire d'un solide de moment d'inertie J en rotation autour d'un axe est déterminée par la **somme des couples qui s'exercent sur lui** :

$C_{résul} = J \cdot \alpha$ avec $C_{résul}$: résultante des couples extérieurs en N·m ;
  J : moment d'inertie en kg·m² ;
  α : accélération angulaire du solide en rad·s^{-2}

Si la résultante des couples extérieurs est nulle, la vitesse angulaire de rotation est soit constante, soit nulle (solide immobile).

EXEMPLE
Une roue de vélo a pour moment d'inertie $J = 15 \times 10^{-3}$ kg·m² et tourne à vitesse constante. Son accélération angulaire vaut donc $\alpha = 0$ rad·s^{-2} et la résultante des couples vaut $C_{résul} = 0$ N·m.

3 Échange d'énergie sous forme de travail

3.1. Notion de travail

Lorsque le point d'application d'une force se déplace, on dit que cette force travaille : de l'énergie est alors échangée sous forme de travail noté W.

Il en est de même pour les couples lorsque la vitesse de rotation n'est pas nulle : de l'énergie est échangée sous forme de travail noté W.

3.2. Travail d'une force

Le travail d'une force constante $\vec{F}$ lors du déplacement rectiligne $\overrightarrow{AB}$ de son point d'application est le produit scalaire $\vec{F} \cdot \overrightarrow{AB}$:

$$W_{A \to B}(\vec{F}) = \vec{F} \cdot \overrightarrow{AB} = F \cdot AB \cdot \cos(\varphi)$$

avec $W_{A \to B}(\vec{F})$: travail de $\vec{F}$ entre A et B en J ;
F : valeur de la force en N ;
AB : longueur du déplacement en m ;
φ : angle entre $\vec{F}$ et $\overrightarrow{AB}$

EXEMPLE
Une voiture de masse m = 800 kg accélère sur une route horizontale. Le poids est orthogonal au mouvement, le travail du poids est donc nul.

TRAVAIL MOTEUR	TRAVAIL NUL	TRAVAIL RÉSISTANT
$W_{A \to B}(\vec{F}) > 0$	$W_{A \to B}(\vec{F}) = 0$	$W_{A \to B}(\vec{F}) < 0$
$-\dfrac{\pi}{2} < \varphi < \dfrac{\pi}{2}$; $\cos\varphi > 0$	$\varphi = -\dfrac{\pi}{2}$ ou $\varphi = \dfrac{\pi}{2}$; $\cos\varphi = 0$	$\dfrac{\pi}{2} < \varphi < \dfrac{3\pi}{2}$; $\cos\varphi < 0$

3.3. Travail d'un moment ou d'un couple

Le travail d'un couple constant C lors de la rotation d'un solide d'un angle θ est défini par :

$$W_C = C \cdot \theta$$

avec W_C : travail du couple en J lors de la rotation d'angle θ ;
C : couple en N·m ;
θ : angle de rotation en rad

EXEMPLES
Pour une éolienne :
- **Travail moteur** du couple exercé par le vent :
$W_{vent} = C_{vent} \cdot \theta$.
- **Travail résistant** du couple exercé par l'alternateur :
$W_{alternateur} = - C_{alternateur} \cdot \theta$.

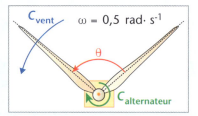

3.4. La puissance moyenne

La puissance moyenne indique la rapidité à laquelle l'énergie est échangée :

$$P = \dfrac{E}{t}$$

avec P : puissance moyenne à laquelle l'énergie est échangée en W ;
E : énergie échangée en J ;
t : durée de l'échange d'énergie en s

4 Énergie cinétique et énergie mécanique

4.1. Le théorème de l'énergie cinétique

La variation d'énergie cinétique d'un solide indéformable entre deux instants est égale à la somme des travaux des actions extérieures entre ces deux instants.

$\Delta E_c = E_{c_{finale}} - E_{c_{initiale}} = W_{ext}$ avec ΔE_c : variation d'énergie cinétique en J ;
$E_{c_{finale}}$ et $E_{c_{initiale}}$: énergies cinétiques à l'instant final et à l'instant initial en J ;
W_{ext} : somme des travaux des actions extérieures en J

POUR LES TRANSLATIONS	POUR LES ROTATIONS
$E_c = \dfrac{1}{2}mv^2$	$E_c = \dfrac{1}{2}J\omega^2$

4.2. Variation d'énergie cinétique : translation et rotation

CAS DES TRANSLATIONS	CAS DES ROTATIONS
$\Delta E_c = \dfrac{1}{2}mv_f^2 - \dfrac{1}{2}mv_i^2 = W_{ext}(\vec{F})$	$\Delta E_c = \dfrac{1}{2}J\omega_f^2 - \dfrac{1}{2}J\omega_i^2 = W_{ext}(C)$
avec ΔE_c : variation d'énergie cinétique en J ; m : masse du solide en kg ; v_f et v_i : vitesses à l'instant final et initial en m·s⁻¹ ; $W_{ext}(\vec{F})$: somme des travaux des forces extérieures en J	avec ΔE_c : variation d'énergie cinétique en J ; J : moment d'inertie en kg·m² ; ω_f et ω_i : vitesses angulaires finale et initiale en rad·s⁻¹ ; $W_{ext}(C)$: somme des travaux des couples extérieurs en J

EXEMPLE
Une voiture de masse $m = 1{,}0$ tonne roule à la vitesse de 72 km·h⁻¹, puis s'immobilise après freinage :

$\Delta E_c = \dfrac{1}{2} \times 1\,000 \times 0^2 - \dfrac{1}{2} \times 1\,000 \times \left(\dfrac{72 \times 10^3}{3\,600}\right)^2 = -20 \times 10^4$ J.

4.3. L'énergie potentielle de pesanteur

Au lieu de comptabiliser le travail du poids, on peut prendre en compte une forme supplémentaire d'énergie appelée l'énergie potentielle de pesanteur :

$E_p = mgh$ avec E_p : énergie potentielle de pesanteur en J ;
m : masse du solide en kg ;
g : accélération de la pesanteur en m·s⁻² ;
h : hauteur atteinte dans l'état final en m

4.4. L'énergie mécanique

L'énergie mécanique est la somme de l'énergie cinétique et de l'énergie potentielle de pesanteur :

$E_m = E_c + E_p$ avec E_m : énergie mécanique en J ;
E_c : énergie cinétique en J ;
E_p : énergie potentielle en J

Si les forces extérieures se compensent, l'énergie mécanique d'un système reste constante. La perte d'énergie mécanique due aux forces et couples de frottement entraîne une élévation de température des zones où se produisent ces frottements.

Les convertisseurs électromécaniques

1 Les propriétés des convertisseurs électromécaniques

1.1. Définition d'un convertisseur électromécanique

Un convertisseur électromécanique permet de transformer de l'énergie électrique en énergie mécanique, ou l'inverse.

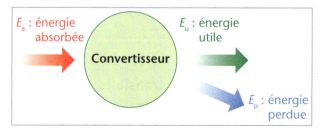

EXEMPLES

CONVERTISSEUR	ÉNERGIE ABSORBÉE	ÉNERGIE UTILE
Alternateur	Mécanique	Électrique
Moteur électrique synchrone	Électrique	Mécanique
Moteur électrique asynchrone	Électrique	Mécanique
Machine à courant continu (moteur)	Électrique	Mécanique

1.2. Réversibilité des convertisseurs électromécaniques

- **Les convertisseurs électromécaniques sont réversibles**, ils peuvent assurer la transformation d'énergie dans un sens direct ou inverse.

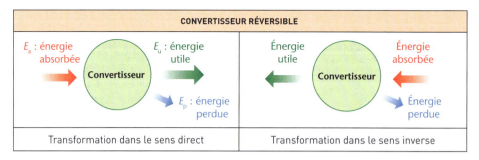

	CONVERTISSEUR RÉVERSIBLE	
Transformation dans le sens direct		Transformation dans le sens inverse

- **Les moteurs électriques sont tous théoriquement réversibles** (mais cette réversibilité doit être prévue lors de la conception).

NATURE DE LA FONCTION	MACHINE À COURANT CONTINU	MACHINE SYNCHRONE (OU ASYNCHRONE)
Moteur	Moteur à courant continu	Moteur synchrone (ou asynchrone)
Générateur	Génératrice à courant continu	Génératrice synchrone (ou asynchrone)

1.3. Rendement d'un convertisseur électromécanique

RENDEMENT D'UN CONVERTISSEUR ÉLECTROMÉCANIQUE					CONSERVATION DE L'ÉNERGIE
Ordre de grandeur : 80 % < η < 95 %	Exprimé en puissance :	$\eta = \dfrac{P_{utile}}{P_{absorbée}}$	Exprimé en énergie :	$\eta = \dfrac{E_{utile}}{E_{absorbée}}$	$E_{absorbée} = E_{utile} + E_{pertes}$ $P_{absorbée} = P_{utile} + P_{pertes}$

2 Les puissances dans les convertisseurs électromécaniques

2.1. Les puissances électriques

L'expression de la puissance électrique dépend de la nature du courant :

EN COURANT CONTINU	$P = UI$	avec P : puissance électrique en W ; U : tension électrique en V ; I : intensité du courant électrique en A
EN COURANT ALTERNATIF MONOPHASÉ	$P = UI\cos\varphi$	avec P : puissance électrique en W ; U : valeur efficace de la tension en V ; I : valeur efficace de l'intensité du courant en A ; $\cos\varphi$: facteur de puissance du moteur

2.2. La puissance mécanique d'un couple

La puissance d'un couple constant C est définie par :

$$P_{méca} = C \cdot \omega$$

$$\omega = \dfrac{2\pi n}{60}$$

avec $P_{méca}$: puissance mécanique du couple en W ;
C : couple en N·m ;
ω : vitesse angulaire de rotation en rad·s^{-1} ;
n : vitesse angulaire de rotation en tr·min^{-1}

3 Caractéristique et point de fonctionnement d'un moteur

- Le couple mécanique (ainsi que la puissance utile) d'un moteur électrique dépend de la vitesse de rotation. La courbe représentative de la fonction  (ou $C_{moteur} = f(n)$) est appelée sa caractéristique mécanique.

EXEMPLE
Caractéristique d'un moteur électrique de véhicule :

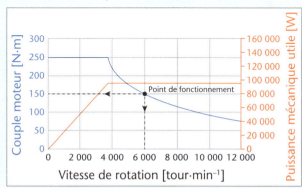

- Le point de fonctionnement est obtenu graphiquement. C'est le point de la courbe du couple pour lequel le couple moteur est égal au couple résistant. L'abscisse de ce point indique la vitesse de rotation du moteur.

EXEMPLE
L'exemple ci-dessus correspond à un couple résistant de 150 N·m. Le moteur fournit une puissance mécanique utile P = 94,2 kW.

Savoir 10 — Les chaînes énergétiques

1 Les éléments d'une chaîne énergétique

1.1. Les différentes formes d'énergie
L'énergie est une grandeur physique que l'on peut échanger, transformer, voire stocker dans certains cas. Elle peut prendre différentes formes : mécanique, électrique, chimique, nucléaire, thermique, rayonnante.

1.2. Les réservoirs d'énergie
Un réservoir d'énergie (symbolisé par un rectangle) est un dispositif qui permet d'emmagasiner de l'énergie, et dans certains cas de la stocker.

1.3. Les convertisseurs d'énergie
Un convertisseur d'énergie (symbolisé par un disque) a pour but de transformer une forme d'énergie (qu'il absorbe) en énergie utile et disponible, généralement avec des pertes.

2 Représentations de chaînes énergétiques

2.1. Exemples comportant un seul convertisseur

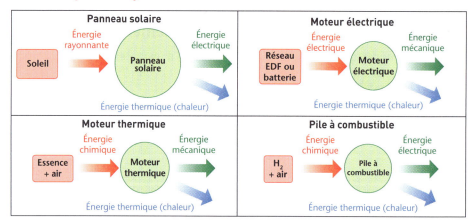

2.2. Succession de convertisseurs (cas du vélo électrique)

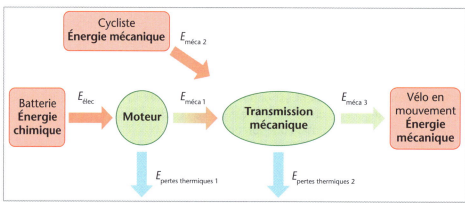

3 Le rendement d'une chaîne énergétique

3.1. Conservation de l'énergie et rendement

Pour toute chaîne énergétique, la conservation de l'énergie peut s'écrire de deux façons : en termes d'énergie, ou de puissance. Le rendement est le rapport de l'énergie (ou puissance) utile par l'énergie (ou puissance) absorbée.

EXEMPLE
Chaîne énergétique d'un moteur thermique :

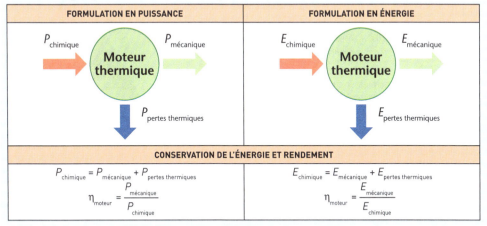

3.2. Le rendement d'une chaîne énergétique

Pour une chaîne énergétique comportant plusieurs convertisseurs successifs, le rendement total est égal au produit des rendements des différents convertisseurs.

EXEMPLE
Pour un scooter électrique : $\eta_{total} = \eta_{moteur} \times \eta_{transmission}$
Données :
$P_{élec} = 5,6$ kW ; $P_{méca} = 4,8$ kW.
$\eta_{moteur} = 90\ \%$; $\eta_{transmission} = 95\ \%$.
$\eta_{total} = 0,90 \times 0,95 = 0,86$, soit 86 %.

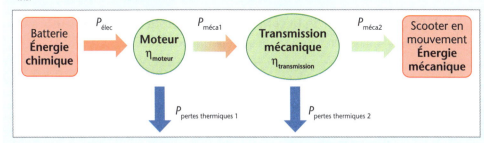

3.3. Autonomie et durée d'utilisation

L'autonomie d'un dispositif autonome dépend de deux grandeurs physiques :
– l'énergie stockée dans l'ensemble de ses réservoirs ;
– la rapidité à laquelle est consommée l'énergie des réservoirs, c'est-à-dire la puissance à laquelle est absorbée cette énergie.

$$t = \frac{E}{P}$$

avec t : autonomie ou durée de l'échange d'énergie en s ;
E : énergie stockée en J ;
P : puissance moyenne à laquelle l'énergie est consommée en W

Carburants et combustion

1 La combustion des carburants

1.1. Les éléments nécessaires à une combustion

La combustion d'un hydrocarbure nécessite trois éléments :
- le **comburant**, généralement le dioxygène de l'air (composition approchée : 20 % de O_2 et 80 % de N_2) ;
- le **carburant**, composé de H, C et parfois O ;
- l'**énergie d'activation**, fournie par une bougie d'allumage, une compression du mélange...

PICTOGRAMMES		
Inflammable : cas de tous les carburants	Gaz stockés sous pression : carburants ou comburants	Comburants

1.2. Les produits de la combustion d'un carburant

COMBUSTION COMPLÈTE	COMBUSTION INCOMPLÈTE
• Eau : H_2O (seul produit de la réaction si le carburant est H_2) • Dioxyde de carbone : CO_2	• Dioxyde de carbone : CO_2 • Eau : H_2O • Monoxyde de carbone : CO • Très nombreux dérivés souvent toxiques

1.3. L'équation bilan de la combustion complète d'un carburant

La conservation des éléments chimiques permet d'équilibrer l'équation bilan.

CARBURANT	ÉQUATION BILAN DE LA COMBUSTION COMPLÈTE DANS L'AIR
Biodiesel : $C_{18}H_{36}O_2$	$C_{18}H_{36}O_2 + 27\,O_2 \rightarrow 18\,CO_2 + 18\,H_2O$
Méthane : CH_4	$CH_4 + 2\,O_2 \rightarrow CO_2 + 2\,H_2O$
Dihydrogène : H_2	$2\,H_2 + O_2 \rightarrow 2\,H_2O$

1.4. Les différents types de carburants

Les carburants peuvent être produits à partir de différentes filières. Le bilan carbone d'un carburant dépend de sa filière de production.

PÉTROCHIMIE	AGROCHIMIE	MÉTHANISATION
Méthane, essences, diesel, etc.	Biodiesel, bioéthanol, etc.	Méthane

2 Le bilan de matière d'une combustion

2.1. Calcul de quantité de matière
- Le calcul de la quantité de matière peut s'effectuer à partir de la masse :

$n = \dfrac{m}{M}$ avec n : quantité de matière en mol ; m : masse du composé chimique en g ; M : masse molaire du composé chimique en g·mol^{-1}

- Pour un liquide, la masse volumique permet de calculer la masse à partir du volume de carburant consommé : $m = \rho \cdot V$.

- Pour les gaz, la quantité de matière peut se calculer à partir du volume molaire :

$n_{gaz} = \dfrac{V_{gaz}}{V_m}$ avec n_{gaz} : quantité de matière de gaz en mol ; V_{gaz} : volume du gaz en L ; V_m : volume molaire (valable pour tous les gaz) en L·mol^{-1}

2.2. Bilan de matière et tableau d'avancement
Réaliser un bilan de matière demande de tracer un tableau d'avancement. On utilise une variable appelée x avancement de la réaction en mol.

EXEMPLE
Combustion complète de 2,0 mol de propane (C_3H_8) avec 200 mol de dioxygène provenant de l'air :

ÉQUATION DE LA RÉACTION		C_3H_8	+ 5 O_2	→	3 CO_2	+ 4 H_2O
ÉTAT DU SYSTÈME	AVANCEMENT	$n_{C_3H_8}$	n_{O_2}		n_{CO_2}	n_{H_2O}
État initial	0	2,0	200		0	0
État intermédiaire	x	2,0 – x	200 – 5x		3x	4x
État final	x_{max} = 2,0 mol	0	190		6,0	8,0

Calcul des masses des produits et réactifs à partir des masses molaires :
$M(O_2)$ = 32,0 g·mol^{-1} ; $M(C_3H_8)$ = 44,0 g·mol^{-1} ; $M(H_2O)$ = 18,0 g·mol^{-1} ; $M(CO_2)$ = 44,0 g·mol^{-1}
Masses des réactifs consommés : $m_{C_3H_8}$ = 88,0 g ; m_{O_2} = 320 g.
Masses des produits obtenus : m_{CO_2} = 264 g ; m_{H_2O} = 144 g.

3 L'énergie libérée lors d'une combustion

3.1. L'enthalpie molaire de combustion
On appelle enthalpie molaire de combustion $\Delta_c H°$ l'énergie thermique cédée lors de la combustion complète d'une mole de carburant avec le dioxygène. Cette valeur est toujours négative.

$Q_P = \Delta H_c° \times n_{carburant}$ avec Q_P : énergie cédée par la combustion en J ; $\Delta H_c°$: enthalpie molaire de combustion en J·mol^{-1} ; $n_{carburant}$: quantité de matière de carburant en mol

3.2. Le pouvoir calorifique
Le pouvoir calorifique inférieur (PCI) d'un carburant correspond à l'énergie thermique libérée lors de la combustion complète d'un kilogramme de ce carburant avec le dioxygène. Cette énergie est positive.

$Q_P = m_{carburant} \times PCI$ avec Q_P : énergie libérée par la combustion en J ; $m_{carburant}$: masse de carburant en kg ; PCI : pouvoir calorifique inférieur en J·kg^{-1}

Savoir 12 — Piles et accumulateurs

1. Caractéristiques des piles et accumulateurs

1.1. Comparaison entre pile, pile à combustible et accumulateur

Les accumulateurs se distinguent des piles, car ils sont rechargeables.

	PILE	PILE À COMBUSTIBLE	ACCUMULATEUR
CONNEXION À UNE SOURCE D'ÉNERGIE EXTÉRIEURE	Non	Indispensable	Oui pour les phases de recharge
TRANSFORMATION ÉNERGÉTIQUE	$E_{chimique} \rightarrow E_{électrique}$	$E_{chimique} \rightarrow E_{électrique}$	$E_{chimique} \rightarrow E_{électrique}$ $E_{chimique} \leftarrow E_{électrique}$

1.2. Associations série et parallèle

Pour une association en parallèle d'accumulateurs, les courants s'additionnent.
Pour une association en série d'accumulateurs, les tensions s'additionnent.

	TENSION [V]	INTENSITÉ DU COURANT [A]
1 SEUL ÉLÉMENT	1,5	0,10
3 ÉLÉMENTS EN SÉRIE	4,5	0,10
3 ÉLÉMENTS EN PARALLÈLE	1,5	0,30

Les associations de piles suivent les mêmes lois.

1.3. Couples rédox et demi-équation électronique

Un accumulateur (ou une pile) est constitué de deux demi-piles. Chaque demi-pile contient un couple rédox qui va réagir par échange d'électrons. La notation d'un couple rédox se fait dans l'ordre oxydant/réducteur.

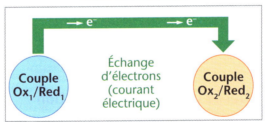

On modélise la réaction dans chaque demi-pile par une demi-équation électronique liant l'oxydant et le réducteur du couple. Suivant le sens de réaction, il s'agit d'une réduction ou d'une oxydation (on inverse la demi-équation électronique).

COUPLE RÉDOX	DEMI-ÉQUATION ÉLECTRONIQUE (L'OXYDANT EST RÉDUIT)	DEMI-ÉQUATION ÉLECTRONIQUE INVERSÉE (LE RÉDUCTEUR EST OXYDÉ)
$O_{2(g)}/H_2O$	$O_{2(g)} + 4H^+ + 4e^- \rightleftarrows 2H_2O$	$2H_2O \rightleftarrows O_{2(g)} + 4H^+ + 4e^-$
$H^+_{(aq)}/H_{2(g)}$	$2H^+_{(aq)} + 2e^- \rightleftarrows H_{2(g)}$	$H_{2(g)} \rightleftarrows 2H^+_{(aq)} + 2e^-$
Li^+/Li	$Li^+ + e^- \rightleftarrows Li$	$Li \rightleftarrows Li^+ + e^-$
Pb^{2+}/Pb	$Pb^{2+} + 2e^- \rightleftarrows Pb$	$Pb \rightleftarrows Pb^{2+} + 2e^-$
PbO_2/Pb^{2+}	$PbO_2 + 4H^+ + 2e^- \rightleftarrows 2H_2O + Pb^{2+}$	$2H_2O + Pb^{2+} \rightleftarrows PbO_2 + 4H^+ + 2e^-$

2 Fonctionnement des piles et accumulateurs

2.1. Le courant électrique et les porteurs de charge

Un accumulateur (ou une pile) est constitué de deux compartiments liés entre eux par un électrolyte. Lors du fonctionnement (charge ou décharge), le courant électrique est assuré par déplacement des porteurs de charge : les ions dans l'électrolyte et les électrons dans les fils extérieurs (pas dans l'électrolyte).

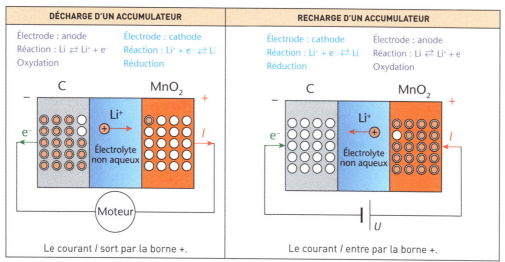

DÉCHARGE D'UN ACCUMULATEUR	RECHARGE D'UN ACCUMULATEUR
Électrode : anode — Électrode : cathode Réaction : Li $\rightleftarrows$ Li$^+$ + e$^-$ — Réaction : Li$^+$ + e$^-$ $\rightleftarrows$ Li Oxydation — Réduction	Électrode : cathode — Électrode : anode Réaction : Li$^+$ + e$^-$ $\rightleftarrows$ Li — Réaction : Li $\rightleftarrows$ Li$^+$ + e Réduction — Oxydation
Le courant I sort par la borne +.	Le courant I entre par la borne +.

2.2. Réactions aux électrodes et polarité

L'électrode où se produit l'oxydation est l'anode.
L'électrode où se produit la réduction s'appelle la cathode.
Pour un accumulateur (ou une batterie), l'anode devient une cathode suivant le sens de fonctionnement (charge ou décharge). En revanche, la polarité (bornes positive et négative) est inchangée quel que soit le sens de fonctionnement.

2.3. Équation bilan de la réaction (charge ou décharge)

Établir l'équation bilan de la réaction chimique nécessite d'écrire :
– les réactifs (oxydant et réducteur) et les deux couples rédox correspondants ;
– les demi-équations électroniques d'oxydation et de réduction ;
– une combinaison linéaire des demi-équations électroniques pour qu'aucun électron n'apparaisse dans l'équation bilan de la réaction.

EXEMPLE

Pile à combustible à « hydrogène » : réactifs H_2 et O_2

Demi-équation électronique d'oxydation à l'anode. Couple rédox : H^+/H_2	$H_{2(g)} \rightleftarrows 2H^+_{(aq)} + 2e^-$
Demi-équation électronique de réduction à la cathode. Couple rédox : O_2/H_2O	$O_{2(g)} + 4H^+ + 4e^- \rightleftarrows 2H_2O$
Combinaison linéaire des deux demi-réactions électroniques	$(H_{2(g)} \rightleftarrows 2H^+_{(aq)} + 2e^-) \times 2$ $(O_{2(g)} + 4H^+ + 4e^- \rightleftarrows 2H_2O) \times 1$ ——————————————— $O_{2(g)} + 2 H_{2(g)} \rightarrow 2H_2O_{(l)}$
Équation bilan de la réaction	$O_{2(g)} + 2H_{2(g)} \rightarrow 2H_2O_{(l)}$

Remarque : pour une pile, il n'existe qu'une seule équation bilan correspondant à la décharge. Pour un accumulateur, l'équation bilan de recharge est obtenue en inversant le sens de réaction par rapport à l'équation bilan de décharge.

EXEMPLES

	RÉACTION DE DÉCHARGE	RÉACTION DE RECHARGE
ACCUMULATEUR AU PLOMB	$PbO_2 + 4H^+ + Pb \rightarrow 2H_2O + 2Pb^{2+}$	$2H_2O + 2Pb^{2+} \rightarrow PbO_2 + 4H^+ + Pb$
PILE BOUTON AU MERCURE	$Zn + Hg(OH)_2 \rightarrow Hg + Zn(OH)_2$	

2.4. La quantité d'électricité

La quantité d'électricité caractérise la quantité de matière d'électrons disponible. Elle correspond à la quantité maximale d'électrons qui peuvent circuler dans le circuit extérieur lors de la décharge (et de la recharge pour un accumulateur).

$Q = n_{e^-} \cdot \mathscr{F}$

avec Q : quantité d'électricité exprimée en coulombs (C) ;
n_{e^-} : quantité de matière d'électrons en mol ;
$\mathscr{F}$: constante de Faraday ($\mathscr{F} \approx 96\,500$ C·mol^{-1})

3 Énergie et autonomie

3.1. Le bilan de matière

Le bilan de matière s'effectue séparément pour chaque compartiment.

ÉQUATION DE LA RÉACTION		H_2	$\rightleftarrows$	$2H^+$	+	$2e^-$
ÉTAT DU SYSTÈME	AVANCEMENT	n_{H_2}		n_{H^+}		n_{e^-}
État initial	0	n_1		0		0
État intermédiaire	x	$n_1 - x$		x		$2x$
État final	$x_{max} = n_1$	0		n_1		$n_{e^-} = 2n_1$

Ce bilan de matière est indispensable à réaliser pour déterminer la relation entre la quantité de matière de réactif consommé (H_2 dans cet exemple) et la quantité d'électrons ayant circulé.

3.2. Courants de charge et de décharge

L'intensité du courant est la rapidité à laquelle est échangée une quantité d'électricité :

$Q = I \cdot t$

avec Q : quantité d'électricité en C ;
I : intensité du courant électrique en A ;
t : durée de circulation du courant électrique en s

La quantité d'électricité stockée est également parfois appelée capacité de la pile ou de l'accumulateur. Elle peut s'exprimer dans d'autres unités.

Q (UNITÉ COURANTE OU USUELLE)	1,0 A·h	500 mA·h	1,0 A·s
Q EXPRIMÉE EN UNITÉS SI (COULOMB C)	$3,6 \times 10^3$ C	$1,80 \times 10^3$ C	1,0 C

EXEMPLE
Les caractéristiques d'une batterie sont $Q = 44$ A·h et sa tension à vide vaut 12 V.
L'énergie stockée vaut : $W = 44 \times 3,6 \times 10^3 \times 12 = 1,9 \times 10^6$ J.

3.3. L'énergie stockée

L'énergie stockée (et donc disponible) est proportionnelle à la quantité d'électricité stockée dans la pile ou l'accumulateur.

$$W = Q \cdot E$$

avec W : énergie disponible en J ;
Q : quantité d'électricité en C ;
E : tension à vide en V

L'unité (SI) de l'énergie est le joule, mais il existe d'autres unités usuelles.

EXEMPLE
Une batterie de capacité 2,6 A·h peut débiter un courant I = 0,5 A.

La durée d'utilisation dans ces conditions vaut : $t = \dfrac{2,6 \times 3\,600}{0,5}$ = 18 720 s = 5,2 heures.

W (UNITÉ COURANTE OU USUELLE)	1,0 W·h	1,0 kW·h	1,0 W·s
W EXPRIMÉE EN UNITÉS SI (JOULE J)	$3,6 \times 10^3$ J	$3,6 \times 10^6$ J	1,0 J

3.4. Durées d'utilisation (autonomie) et de recharge

La durée de la décharge (ou de la charge) dépend de l'intensité du courant débité.

$$t = \dfrac{Q}{I}$$

avec t : durée de circulation du courant électrique en s ;
Q : quantité d'électricité en C ;
I : intensité du courant électrique en A

L'intensité du courant lors de l'utilisation (selon ce qui est alimenté) est en général différente de celle lors de la charge. Le temps de recharge est donc différent de la durée d'utilisation (autonomie).

EXEMPLE
Une batterie de téléphone portable est rechargée en 2 heures avec une intensité de 1 300 mA.
La quantité d'électricité stockée vaut $Q = 1,300 \times 2 \times 3\,600 = 9,30 \times 10^3$ C.

3.5. Caractéristiques importantes des piles et accumulateurs

Les caractéristiques importantes des piles sont : l'énergie massique, la quantité d'électricité stockée et la tension à vide.

NATURE DE LA PILE	ÉNERGIE MASSIQUE (W·h·kg⁻¹)	QUANTITÉ D'ÉLECTRICITÉ (A·h)	TENSION À VIDE (V)
Pile saline	52	0,8	1,55
Pile alcaline	103	1,6	1,55

Les caractéristiques importantes des accumulateurs sont : l'énergie massique, la quantité d'électricité stockée, la tension à vide, le nombre de cycles de charge-décharge.

NATURE DE L'ACCUMULATEUR	ÉNERGIE MASSIQUE [W·h·kg⁻¹]	QUANTITÉ D'ÉLECTRICITÉ [A·h]	TENSION À VIDE [V]	NOMBRE DE RECHARGES
Plomb	30 à 40	60	2,0 V	400 à 1 200
Li-ion	150 à 190	14,3	3,6 V	500 à 100

Radioactivité et radioprotection

1 Le noyau atomique

1.1. La constitution du noyau

Le noyau d'un atome est constitué de deux types de nucléons : les protons et les neutrons. Le <mark>numéro atomique Z</mark> indique le nombre de <mark>protons</mark>, il définit l'élément chimique. Le <mark>nombre de masse A</mark> indique le nombre de <mark>nucléons</mark>. En fixant A et Z, on définit un nucléide.

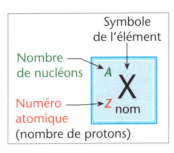

SYMBOLE DU NUCLÉIDE	$^{1}_{1}H$	$^{3}_{1}H$	$^{31}_{15}P$
NOMBRE DE PROTONS : Z	1	1	15
NOMBRE DE NEUTRONS : $N = A - Z$	0	2	16
NOMBRE DE NUCLÉONS : A	1	3	31

1.2. Les isotopes

Les isotopes sont des nucléides correspondant au même élément chimique. Ils ont le <mark>même nombre de protons</mark> Z, mais pas le même nombre de neutrons ($A - Z$ différents et donc A différents).

EXEMPLE
$^{1}_{1}H$ et $^{3}_{1}H$ sont deux isotopes.

2 La radioactivité

2.1. Définition et caractéristiques

La radioactivité concerne les noyaux instables. C'est une réaction nucléaire spontanée, aléatoire, inéluctable qui transforme un noyau père en un noyau fils. Les noyaux père et fils correspondent à des éléments chimiques différents.

2.2. Les lois de conservation pour les désintégrations

Pour toute désintégration radioactive d'un noyau, il y a :
– <mark>conservation du nombre de nucléons</mark> ;
– <mark>conservation de la charge électrique</mark>.

2.3. Les différents types de radioactivité

Le noyau père se désintègre en un noyau fils (excité) accompagné d'une seconde particule. La nature de cette particule émise définit le type de radioactivité.

TYPE DE RADIOACTIVITÉ	PARTICULE ÉMISE	ÉQUATION DE DÉSINTÉGRATION	EXEMPLES
Alpha (α)	Noyau d'hélium : $^{4}_{2}He$	$^{A}_{Z}X \rightarrow ^{A-4}_{Z-2}Y^{*} + ^{4}_{2}He$	$^{213}_{83}Bi \rightarrow ^{209}_{81}Tl^{*} + ^{4}_{2}He$
Béta + (β^{+})	Positon : $^{0}_{1}e$	$^{A}_{Z}X \rightarrow ^{A}_{Z-1}Y^{*} + ^{0}_{1}e$	$^{201}_{81}Tl \rightarrow ^{201}_{80}Hg^{*} + ^{0}_{1}e$
Béta - (β^{-})	Électron : $^{0}_{-1}e$	$^{A}_{Z}X \rightarrow ^{A}_{Z+1}Y^{*} + ^{0}_{-1}e$	$^{192}_{77}Ir \rightarrow ^{192}_{78}Pt^{*} + ^{0}_{-1}e$

2.4. Le rayonnement gamma (γ)

Le rayonnement gamma (γ) est une émission d'ondes électromagnétiques de très courte longueur d'onde qui se produit quand le noyau fils se désexcite : $^{A}_{Z}Y^* \rightarrow ^{A}_{Z}Y + \gamma$
Rappels concernant l'énergie d'un photon :

$$E = h\nu = \frac{hc}{\lambda}$$

avec E : énergie d'un photon en J ;
h : constante de Planck ($h = 6{,}63 \times 10^{-34}$ J·s) ;
ν : fréquence de l'onde en Hz

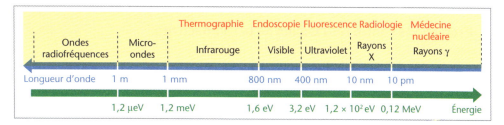

1 eV $= 1{,}6 \times 10^{-19}$ J.

3 Évolution de la radioactivité au cours du temps

3.1. L'activité d'un échantillon

L'activité A se mesure en **becquerels** (1 Bq = 1 désintégration par seconde).
L'activité d'un échantillon donné :
– dépend du nombre de noyaux radioactifs qu'il contient ;
– est proportionnelle à la masse de cet échantillon.

3.2. Demi-vie et évolution de l'activité au cours du temps

La demi-vie ($t_{1/2}$) d'un nucléide est définie par le temps au bout duquel la moitié des noyaux instables présents dans l'échantillon se sont désintégrés. Son activité initiale est alors divisée par 2 et décroît exponentiellement.

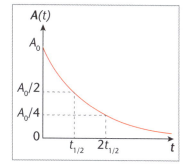

t	0	$t_{1/2}$	$2 \times t_{1/2}$	$n \times t_{1/2}$
A [Bq]	A_0	$A_0/2$	$A_0/4$	$A_0/2^n$
N	N_0	$N_0/2$	$N_0/4$	$N_0/2^n$

3.3. Constante radioactive

La constante radioactive d'un nucléide est reliée à sa demi-vie :

$$\lambda = \frac{\ln 2}{t_{1/2}}$$

avec λ : constante radioactive en s^{-1} ;
$t_{1/2}$: demi-vie en s

L'activité, la constante radioactive et le nombre de noyaux instables sont liés par la relation suivante :

$$A(t) = \lambda N(t)$$

avec $A(t)$: activité de l'échantillon à l'instant t en Bq ;
$N(t)$: nombre moyen de noyaux instables à l'instant t ;
λ : constante radioactive en s^{-1}

4 Exposition et radioprotection

4.1. Exposition à la radioactivité

L'exposition à la radioactivité peut se faire sous deux formes différentes :
- une **irradiation (exposition externe)** : la source radioactive est externe (étoiles, roches terrestres, sources artificielles, etc.) ;
- une **contamination (exposition interne)** : la source radioactive se trouve à l'intérieur du corps (inhalation de gaz radioactifs, ingestion d'éléments radioactifs, etc.).

4.2. Protections contre les risques de la radioactivité

Les principaux risques liés à l'exposition aux rayonnements sont dus à leurs effets ionisants, mais également à leur effet pénétrant.

RAYONNEMENT	Alpha	Béta	Gamma
CARACTÈRE IONISANT	+++++	++	+
CARACTÈRE PÉNÉTRANT	+	++	+++++

Les principaux effets des rayonnements ionisants sont : les tumeurs, les cancers, les brûlures, la stérilité, les mutations génétiques, etc.

Pour se protéger des rayonnements, il faut :
- s'éloigner au maximum des sources ;
- interposer des écrans de protection ;
- limiter les durées d'exposition.

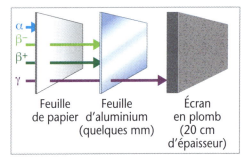

4.3. Dose absorbée

La dose absorbée lors d'une exposition à un rayonnement ionisant se mesure en **grays**. Elle correspond à l'énergie de ce rayonnement par kilogramme de matière irradiée.

$$D = \frac{E}{m}$$

avec D : dose absorbée en gray (Gy) ;
E : énergie du rayonnement en J ;
m : masse de matière irradiée en kg

EXEMPLE
Pour une personne de 80 kg recevant un rayonnement de $2{,}0 \times 10^{17}$ eV :

$$D = \frac{2{,}0 \times 10^{17} \times 1{,}6 \times 10^{-19}}{80} = 400 \times 10^{-6} \text{ Gy}$$

4.4. Dose effective

La dose équivalente prend en compte la nature des rayonnements qui n'ont pas tous les mêmes effets biologiques. Un facteur de pondération W_R à appliquer est spécifique de chaque type de rayonnement.

RAYONNEMENT	γ, x, β	Protons	Neutrons	α
W_R	1	5	5 à 20	20

$$H = W_R \times D$$

avec D : dose absorbée en grays (Gy) ;
W_R : facteur de pondération ;
H : dose équivalente en sieverts (Sv)

EXEMPLE
Cas d'une dose absorbée de 400 µGy sous forme de rayonnement α :
$H = 400 \times 10^{-6} \times 20 = 8{,}0 \times 10^{-3}$ Sv

Les doses équivalentes se mesurent à l'aide d'un **dosimètre**. Elles sont cumulatives.

Savoir 14 — Champ magnétique et diagnostic médical

1 Champ magnétique

1.1. Les sources de champ magnétique

Les champs magnétiques se mesurent en teslas (T) et sont produits :
– par des matériaux (50 µT pour le champ magnétique terrestre à Paris) ;
– par des courants électriques. Dans ce cas, B est proportionnel à l'intensité de ce courant électrique : $B = kI$.

EXEMPLE
Calcul de la valeur du coefficient k dans le cas d'une bobine ($B = kI$) :

I [A]	0,0	1,0	2,0	3,0	4,0	5,0
B [mT]	0	0,66	1,30	1,90	2,52	3,14

En réalisant une régression linéaire avec la calculatrice, on obtient $B = 6{,}32 \times 10^{-4}\, I$.
Réponse : $k = 6{,}32 \times 10^{-4}$ A·T^{-1}.

1.2. Les caractéristiques du champ magnétique

Le champ magnétique est <mark>tangent aux lignes de champ</mark>. Sa valeur est d'autant plus élevée que les lignes de champ sont resserrées.

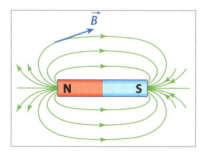

Le sens du champ magnétique $\vec{B}$ oriente une ligne de champ <mark>du pôle Nord magnétique vers le pôle Sud magnétique</mark>.

2 Les outils du diagnostic médical

2.1. Les ondes électromagnétiques

Les ondes électromagnétiques utilisées en imagerie médicale sont classées en fonction de leur spectre.

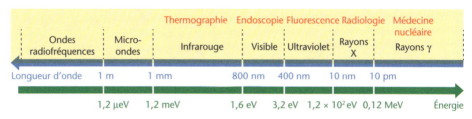

2.2. Le rayonnement des corps chauds

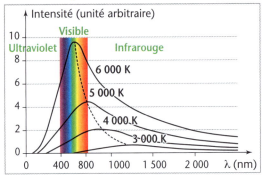

Le corps noir sert de référence pour l'émission des corps chauds. Plus il est est chaud, plus il émet de petites longueurs d'onde. La longueur d'onde du maximum d'émission est donnée par la deuxième loi de Wien :

$$\lambda_{max} = \frac{2{,}9 \times 10^{-3}}{T}$$

avec λ_{max} : longueur d'onde du maximum d'émission en m ;
T : température absolue de la surface d'émission en K

EXEMPLE

Pour une température de 20 °C :
$T = 20 + 273{,}15 = 293{,}15$ K

$\lambda_{max} = \dfrac{2{,}9 \times 10^{-3}}{293{,}15} = 9{,}89 \times 10^{-6}$ m $= 9{,}89 \times 10^{3}$ nm

En utilisant le spectre de ce chapitre, on conclut que ce rayonnement est de type infrarouge.

2.3. Absorption des ondes électromagnétiques

Les pourcentages de réflexion (R), d'absorption (A) et de transmission (T) des ondes électromagnétiques dépendent du milieu de propagation et de la longueur d'onde.
La conservation de l'énergie impose $R + A + T = 100\ \%$.

EXEMPLES

MILIEU DE PROPAGATION	LONGUEUR D'ONDE	
	$3{,}0 \times 10^{-11}$ m	$5{,}0 \times 10^{-11}$ m
1 cm de tissu mou	Transmission : 77 %	Transmission : 61 %
1 cm de tissu osseux	Transmission : 24 %	Transmission : 0,4 %

S'entraîner au Bac

Exercice 1 — voir Fiche savoir 1

Capteur de température et conversion numérique

D'après sujet Antilles-Guyane 2015

Le schéma ci-dessous résume la façon dont est traitée l'information pour afficher la température d'une pièce sur l'écran de contrôle :

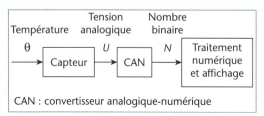

CAN : convertisseur analogique-numérique

Document ressource sur le capteur de température :

ÉLÉMENT SENSIBLE	Pt 100
PLAGE DE MESURE	− 5,0 °C ; +35 °C
TENSION DE SORTIE	0 V ; 10 V

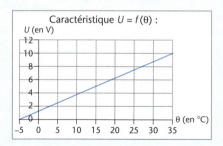

1. Calculez la sensibilité du capteur notée S.

2. On donne la relation entre la tension U (en V) et la température θ (en °C) :

$$U = 1{,}25 + 0{,}25 \times \theta$$

Pour une tension $U = 6{,}25$ V en sortie du capteur, déterminez la température $\theta_{mesurée}$ correspondante.

3. En tenant compte de la précision du capteur, déterminez un encadrement de la température réelle $\theta_{réelle}$ dans la pièce à l'aide des indications ci-dessous :

$$\theta_{réelle} = \theta_{mesure} \pm \Delta\theta$$

avec $\Delta\theta = 0{,}5$ % de la plage de mesure.
On suppose que la tension de sortie du capteur est numérisée à l'aide d'un convertisseur analogique-numérique 4 bits. On appelle N le mot binaire de sortie du convertisseur et N_{10} sa valeur décimale.

Rappels sur les grandeurs numériques pour 4 bits :

Expression générale :
$N = a_3 a_2 a_1 a_0$ et $N_{10} = a_3 \cdot 2^3 + a_2 \cdot 2^2 + a_1 \cdot 2^1 + a_0 \cdot 2^0$
Exemple : $N = 0\ 1\ 0\ 1$ et $N_{10} = 0 + 2^2 + 0 + 2^0 = 5$.
La caractéristique de transfert du convertisseur est donnée ci-dessous.

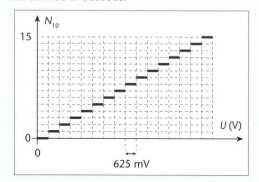

4. Quel est le nombre de valeurs possibles du mot numérique N en sortie du convertisseur ?

5. Donnez la valeur de N_{10} et écrivez le mot binaire N correspondant pour la tension d'entrée du CAN $U = 4$ V.

6. Pour une variation de tension au moins égale à $\Delta U = 625$ mV, déterminez la variation de température correspondante $\Delta\theta$.

7. Avec un convertisseur analogique-numérique fonctionnant sur 8 bits, le nombre de valeurs possibles du mot numérique N est $2^8 = 256$. Déduisez-en $\Delta\theta$, et justifiez que la précision est améliorée.

FAIT ☐   REVU ☐

Exercice 2 — voir Fiche savoir 2

Capteur d'énergie solaire

D'après sujet Métropole 2013

Monsieur Moncar cherche à être autonome en énergie électrique. Il décide pour cela d'équiper son camping-car d'un panneau solaire.

ÉCLAIREMENT ÉNERGÉTIQUE	PUISSANCE CRÊTE	TENSION PUISSANCE CRÊTE
1,0 kW·m^{-2}	80 W	17,4 V

DIMENSIONS	INTENSITÉ DE COURT-CIRCUIT	TENSION CIRCUIT OUVERT
1 146 mm × 555 mm	4,8 A	19,1 V

1. Quels sont de façon générale les deux modes d'exploitation de l'énergie solaire que l'on peut utiliser dans un habitat comme un camping-car ?

2. Reproduisez l'allure de la caractéristique Intensité-Tension de ce panneau solaire en plaçant sur les axes les valeurs de l'intensité du courant de court-circuit et de la tension en circuit ouvert.

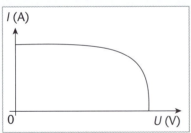

3. Écrivez la relation entre les grandeurs puissance, tension et intensité en régime continu, en précisant les unités des grandeurs figurant dans cette relation.

4. Calculez la valeur de l'intensité du courant à la puissance crête.

5. Montrez que la puissance solaire reçue par le panneau solaire est de l'ordre de 640 W.

6. Calculez le rendement maximal de ce panneau solaire.

FAIT ☐ REVU ☐

Exercice 3 — voir Fiche savoir 3

Système d'arrosage en aéronautique

D'après sujet Métropole 2016

Lors du décollage d'une fusée, les gaz et la table sont arrosés d'eau par l'intermédiaire de 68 bouches de projection de section $S = 126$ cm² chacune. L'alimentation en eau est assurée par un château d'eau. Ce système d'arrosage doit assurer un débit volumique d'eau total $D_v = 30$ m³·s⁻¹ pendant une durée de 50 s lors du décollage.

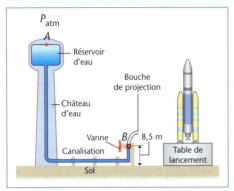

1. Quel doit être le volume V_R du réservoir d'eau du château d'eau pour assurer l'arrosage lors d'un décollage ?

2. Calculer le débit volumique D_{v1} de l'eau projetée par une bouche.

3. Déduisez-en la vitesse v d'éjection de l'eau à chaque bouche de projection au moment du décollage.

4. La pression minimale de l'eau au niveau des vannes doit être de 9,0 bar lorsque celles-ci sont fermées. Déduisez-en la hauteur minimale du niveau de l'eau dans le château d'eau.
Données : masse volumique de l'eau : $\rho = 1{,}00 \times 10^3$ kg·m⁻³ ; accélération de la pesanteur : $g = 9{,}81$ m·s⁻².

FAIT ☐ REVU ☐

Exercice 4 — voir Fiche savoir 8

Distance d'arrêt d'une automobile

D'après sujet Métropole 2015

Il est généralement admis qu'il faut environ une distance de 25 m pour immobiliser par temps sec un véhicule roulant à une vitesse v de 45 km·h⁻¹.

1. Exprimez l'énergie cinétique E_c du véhicule en fonction de sa masse m et de sa vitesse v. Calculez E_c pour un véhicule de masse $m = 1{,}00 \times 10^3$ kg roulant à une vitesse v de 45 km·h⁻¹.

Le véhicule ralentit sous l'action exclusive de son système de freinage. Cela se traduit par une variation d'énergie cinétique du véhicule égale au travail résistant du couple de freinage W_F exercé sur les roues du véhicule.

2. Pourquoi le travail W_F est-il qualifié de « résistant » ?

3. En supposant que $C = 1{,}81 \times 10^3$ N·m, calculez la distance D_F de freinage, jusqu'à l'arrêt du véhicule, pour des roues de rayon 29 cm. Vérifiez que ce résultat est compatible avec le graphique suivant représentant l'évolution de la distance de freinage en fonction de la vitesse du véhicule :

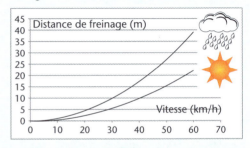

4. Vérifiez l'affirmation introduisant cette partie en considérant que le temps de réaction du chauffeur est d'une seconde.

FAIT ☐ REVU ☐

S'entraîner au Bac

Exercice 5   voir Fiches savoir 1 et 13

Curiethérapie et incertitude de mesure

D'après sujet Polynésie 2014

L'isotope de l'iridium utilisé pour la curiethérapie est $^{192}_{77}$Ir, émetteur radioactif β⁻. La courbe de décroissance radioactive est la suivante.

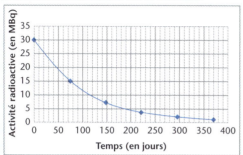

1. Donnez la composition du noyau d'iridium.

2. Écrivez l'équation de désintégration du noyau d'iridium 192 sachant que le noyau fils est le platine Pt.

3. Déterminez graphiquement la demi-vie radioactive T de l'iridium 192.

4. Calculez l'incertitude ΔT et exprimez la demi-vie avec son incertitude.

Données : $\Delta A = 1,0$ MBq ; $A = 15$ MBq.

L'incertitude sur la mesure de la demi-vie est donnée par la relation : $\Delta T = \dfrac{\Delta A}{A\lambda}$ avec $\lambda = \dfrac{\ln 2}{T}$.

FAIT ☐   REVU ☐

Exercice 6   voir Fiche savoir 6

Neutralisation d'une eau polluée

D'après sujet Antilles-Guyane 2016

Dans les instants qui suivent le décollage d'une fusée, on observe une forte concentration en chlorure d'hydrogène HCl sur le pas de tir. Le lendemain du décollage, les tunnels d'évacuation des gaz d'échappement de la fusée sont remplis d'eau polluée acide qu'il faut évacuer. Pour ce faire, l'eau doit d'abord être neutralisée pour obtenir un pH aux alentours de 7 : des bases comme la soude sont ajoutées.

1. Quelle est la nature chimique de la solution formée par dissolution du chlorure d'hydrogène dans l'eau projetée sur le pas de tir de la fusée : acide, basique ou neutre ?

2. Pour éviter que cette solution ne pollue l'environnement, faut-il augmenter ou diminuer son pH avant de l'évacuer ? Faut-il augmenter ou diminuer la concentration en ions H_3O^+ de la solution ? Que font les techniciens pour cela ?

3. Écrivez l'équation de la réaction acido-basique qui a lieu lorsqu'on neutralise la solution sachant qu'elle met en jeu les deux couples acide-base H_2O/OH^- et H_3O^+/H_2O.

FAIT ☐   REVU ☐

Exercice 7   voir Fiches savoir 4 et 11

Chaudière à condensation

D'après sujet Polynésie 2014

Un bâtiment est chauffé à l'aide d'une chaudière à condensation.

MOLÉCULE	CH_4	O_2	CO_2	H_2O
MASSE MOLAIRE (g·mol⁻¹)	16	32	44	18

Enthalpie standard de combustion du méthane : – 50 kJ/kg. La combustion de 1,00 kg de CH_4 produit une énergie de 50 kJ.

Enthalpie de condensation de l'eau : – 2 260 J/kg. La condensation de 1,00 kg d'eau produit une énergie de 2 260 J.

La chaudière étudiée brûle du gaz de ville, gaz que l'on supposera uniquement constitué de méthane, CH_4.

1. Écrivez l'équation chimique de la combustion complète du méthane CH_4 dans l'air.

2. Calculez la quantité de matière n_{CH_4}, exprimée en mol, contenue dans 1,00 kg de méthane.

3. Déduisez des questions précédentes que la masse de vapeur d'eau m_{H_2O} formée par la combustion de 1,00 kg de CH_4 est de 2,25 kg.

4. Montrez que la condensation des vapeurs d'eau dans une chaudière permet de réaliser un gain de 10 % en énergie.

FAIT ☐   REVU ☐

Exercice 8   voir Fiche savoir 5

Système de positionnement GPS

D'après sujet Polynésie 2014

Le système GPS est basé sur l'utilisation de nombreux satellites (situés à environ 20 000 km de la

165

S'entraîner au Bac

Terre) qui émettent en permanence des ondes sur des fréquences de 1 575,42 MHz (pour le domaine civil) et 1 227,60 MHz (pour le domaine militaire).

1. Rappelez la structure d'une onde électromagnétique.

2. Sur le spectre ci-dessous, positionnez approximativement les ondes électromagnétiques émises par les satellites du système GPS pour le domaine civil et pour le domaine militaire.

3. Rappelez la relation entre la fréquence f, la longueur d'onde λ et la célérité c d'une onde électromagnétique.

4. Calculez la longueur d'onde λ pour une onde électromagnétique de fréquence $f = 1\,575{,}42$ MHz. On rappelle la valeur de la célérité : $c = 3{,}00 \times 10^8$ m·s^{-1}.

5. Une information envoyée par un des satellites est reçue par le récepteur GPS positionné sur un voilier avec un retard $\Delta t = 70{,}0$ ms. Calculez la distance d séparant le satellite du voilier et vérifiez que cette distance est plausible.

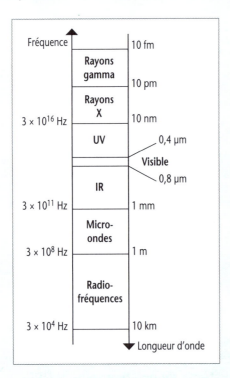

Spectre électromagnétique. Les différents domaines regroupent des ondes aux propriétés similaires.

FAIT ☐ REVU ☐

Exercice 9 — voir Fiches savoir 9 et 10

Bilan d'énergie d'un véhicule électrique

D'après sujet Antilles 2013

Le rendement d'une voiture électrique est estimé à 80 %. L'énergie mécanique nécessaire à la propulsion du véhicule pour une même vitesse est de 39,6 MJ.

1. Calculez l'énergie électrique nécessaire.

2. Réalisez le bilan d'énergie et complétez le document ci-dessous.

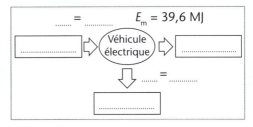

FAIT ☐ REVU ☐

Exercice 10 — voir Fiche savoir 9

Point de fonctionnement d'un moteur électrique

D'après sujet Métropole 2013

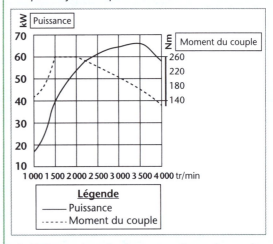

1. Relevez dans le document les valeurs de couple et de puissance développée pour le moteur fonctionnant à 3 000 tours/min.

2. Vérifiez numériquement, pour une vitesse angulaire, la relation entre puissance du moteur et moment du couple.

FAIT ☐ REVU ☐

S'entraîner au Bac

Exercice 11 — voir Fiches savoir 10 et 12

Accumulateur au plomb

D'après sujet Nouvelle-Calédonie 2013

1. Sur le document ci-dessous, l'accumulateur fonctionne-t-il en charge ou en décharge ? Justifiez.

2. Complétez le schéma du document en faisant apparaître le sens de déplacement des électrons et la borne positive de l'accumulateur.

3. Déduisez-en la demi-équation d'oxydoréduction au niveau de l'électrode en plomb. S'agit-il d'une oxydation, d'une réduction ?

4. De même, écrivez la demi-équation d'oxydoréduction au niveau de l'électrode en oxyde de plomb. S'agit-il d'une oxydation, d'une réduction ?

5. Quel type de conversion d'énergie se produit-il lors de cette utilisation de l'accumulateur ?

6. Expliquez la différence entre une pile et un accumulateur.

Document :

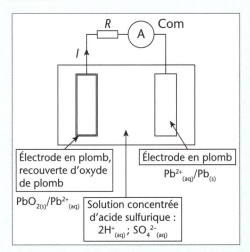

Exercice 12 — voir Fiche savoir 14

Boussole et champ magnétique terrestre

D'après sujet métropole 2014

Une boussole est constituée d'une petite aiguille aimantée mobile sur pivot représentée, selon le schéma ci-après, par l'axe orienté Sud-Nord.

1. On place l'aiguille aimantée dans le champ magnétique terrestre. Quelles indications concernant le champ magnétique sont données par l'axe orienté de cette aiguille ?

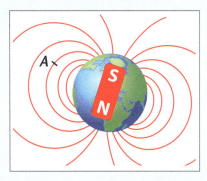

2. Donnez le nom et le symbole de l'unité utilisée pour exprimer, dans le système international (SI), l'intensité d'un champ magnétique.

3. Le spectre du champ magnétique de la Terre est analogue à celui d'un gros aimant droit. Représentez le vecteur champ magnétique $\vec{B}$ au point A, sans souci d'échelle.

Exercice 13 — voir Fiches savoir 4 et 6

Solvants et nettoyage au dioxyde de carbone

D'après sujet Polynésie 2015

Le dioxyde de carbone se comporte comme un puissant solvant, capable de dissoudre les taches et la saleté, sans endommager le linge.

1. On souhaite éliminer, par solvant, une tache de graisse sur un tee-shirt. Parmi les solvants du document ci-après, indiquez celui que vous choisiriez et pourquoi vous écarteriez les deux autres.

SOLVANT	Éthanol	Acétone	Chloroforme
SOLUBILITÉ DE LA GRAISSE	Insoluble	Soluble	Soluble
SÉCURITÉ	🔥	🔥 ❗	☣ ❗

2. On peut également utiliser le dioxyde de carbone CO_2 supercritique.

L'état supercritique est un état de la matière aux propriétés intermédiaires entre celles d'un gaz et celles d'un liquide (température > 31 °C et pression > 73 bar). Le processus mis en jeu est décrit par le cycle sur le diagramme d'état du dioxyde de carbone.

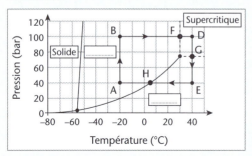

Indiquez :
– dans les deux cases du graphique ci-avant comportant des pointillés, l'état physique du dioxyde de carbone CO_2 ;
– dans le tableau ci-dessous, la portion du cycle correspondant aux transformations décrites.

TRANSFORMATIONS	GRAPHIQUEMENT
Le CO_2 liquide est comprimé sous une centaine de bars.	A → B
Le CO_2 est chauffé de 31 °C à 40 °C à pression constante. Il est alors dans un état supercritique.	
Dans l'extracteur, le CO_2 supercritique se charge en graisse et sa pression diminue.	
Le CO_2 liquide est chauffé de −20 °C à 31 °C à pression constante.	
Le CO_2 est détendu et se retrouve alors sous forme gazeuse, ce qui lui permet de se séparer de la graisse.	

FAIT ☐ REVU ☐

Exercice 14 voir Fiches savoir 10 et 12

D'après sujet Nouvelle-Calédonie 2014

Une batterie est constituée de 16 modules identiques. Dans chaque module, on retrouve 96 accumulateurs élémentaires Lithium-ion dont la tension aux bornes vaut 3,33 V. Ces accumulateurs sont branchés en série.

On constitue 8 assemblages de 2 modules montés en série. Ces 8 assemblages sont eux montés en parallèle. Le temps de recharge est d'environ 3 heures. La tension disponible aux bornes de l'ensemble (mesurée en sortie de la batterie) est de 640 V.

1. À partir des informations fournies ci-dessus, schématisez le montage des modules au sein de la batterie. Justifiez que la tension disponible aux bornes de l'ensemble est bien de 640 V.

2. Le fabricant indique une charge maximale de 43 200 C pour un module. Déterminez la valeur du courant de charge de la batterie pour une durée de charge moyenne de 3,00 h.

La borne positive de l'accumulateur est formée d'un matériau accueillant des ions lithiums, Li^+. Pour le bilan électronique, on peut formellement modéliser les processus qui s'y déroulent par l'équation du couple Li^+/Li. On étudie ci-dessous le fonctionnement de cette électrode lors de la décharge.

3. Écrivez l'équation de la réaction qui se produit à cette électrode. Donnez le nom de cette transformation.

4. La transformation qui se produit dans la pile, dans ces conditions, est-elle spontanée ou forcée ?

5. En considérant la décharge totale d'un accumulateur élémentaire, calculez la quantité d'ions Li^+ consommée et la masse de lithium formée à la borne positive.

Données : 1 Faraday = 96 500 C·mol⁻¹ ; masse molaire atomique du lithium M_{Li} = 7,0 g·mol⁻¹.

Corrigés

Dans les corrigés, AN signifie application numérique.

Exercice 1

1. $S = \dfrac{\Delta U}{\Delta \theta}$; AN : $S = \dfrac{10-0}{35-(-5)}$; résultat : $S = 0{,}25$ V·°C^{-1}.

2. $\theta_{mesurée} = \dfrac{U - 1{,}25}{0{,}25}$; AN : $\theta_{mesurée} = \dfrac{6{,}25 - 1{,}25}{0{,}25}$; résultat : $\theta_{mesurée} = 20$ °C.

3. $\Delta\theta = \dfrac{5}{100} \times (35-(-5)) = 0{,}2$ °C donc $\theta_{réelle} = 20{,}0 \pm 0{,}2$ °C.

4. Le graphe présente 16 paliers. Il y a donc 16 valeurs possibles.

5. 6e palier : $U = 6 \times 0{,}625 = 3{,}75$ V, 7e palier : $U = 7 \times 0{,}625 = 4{,}375$ V > 4,0 V. Le 6e palier est la bonne réponse : $N_{10} = 6$. En binaire, 6 s'écrit $N = 0110$.

6. $\Delta\theta = \dfrac{\Delta U}{S}$; AN : $\Delta\theta = \dfrac{0{,}625}{0{,}25}$; résultat : $\Delta\theta = 2{,}5$ °C, ce qui est médiocre.

7. Pour un codage sur 8 bits, la valeur du quantum est modifiée : $\Delta U' = \dfrac{10-0}{256} = 0{,}04$ V. AN : $\Delta\theta' = \dfrac{0{,}039}{0{,}25}$; résultat : $\Delta\theta' = 0{,}16$ °C, l'erreur de quantification est donc plus faible.

Exercice 2

1. Les deux modes d'exploitation de l'énergie solaire sont le solaire thermique et le solaire photovoltaïque.

2.

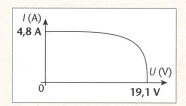

3. $P[W] = U[V] \times I[A]$

4. $I_{crête} = \dfrac{P_{crête}}{U_{crête}}$; AN : $I_{crête} = \dfrac{80}{17{,}4}$; résultat : $I_{crête} = 4{,}6$ A.

5. P_{ray} est proportionnelle à la surface S [m^2] : $P_{ray} = 1\,000 \times 1{,}146 \times 0{,}555$; résultat : $P_R = 636$ W.

6. $\eta = \dfrac{P_{crête}}{P_{ray}}$; AN : $\eta = \dfrac{80}{636}$; résultat : $\eta = 0{,}126$ soit 12,6 %.

Exercice 3

1. $V = D_V \times t$; AN : $V = 30 \times 50$; résultat : $V = 1{,}5 \times 10^3$ m^3.

2. Par conservation du débit volumique : $D_{V_1} = \dfrac{D_V}{68}$; AN : $D_{V_1} = \dfrac{30}{68}$; résultat : $D_{V_1} = 0{,}44$ m^3·s^{-1}.

3. $v = \dfrac{D_{V_1}}{S}$; AN : $v = \dfrac{0{,}4411}{126 \times 10^{-4}}$; résultat : $v = 35$ m·s^{-1} (rappel : 126 cm^2 = 126 × 10^{-4} m^2).

4. Par application du principe fondamental de la statique des fluides : $z_A = z_B + \dfrac{P_B - P_A}{\rho g}$.

AN : $z_A = 8{,}5 + \dfrac{9{,}0 \times 10^5 - 1{,}0 \times 10^5}{1{,}0 \times 10^3 \times 9{,}81}$; résultat : $z_A = 9{,}0$ m.

Exercice 4

1. $E_C = \dfrac{1}{2}mv^2$; AN : $E_C = \dfrac{1}{2} \times 1{,}0 \times 10^3 \times \left(\dfrac{45}{3{,}6}\right)^2$; résultat : $E_C = 78 \times 10^3$ J.
Rappel : 1,0 m·s^{-1} = 3,6 km·h^{-1} donc $v = 45$ km·h^{-1} = 12,5 m·s^{-1}.

2. $\Delta E_C = \dfrac{1}{2}mv_f^2 - \dfrac{1}{2}mv_i^2$. Si le véhicule ralentit, sa variation d'énergie cinétique est négative, donc : $\Delta E_C = W_F < 0$. Le travail du couple de freinage est négatif, ce travail est donc résistant.

3. Le véhicule est à l'arrêt dans l'état final, donc : $\Delta E_C = 0 - \dfrac{1}{2}mv_i^2 = -C\theta \Leftrightarrow \theta = \dfrac{mv_i^2}{2C}$.

La distance parcourue par la roue pour une rotation d'angle θ vaut : $D_F = R\theta = R \times \dfrac{mv_i^2}{2C}$.

AN : $D_F = 0{,}29 \times \dfrac{1{,}0 \times 10^3 \times 12{,}5^2}{2 \times 1{,}81 \times 10^3}$; résultat : $D_F = 12{,}5$ m que l'on retrouve graphiquement.

4. En 1,0 s à la vitesse de 12,5 m·s⁻¹, le véhicule parcourt D_R = 12,5 m. Au total, le véhicule aura parcouru avant arrêt : $D_R + D_F$ = 25 m, ce qui confirme l'affirmation de l'énoncé.

Exercice 5

1. Z = 77 protons ;
$N = A - Z = 192 - 77 = 115$ neutrons.

2. $^{192}_{77}\text{Ir} \rightarrow {}^{192}_{78}\text{Pt} + {}^{0}_{-1}\text{e}$

3. La demi-vie radioactive est lue quand l'activité initiale est divisée par 2 : T = 75 jours.

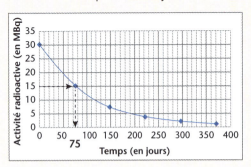

4. $\Delta T = \dfrac{1,0 \times 75}{15 \times \ln 2}$ = 7 jours ; T = 75 ± 7 jours.

Exercice 6

1. Les eaux polluées étant acides, la dissolution de HCl dans l'eau donne une solution acide.

2. Pour neutraliser la solution acide, il faut augmenter son pH, ce qui diminue la concentration en ions oxoniums (H_3O^+). Les techniciens réalisent cette opération en ajoutant une base (soude).

3. Les ions oxoniums (H_3O^+) et hydroxyde (OH^-) réagissent pour former de l'eau :
$$H_3O^+ + OH^- \rightarrow 2H_2O.$$

Exercice 7

1. $CH_4 + 2O_2 \rightarrow CO_2 + 2H_2O$

2. $n_{CH_4} = \dfrac{m_{CH_4}}{M_{CH_4}}$; AN : $n_{CH_4} = \dfrac{1,00 \times 10^3}{16}$; résultat :
n_{CH_4} = 62,5 mol.

3. Bilan de matière :

ÉQUATION DE LA RÉACTION		CH_4 +	$2O_2$	⇄	CO_2 +	$2H_2O$
ÉTAT DU SYSTÈME	AVANCEMENT	n_{CH_4}	n_{O_2}		n_{CO_2}	n_{H_2O}
État initial	0	62,5	excès		0	0
État final	x_{max} = 62,5 mol	0	excès		62,5	125

$m_{H_2O} = n_{H_2O} \times M_{H_2O}$; AN : m_{H_2O} = 125 × 18 ; résultat :
$m_{H_2O} = 2,25 \times 10^3$ g = 2,25 kg.

4. Sans condensation, la combustion de 1,00 kg de méthane produit l'énergie E = 50 kJ.
La condensation de l'eau libère l'énergie :
$E' = 2,25 \times 2\,260 = 5,1 \times 10^3$ J.
On obtient bien $E' = 0,10 \times E$, donc un gain de 10 % en énergie.

Exercice 8

1. Une onde électromagnétique est constituée d'un champ électrique $\vec{E}$ (avec E en V·m⁻¹) et d'un champ magnétique $\vec{B}$ (avec B en T) qui oscillent dans le temps.

2. Le domaine civil est positionné en bleu, le domaine militaire en orange :

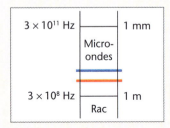

3. $\lambda f = c$

4. $\lambda = \dfrac{c}{f}$; AN : $\lambda = \dfrac{3,00 \times 10^8}{1575,42 \times 10^6}$; résultat :
λ = 0,190 m.

5. $d = c \times \Delta t$; AN : $d = 3,00 \times 10^8 \times 70 \times 10^{-3}$; résultat : $d = 21 \times 10^6$ m = 21×10^3 km. Cette distance est bien compatible avec les 20 000 km cités dans l'énoncé.

Exercice 9

1. $E_{élec} = \dfrac{E_{méca}}{\eta}$; AN : $E_{élec} = \dfrac{39,6}{0,80}$; résultat :
$E_{élec}$ = 49,5 MJ.

2. La conservation de l'énergie implique :
$$E_{\text{élec}} = E_m + E_{\text{th}}.$$

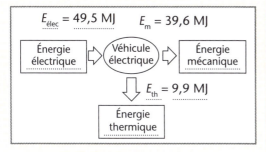

Exercice 10

1. Par lecture graphique : $C = 200$ N·m et $P_{\text{méca}} = 65$ kW.

2. $P_{\text{méca}} = C\omega = C \times \dfrac{2\pi n}{60}$;

AN : $P_{\text{méca}} = 200 \times \dfrac{2\pi \times 3000}{60}$; résultat :

$P_{\text{méca}} = 63 \times 10^3$ W, soit environ 5 % d'écart par rapport à la valeur lue. La relation est donc considérée comme vérifiée.

Exercice 11

1. L'accumulateur alimente une résistance, il fonctionne comme un générateur et se décharge.

2. Le sens de parcours des électrons est opposé à celui du courant. Lors de la décharge, le courant circule dans la résistance de la borne + vers la borne –.

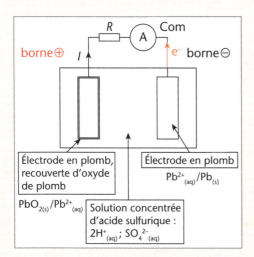

3. $Pb \rightleftarrows Pb^{2+} + 2e^-$. Le plomb perd des électrons, il s'agit d'une réaction d'oxydation (anode).

4. $PbO_2 + 4H^+ + 2e^- \rightleftarrows Pb^{2+} + 2H_2O$. L'oxyde de plomb consomme des électrons, il s'agit d'une réaction de réduction (cathode).

5. L'accumulateur se décharge, il transforme l'énergie chimique stockée en énergie électrique.

6. Le fonctionnement d'un accumulateur est réversible (décharge ↔ charge), une pile ne peut que se décharger.

Exercice 12

1. L'axe orienté de la boussole indique la direction et le sens du champ magnétique.

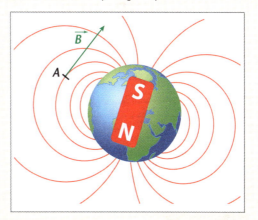

2. L'intensité du champ magnétique se note B. Elle s'exprime en teslas.

3. Le vecteur $\vec{B}$ est tangent à la ligne de champ. Sa direction le long de la ligne de champ l'amène au pôle sud de l'aimant.

Exercice 13

1. Les critères de choix sont les suivants :
– la graisse est insoluble dans l'éthanol, donc ce solvant est à écarter ;
– le chloroforme contient le pictogramme cancérogène, mutagène, reprotoxique : ⚠, il est donc à écarter.
Le meilleur choix est donc l'acétone, même si elle est inflammable 🔥 et irritante ou toxique ⚠.

2. Les deux états physiques à compléter sont l'état liquide et l'état gazeux. Le domaine d'existence de l'état gazeux se situe du côté des plus faibles pressions.

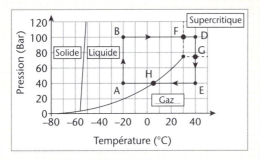

Pour une transformation à pression constante, la représentation graphique est un segment de droite ; pour une détente, la pression diminue.

TRANSFORMATIONS	GRAPHIQUEMENT
Le CO_2 liquide est comprimé sous une centaine de bars.	A → B
Le CO_2 est chauffé de 31 °C à 40 °C à pression constante. Il est alors dans un état supercritique.	F → D
Dans l'extracteur, le CO_2 supercritique se charge en graisse et sa pression diminue.	D → G
Le CO_2 liquide est chauffé de −20 °C à 31 °C à pression constante.	B → F
Le CO_2 est détendu et se retrouve alors sous forme gazeuse, ce qui lui permet de se séparer de la graisse.	G → E

Exercice 14

1. Le schéma électrique comprend 16 modules. Les modules sont associés par 2 en série. Les 8 associations série de 2 blocs sont associées en dérivation :

- Module 1 — 96 accumulateurs en série
- Module 2 — 96 accumulateurs en série
- Module 3 — 96 accumulateurs en série
- Module 4 — 96 accumulateurs en série
- Module 5 — 96 accumulateurs en série
- Module 6 — 96 accumulateurs en série
- Module 7 — 96 accumulateurs en série
- Module 8 — 96 accumulateurs en série
- Module 9 — 96 accumulateurs en série
- Module 10 — 96 accumulateurs en série
- Module 11 — 96 accumulateurs en série
- Module 12 — 96 accumulateurs en série
- Module 13 — 96 accumulateurs en série
- Module 14 — 96 accumulateurs en série
- Module 15 — 96 accumulateurs en série
- Module 16 — 96 accumulateurs en série

Borne + / Borne −

Chaque module contient 96 accumulateurs. Pour une association en série, les tensions des éléments s'additionnent :

$U_{\text{2 modules en série}} = 192 \times 3{,}33 = 639{,}36$ V ≈ 640 V.

Pour une association en dérivation, les tensions des éléments sont identiques :

$U_{\text{8 blocs en dérivation}} \approx 640$ V.

2. Les quantités d'électricité suivent les mêmes lois que les intensités électriques. En dérivation, elles s'additionnent ; en série, elles restent inchangées, donc :

$Q_{\text{module}} = 43\,200$ C

$Q_{\text{batterie}} = 8 \times Q_{\text{module}} = 345\,600$ C

Pour calculer le temps de charge :

$I_{\text{batterie}} = \dfrac{Q_{\text{batterie}}}{t_{\text{charge}}}$.

AN : $I_{\text{batterie}} = \dfrac{345\,600}{3{,}00 \times 3600} = 32{,}0$ A ;

résultat : $I_{\text{batterie}} = 32{,}0$ A.

3. La borne positive de la pile est la borne d'où sort le courant, donc là où rentrent les électrons. On a alors : $Li^+ + e^- \rightleftarrows Li$.

Les ions Li^+ consomment des électrons, cette réaction est donc une réduction.

4. Lors de la décharge, la pile fonctionne en générateur, son fonctionnement est donc spontané.

5. Pour répondre à cette question, il faut réaliser un raisonnement par étapes :
Calcul de la charge pour un seul accumulateur :

$Q_{AC} = \dfrac{43\,200}{96} = 450$ C

Calcul de la quantité de matière d'électrons consommé : $n_{e^-} = \dfrac{Q_{AC}}{F}$.

AN : $n_{e^-} = \dfrac{450}{96\,500} = 4{,}663\,212\,44 \times 10^{-3}$ mol.

Calcul de la quantité de matière de métal lithium formé :

ÉQUATION DE LA RÉACTION		Li^+	+ e^-	= Li
ÉTAT DU SYSTÈME	AVANCEMENT	$n(Li^+)$	$n(e^-)$	$n(Li)$
État initial	0	0,0046	0,0046	0
État final	$x_{max} = 0{,}0046$	0	0	0,0046

Calcul de la masse de lithium formé lors de la décharge : $m_{Li} = n_{Li} \times M_{Li}$.

AN : $m_{Li} = 4{,}663\,212\,44 \times 10^{-3} \times 7{,}0$
$= 32{,}642\,487\,0 \times 10^{-3}$ g ;

résultat : $m_{Li} = 33 \times 10^{-3}$ g.

Savoir 1

Suites numériques

1 Notion de limites de suites

1.1. Suites numériques

Une suite numérique (U_n) associe à tout nombre entier n un terme général U_n en fonction de n.

EXEMPLE
Soit (U_n) la suite de terme général $U_n = n^2 - 3n$.

1.2. Valeurs d'une suite pour les grandes valeurs de n

Une suite numérique (U_n) peut prendre des valeurs réelles pour n entier. Il peut être utile d'estimer le comportement d'une suite en calculant quelques termes pour de grandes valeurs de n.

EXEMPLE
Soit (U_n) la suite de terme général $U_n = -n^2 + 3n$. Voici un tableau de valeurs de U_n avec de grandes valeurs de n.
(U_n) semble tendre vers $-\infty$.

	A	B	C	D	E
1	n	100	1000	1000000	1000000000
2	Un	−9700	−997000	−1E+12	−1E+18

2 Suite numérique ayant une limite infinie

La limite d'une suite numérique se détermine pour n tendant vers $+$ l'infini, on écrit alors $\lim\limits_{n \to +\infty} U_n = ...$

Remarque : $\lim\limits_{n \to -\infty} U_n$ n'a pas de sens !

Pour n tendant vers $+\infty$, on dit que :

• La suite (U_n) a pour limite $+\infty$ lorsque, pour tout entier naturel p, il existe un entier n à partir duquel tous les termes U_n sont supérieurs à 10^p. On écrit alors $\lim\limits_{n \to +\infty} U_n = +\infty$.

EXEMPLE
Soit $U_n = 2n^2$ pour tout entier naturel n. Cette suite a pour limite $+\infty$. En effet, pour tout entier naturel p, $2n^2 \geq 10^p$ est équivalent à $n \geq \sqrt{\dfrac{10^p}{2}}$.

Dès que n est plus grand que $\sqrt{\dfrac{10^p}{2}}$, U_n est supérieur ou égal à 10^p.

• La suite (U_n) a pour limite $-\infty$ lorsque, pour tout entier naturel p, il existe un entier n à partir duquel tous les termes U_n sont inférieurs à -10^p. On écrit alors $\lim\limits_{n \to +\infty} U_n = -\infty$.

EXEMPLE
Soit $U_n = 1 - 3n$ pour tout entier naturel n. Cette suite a pour limite $-\infty$. En effet, pour tout entier naturel p, $1 - 3n \leq -10^p$ est équivalent à $n \geq \dfrac{1 + 10^p}{3}$.

Dès que n est supérieur à $\dfrac{1 + 10^p}{3}$, U_n est inférieur ou égal à -10^p.

3 Suite numérique ayant une limite finie

Pour n tendant vers $+\infty$, on dit que la suite (U_n) a pour limite l, où l est un nombre réel, lorsque pour tout entier naturel p, il existe un entier n à partir duquel tous les termes U_n sont à une distance inférieure à 10^{-p} de l. On écrit alors $\lim\limits_{n \to +\infty} U_n = l$.

Autrement dit, la suite (U_n) a pour limite l lorsque n **tend vers $+\infty$**, si pour tout nombre entier naturel p, il existe un entier naturel n à partir duquel $|U_n - l| \leq 10^{-p}$.

4 Suites géométriques et limites

4.1. Définition

Soit q un nombre réel. On dit que la suite (U_n) est une suite géométrique de raison q lorsque pour tout entier naturel n, $U_{n+1} = q \times U_n$.

EXEMPLE
Soit la suite de premier terme $U_0 = 2$ et de raison $q = -\dfrac{1}{2}$. Ses termes sont liés par la relation de récurrence $U_{n+1} = -\dfrac{1}{2} \times U_n$.

4.2. Expression du terme général en fonction de n

Soit une suite (U_n) géométrique de raison q.
Si le premier terme est U_0, alors pour tout entier naturel n : $U_n = U_0 \times q^n$.
Si le premier terme est U_1, alors pour tout entier naturel n : $U_n = U_1 \times q^{n-1}$.

4.3. Somme des termes consécutifs d'une suite géométrique

Soit (U_n) une suite géométrique de raison $q \neq 1$ et de premier terme U_0. Alors :

$$U_0 + U_1 + U_2 + \ldots + U_n = \text{premier terme} \times \dfrac{1 - \text{raison}^{\text{nombre de termes}}}{1 - \text{raison}} = U_0 \times \dfrac{1 - q^{n+1}}{1 - q}.$$

En particulier : $1 + q + q^2 + \ldots + q^n = \dfrac{1 - q^{n+1}}{1 - q}$.

4.4. Limite d'une suite géométrique de raison positive

Soit la suite (U_n) telle que $U_n = U_0 \times q^n$ (avec n entier, et $U_0 \neq 0$).
Le schéma ci-contre résume les limites de (U_n).

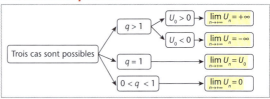

Remarque : Si $U_0 = 0$, alors tous les termes de la suite sont nuls et $\lim\limits_{n \to +\infty} U_n = 0$.

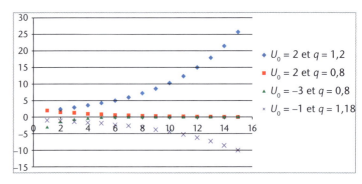

Savoir 2 — Limites de fonctions

1. Notion de limites de fonctions

Une fonction est définie sur son intervalle de définition et seules la ou les limites de cette fonction aux bornes de son intervalle de définition seront demandées.

EXEMPLE
La fonction $f(x) = \dfrac{2}{1-x}$ est définie sur $]-\infty\,;\,1[\,\cup\,]1\,;\,+\infty[$.

Seules les limites suivantes de la fonction f pourront être déterminées :
$$\lim_{x\to-\infty} f(x)\,;\,\lim_{x\to+\infty} f(x)\,;\,\lim_{x\to 1^+} f(x)\,;\,\lim_{x\to 1^-} f(x)$$

1.1. Interpréter une représentation graphique en termes de limite

Soit la fonction $f(x) = \dfrac{1+x}{x^2} + 3$ définie sur $]0\,;\,+\infty[$. Sa représentation graphique est donnée ci-contre.

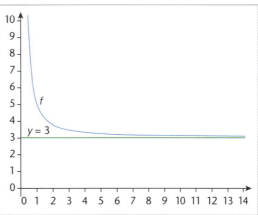

Lorsque x tend vers 0 par valeurs supérieures, $f(x)$ semble tendre vers $+\infty$. On écrit alors :
$\lim\limits_{x\to 0^+} f(x) = +\infty$.
Lorsque x tend vers $+\infty$, $f(x)$ semble tendre vers 3.
On écrit alors : $\lim\limits_{x\to +\infty} f(x) = 3$.

1.2. Interpréter une représentation graphique en termes d'asymptote

On considère une fonction f définie sur $\mathbb{R}$ et a et b deux réels.
– Une fonction f admet une asymptote parallèle à l'axe des abscisses d'équation $y = b$ lorsque x tend vers $+\infty$ si $\lim\limits_{x\to +\infty} f(x) = b$.
– Une fonction f admet une asymptote parallèle à l'axe des abscisses d'équation $y = b$ lorsque x tend vers $-\infty$ si $\lim\limits_{x\to -\infty} f(x) = b$.
– Une fonction f admet une asymptote parallèle à l'axe des ordonnées d'équation $x = a$ lorsque $\lim\limits_{x\to a} f(x) = +\infty$ ou $-\infty$.

EXEMPLE
La fonction $f(x) = \dfrac{1+x}{x^2} + 3$ définie sur $]0\,;\,+\infty[$ dont la représentation graphique est fournie ci-dessus admet deux asymptotes parallèles aux axes : l'asymptote d'équation $y = 3$ et l'asymptote d'équation $x = 0$. En effet, $\lim\limits_{x\to 0^+} f(x) = +\infty$ et $\lim\limits_{x\to +\infty} f(x) = 3$.
On en déduit le tableau de variation de la fonction f :

2 Les limites de fonctions simples

2.1. Limites de fonctions de référence

Quand x tend vers	$+\infty$	$-\infty$
x tend vers	$+\infty$	$-\infty$
x^2 tend vers	$+\infty$	$+\infty$
x^3 tend vers	$+\infty$	$-\infty$
x^n tend vers	$+\infty$	$+\infty$ si n est pair $-\infty$ si n est impair
$\dfrac{1}{x}$ tend vers	0^+	0^-

2.2. Limites d'une somme, limites de l'inverse, limites d'un produit de fonctions

l et l' sont des réels ; « F.I. » (forme indéterminée) signifie que la limite est un cas particulier et qu'il n'y a pas de règle générale permettant de l'obtenir.

Limite de $f + g$	$\lim f = +\infty$	$\lim f = -\infty$	$\lim f = l$
$\lim g = +\infty$	$+\infty$	F.I.	$+\infty$
$\lim g = -\infty$	F.I.	$-\infty$	$-\infty$
$\lim g = l'$	$+\infty$	$-\infty$	$l + l'$

Limite de $f \times g$	$\lim f = +\infty$	$\lim f = -\infty$	$\lim f = l > 0$	$\lim f = l < 0$
$\lim g = +\infty$	$+\infty$	$-\infty$	$+\infty$	$-\infty$
$\lim g = -\infty$	$-\infty$	$+\infty$	$-\infty$	$+\infty$
$\lim g = l' > 0$	$+\infty$	$-\infty$	$l \times l'$	$l \times l'$
$\lim g = l' < 0$	$-\infty$	$+\infty$	$l \times l'$	$l \times l'$

Limite de f	l ($l \neq 0$)	$+\infty$	$-\infty$	0^+	0^-
Limite de $\dfrac{1}{f}$	$\dfrac{1}{l}$	0^+	0^-	$+\infty$	$-\infty$

3 Déterminer la limite de fonctions composées de la forme $f(u(x))$ ou $(u(x))^n$

Soit n un entier naturel différent de zéro, a, b et c des réels. On considère les fonctions f et u de telle sorte que pour tout x de l'ensemble de définition de u, $u(x)$ appartient à l'ensemble de définition de f.

Si $\lim\limits_{x \to a} u(x) = b$ et $\lim\limits_{x \to b} f(x) = c$, alors $\lim\limits_{x \to a} f(u(x)) = c$.

Si $\lim\limits_{x \to a} u(x) = b$, alors $\lim\limits_{x \to a} (u(x))^n = b^n$.

Si $\lim\limits_{x \to a} u(x) = +\infty$, alors $\lim\limits_{x \to a} (u(x))^n = +\infty$.

Si $\lim\limits_{x \to a} u(x) = -\infty$, alors $\lim\limits_{x \to a} (u(x))^n = +\infty$ si n est pair ou $\lim\limits_{x \to a} (u(x))^n = -\infty$ si n est impair.

EXEMPLE

On cherche à calculer $\lim\limits_{x \to -\infty} (1 - x)^5$. Dans cet objectif, on pose $u(x) = 1 - x$, alors $\lim\limits_{x \to -\infty} u(x) = +\infty$. On en déduit que $\lim\limits_{x \to -\infty} (u(x))^5 = +\infty$.

Savoir 3 — Fonctions dérivées et primitives

1 Dérivées de fonctions simples

1.1. Dérivées de fonctions de référence

Les fonctions dérivées de fonctions de référence sont données dans le tableau suivant. (a et b sont des réels).

FONCTION f	FONCTION DÉRIVÉE f'	ENSEMBLE DE DÉRIVABILITÉ
$f(x) = k$ avec k réel	$f'(x) = 0$	$\mathbb{R}$
$f(x) = x^n$ avec n entier naturel non nul	$f'(x) = nx^{n-1}$	$\mathbb{R}$
$f(x) = \dfrac{1}{x}$	$f'(x) = -\dfrac{1}{x^2}$	$]-\infty\,;0[\,\cup\,]0\,;+\infty[$
$f(x) = \sin x$	$f'(x) = \cos x$	$\mathbb{R}$
$f(x) = \cos x$	$f'(x) = -\sin x$	$\mathbb{R}$
$f(x) = \sin(ax+b)$	$f'(x) = a\cos(ax+b)$	$\mathbb{R}$
$f(x) = \cos(ax+b)$	$f'(x) = -a\sin(ax+b)$	$\mathbb{R}$

1.2. Opérations sur les dérivées

Soit u et v deux fonctions dérivables sur un intervalle I. Les principales opérations sur les dérivées sont données dans le tableau suivant.

OPÉRATION	FONCTION	FONCTION DÉRIVÉE
Somme de fonctions	$u+v$	$u'+v'$
Produit de fonctions par un réel λ	λu	$\lambda u'$
Produit de deux fonctions	$u \times v$	$u' \times v + u \times v'$
Inverse d'une fonction	$\dfrac{1}{u}$ avec $u \neq 0$	$-\dfrac{u'}{u^2}$
Quotient de fonctions	$\dfrac{u}{v}$ avec $v \neq 0$	$\dfrac{u' \times v - u \times v'}{v^2}$

2 Dérivées de fonction composées

2.1. Dérivée d'une fonction de la forme $h : x \mapsto (u(x))^n$ et $g : x \mapsto \dfrac{1}{(u(x))^n}$

u est une fonction dérivable sur un intervalle I, n est un entier non nul.

FONCTION	FONCTION DÉRIVÉE
$h(x) = (u(x))^n$	$h'(x) = n \times u'(x) \times (u(x))^{n-1}$
$g(x) = \dfrac{1}{(u(x))^n}$	$g'(x) = -\dfrac{n \times u'(x)}{(u(x))^{n+1}}$

EXEMPLE
f est la fonction définie sur $\mathbb{R}$ par $f(x) = \dfrac{1}{(2 + \sin x)^2}$. $u(x) = 2 + \sin x$ et $u'(x) = \cos x$.
f est dérivable et $f(x) = \dfrac{1}{(u(x))^2}$; $f'(x) = -\dfrac{2u'(x)}{(u(x))^3} = -\dfrac{2 \times \cos x}{(2 + \sin x)^3}$.

2.2. Dérivée d'une fonction de la forme $h : x \mapsto f(u(x))$

f est une fonction dérivable sur un intervalle J ; u est une fonction dérivable sur un intervalle I telle que pour tout x de I, $u(x)$ appartient à J. Alors, la fonction $h(x) = f(u(x))$ est dérivable sur I et pour tout x appartenant à I, $h'(x) = u'(x) \times f'(u(x))$.

EXEMPLE
La fonction $g(x) = (1 - 2x)^4$ est définie et dérivable sur $\mathbb{R}$.
On pose $(x) = 1 - 2x$, on a alors $g(x) = u(x)^4$.
Comme $u'(x) = -2$ et $(u(x)^4)' = 4u'(x) \times (u(x))^3$, alors : $g'(x) = 4 \times -2 \times (1 - 2x)^3 = -8(1 - 2x)^3$.

3 Primitive de fonctions

3.1. Notion de primitive

f est une fonction définie sur un intervalle I. On appelle primitive de f sur I toute fonction F dont la dérivée F' est égale à f, c'est-à-dire que pour tout x appartenant à I, $F'(x) = f(x)$.
f est une fonction définie sur un intervalle I. Si F est une primitive de f sur I, alors toutes les primitives de f sur I sont les fonctions H définies sur I par $H(x) = F(x) + k$, où k est un nombre réel quelconque.

EXEMPLE
f est la fonction définie sur $\mathbb{R}$ par $f(x) = -8x + 2$.
Sur $\mathbb{R}$, les fonctions $F(x) = -4x^2 + 2x$ ou $G(x) = -4x^2 + 2x + 3$ sont des primitives de f sur $\mathbb{R}$.
Toutes les primitives de f sur $\mathbb{R}$ sont les fonctions $H(x) = -4x^2 + 2x + k$ avec k un nombre réel quelconque.

3.2. Primitives de fonctions de référence

f est une fonction définie sur un intervalle I et F est une primitive de f sur I.

FONCTION f	PRIMITIVE F	INTERVALLE I
$f(x) = k$ avec k réel	$F(x) = kx$	$\mathbb{R}$
$f(x) = x$	$F(x) = \dfrac{x^2}{2}$	$\mathbb{R}$
$f(x) = x^n$ avec n entier naturel non nul	$F(x) = \dfrac{x^{n+1}}{n+1}$	$\mathbb{R}$
$f(x) = \dfrac{1}{x^2}$	$F(x) = -\dfrac{1}{x}$	$]-\infty\,;0[\,\cup\,]0\,;+\infty[$
$f(x) = \dfrac{1}{x^n}$ avec n entier supérieur ou égal à 2	$F(x) = -\dfrac{1}{(n-1)x^{n-1}}$	$]-\infty\,;0[\,\cup\,]0\,;+\infty[$
$f(x) = \sin x$	$F(x) = -\cos x$	$\mathbb{R}$
$f(x) = \cos x$	$F(x) = \sin x$	$\mathbb{R}$
$f(x) = \sin(ax+b)$	$F(x) = -\dfrac{1}{a}\cos(ax+b)$	$\mathbb{R}$
$f(x) = \cos(ax+b)$	$F(x) = \dfrac{1}{a}\sin(ax+b)$	$\mathbb{R}$

4 Primitives de fonctions de la forme $u'u^n$ pour $n \neq -1$

u est une fonction dérivable sur I.

	FONCTION	FONCTION PRIMITIVE
n entier strictement positif	$f(x) = u'(x) \times (u(x))^n$	$F(x) = \dfrac{(u(x))^{n+1}}{n+1}$
n entier supérieur ou égal à 2	$f(x) = \dfrac{u'(x)}{(u(x))^n}$	$F(x) = -\dfrac{1}{(n-1)(u(x))^{n-1}}$

EXEMPLE

f est la fonction définie sur $]2\,;+\infty[$ par $f(x) = \dfrac{x}{(x^2-4)^2}$.

On pose $u(x) = x^2 - 4$ donc $u'(x) = 2x$. Ainsi, $f(x) = \dfrac{1}{2}\dfrac{u'(x)}{u^2(x)}$ et une primitive de la fonction f est

$F(x) = \dfrac{1}{2} \times -\dfrac{1}{(2-1)u(x)^{2-1}}$,

soit $F(x) = -\dfrac{1}{2u(x)}$, c'est-à-dire $F(x) = -\dfrac{1}{2(x^2-4)}$.

Savoir 4

Fonctions logarithmes

LU ☐
SU ☐
REVU ☐

1 Définition de la fonction logarithme népérien, dérivée, limites et variations

1.1. Définition

La fonction $x \mapsto \dfrac{1}{x}$ définie sur $]0\,;+\infty[$ et dérivable admet des primitives sur cet intervalle. Parmi ces primitives, on appelle fonction logarithme népérien, notée ln, celle qui s'annule pour $x = 1$. La fonction ln : $x \mapsto \ln(x)$ est définie et dérivable sur $]0\,;+\infty[$ et pour tout $x > 0$, $\ln'(x) = \dfrac{1}{x}$ et $\ln(1) = 0$.

En particulier, on note e le nombre réel tel que $\boxed{\ln(e) = 1}$ avec e ≈ 2,718.

1.2. Sens de variation et limites

Pour tout $x > 0$, $\ln'(x) = \dfrac{1}{x} > 0$ donc la fonction ln est strictement croissante sur $]0\,;+\infty[$.
On admet les deux résultats suivants : $\lim\limits_{x \to 0^+} \ln(x) = -\infty$ et $\lim\limits_{x \to +\infty} \ln(x) = +\infty$.
Le tableau de variation et la courbe représentative de la fonction ln sont donnés ci-dessous.

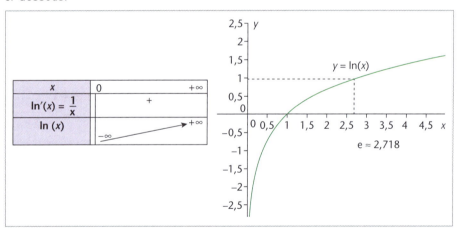

EXEMPLES
- On considère deux réels a et b tels que $0 < a \leq b$. Alors comme la fonction $x \mapsto \ln(x) > 0$ est strictement croissante, on a $\ln(a) \leq \ln(b)$.
- La fonction $x \mapsto \ln(x) + x$ est définie pour tout $x > 0$.
$\lim\limits_{x \to +\infty} \ln(x) = +\infty$ et $\lim\limits_{x \to +\infty} x = +\infty$ donc par addition des limites, $\lim\limits_{x \to +\infty} \ln(x) + x = +\infty$;
$\lim\limits_{x \to 0^+} \ln(x) = -\infty$ et $\lim\limits_{x \to 0^+} x = 0$ donc par addition des limites, $\lim\limits_{x \to 0^+} \ln(x) + x = -\infty$.

2 Relations fonctionnelles et conséquences

Pour a et b deux réels strictement positifs et n un entier relatif :

RELATIONS	EXEMPLES
$\ln(a \times b) = \ln(a) + \ln(b)$	$\ln 12 = \ln(4 \times 3) = \ln 4 + \ln 3$
$\ln\left(\dfrac{a}{b}\right) = \ln(a) - \ln(b)$	$\ln\left(\dfrac{5}{6}\right) = \ln 5 - \ln 6$
$\ln\left(\dfrac{1}{b}\right) = -\ln(b)$	$\ln\left(\dfrac{1}{9}\right) = -\ln 9$
$\ln(a^n) = n \times \ln(a)$	$\ln(5^2) = 2\ln 5$ $\ln(10^{-3}) = -3\ln 10$

Les relations fonctionnelles permettent de résoudre des inéquations du type $a^x \leq b$ ou $a^x \geq b$ où a et b sont des réels strictement positifs.

EXEMPLES

• $0{,}9^x \leq 0{,}5 \Leftrightarrow \ln(0{,}9^x) \leq \ln(0{,}5) \Leftrightarrow x\ln(0{,}9) \leq \ln(0{,}5)$

Comme $\ln(0{,}9) < 0$, alors $x \geq \dfrac{\ln(0{,}5)}{\ln(0{,}9)}$, soit $x \geq 6{,}58$.

• $2^x \geq 2\,000 \Leftrightarrow \ln(2^x) \geq \ln(2\,000) \Leftrightarrow x\ln(2) \geq \ln(2\,000)$

Comme $\ln(2) > 0$, alors $x \geq \dfrac{\ln(2\,000)}{\ln(2)}$, soit $x \geq 10{,}97$.

3 Fonction du type $f : x \mapsto \ln(u(x))$

Soit u une fonction définie sur un intervalle I et strictement positive. On considère la fonction f définie sur I par $f(x) = \ln(u(x))$.

3.1. Limites de la fonction f

a désigne un réel, $+\infty$ ou $-\infty$, b un réel positif.
Si $\lim\limits_{x \to a} u(x) = b$, alors $\lim\limits_{x \to a} \ln(u(x)) = \ln(b)$.
Si $\lim\limits_{x \to a} u(x) = +\infty$, alors $\lim\limits_{x \to a} \ln(u(x)) = +\infty$.
Si $\lim\limits_{x \to a} u(x) = 0^+$, alors $\lim\limits_{x \to a} \ln(u(x)) = -\infty$.

EXEMPLES

• Soit f la fonction définie sur $\mathbb{R}$ par $f(x) = \ln(x^2 + 1)$. La fonction f est de la forme $\ln(u(x))$ où $u(x) = x^2 + 1$.
$\lim\limits_{x \to +\infty} u(x) = +\infty$ alors $\lim\limits_{x \to +\infty} \ln(x^2 + 1) = +\infty$ et $\lim\limits_{x \to -\infty} u(x) = +\infty$ alors $\lim\limits_{x \to -\infty} \ln(x^2 + 1) = +\infty$.

• Soit g la fonction définie sur $\mathbb{R}^*$ par $g(x) = \ln\left(1 + \dfrac{1}{x^2}\right)$. La fonction g est de la forme $\ln(u(x))$ où $u(x) = 1 + \dfrac{1}{x^2}$.
$\lim\limits_{x \to +\infty} u(x) = 1$ alors $\lim\limits_{x \to +\infty} \ln(x^2 + 1) = \ln(1) = 0$ et $\lim\limits_{x \to 0} u(x) = +\infty$ alors $\lim\limits_{x \to -\infty} \ln\left(1 + \dfrac{1}{x^2}\right) = +\infty$.

3.2. Dérivée de la fonction f

u est une fonction dérivable et strictement positive sur un intervalle I. On admettra le résultat suivant :
la fonction $f : x \mapsto \ln(u(x))$ est dérivable sur I et $f'(x) = \dfrac{u'(x)}{u(x)}$.

EXEMPLE

Soit f la fonction définie sur $\mathbb{R}$ par $f(x) = \ln(x^2 + 1)$.

f est de la forme $\ln(u(x))$ où $u(x) = x^2 + 1$.

Sur $\mathbb{R}$, u est dérivable et $u'(x) = 2x$.

Sur $\mathbb{R}$, $f(x) = \ln(u(x))$ est dérivable et $f'(x) = \dfrac{u'(x)}{u(x)}$.

Ainsi, $f'(x) = \dfrac{2x}{x^2 + 1}$.

4 Primitives d'une fonction de la forme $x \mapsto \dfrac{u'(x)}{u(x)}$

u est une fonction dérivable et strictement positive sur un intervalle I. On admettra le résultat suivant :
la fonction $F : x \mapsto \ln(u(x))$ est une primitive sur I de la fonction $\dfrac{u'(x)}{u(x)}$.

EXEMPLES

• Soit h la fonction définie sur $]-3\,;\,+\infty[$ par $h(x) = \dfrac{4}{x+3}$.

On pose $u(x) = x + 3$, d'où $u'(x) = 1$ et ainsi $h(x) = 4\dfrac{u'(x)}{u(x)}$.

Une primitive de h est la fonction H définie par $H(x) = 4\ln(x+3)$.

• Soit g la fonction définie sur $\mathbb{R}$ par $g(x) = \dfrac{2x-1}{x^2-x+7}$. On pose $u(x) = x^2 - x + 7$.

$u'(x) = 2x - 1$ ainsi $g(x) = \dfrac{u'(x)}{u(x)}$.

Une primitive de g est la fonction G définie par $G(x) = \ln(x^2 - x + 7)$.

5 Fonction logarithme décimal

La fonction logarithme décimal, notée log, est la fonction définie pour $x > 0$ par $\log(x) = \dfrac{\ln(x)}{\ln 10}$.

La fonction log est croissante sur l'intervalle $]0\,;\,+\infty[$.

$\log(10^n) = n \times \log(10)$ où n est un entier relatif.

EXEMPLES

• $\log 10 = 1$; $\log(10^5) = 5\log(10) = 5$; $\log(10^{-8}) = (-8)\log(10) = -8$.

• L'acidité d'une solution est liée à la présence des ions H_3O^+ et dépend de leur concentration. Celle-ci est de l'ordre de $10^0 = 1$ mol · L^{-1} pour les solutions les plus acides et de 10^{-14} mol · L^{-1} pour les solutions les moins acides. On exprime l'acidité par une grandeur appelée échelle de pH et définie par la relation suivante : pH = $-\log [H_3O^+]$. Donc si $[H_3O^+] = 10^{-2}$ mol · L^{-1}, alors pH = $-\log[10^{-2}] = 2$.

Fonctions exponentielles

1 Définition de la fonction exponentielle, dérivée, limites et variations

1.1. Définition

La fonction exponentielle, notée exp, est la fonction définie sur ℝ qui à tout nombre réel x associe le nombre strictement positif y tel que $\ln(y) = x$.
Pour tout réel x, $y = \exp(x)$ est équivalent à $x = \ln(y)$.
En particulier, on note e le nombre réel tel que $\exp(1) = e$ avec $e \approx 2{,}718$.

Remarques :

On convient d'écrire, pour tout réel x, $\exp(x) = e^x$.
Pour tout réel x, $e^x > 0$ et $\ln(e^x) = x$.
Pour tout $x > 0$, $e^{\ln x} = x$.

EXEMPLES
- Pour x strictement positif, $\ln(3x) = 5$ est équivalent à $3x = e^5$, d'où $x = \dfrac{e^5}{3}$.
- Pour tout x réel, $e^{5x} = 9$ est équivalent à $5x = \ln(9)$, d'où $x = \dfrac{\ln(9)}{5}$.

1.2. Sens de variation et limites

La fonction $x \mapsto e^x$ est strictement croissante.
On admet les deux résultats suivants : $\lim\limits_{x \to -\infty} e^x = 0^+$ et $\lim\limits_{x \to +\infty} e^x = +\infty$.

Le tableau de variation et la courbe représentative de la fonction e^x sont donnés ci-dessous.

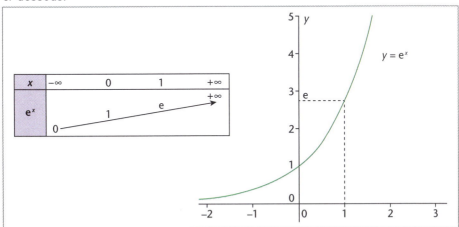

EXEMPLES
- On considère deux réels a et b tels que $a \leq b$. Comme la fonction $x \mapsto e^x$ est strictement croissante, on a $e^a \leq e^b$.
- La fonction $x \mapsto e^x + x$ est définie pour tout $x \in \mathbb{R}$.

$\lim\limits_{x \to +\infty} e^x = +\infty$ et $\lim\limits_{x \to +\infty} x = +\infty$ donc par addition des limites, $\lim\limits_{x \to +\infty} e^x + x = +\infty$;

$\lim\limits_{x \to -\infty} e^x = 0$ et $\lim\limits_{x \to -\infty} x = -\infty$ donc par addition des limites, $\lim\limits_{x \to +\infty} e^x + x = -\infty$.

1.3. Dérivée et primitive de la fonction $f : x \mapsto e^x$

On admettra le résultat suivant :
$f : x \mapsto e^x$ est dérivable sur $\mathbb{R}$ et pour tout réel x, si $f(x) = e^x$, alors $f'(x) = e^x$.
On en déduit le résultat suivant :
une primitive sur $\mathbb{R}$ de la fonction $f : x \mapsto e^x$ est la fonction $F : x \mapsto e^x$.

2 Relations fonctionnelles

Pour a et b deux réels et n un entier relatif :

RELATIONS	EXEMPLES
$e^{a+b} = e^a \times e^b$	$e^7 = e^{2+5} = e^2 \times e^5$ $e^{\ln x + 3} = e^{\ln x} \times e^3 = x \times e^3$
$e^{a-b} = \dfrac{e^a}{e^b}$	$e^{x-2} = \dfrac{e^x}{e^2}$
$e^{-a} = \dfrac{1}{e^a}$	$e^{-2x} = \dfrac{1}{e^{2x}}$
$e^{(n \times a)} = (e^a)^n = (e^n)^a$	$e^{5x} = (e^x)^5$

3 Fonction du type $f : x \mapsto e^{u(x)}$

Soit u une fonction définie sur un intervalle I. On considère la fonction f définie sur I par $f(x) = e^{u(x)}$.

3.1. Limites de la fonction f

a désigne un réel, $+\infty$ ou $-\infty$, b est un réel.
Si $\lim\limits_{x \to a} u(x) = b$, alors $\lim\limits_{x \to a} e^{u(x)} = e^b$.
Si $\lim\limits_{x \to a} u(x) = +\infty$ alors $\lim\limits_{x \to a} e^{u(x)} = +\infty$.
Si $\lim\limits_{x \to a} u(x) = -\infty$ alors $\lim\limits_{x \to a} e^{u(x)} = 0$.

3.2. Dérivée de la fonction f

u est une fonction dérivable sur un intervalle I. On admettra le résultat suivant :
la fonction $f : x \mapsto e^{u(x)}$ est dérivable sur I et $f'(x) = u'(x) \times e^{u(x)}$.

EXEMPLE
f est la fonction définie sur $\mathbb{R}$ par $f(x) = e^{-x^2}$. f est de la forme e^u avec $u(x) = -x^2$.
Sur $\mathbb{R}$, u est dérivable et $u'(x) = -2x$. Ainsi, $f'(x) = -2x \times e^{-x^2}$.

4 Primitives de fonction de la forme $x \mapsto u'(x) \times e^{u(x)}$

u est une fonction dérivable sur un intervalle I. On admettra le résultat suivant :
la fonction $F : x \mapsto e^{u(x)}$ est une primitive sur I de la fonction $u'(x) \times e^{u(x)}$.

EXEMPLE
f est la fonction définie sur $\mathbb{R}$ par $f(x) = 4 \times e^{1-2x}$. f est de la forme $4e^u$ avec $u(x) = 1 - 2x$.
Sur $\mathbb{R}$, u est dérivable et $u'(x) = -2$. On fait apparaître dans $f(x)$ la forme $u'(x)e^{u(x)}$ en écrivant $f(x) = -2 \times -2e^{1-2x}$. Ainsi, $f(x) = -2u'(x)e^{u(x)}$.
Une primitive de la fonction f est la fonction $F : x \mapsto -2e^{1-2x}$.

5 Fonction exponentielle de base *a*

a est un réel strictement positif. On appelle fonction exponentielle de base *a* la fonction *f* qui associe à tout nombre réel *x* le nombre réel $f(x) = a^x = e^{x\ln a}$.

EXEMPLE
La fonction exponentielle de base 2 est la fonction *f* qui associe à tout nombre réel *x* les nombres réels $f(x) = 2^x = e^{x\ln 2}$.
f est définie sur $\mathbb{R}$ et $f'(x) = \ln 2 \, e^{x\ln 2} = \ln 2 \times 2^x$.

6 Fonction puissance

a est un nombre réel strictement positif. On appelle fonction puissance la fonction définie sur $]0 ; +\infty[$ par $f(x) = x^a = e^{a\ln x}$.
Remarque : Les fonctions $x \mapsto x^a$ sont strictement croissantes.

7 Comparaison des comportements en $+\infty$ des fonctions $x \mapsto e^x$, $x \mapsto \ln(x)$ et $x \mapsto x^n$ (*n* entier strictement positif)

On admet les résultats suivants : pour tout *n* entier strictement positif, $\lim\limits_{x \to +\infty} \dfrac{e^x}{x^n} = +\infty$ et $\lim\limits_{x \to +\infty} \dfrac{\ln(x)}{x^n} = 0$.

EXEMPLE
• Soit *f* la fonction définie sur $\mathbb{R}$ par la relation $f(x) = e^x - 3x$.
La limite lorsque *x* tend vers $-\infty$ ne pose aucun problème : $\lim\limits_{x \to -\infty} e^x = 0$ et $\lim\limits_{x \to -\infty} -3x = +\infty$ donc par addition des limites, $\lim\limits_{x \to -\infty} e^x - 3x = +\infty$.
En revanche, la limite lorsque *x* tend vers $+\infty$ de la fonction *f* pose un problème d'indétermination : $\lim\limits_{x \to +\infty} e^x = +\infty$ et $\lim\limits_{x \to +\infty} -3x = -\infty$, et par addition des limites, il est impossible de conclure sur la limite de la fonction *f* en $+\infty$. Il est alors indispensable de transformer l'expression de la fonction pour lever l'indétermination.
On a ainsi : $f(x) = x \left(\dfrac{e^x}{x} - 3 \right)$ et comme $\lim\limits_{x \to +\infty} \dfrac{e^x}{x^n} = +\infty$ alors $\lim\limits_{x \to +\infty} \dfrac{e^x}{x^n} - 3 = +\infty$.
De plus $\lim\limits_{x \to +\infty} x = +\infty$ donc par multiplication des limites, $\lim\limits_{x \to +\infty} f(x) = \lim\limits_{x \to +\infty} x \left(\dfrac{e^x}{x} - 3 \right) = +\infty$.

• Soit *g* la fonction définie pour tout $x > 0$ par la relation $g(x) = x^2 - \ln(x)$.
La limite lorsque *x* tend vers 0 ne pose aucun problème : $\lim\limits_{x \to 0^+} \ln(x) = -\infty$ et $\lim\limits_{x \to 0^+} x^2 = 0$ donc par addition des limites, $\lim\limits_{x \to 0^+} x^2 - \ln(x) = +\infty$.
En revanche, la limite lorsque *x* tend vers $+\infty$ de la fonction *g* pose un problème d'indétermination : $\lim\limits_{x \to +\infty} \ln(x) = +\infty$ et $\lim\limits_{x \to +\infty} x^2 = +\infty$, et par soustraction des limites, il est impossible de conclure sur la limite de la fonction *g* en $+\infty$. Il est alors indispensable de transformer l'expression de la fonction pour lever l'indétermination.
On a ainsi : $g(x) = x^2 \left(1 - \dfrac{\ln(x)}{x^2} \right)$ et comme $\lim\limits_{x \to +\infty} \dfrac{\ln(x)}{x^2} = 0$, alors $\lim\limits_{x \to +\infty} 1 - \dfrac{\ln(x)}{x^2} = 1$.
De plus $\lim\limits_{x \to +\infty} x^2 = +\infty$ donc par multiplication des limites, $\lim\limits_{x \to +\infty} g(x) = \lim\limits_{x \to +\infty} x^2 \left(1 - \dfrac{\ln(x)}{x^2} \right) = +\infty$.

Savoir 6 — Intégration

1 Intégrale d'une fonction continue et positive

On considère une fonction f définie sur un intervalle $I = [a\,;b]$ où a et b sont des réels tels que $a \leq b$.

On suppose que f est continue sur l'intervalle I, c'est-à-dire que la courbe représentative de f peut être tracée sans lever le crayon sur l'intervalle I.

L'intégrale de a à b de la fonction f est l'aire (en u. a. ou unités d'aire du repère) de la partie du plan délimitée par la courbe représentative de la fonction f, l'axe des abscisses, la droite d'équation $x = a$ et la droite d'équation $x = b$.

Cette aire est notée : $$\int_a^b f(x)\,dx$$

EXEMPLE
$a = -0{,}5$ et $b = 1$.

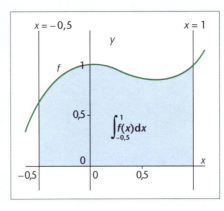

On admet la propriété suivante : quelle que soit la primitive F de f sur $[a\,;b]$, on a
$$\int_a^b f(x)\,dx = F(b) - F(a)$$

EXEMPLE
On cherche à déterminer la valeur de $\int_{-2}^{3}(1+x^2)\,dx$.

$f(x) = 1 + x^2$ et $F(x) = x + \dfrac{x^3}{3}$ est une primitive de f sur l'intervalle $[-2\,;3]$.

Ainsi, $\int_{-2}^{3}(1+x^2)\,dx = F(3) - F(-2) = \left(3 + \dfrac{3^3}{3}\right) - \left(-2 + \dfrac{-2^3}{3}\right) = \dfrac{22}{3}$ u. a.

2 Aire comprise entre deux courbes

On considère deux fonctions f et g définies sur un intervalle $I = [a\,;b]$ où a et b sont des réels tels que $a \leq b$. Soit D l'ensemble des points M du plan dont les coordonnées $(x\,;y)$ vérifient $a \leq x \leq b$ et $f(x) \leq y \leq g(x)$.

L'aire, en unités d'aire du repère, du domaine D est égale à :
$$\int_a^b (g(x) - f(x))\,dx = \int_a^b g(x)\,dx - \int_a^b f(x)\,dx$$

EXEMPLE
$a = -0{,}5$ et $b = 1$.

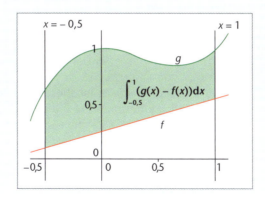

3 Intégrale d'une fonction continue

On considère une fonction f définie sur un intervalle $I = [a\ ;\ b]$ où a et b sont des réels tels que $a \leq b$. On suppose que f est continue sur l'intervalle I.

L'intégrale de a à b de la fonction f est $\int_a^b f(x)\,dx = F(b) - F(a)$, où F est une primitive de f sur I.

Remarque : La fonction f définie sur I peut être négative et/ou positive sur l'intervalle I impliquant que l'intégrale de la fonction f peut être positive, négative ou nulle.

EXEMPLE $\int_{-4}^{0} (x+2)\,dx = \left[\dfrac{x^2}{2} + 2x\right]_{-4}^{0} = 0 - \left(\dfrac{16}{2} - 8\right) = 0$ u. a.

4 Propriétés de l'intégrale

4.1. Positivité de l'intégrale
Si f est positive sur $[a\ ;\ b]$, alors $\int_a^b f(x)\,dx \geq 0$.

4.2. Relation de Chasles
Soit f une fonction continue sur un intervalle I. a, b et c étant des nombres réels appartenant à l'intervalle I, on a la relation de Chasles :
$$\int_a^c f(x)\,dx = \int_a^b f(x)\,dx + \int_b^c f(x)\,dx$$
En particulier, $\int_a^b f(x)\,dx = -\int_b^a f(x)\,dx$.

4.3. Linéarité
Soit f et g deux fonctions continues sur un intervalle I. Soit a et b deux nombres réels appartenant à l'intervalle I et un réel k appartenant à $\mathbb{R}$:
$$\int_a^b (f(x) + g(x))\,dx = \int_a^b f(x)\,dx + \int_a^b g(x)\,dx \text{ et } \int_a^c kf(x)\,dx = k\int_a^b f(x)\,dx$$

5 Valeur moyenne d'une fonction

Soit a et b des nombres réels tels que $a < b$ et f une fonction continue sur $[a\ ;\ b]$. On appelle valeur moyenne de la fonction f sur l'intervalle $[a\ ;\ b]$ le nombre réel $\dfrac{1}{b-a}\int_a^b f(x)\,dx$.

Savoir 7 — Équations différentielles

LU ☐
SU ☐
REVU ☐

Une équation différentielle est une relation entre une variable réelle (par exemple x), une fonction f qui dépend de cette variable (souvent notée y) et un certain nombre de ses dérivées successives (f', f''...).
Lorsque la dérivée de plus haut degré de la fonction est la dérivée première de f, soit f' (ou y'), on dit que l'équation différentielle est d'ordre 1.
Lorsque la dérivée de plus haut degré de la fonction est la dérivée seconde de f, soit f'' (ou y''), on dit que l'équation différentielle est d'ordre 2.
Lorsqu'une équation différentielle est de la forme $y + ay' + by'' + ... = 0$, on dit qu'elle est linéaire.

1 Équations du premier ordre

1.1. Équations du type $y' + ay = 0$

Une équation linéaire du premier ordre homogène est une équation linéaire de la forme : $y' + ay = 0$ où a est un réel fixé.
Toutes les fonctions solutions de cette équation différentielle sont de la forme :
$y = f(x) = ke^{-ax}$ où k est un nombre réel.
Remarque : Il existe une infinité de solutions, autant que de valeurs différentes de k. Si on impose de plus une condition initiale $f(x_0) = y_0$, alors il existe une seule fonction solution.

EXEMPLE

Soit l'équation différentielle $y' - 4y = 0$ avec $f(0) = 2$.
L'équation différentielle $y' - 4y = 0$ a des solutions qui sont de la forme $y = f(x) = e^{4x}$.
En effet, $f'(x) = 4ke^{4x} = 4 \times f(x)$ et on a bien $f'(x) - 4f(x) = 0$. De plus, $f(0) = 2$, donc $f(0) = ke^0 = k = 2$.
Il n'y a donc qu'une seule fonction telle que $f(0) = 2$: la fonction définie par $f(x) = 2e^{4x}$.

1.2. Équations du type $y' + ay = b$

Les équations différentielles de la forme $y' + ay = b$, avec a et b réels fixés et $a \neq 0$, ont des solutions de la forme $y = f(x) = ke^{-ax} + \dfrac{b}{a}$.

Remarque : Il existe une infinité de solutions, autant que de valeurs différentes de k. Si on impose de plus une condition initiale $f(x_0) = y_0$, alors il existe une seule fonction solution.

EXEMPLE

Soit l'équation différentielle $y' - 2y = 4$ avec $f(0) = -3$.
Les solutions de l'équation différentielle $y' - 2y = 4$ sont les fonctions dont l'expression générale est $y = f(x) = ke^{2x} + \dfrac{4}{-2} = ke^{2x} - 2$, où k est un nombre réel.
De plus, $f(0) = 3$, donc $f(0) = ke^0 - 2 = k - 2 = -3$ et donc $k = -1$.
Il n'y a donc qu'une seule fonction telle que $f(0) = -3$: la fonction définie par $f(x) = -e^{2x} - 2$.

2 Équations du second ordre

2.1. Première écriture des solutions

Soit une équation linéaire du second ordre du type $y'' + \omega^2 y = 0$ où ω est un nombre réel fixé non nul.
L'ensemble des fonctions solutions de cette équation différentielle est donné par la formule $y = f(x) = A\cos(\omega x) + B\sin(\omega x)$ où A et B sont des réels.
Il y a donc une infinité de solutions. Mais si l'on impose deux conditions initiales $f(x_0) = y_0$ et $f'(x_0) = z_0$, alors il existe une seule fonction solution.

> **EXEMPLE**
> Soit l'équation différentielle du second ordre $y'' + 4y = 0$ avec $f'(0) = 1$ et $f(0) = 2$.
> Les solutions de l'équation différentielle sont les fonctions dont l'expression générale est $y = f(x) = A\cos(2x) + B\sin(2x)$, car $\omega^2 = 4$.
> La dérivée de f est $f'(x) = -2A\sin(2x) + 2B\cos(2x)$.
> Comme $f'(0) = 1$ et $f(0) = 2$, alors :
> $$f(0) = A\cos(0) + B\sin(0) = A + 0 = A = 2$$
> et
> $$f'(0) = -2A\sin(0) + 2B\cos(0) = 0 + 2B = 2B = 1$$
> Ainsi, on a $A = 2$ et $B = \frac{1}{2}$, et la solution cherchée est : $f(x) = 2\cos(2x) + \frac{1}{2}\sin(2x)$.

2.2. Première écriture des solutions

Soit une équation linéaire du second ordre du type $y'' + \omega^2 y = 0$ où ω est un nombre réel fixé non nul.
L'ensemble des fonctions solutions de cette équation différentielle est donné par la formule $y = f(x) = A\sin(\omega x + \varphi)$ où A et φ sont des réels.
Il y a donc une infinité de solutions. Mais si l'on impose deux conditions initiales $f(x_0) = y_0$ et $f'(x_0) = z_0$, alors il existe une seule fonction solution.
Remarque : Cette deuxième écriture des solutions des équations différentielles du second ordre est privilégiée lors de la résolution des problèmes de sciences physiques.

> **EXEMPLE**
> L'équation différentielle du mouvement d'un ressort horizontal a pour expression :
> $$\frac{d^2 x(t)}{dt^2} + 10^2 x(t) = 0$$ où $x(t)$ est la fonction position de l'extrémité du ressort en fonction du temps t.
>
> L'ensemble des fonctions solutions de cette équation différentielle est donné par la formule :
> $x(t) = A\sin(10t + \varphi)$.
> La dérivée est $x'(t) = 10A\cos(10t + \varphi)$. Sachant que $x(0) = 0$ et $x'(0) = 0{,}04$ alors :
> $x(0) = A\sin(\varphi) = 0$ et $x'(0) = 10A\cos(\varphi) = 0{,}04$.
> Comme A est non nul car $10A\cos(\varphi) = 0{,}04$, on en déduit que $\sin(\varphi) = 0$ et que $\varphi = 0$.
> Ainsi, $10A\cos(0) = 0{,}04$ et $A = \frac{0{,}04}{10} = 0{,}004$.
> La solution cherchée est : $x(t) = 0{,}004\sin(10t)$.
>
> La représentation graphique de la position x de l'extrémité du ressort en fonction du temps t est donnée ci-contre.

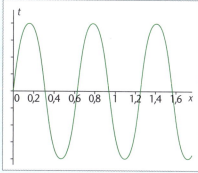

Savoir 8 — Produit scalaire dans le plan et nombres complexes

1 Formules d'addition et de soustraction

Les formules d'addition et de soustraction permettent de transformer un sinus ou un cosinus d'une somme d'angles en une expression ne contenant que des sinus ou des cosinus des angles.

Soit a et b deux réels.

FORMULES	EXEMPLES
$\cos(a - b) = \cos a \times \cos b + \sin a \times \sin b$	$\cos\left(\dfrac{\pi}{2} - \dfrac{\pi}{3}\right) = \cos\dfrac{\pi}{2} \times \cos\dfrac{\pi}{3} + \sin\dfrac{\pi}{2} \times \sin\dfrac{\pi}{3} = \dfrac{\sqrt{3}}{2}$
$\cos(a + b) = \cos a \times \cos b - \sin a \times \sin b$	$\cos\left(\dfrac{\pi}{2} + \dfrac{\pi}{3}\right) = \cos\dfrac{\pi}{2} \times \cos\dfrac{\pi}{3} - \sin\dfrac{\pi}{2} \times \sin\dfrac{\pi}{3} = -\dfrac{\sqrt{3}}{2}$
$\sin(a - b) = \sin a \times \cos b - \sin b \times \cos a$	$\sin\left(\dfrac{\pi}{6} - \dfrac{\pi}{4}\right) = \sin\dfrac{\pi}{6} \times \cos\dfrac{\pi}{4} - \sin\dfrac{\pi}{4} \times \cos\dfrac{\pi}{6} = \dfrac{\sqrt{2} - \sqrt{6}}{4}$
$\sin(a + b) = \sin a \times \cos b + \sin b \times \cos a$	$\sin\left(\dfrac{\pi}{6} + \dfrac{\pi}{4}\right) = \sin\dfrac{\pi}{6} \times \cos\dfrac{\pi}{4} + \sin\dfrac{\pi}{4} \times \cos\dfrac{\pi}{6} = \dfrac{\sqrt{2} + \sqrt{6}}{4}$

2 Formules de duplication et de linéarisation

Les formules de duplication transforment un sinus ou un cosinus du double d'un angle en une expression ne contenant que des sinus et cosinus de l'angle.

Soit a un réel.

FORMULES DE DUPLICATION	EXEMPLES
$\cos 2a = \cos^2 a - \sin^2 a = 2\cos^2 a - 1 = 1 - 2\sin^2 a$	$\cos\dfrac{\pi}{6} = \cos\left(2 \times \dfrac{\pi}{12}\right) = \cos^2\dfrac{\pi}{12} - \sin^2\dfrac{\pi}{12}$
$\sin 2a = 2\sin a \times \cos a$	$\sin\dfrac{\pi}{6} = \sin\left(2 \times \dfrac{\pi}{12}\right) = 2\sin\dfrac{\pi}{12} \times \cos\dfrac{\pi}{12}$

Les formules de linéarisation transforment le carré d'un sinus ou d'un cosinus d'un angle en une expression ne contenant que des cosinus du double de l'angle et des réels.

Soit a un réel.

FORMULES DE LINÉARISATION	EXEMPLES
$\cos^2 a = \dfrac{1 + \cos(2a)}{2}$	$\cos^2\dfrac{\pi}{12} = \dfrac{1 + \cos\dfrac{\pi}{6}}{2} = \dfrac{1 + \dfrac{\sqrt{3}}{2}}{2}$
$\sin^2 a = \dfrac{1 - \cos(2a)}{2}$	$\sin^2\dfrac{\pi}{8} = \dfrac{1 - \cos\dfrac{\pi}{4}}{2} = \dfrac{1 - \dfrac{\sqrt{2}}{2}}{2}$

3 Écriture exponentielle d'un nombre complexe

Soit a et b deux réels et $z = a + ib$, le nombre complexe sous la forme algébrique. Pour tout nombre complexe, on a :
- r le module de z tel que $|z| = r = \sqrt{a^2 + b^2}$;
- θ l'argument de z en radians tel que $\arg(z) = \theta$ et : $\begin{cases} \cos\theta = \dfrac{a}{|z|} \\ \sin\theta = \dfrac{b}{|z|} \end{cases}$

Ainsi, $z = a + ib = r(\cos\theta + i\sin\theta)$.

EXEMPLE
- $Z_A = 3 + 4i$

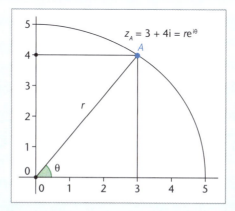

On a $|z_A| = r = \sqrt{3^2 + 4^2} = \sqrt{25} = 5$ d'où $z_A = 5\left(\dfrac{3}{5} + i\left(\dfrac{4}{5}\right)\right)$ et θ l'argument de z en radians tel que

$\arg(z) = \theta$ et : $\begin{cases} \cos\theta = \dfrac{3}{5} \\ \sin\theta = \dfrac{4}{5} \end{cases}$

Remarque : dans cet exemple, les valeurs de $\cos\theta$ et de $\sin\theta$ n'offrent pas une valeur exacte de θ mais seulement une valeur approchée à l'aide de la calculatrice. On a donc $\theta \approx 53°$.

- Soit z_B le nombre complexe de module $r = \sqrt{3}$ et d'argument $\theta = \dfrac{5\pi}{6} + 2k\pi$ où k est un entier relatif. Ainsi, $z_B = \sqrt{3}\left(\cos\dfrac{5\pi}{6} + i\sin\dfrac{5\pi}{6}\right) = \sqrt{3}\left(-\dfrac{\sqrt{3}}{2} + i \times \dfrac{1}{2}\right) = -\dfrac{3}{2} + i\dfrac{\sqrt{3}}{2}$.

3.1. La notation exponentielle $e^{i\theta}$ d'un nombre complexe

On appelle écriture exponentielle d'un nombre complexe, l'écriture $re^{i\theta}$ avec $r \geq 0$ module de z, et θ un argument de z à 2π près.
On convient de remplacer l'expression $r(\cos\theta + i\sin\theta)$ par $re^{i\theta}$.

EXEMPLES

• $z = 1 - i, |z| = r = \sqrt{1^2 + 1^2} = \sqrt{2}$ d'où $z = \sqrt{2}\left(\dfrac{1}{\sqrt{2}} + i\left(-\dfrac{1}{\sqrt{2}}\right)\right)$.

On remarque que l'angle en radians correspondant à $\cos\theta = \dfrac{1}{\sqrt{2}}$ et $\sin\theta = -\dfrac{1}{\sqrt{2}}$ est $-\dfrac{\pi}{4}$.

Ainsi, $z = 1 - i = \sqrt{2}\left(\cos\left(-\dfrac{\pi}{4}\right) + i\sin\left(-\dfrac{\pi}{4}\right)\right) = \sqrt{2}e^{-i\frac{\pi}{4}}$.

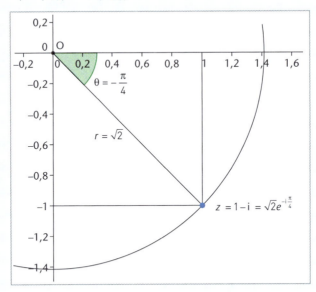

• $z = -2e^{i\frac{\pi}{3}}$ n'est pas une écriture exponentielle car -2 est négatif et n'est pas le module de z. Par contre, $z = -2\left(\cos\dfrac{\pi}{3} + i\sin\dfrac{\pi}{3}\right) = -2\left(\dfrac{1}{2} + i\dfrac{\sqrt{3}}{2}\right) = -1 - i\sqrt{3}$. On a alors $|z| = r = 2$ et $z = 2\left(-\dfrac{1}{2} + i\left(-\dfrac{\sqrt{3}}{2}\right)\right)$.

On remarque que l'angle en radians correspondant à $\cos\theta = -\dfrac{1}{2}$ et $\sin\theta = -\dfrac{\sqrt{3}}{2}$ est $-\dfrac{2\pi}{3}$.

Ainsi $z = -2e^{i\frac{\pi}{3}} = 2\left(\cos\left(-\dfrac{2\pi}{3}\right) + i\sin\left(-\dfrac{2\pi}{3}\right)\right) = 2e^{-i\frac{2\pi}{3}}$.

3.2. Le produit, le quotient et le conjugué de la forme exponentielle $e^{i\theta}$

Soit θ et θ' deux angles exprimés en radians.
Le produit de $e^{i\theta}$ et $e^{i\theta'}$ est donné par : $e^{i\theta} \times e^{i\theta'} = e^{i(\theta+\theta')}$.

Le quotient de $e^{i\theta}$ et $e^{i\theta'}$ est donné par : $\dfrac{e^{i\theta}}{e^{i\theta'}} = e^{i(\theta-\theta')}$.

Le conjugué de $e^{i\theta}$ est donné par : $\overline{e^{i\theta}} = e^{-i\theta}$.

Remarque : L'écriture exponentielle des nombres complexes est commode pour leur multiplication ou leur quotient. En revanche, pour l'addition ou la soustraction de nombres complexes, on préférera l'écriture algébrique : $z = a + ib$.

EXEMPLES

• $e^{i\frac{\pi}{3}} \times e^{-i\frac{\pi}{2}} = e^{i\left(\frac{\pi}{3} - \frac{\pi}{2}\right)} = e^{-i\frac{\pi}{6}} = e^{i\frac{\pi}{6}}$

• $\left(e^{i\frac{2\pi}{3}}\right)^6 = e^{i\frac{12\pi}{3}} = e^{i4\pi} = 1$

Savoir 9 — Exemples de lois à densité

1 Loi uniforme

1.1. La loi uniforme $\mathcal{U}(0\,;\,1)$

Choisir un nombre au hasard compris dans l'intervalle [0 ; 1] engendre une infinité de possibilités. Il est donc plus convenable d'attribuer à chaque intervalle [a ; b] inclus dans l'intervalle [0 ; 1] une probabilité proportionnelle à son amplitude.
Si la variable aléatoire X suit une loi uniforme sur [0 ; 1], alors pour tous réels a et b tels que $0 \leq a \leq b \leq 1$, on a :

$$p(a < X < b) = \frac{b-a}{1-0} = b - a$$

Représentation graphique :
Pour décrire cette expérience, on utilise la fonction, appelée densité de la variable aléatoire, qui est égale à 1 sur l'intervalle [0 ; 1] et à 0 en dehors de cet intervalle.

EXEMPLE
X suit une loi uniforme sur [0 ; 1] et f, densité de la variable aléatoire X, a la représentation graphique suivante :

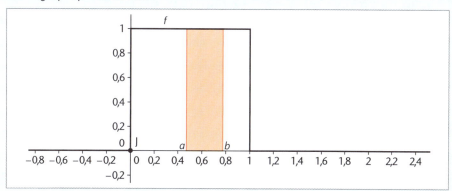

La probabilité d'obtenir un nombre compris entre a et b est égale à l'aire du rectangle orange, soit $(b - a) \times 1 = b - a$.

1.2. Cas général, la loi uniforme $\mathcal{U}(c\,;\,d)$

Choisir un nombre au hasard compris dans l'intervalle [c ; d] engendre une infinité de possibilités. Il est donc plus convenable d'attribuer à chaque intervalle [a ; b] inclus dans l'intervalle [c ; d] une probabilité proportionnelle à son amplitude.
Si la variable aléatoire X suit une loi uniforme sur [c ; d], alors pour tous réels a et b tels que $c \leq a \leq b \leq d$, on a :

$$p(a < X < b) = \frac{b-a}{d-c}$$

EXEMPLE

X suit une loi uniforme sur $[1\ ;\ 5]$ et f, densité de la variable aléatoire X, a la représentation graphique suivante :

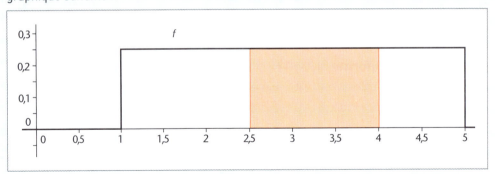

La probabilité p d'obtenir un nombre compris entre 2,5 et 4,5 est égale à l'aire du rectangle orange, soit $p = (4,5 - 2,5) \times 0,25 = 0,5$.

Ou encore $p(2,5 < X < 4,5) = \dfrac{4,5 - 2,5}{5 - 1} = \dfrac{2}{4} = 0,5$.

Remarque : Quelle que soit la loi uniforme, l'aire comprise entre l'axe des abscisses et la fonction f est toujours égale à 1.

1.3. Espérance et variance de la loi uniforme $\mathcal{U}(c\ ;\ d)$

L'espérance $E(X)$ et la variance $V(X)$ d'une variable aléatoire X qui suit la loi uniforme $\mathcal{U}(c\ ;\ d)$ sont données par les formules :

$$E(X) = \dfrac{c + d}{2} \text{ et } V(X) = \dfrac{(d - c)^2}{12}$$

2 Loi exponentielle

2.1. Définition

Lorsqu'une variable aléatoire X est modélisée à l'aide d'une densité définie par la fonction $f(x) = \lambda e^{-\lambda x}$ sur $[0\ ;\ +\infty[$ et $f(x) = 0$ ailleurs, on dit que la variable aléatoire X suit une **loi exponentielle de paramètre λ**.

La probabilité d'un événement est donnée par :

$$p(a < X < b) = \int_a^b f(x)\,dx = \int_a^b \lambda e^{-\lambda x}\,dx$$

Remarque : Si $a \geq 0$, alors $p(a < X < b) = \int_a^b \lambda e^{-\lambda x}\,dx = e^{-\lambda a} - e^{-\lambda b}$.

2.2. Espérance de la loi exponentielle

L'espérance d'une variable aléatoire X qui suit une loi exponentielle de paramètre λ est donnée par la formule :

$$E(X) = \dfrac{1}{\lambda}$$

3 La loi normale

3.1. Définition

Si la variable aléatoire X suit une loi normale $\mathcal{N}(\mu\,;\sigma)$, alors il faut connaître les résultats suivants :

$$p(\mu - \sigma < X < \mu + \sigma) = 0{,}68$$
$$p(\mu - 2\sigma < X < \mu + 2\sigma) = 0{,}95$$
$$p(\mu - 3\sigma < X < \mu + 3\sigma) = 0{,}997$$

3.2. Approximation de la loi binomiale par une loi normale

Si la variable aléatoire X suit une loi binomiale $(n\,;p)$, alors son espérance est $E(X) = np$ et son écart type est $\sigma(X) = \sqrt{np(1-p)}$.

Si $np > 1$, alors la loi binomiale peut être approchée par une loi normale de même espérance et de même écart type :

$$\mathcal{N}(np\,;\sqrt{np(1-p)})$$

EXEMPLE

Loi normale $\mathcal{N}(0\,;1)$.

On remarque que l'aire sous la courbe délimitée par $x = -2$, $x = 2$ et l'axe des abscisses correspond à : $p(\mu - 2\sigma < X < \mu + 2\sigma) = 0{,}95$.

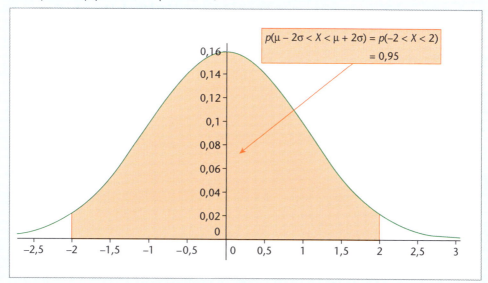

Savoir 10 — Estimation et prise de décision

1 Échantillonnage

L'échantillonnage consiste à utiliser des informations sur la population pour en déduire des propriétés sur les échantillons.

On considère une population composée d'un grand nombre d'individus, dont une certaine proportion p connue a un certain caractère. On prélève un échantillon de n individus dans cette population. On appelle f la fréquence du caractère dans cet échantillon.

1.1. Intervalle de fluctuation

Quand on prélève un échantillon de taille n dans une population qui contient une proportion p du caractère étudié, alors la probabilité que la fréquence f d'un échantillon aléatoire de taille n appartienne à l'intervalle $\left[p - 1{,}96\sqrt{\dfrac{p(1-p)}{n}} \; ; \; p + 1{,}96\sqrt{\dfrac{p(1-p)}{n}}\right]$

est égale à 0,95. Cet intervalle est appelé intervalle de fluctuation.

Remarques :
– On suppose que $n \geq 30$, $np \geq 5$ et $n(1-p) \geq 5$.
– Plus la taille n de l'échantillon est grande, plus l'intervalle de fluctuation est resserré autour de p.

EXEMPLE
En 2008 en France, la fréquence des patients victimes d'une infection contractée à l'hôpital était $p = 0{,}0426$. Dans un hôpital pris au hasard une journée de 2008, la fréquence des patients atteint d'une infection était f. Cet hôpital comportait ce jour $n = 652$ patients. L'intervalle de fluctuation est donc :

$$\left[0{,}0426 - 1{,}96\sqrt{\dfrac{0{,}0426(1 - 0{,}0426)}{652}} \; ; \; 0{,}0426 + 1{,}96\sqrt{\dfrac{0{,}0426(1 - 0{,}0426)}{652}}\right] = [0{,}0271 \, ; 0{,}0581].$$

La probabilité que la fréquence f soit dans l'intervalle $[0{,}0271 \, ; 0{,}0581]$ est égale à 0,95.

1.2. Prise de décision

On suppose que la proportion p dans la population est connue et que la fréquence f est connue. On fait l'hypothèse suivante : « l'échantillon provient bien de la population ».

– Si f appartient bien à l'intervalle $\left[p - 1{,}96\sqrt{\dfrac{p(1-p)}{n}} \; ; \; p + 1{,}96\sqrt{\dfrac{p(1-p)}{n}}\right]$, alors on accepte l'hypothèse.

– Si f n'appartient pas à l'intervalle $\left[p - 1{,}96\sqrt{\dfrac{p(1-p)}{n}} \; ; \; p + 1{,}96\sqrt{\dfrac{p(1-p)}{n}}\right]$, alors on rejette l'hypothèse.

EXEMPLE

Lors d'une élection, 29 % de la population a voté pour M. Puillon. On dispose d'un échantillon, qu'on suppose représentatif de la population, de 310 personnes dans lequel 92 personnes ont voté pour M. Blanc. On a donc :

$p = 0{,}290$; $n = 310$; $f = \dfrac{92}{310} = 0{,}297$ et $\sqrt{\dfrac{p(1-p)}{n}} = 0{,}0258$

Ainsi, l'intervalle de confiance est :
[0,290 − 1,96 × 0,0258 ; 0,290 + 1,96 × 0,0258] = [0,239 ; 0,341]. On a bien $f \in [0{,}239\,;\,0{,}341]$, donc on accepte l'hypothèse.

2 Estimation

L'estimation consiste à utiliser des informations sur les échantillons pour en déduire des informations sur la population.

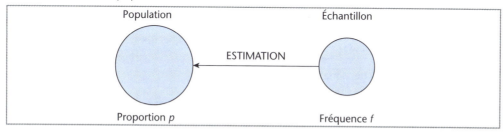

2.1. De l'échantillon vers la population

Quand un échantillon de taille n contient une proportion f du caractère étudié, alors la proportion p du caractère dans la population appartient à l'intervalle :

$$\left[f - 1{,}96\sqrt{\dfrac{f(1-f)}{n}} \;;\; f + 1{,}96\sqrt{\dfrac{f(1-f)}{n}} \right]$$

avec une probabilité égale à 0,95. Cet intervalle est appelé **intervalle de confiance à 95 %**.

EXEMPLE

En prévision des élections régionales, 1 050 personnes ont été interrogées et 282 ont déclaré avoir l'intention de voter pour M. Puillon.

On a donc : $n = 1\,050$; $f = \dfrac{282}{1\,050} = 0{,}269$ et $\sqrt{\dfrac{f(1-f)}{n}} = 0{,}0137$.

On peut donc dire que sur l'ensemble de la population, il y a une probabilité égale à 0,95 que la proportion de gens votant pour M. Puillon appartienne à l'intervalle :
[0,269 − 1,96 × 0,0137 ; 0,269 + 1,96 × 0,0137] = [0,242 ; 0,296]

2.2. Comparaison de deux échantillons

On souhaite comparer deux échantillons dans lesquels on a pu observer des proportions f_1 et f_2 d'un caractère. On procède de la manière suivante :
– On pose l'hypothèse : ces deux échantillons proviennent de la même population.
– On détermine les deux intervalles de confiance à 95 % correspondants.
Si les deux intervalles sont disjoints (aucune intersection), on rejette l'hypothèse. Sinon on l'accepte.

S'entraîner au Bac

Suites numériques

Exercice 1 — voir Fiche savoir 1

Soit p un nombre entier naturel et soit (U_n) la suite définie pour tout entier $n \geq 0$ par $U_n = n^2 + 2n$.

1. Déterminez l'entier p pour que $U_p \geq 50$.

2. Soit l'algorithme suivant :

> Variables : i et u
> **Initialisation :**
> – Affecter la valeur 1 à i
> – Affecter la valeur 3 à u
> **Traitement**
> Tant que $u < 1\,000$,
> i prend la valeur ....
> u prend la valeur ....
> **Sortie**
> Afficher la valeur de i

Retrouvez les deux instructions manquantes.

3. Montrez que si $U_n \geq 1\,000$, alors $n \geq 31$.

FAIT ☐ REVU ☐

Exercice 2 — voir Fiche savoir 1

Soit (V_n) la suite définie pour tout entier $n \geq 0$ par $V_n = \dfrac{n^2 + 2n}{3n^2 + 1}$. On a calculé différentes valeurs de V pour différentes valeurs de n.

	A	B	C	D	E	F
1	n	1	10	100	1000	10000
2	Vn	0,7500	0,3987	0,3400	0,3340	0,3334

1. Vers quel réel semble tendre la suite (V_n) pour des grandes valeurs de n ?

2. Exprimez $\left|V_n - \dfrac{1}{3}\right|$.

3. Calculez $\lim\limits_{n \to +\infty} \left|V_n - \dfrac{1}{3}\right|$ et déduisez-en la limite de la suite (V_n).

FAIT ☐ REVU ☐

Exercice 3 — voir Fiche savoir 1

Soit (U_n) la suite géométrique de raison $q = \dfrac{1}{2}$ et de premier terme $U_0 = 4$.

1. Exprimez (U_n) en fonction de n.

2. Calculez $\lim\limits_{n \to +\infty} U_n$.

3. Concevez un algorithme permettant de déterminer, pour un nombre entier naturel p, le plus petit nombre entier naturel n tel que $|U_n| \leq 10^{-p}$.

4. Programmez cet algorithme sur votre calculatrice et déterminez le plus petit nombre entier n tel que $|U_n| \leq 10^{-4}$.

FAIT ☐ REVU ☐

Exercice 4 — voir Fiche savoir 1

On considère la suite géométrique (U_n) de raison $q = \dfrac{1}{2}$ et de premier terme $U_0 = -2$.

1. Exprimez $S_n = U_0 + U_1 + U_2 + ... + U_n$ en fonction de l'entier naturel n.

2. Déterminez $\lim\limits_{n \to +\infty} S_n$.

FAIT ☐ REVU ☐

Exercice 5 — voir Fiche savoir 1

Un fournisseur de panneaux photovoltaïques réalise une étude de marché concernant sa production. En 2015, la production U_1 est de 5 000 panneaux. Le fournisseur désire que chaque année, la production augmente de 4 % par rapport à celle de l'année précédente.

1. Calculez la production U_2 prévue pour l'année 2016.

2. $U_1, U_2, U_3, ..., U_n$ forment une suite géométrique. Déterminez la raison q de cette suite et exprimez U_n en fonction de U_1 et de q.

3. Calculez la production totale théorique T des six années de 2015 à 2020.

FAIT ☐ REVU ☐

Exercice 6 — voir Fiche savoir 1

Extrait sujet Antilles-Guyane, juin 2013

1. L'algorithme ci-dessous permet de calculer les termes consécutifs d'une suite numérique (U_n).

> **Entrée :** Saisir la valeur de l'entier naturel n
> **Traitement :** Affecter 2 à la valeur u
>   Pour i variant de 1 à n
>   Affecter $1{,}5u$ à u
>   Fin de pour
> **Sortie :** Afficher u

Quelles valeurs affiche cet algorithme lorsqu'on saisit $n = 1$, puis $n = 2$ et $n = 3$?

2. On considère la suite (U_n) définie par $U_0 = 2$ et, pour tout entier naturel n, $U_{n+1} = 1{,}5U_n$.

a) Quelle est la nature de la suite (U_n) ? Précisez ses éléments caractéristiques.

b) Pour tout entier naturel n, donnez l'expression du terme U_n en fonction de n.

3. On considère la suite (S_n) définie pour tout entier naturel n par :
$$S_n = \sum_{k=0}^{n} U_k = U_0 + U_1 + U_2 + \ldots + U_n$$

a) Calculez les valeurs des termes S_0, S_1 et S_2.

b) Quelles modifications doit-on faire à l'algorithme précédent pour qu'il affiche la valeur du terme S_n pour un n donné ? Réécrivez ce nouvel algorithme.

c) Calculez le terme S_n en fonction de n.

d) Déduisez-en la limite de la suite S_n.

FAIT ☐   REVU ☐

Exercice 7   voir Fiche savoir 1

On considère la suite (U_n) définie pour tout entier naturel n par $U_n = n^2$.

1. Vérifiez que la suite U_n n'est pas une suite géométrique.

2. Déterminez $\lim\limits_{n \to \infty} U_n$.

3. Pour tout entier naturel n, on pose :
$$S_n = \sum_{k=0}^{n} U_k = U_0 + U_1 + U_2 + \ldots + U_n.$$

Montrez que $S_{n+1} > S_n$.

4. On admet que $S_n = \dfrac{n(n+1)(2n+1)}{6}$.

Calculez $1^2 + 2^2 + 3^2 + \ldots + 10^2$.

FAIT ☐   REVU ☐

Exercice 8   voir Fiche savoir 1

Extrait sujet Nouvelle-Calédonie, novembre 2015

Jusqu'à présent, Pierre n'a encore jamais réussi à économiser un seul euro. Pour le responsabiliser dans la gestion de son argent de poche, ses parents décident de lui verser 30 euros tous les premiers du mois. Pierre décide que pour s'offrir le téléphone de ses rêves qui coûte 150 euros, il ne dépensera chaque mois que 20 % de son capital accumulé. Le premier versement lui a été fait le 1er janvier 2015.

1. De quelle somme Pierre disposera-t-il encore au soir du 31 janvier 2015 ?

2. Soit U_n le capital dont dispose Pierre juste après le $n$ième versement. Ainsi, U_1 vaut 30 et U_5 correspond au capital acquis par Pierre le 1er mai 2015.

a) Montrez que $U_2 = 54$.

b) Justifiez que $U_{n+1} = 0{,}8U_n + 30$.

c) Recopiez et complétez l'algorithme A suivant pour qu'il affiche le capital acquis le 1er avril 2015.

```
Initialisation
Affecter à i la valeur 1
Affecter à u la valeur 30
Traitement
Tant que ......
    Affecter à u la valeur......
    Affecter à i la valeur i + 1
Fin Tant que
Sortie
Afficher u
```

3. Recopiez et complétez le tableau suivant donnant des termes de la suite (U_n) et conjecturez la limite de cette suite.

n	21	22	23	24	25	26	27	28	29	30
U_n										

4. Soit l'algorithme B suivant :

```
Initialisation
Affecter à i la valeur 1
Affecter à u la valeur 30
Saisir la valeur de p
Traitement
Tant que |u − 150| > p
    Affecter à u la valeur 0,8u + 30
    Affecter à i la valeur i + 1
Fin Tant que
Sortie
Afficher i
```

Comment utiliser l'algorithme B pour savoir à quel moment Pierre disposera d'au moins 149,90 euros ?

FAIT ☐   REVU ☐

Limites de fonctions

Exercice 9   voir Fiche savoir 2

f est une fonction définie sur $\mathbb{R}$, dont la courbe représentative C_f est donnée ci-après.

S'entraîner au Bac

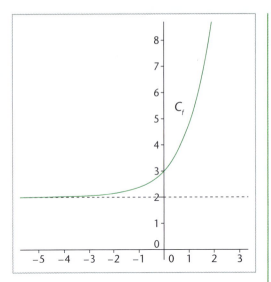

1. D'après la représentation graphique de la fonction f, quelles semblent être les limites de f aux bornes de son ensemble de définition ?

2. Grâce à une lecture graphique, déterminez le tableau de variation de la fonction f en y figurant les limites de f en $+\infty$ et en $-\infty$.

FAIT ☐ REVU ☐

Exercice 10 voir Fiche savoir 2

f est une fonction définie sur $\mathbb{R}\setminus\{-1\}$, dont la courbe représentative C_f est donnée ci-dessous.

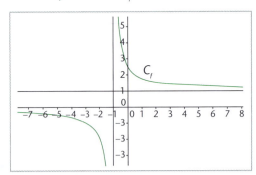

1. D'après la représentation graphique de la fonction f, quelles semblent être les limites de f aux bornes de son ensemble de définition ?

2. Grâce à une lecture graphique, déterminez le tableau de variation de la fonction f en y figurant les limites de f en $+\infty$, en $-\infty$, en -1^+ et en -1^-.

3. La courbe C_f admet-elle des asymptotes parallèles aux axes ? Si oui, donnez leur équation.

FAIT ☐ REVU ☐

Exercice 11 voir Fiche savoir 2

Soit f la fonction définie sur $\mathbb{R}\setminus\{-1\}$ par $x \mapsto f(x) = \dfrac{x^2 + 3}{x + 1}$.

1. En remarquant que si x tend vers -1 par valeurs supérieures, alors $x + 1$ tend vers 0 par valeurs supérieures, déterminez $\lim\limits_{x \to -1^+} \dfrac{1}{x+1}$.

2. Déduisez-en $\lim\limits_{x \to -1^+} \dfrac{x^2+3}{x+1}$.

3. En remarquant que si x tend vers -1 par valeurs inférieures, alors $x + 1$ tend vers 0 par valeurs inférieures, déterminez $\lim\limits_{x \to -1^-} \dfrac{x^2+3}{x+1}$.

4. Sachant que la fonction f peut aussi s'écrire $f(x) = \dfrac{x + \dfrac{3}{x}}{1 + \dfrac{1}{x}}$, déterminez les limites de f en $+\infty$ et en $-\infty$.

FAIT ☐ REVU ☐

Exercice 12 voir Fiche savoir 2

Soit f la fonction définie sur $\mathbb{R}$ par $x \mapsto f(x) = (1-x^3)^3$.

1. a) Calculez $\lim\limits_{x \to +\infty} 1 - x^3$.
b) Déduisez-en $\lim\limits_{x \to +\infty} f(x)$.
2. a) Calculez $\lim\limits_{x \to -\infty} 1 - x^3$.
b) Déduisez-en $\lim\limits_{x \to -\infty} f(x)$.

FAIT ☐ REVU ☐

Exercice 13 voir Fiche savoir 2

Soit f définie sur $]0\,;+\infty[$ par $f(x) = 2x + 1 - \dfrac{1}{x^2}$.
On note C_f sa représentation graphique.

1. a) Déterminez les limites de f aux bornes de son ensemble de définition.
b) Déduisez-en que la courbe C_f admet une asymptote dont on précisera une équation.
2. a) Déterminez la fonction dérivée de f et montrez que, pour tout réel x de $]0\,;+\infty[$, $f'(x) = 2 + \dfrac{2}{x^3}$.
b) Déduisez-en le signe de $f'(x)$ pour tout réel x de $]0\,;+\infty[$. Établissez alors le tableau de variation de f en y faisant figurer les limites.

3. a) Pour tout réel x de $]0\,;+\infty[$, on pose $g(x) = f(x) - (2x + 1)$.

Déterminez une expression la plus simple possible de $g(x)$ pour tout réel x de $]0\,;+\infty[$.

b) Précisez le signe de $g(x)$ pour tout réel x de $]0\,;+\infty[$.

c) Déterminez la limite lorsque x tend vers $+\infty$ de $g(x)$.

FAIT ☐   REVU ☐

Exercice 14 — voir Fiche savoir 2

Soit f, g et h trois fonctions définies sur $\mathbb{R}$, dont les courbes représentatives C_f, C_g et C_h sont données ci-dessous.

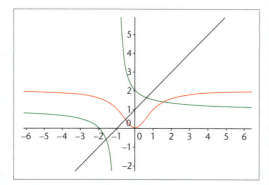

1. Associez à chaque représentation graphique la fonction f, g ou h à l'aide des renseignements suivants.
- f admet une asymptote horizontale.
- g tend vers $+\infty$ lorsque x tend vers $+\infty$.
- h admet comme asymptote horizontale $y = 2$.

2. Une des fonctions a pour expression
$$x \mapsto \frac{x}{x+1} + \frac{2}{x+1}.$$
Calculez la limite lorsque x tend vers $+\infty$ de cette expression et déduisez-en de quelle fonction il s'agit.

3. g est une fonction affine telle que $g(x) = ax + b$ où a et b sont réels.

Déterminez à l'aide de la représentation graphique les valeurs de a et b.

4. Pour tout x réel, $h(x) = \dfrac{cx^2}{1+x^2}$ où c est un réel.
Déterminez la valeur de c.

FAIT ☐   REVU ☐

Exercice 15 — voir Fiche savoir 2

Cet exercice est un questionnaire à choix multiple. Pour chacune des questions suivantes, une seule des quatre réponses est exacte. Aucune justification n'est demandée.

Soit f une fonction définie sur un intervalle I par $f(x) = \dfrac{2x^2 + x + 3}{x^2 - 4}$. On note C_f sa représentation graphique.

1. L'ensemble de définition I est :
- **A.** $]2\,;+\infty[$ ☐
- **B.** $]0\,;+\infty[$ ☐
- **C.** $]-\infty\,;-2[\,\cup\,]-2\,;2[\,\cup\,]2\,;+\infty[$ ☐
- **D.** $]-2\,;2[$ ☐

2. La limite en $+\infty$ de la fonction f est égale à :
- **A.** 2 ☐   **B.** 1 ☐   **C.** $+\infty$ ☐   **D.** 0 ☐

3. La limite en 2 par valeurs supérieures de la fonction f est égale à :
- **A.** $-\infty$ ☐   **B.** 1 ☐   **C.** $+\infty$ ☐   **D.** 2 ☐

4. C_f admet deux asymptotes verticales d'équation :
- **A.** $x = 2$ et $x = -2$ ☐
- **B.** $x = 1$ et $x = 2$ ☐
- **C.** $x = 0$ et $x = -2$ ☐
- **D.** aucune asymptote ☐

FAIT ☐   REVU ☐

Exercice 16 — voir Fiche savoir 2

Soit f une fonction définie sur un intervalle I par
$$f(x) = \left(\frac{x^2}{1+x^2}\right)^3.$$

1. Déterminez l'ensemble de définition I de la fonction f.

2. On suppose que $f(x)$ peut s'écrire sous la forme $f(x) = h(g(x))$.

Donnez l'expression de h et de g en fonction de x.

3. Déterminez $\lim\limits_{x \to +\infty} g(x)$.

4. Déduisez-en $\lim\limits_{x \to +\infty} f(x)$.

FAIT ☐   REVU ☐

S'entraîner au Bac

Fonctions dérivées et primitives

Exercice 17 — voir Fiche savoir 3

Déterminez les dérivées des fonctions suivantes.

a) $f(x) = 1 + x^2 + x^3$
b) $g(x) = x - 3x^4 + \dfrac{2}{3}x^3$
c) $h(x) = 6 + \dfrac{1}{x} - \dfrac{2}{x^2}$
d) $i(x) = \sin x + \cos x$
e) $j(x) = \sin(2x - 1) + \cos(-3x + 2)$

FAIT ☐   REVU ☐

Exercice 18 — voir Fiche savoir 3

Déterminez les dérivées des fonctions suivantes.

a) $f(x) = (1 + x^2)(x + 1)$
b) $g(x) = (x + x^2)^3$
c) $h(x) = \dfrac{2}{1 + x^2}$
d) $i(x) = \dfrac{\sin x}{2 + \cos x}$
e) $j(x) = (3 - 2x)^5$
f) $k(x) = \dfrac{1}{(x + 2)^3}$

FAIT ☐   REVU ☐

Exercice 19 — voir Fiche savoir 3

Déterminez les primitives des fonctions suivantes.

a) $f(x) = 3x - 5$
b) $g(x) = x - \dfrac{x^2}{2}$
c) $h(x) = 6 + \dfrac{1}{x^2} - \dfrac{2}{x^3}$
d) $i(x) = \sin x + \cos x$
e) $j(x) = \sin(2x + 1) + \cos(3x - 2)$

FAIT ☐   REVU ☐

Exercice 20 — voir Fiche savoir 3

Déterminez pour chaque fonction une primitive.

a) $f(x) = 2x(x^2 - 5)$
b) $g(x) = x^2(x^3 - 1)$
c) $h(x) = (x + 1)(x^2 + 2x + 1)^3$
d) $i(x) = \dfrac{x}{(x^2 + 1)^2}$

e) $j(x) = \dfrac{\sin x}{(3 + \cos x)^3}$

FAIT ☐   REVU ☐

Exercice 21 — voir Fiche savoir 3

Déterminez pour chaque fonction la primitive qui vérifie la condition imposée.

a) $f(x) = 2x(x^2 - 5)$ avec $F(0) = 1$
b) $g(x) = x^2(x^3 - 1)$ avec $G(1) = 0$
c) $h(x) = (x + 1)(x^2 + 2x + 1)^3$ avec $H(0) = 0$

FAIT ☐   REVU ☐

Exercice 22 — voir Fiche savoir 3

La fonction f est définie pour tout réel x par $f(x) = \dfrac{9x}{(x^2 + 3)^2}$. Soit F la primitive de la fonction f telle que $F(1) = 0$.

1. a) Montrez que la fonction G définie sur $\mathbb{R}$ par $G(x) = -\dfrac{4,5}{x^2 + 3}$ est une primitive de la fonction f.

b) Déduisez-en une expression de $F(x)$.

2. a) Déterminez la limite de F en $-\infty$ et en $+\infty$.

b) Interprétez graphiquement ces résultats.

3. Étudiez les variations de la fonction F.

4. Déterminez une équation de la tangente à la courbe C_F représentative de la fonction F au point d'abscisse 1.

FAIT ☐   REVU ☐

Exercice 23 — voir Fiche savoir 3

Soit f la fonction définie sur un intervalle I par $f(x) = \dfrac{2}{(x^2 + 2)^2}$.

1. Déterminez l'ensemble de définition de la fonction f.

2. Déterminez les limites de la fonction f aux bornes de son ensemble de définition.

3. Déterminez la fonction dérivée f'.

4. Établissez le tableau de variation de la fonction f.

FAIT ☐   REVU ☐

S'entraîner au Bac

Fonctions logarithmes

Exercice 24 — voir Fiche savoir 4

1. Exprimez les nombres suivants en fonction de ln3 et ln2.

a) ln 18
b) ln 648
c) $\ln\left(\dfrac{32}{243}\right)$

2. Exprimez les nombres suivants en fonction de ln2 et ln5.

a) ln 1000
b) $\ln\left(\dfrac{25}{64}\right)$
c) ln 6,25

FAIT ☐ REVU ☐

Exercice 25 — voir Fiche savoir 4

Résolvez les inéquations suivantes.

a) $0,8^x \leq 0,06$
b) $1,05^x \geq 2$

FAIT ☐ REVU ☐

Exercice 26 — voir Fiche savoir 4

Soit f la fonction définie pour $x \in \,]0\,;+\infty[$ par $f(x) = x - \ln x$.

1. Déterminez la limite de f en 0. Donnez-en une interprétation graphique s'il y a lieu.

2. Déterminez la limite de f en $+\infty$. On rappelle que $\lim\limits_{x \to +\infty} \dfrac{\ln x}{x} = 0$.

3. On désigne par f' la fonction dérivée. Montrez que pour tout $x \in \,]0\,;+\infty[$, $f'(x) = \dfrac{x-1}{x}$.

4. Étudiez le signe de f' et établissez un tableau de variation de f sur $]0\,;+\infty[$.

5. Calculez $f(e)$ et $f'(e)$ et déterminez une équation de la tangente à la courbe représentative de la fonction f au point d'abscisse e.

FAIT ☐ REVU ☐

Exercice 27 — voir Fiche savoir 4

Soit f la fonction définie pour tout x réel par $f(x) = \ln(4 + x^2)$.

1. Déterminez les limites de f aux bornes de son intervalle de définition.

2. On désigne par f' la fonction dérivée. Montrez que pour tout x réel, $f'(x) = \dfrac{2x}{4 + x^2}$.

3. Étudiez le signe de f' et établissez un tableau de variation de f sur $\mathbb{R}$.

4. Calculez $f(e)$ et $f'(e)$ et déterminez une équation de la tangente à la courbe représentative de la fonction f au point d'abscisse e.

FAIT ☐ REVU ☐

Exercice 28 — voir Fiche savoir 4

Soit f la fonction définie pour tout $x > -1$ par $f(x) = x^2 + \dfrac{4}{x+1}$.

1. Déterminez les limites de f aux bornes de son intervalle de définition.

2. La courbe représentative de f admet-elle une ou plusieurs asymptotes ?

3. Déterminez f', fonction dérivée de la fonction f.

4. On admet que f admet des primitives sur $]-1\,;+\infty[$.

Déterminez la primitive F telle que $F(0) = 0$.

FAIT ☐ REVU ☐

Exercice 29 — voir Fiche savoir 4

Extrait sujet France métropolitaine, juin 2016

La relation liant l'intensité acoustique x où x appartient à l'intervalle $[10^{-12}\,;10^6]$ et le niveau sonore f est :

$f(x) = \dfrac{10}{\ln(10)} \times \ln(x) + 120$ avec $\dfrac{10}{\ln 10} \approx 4,34$.

1. Calculez $f(10^2)$ et $f(10^3)$. Que peut-on suggérer lorsque l'intensité acoustique est multipliée par 10 ?

2. Comparez $f(10^2)$ et $f(2 \times 10^2)$. Que peut-on suggérer lorsque l'intensité acoustique est multipliée par 2 ?

3. Afin d'éviter tout risque pour la santé, le port d'un casque de protection acoustique est conseillé au-delà de 85 dB.

Déterminez l'intensité acoustique à partir de laquelle le port d'un tel casque est conseillé.

FAIT ☐ REVU ☐

Fonctions exponentielles

Exercice 30 — voir Fiche savoir 5

Simplifiez les expressions suivantes.

a) $e^{\ln 3}$

b) $e^{-\ln 6}$

c) $e^{5\ln 3}$

d) $\ln(e^3)$

e) $e^3 e^{-4}$

f) $\dfrac{e^{x+2}}{e^{3x-1}}$

FAIT ☐ REVU ☐

Exercice 31 — voir Fiche savoir 5

Résolvez les équations suivantes.

a) $e^x = 2$

b) $e^x + 2 = 0$

c) $e^{x+1} = 2$

d) $\ln(2x) = 3$

e) $\ln(x+1) = 5$

FAIT ☐ REVU ☐

Exercice 32 — voir Fiche savoir 5

Déterminez les limites suivantes, et interprétez graphiquement le résultat, en termes d'asymptote, lorsque cela est possible.

a) $\lim\limits_{x \to +\infty} e^x + 3x$

b) $\lim\limits_{x \to -\infty} e^x + 3x$

c) $\lim\limits_{x \to +\infty} e^x - 2x$ (on pourra factoriser l'expression par x)

d) $\lim\limits_{x \to +\infty} e^{-x} + 3x$

e) $\lim\limits_{x \to +\infty} \dfrac{e^x}{e^x + 2}$

f) $\lim\limits_{x \to +\infty} e^{-\frac{x^2}{x^2+1}}$

g) $\lim\limits_{x \to +\infty} e^{-3x+1}$

FAIT ☐ REVU ☐

Exercice 33 — voir Fiche savoir 5

On considère la fonction f définie sur $\mathbb{R}$ par $f(x) = x^2 e^x$.

1. Déterminez la limite de f lorsque x tend vers $+\infty$.

2. Déterminez la fonction dérivée f' de la fonction f et montrez que pour tout x réel $f'(x) = (x^2 + 2x)e^x$.

3. Étudiez le signe de $f'(x)$, puis établissez le tableau de variation de f. On admettra que $\lim\limits_{x \to -\infty} f(x) = 0$.

4. On considère la fonction F définie pour x réel par : $F(x) = (x^2 - 2x + 2)e^x$.

Montrez que F est une primitive de f.

FAIT ☐ REVU ☐

Exercice 34 — voir Fiche savoir 5

Extrait sujet France métropolitaine, juin 2014.

Dans cet exercice, la température est exprimée en degrés Celsius (°C) et le temps t est exprimé en heures. Une entreprise congèle des ailerons de poulet dans un tunnel de congélation avant de les conditionner en sachets. À l'instant $t = 0$, les ailerons, à une température de 5 °C, sont placés dans le tunnel. Pour pouvoir respecter la chaîne du froid, le cahier des charges impose que les ailerons aient une température inférieure ou égale à −24 °C.

La température des ailerons dans le tunnel de congélation est modélisée en fonction du temps t par la fonction f définie sur l'intervalle $[0\,;+\infty[$ par $f(t) = 35e^{-1,6t} - 30$.

1. Déterminez la température atteinte par les ailerons au bout de 30 minutes, soit 0,5 h.

2. Étudiez le sens de variation de la fonction f.

3. Si les ailerons de poulet sont laissés une heure et demie dans le tunnel de congélation, leur température sera-t-elle conforme au cahier des charges ?

4. Résolvez par le calcul l'équation $f(t) = -24$ et interprétez le résultat trouvé.

FAIT ☐ REVU ☐

Exercice 35 — voir Fiche savoir 5

Extrait sujet Polynésie, juin 2016.

Soit f la fonction définie sur $\mathbb{R}$ par la relation $f(x) = e^{-2x} + 5x$.

1. Déterminez, en la justifiant, la limite de f en $+\infty$. On admet pour la suite que la limite de f en $-\infty$ est $+\infty$.

2. Calculez $f'(x)$ et étudiez son signe sur $\mathbb{R}$.

S'entraîner au Bac

3. Déduisez-en le tableau de variation de la fonction f sur $\mathbb{R}$.

4. a) Déterminez, à partir du tableau de variation, le nombre de solutions de l'équation $f(x) = 2$.

b) Donnez une valeur arrondie à 10^{-2} près de chaque solution.

FAIT ☐ REVU ☐

Intégration

Exercice 36 voir Fiche savoir 6

Calculez les intégrales suivantes :

a) $\int_{1}^{2}(x^2 - x)dx$

b) $\int_{0}^{\frac{\pi}{2}} \sin x \, dx$

c) $\int_{-1}^{2}(2t^2 - 4)dt$

d) $\int_{1}^{4}\left(3x^2 - \dfrac{1}{x^2}\right)dx$

e) $\int_{1}^{2}\dfrac{(x^2 - x)}{x^2}dx$

FAIT ☐ REVU ☐

Exercice 37 voir Fiche savoir 6

On donne ci-dessous la représentation graphique de la fonction h définie sur $[-1\,;4]$.

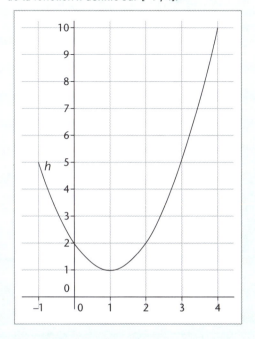

1. Sachant que $h(x) = ax^2 + bx + c$ avec a, b et c réels non nuls, montrez que $a = 1$, $b = -2$ et $c = 2$.

2. Donnez une interprétation graphique de $\int_{-1}^{4} h(x)dx$.

3. Déterminez la valeur de $\int_{-1}^{4} h(x)dx$.

FAIT ☐ REVU ☐

Exercice 38 voir Fiche savoir 6

On donne ci-dessous la représentation graphique des fonctions f et g définies sur $\mathbb{R}$ par $f(x) = x + 6$ et $g(x) = -0{,}5x^2 + 5$.

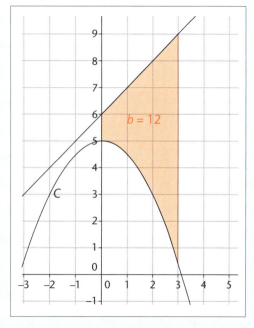

1. Justifiez que la courbe représentative de f soit au-dessus de la courbe représentative de g.

2. On désire déterminer l'aire comprise entre les deux courbes et les droites d'équation $x = 0$ et $x = 3$.

Exprimez cette aire sous la forme d'une intégrale.

3. Montrez que cette aire est égale à 12 u.a.

FAIT ☐ REVU ☐

Exercice 39 voir Fiche savoir 6

Extrait sujet France métropolitaine, juin 2013.

On éteint le chauffage dans une pièce d'habitation à 22 heures. La température y est alors de 20 °C.

S'entraîner au Bac

Le but de ce problème est d'étudier l'évolution de la température de cette pièce, puis de calculer l'énergie dissipée à l'extérieur, au cours de la nuit, de 22 heures à 7 heures le lendemain matin. On suppose, pour la suite du problème, que la température extérieure est constante et égale à 11 °C. On désigne par t le temps écoulé depuis 22 heures, exprimé en heures, et par $f(t)$ la température de la pièce exprimée en °C. La température de la pièce est donc modélisée par une fonction f définie sur l'intervalle [0 ; 9].

Partie A

1. Prévoyez le sens de variation de la fonction f sur l'intervalle [0 ; 9].

On admet désormais que la fonction f est définie sur l'intervalle [0 ; 9] par $f(t) = 9e^{-0,12t} + 11$.

2. Donnez une justification mathématique du sens de variation trouvé à la question précédente.

3. Calculez $f(9)$. Donnez-en la valeur arrondie au dixième, puis interprétez ce résultat.

4. Déterminez, à l'aide de la calculatrice, l'heure à partir de laquelle la température est inférieure à 15 °C.

5. Retrouvez le résultat précédent en résolvant une inéquation.

Partie B

Le flux d'énergie dissipée vers l'extérieur, exprimé en kilowatts (kW), est donné par la fonction g telle que, pour tout nombre réel t de l'intervalle [0 ; 9], $g(t) = 0,7e^{-0,12t}$. L'énergie E ainsi dissipée entre 22 heures et 7 heures, exprimée en kilowatt-heures (kWh), s'obtient en calculant l'intégrale $E = \int_0^9 g(t)dt$.

1. Calculez la valeur exacte de l'énergie dissipée.

2. Déduisez-en une valeur arrondie de E à 0,1 kWh près.

FAIT ☐ REVU ☐

Exercice 40 — voir Fiche savoir 6

Extrait sujet France métropolitaine, septembre 2015.

La concentration de monoxyde de carbone exprimée en ppm dans une pièce en fonction du temps, exprimé en heures, est modélisée par la fonction f définie sur [0 ; 8] par $f(t) = 2,2 + 200te^{-t}$.

1. Calculez la concentration de monoxyde de carbone en ppm dans la pièce :

a) pour $t = 0$.

b) 30 minutes après.

2. On note f' la fonction dérivée de la fonction f sur l'intervalle [0 ; 8].

a) Montrez que pour tout réel t de l'intervalle [0 ; 8], $f'(t) = 200(1 - t)e^{-t}$.

b) Étudiez le signe de $f'(t)$ sur l'intervalle [0 ; 8].

3. On note F la fonction définie sur l'intervalle [0 ; 8] par $F(t) = 2,2t - 200(t + 1)e^{-t}$. On admet que F est une primitive de la fonction f sur l'intervalle [0 ; 8].

a) On rappelle que la valeur moyenne d'une fonction continue sur un intervalle [a ; b] est le nombre réel défini par : $I = \dfrac{1}{b-a} \int_a^b f(t)dt$.

Calculez la valeur moyenne de la concentration de monoxyde de carbone lors des 8 heures qui ont suivi l'accident.

b) Pour des raisons de sécurité, le ministère du Travail fixe un seuil pour la concentration moyenne de monoxyde de carbone. Ce seuil est de 50 ppm pour une période de 8 heures.

La sécurité des personnes qui seraient présentes dans la pièce peut-elle être remise en cause ?

FAIT ☐ REVU ☐

Exercice 41 — voir Fiche savoir 6

Extrait sujet Antilles-Guyane, juin 2014.

1. Montrez que la fonction F définie par $F(x) = -x(\ln x)^2 + 4x\ln x - 4x$ est une primitive de la fonction $f(x) = (2 - \ln x)\ln x$ sur l'intervalle]0 ; +∞[.

2. On note D le domaine du plan limité par la courbe C_f, l'axe des abscisses et les droites d'équations respectives $x = 1$ et $x = e^2$.

Calculez l'aire du domaine D.

FAIT ☐ REVU ☐

Équations différentielles

Exercice 42 — voir Fiche savoir 7

1. On considère l'équation différentielle (E) : $y' - y = 0$.

La fonction $f(x) = 5e^x$ est-elle solution de l'équation (E) ?

2. On considère l'équation différentielle (F) :
$y'' + 2y' - y = x^2 = 0$.

La fonction $f(x) = x^2 + 3$ est-elle solution de l'équation (F) ?

3. On considère l'équation différentielle (G) :
$y'' + 9y = 0$.

La fonction $f(x) = 2\cos(3x) - \sin(3x)$ est-elle solution de l'équation (E) ?

4. Soit f la fonction définie sur $\mathbb{R}$ par :
$f(x) = 2\cos\left(\dfrac{4}{3}x - \dfrac{\pi}{6}\right)$.

De quelle équation différentielle la fonction f est-elle une solution ?

A. $y'' + y = 0$
B. $16y'' - 9y = 0$
C. $9y'' + 16y = 0$
D. $9y'' - 16y = 0$

FAIT ☐ REVU ☐

Exercice 43 — voir Fiche savoir 7

Équations différentielles du premier ordre

1. La fonction f est solution de l'équation différentielle du premier ordre $y' + 3y = 0$ et telle que $f(0) = 2$. **Trouvez l'expression de la fonction f.**

2. La fonction f est solution de l'équation différentielle du premier ordre $y' - 4y = 0$ et telle que $f(0) = 1$. **Trouvez l'expression de la fonction f.**

3. La fonction f est solution de l'équation différentielle du premier ordre $y' - y = 0$ et telle que $f(\ln 3) = 2$. **Trouvez l'expression de la fonction f.**

FAIT ☐ REVU ☐

Exercice 44 — voir Fiche savoir 7

Équations différentielles du second ordre

1. On considère l'équation différentielle $y'' + 25y = 0$.

Trouvez toutes les solutions de cette équation différentielle.

2. On considère l'équation différentielle $y'' + 81y = 0$. On suppose que la fonction f est solution de cette équation différentielle. De plus, f vérifie les deux conditions expérimentales : $f(0) = 0$ et $f'(0) = 10$.

Trouvez l'expression de f.

FAIT ☐ REVU ☐

Exercice 45 — voir Fiche savoir 7

On considère l'équation différentielle : $y'' + 4y = 0$.

1. Donnez toutes les solutions de cette équation différentielle.

2. Déterminez la fonction f solution de cette équation différentielle satisfaisant aux conditions suivantes : $f(0) = \sqrt{3}$ et $f'(0) = 2$.

3. Vérifiez que pour tout x réel :
$f(x) = 2\sin\left(2x + \dfrac{\pi}{3}\right)$.

4. Résolvez sur $[0\,;\,2\pi[$ l'équation $f(x) = 0$.

FAIT ☐ REVU ☐

Exercice 46 — voir Fiche savoir 7

Extrait sujet Nouvelle-Calédonie, novembre 2016

Le bassin d'une piscine municipale a une capacité de 600 000 litres d'eau. Afin de respecter les normes d'hygiène et de sécurité, 30 000 litres d'eau de la piscine sont renouvelés chaque heure, et le taux de chlore maximum autorisé est de 0,25 mg/L. Un soir après la fermeture de la piscine, alors que le taux de chlore est indétectable, 1 kg de chlore est déversé par erreur dans le bassin à 20 heures. Le directeur de la piscine souhaiterait savoir quand il pourra ouvrir à nouveau la piscine au public.

On modélise la concentration massique du chlore présent dans la piscine par une fonction f. Lorsque t désigne le temps écoulé depuis l'accident, exprimé en heures, $f(t)$ représente la concentration massique du chlore présent dans la piscine en milligrammes par litre.

On admet que la fonction f est solution de l'équation différentielle (E) : $y' + 0{,}05y = 0$ où y désigne une fonction de la variable t.

1. a) Résolvez l'équation différentielle (E).

b) Que vaut $f(0)$? Déduisez-en une expression de $f(t)$ sur $[0\,;\,+\infty[$.

2. On admet que f est définie sur $[0\,;\,+\infty[$ par $f(t) = \dfrac{5}{3} \times e^{-0{,}05t}$.

À quel moment la piscine pourra-t-elle ouvrir de nouveau au public ?

FAIT ☐ REVU ☐

Produit scalaire dans le plan et nombres complexes

Exercice 47 voir Fiche savoir 8

1. À l'aide des formules d'addition et de soustraction, déterminez les valeurs exactes de $\cos\left(\dfrac{5\pi}{12}\right)$ et $\sin\left(\dfrac{7\pi}{12}\right)$. On pourra remarquer que $\dfrac{5\pi}{12} = \dfrac{\pi}{4} + \dfrac{\pi}{6}$ et que $\dfrac{7\pi}{12} = \dfrac{3\pi}{4} - \dfrac{\pi}{6}$.

2. En remarquant que $\dfrac{\pi}{6} = 2 \times \dfrac{\pi}{12}$ et à l'aide des formules de duplication et de linéarisation, calculez les valeurs exactes de $\cos\dfrac{\pi}{12}$ et $\sin\dfrac{\pi}{12}$.

FAIT ☐ REVU ☐

Exercice 48 voir Fiche savoir 8

Soit z le nombre complexe tel que $z = 2 + 2i$.

1. Calculez le module de z noté $|z|$.

2. a) Soit θ un argument de z.
Déterminez $\cos\theta$ et $\sin\theta$.
b) Déduisez-en la forme trigonométrique de z.

3. Déterminez l'écriture exponentielle de z, z^2 et $\dfrac{1}{z}$.

FAIT ☐ REVU ☐

Exercice 49 voir Fiche savoir 8

Extrait sujet Antilles-Guyane, juin 2013

Le plan complexe est rapporté à un repère orthonormal direct $(O\,;\vec{u}\,;\vec{v})$. On note $\mathbb{C}$ l'ensemble des nombres complexes, et i le nombre complexe de module 1 et d'argument $\dfrac{\pi}{2}$.

1. On considère l'équation (E) d'inconnue z :
$(2 - i)z = 2 - 6i$.

a) Résolvez dans $\mathbb{C}$ l'équation (E). On notera z_1 la solution de (E) que l'on écrira sous forme algébrique.

b) Déterminez la forme exponentielle de z_1.

c) Soit z_2 le nombre complexe défini par :
$z_2 = e^{-i\frac{\pi}{2}} \times z_1$.

Déterminez les formes exponentielle et algébrique de z_2.

2. Soit A, B et C les points du plan d'affixes respectives : $z_A = 2 - 2i$, $z_B = -2 - 2i$ et $z_C = -4i$.

a) Placez les points A, B et C dans le plan complexe.

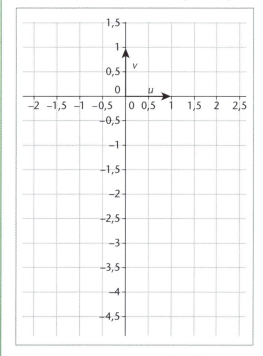

b) Calculez le produit scalaire $\vec{CA} \cdot \vec{CB}$.
c) Déterminez la nature du triangle ABC.

FAIT ☐ REVU ☐

Exercice 50 voir Fiche savoir 8

1. On considère le nombre complexe $z = \sqrt{6} - i\sqrt{2}$.
Déterminez l'écriture exponentielle de z.

2. Soit $z_1 = 3e^{-i\frac{\pi}{3}}$ et $z_2 = 3\sqrt{2}e^{-i\frac{\pi}{4}}$.
Déterminez l'écriture exponentielle de $\dfrac{z_1}{z_2}$.

FAIT ☐ REVU ☐

Exercice 51 voir Fiche savoir 8

On note i le nombre complexe de module 1 et d'argument $\dfrac{\pi}{2}$.

On considère les nombres complexes z_1 et z_2 définis par $z_1 = 1 - i$ et $z_2 = e^{i\frac{5\pi}{6}}$.

1. Déterminez une forme trigonométrique de z_1.

2. Déterminez l'écriture algébrique de z_2.

Soit $Z = z_1 \times z_2$.

3. Déterminez l'écriture algébrique de Z.

4. Déterminez la forme exponentielle de Z.

5. Déduisez-en la valeur exacte de $\cos\left(\dfrac{7\pi}{12}\right)$ et de $\sin\left(\dfrac{7\pi}{12}\right)$.

FAIT ☐ REVU ☐

Exemples de lois à densité

Exercice 52 voir Fiche savoir 9

Sur une autoroute, deux postes consécutifs de téléphone de secours A et B sont distants de 2 km. On note X la variable aléatoire qui, à tout véhicule tombant en panne entre A et B, associe la distance en kilomètres parcourue depuis le poste A. On considère que X suit une loi uniforme sur l'intervalle $[0\,;\,2]$.

1. Donnez pour tous réels a et b tels que $0 \leq a \leq b \leq 2$, l'expression de la probabilité $p(X \in [a\,;\,b])$.

2. Calculez les probabilités $p(X \in [0\,;\,1])$ et $p\left(X \in \left[\dfrac{1}{2}\,;\,\dfrac{3}{2}\right]\right)$.

3. Calculez l'espérance de la variable aléatoire X notée $E(X)$.

FAIT ☐ REVU ☐

Exercice 53 voir Fiche savoir 9

On s'intéresse à la durée de vie, exprimée en semaines, de la batterie d'un téléphone portable. On modélise cette situation en supposant que la durée de vie de la batterie d'un téléphone est une variable aléatoire X qui suit une loi exponentielle de paramètre λ. Une étude montre qu'environ 50 % de ces batteries sont en état de fonctionnement au bout de 100 semaines.

1. Quelle est la valeur de $p(X < 100)$?

2. Exprimez $p(X < 100)$ en fonction de λ.

3. Montrez que $\lambda = \dfrac{\ln 2}{100}$.

4. Quelle est la probabilité qu'une de ces batteries prise au hasard ait une durée de vie supérieure à 200 semaines ?

FAIT ☐ REVU ☐

Exercice 54 voir Fiche savoir 9

Chaque graphique est une représentation d'une loi normale.

Déterminez la bonne expression de la probabilité demandée.

a) $p(X \geq -1) =$

A. $p(X < -1)$ B. $1 - p(X \leq -1)$ C. $1 - p(-1 \leq X \leq 3)$

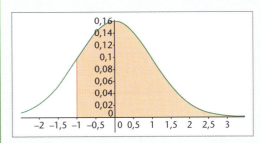

b) $p(X \leq 0,5) =$

A. $0,5 + p(0 \leq X \leq 0,5)$ B. $1 - p(X \leq 0,5)$
C. $1 - p(0 \leq X \leq 0,5)$

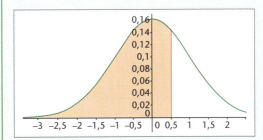

c) $p(X \geq 1) =$

A. $0,5 + p(X \geq 1)$ B. $p(X \leq 1)$ C. $1 - p(X \leq 1)$

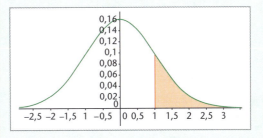

FAIT ☐ REVU ☐

S'entraîner au Bac

Exercice 55 — voir Fiche savoir 9

Extrait sujet France métropolitaine, juin 2016

Un pont levant enjambant un canal peu fréquenté est constitué d'un tablier qui, une fois relevé, permet le passage de bateaux de différentes tailles. Lorsqu'un bateau est passé, le tablier du pont revient en position basse. Le temps avant que le bateau suivant se présente devant le pont, exprimé en heures, est une variable aléatoire T qui suit la loi exponentielle de paramètre $\lambda = 0{,}05$. Ce temps est appelé temps de latence.

1. Déterminez l'espérance $E(T)$ de la variable aléatoire T et interprétez le résultat dans le contexte.

2. On considère la fonction f définie sur $[0\ ;\ \infty[$ par $f(x) = 0{,}05\,e^{-0{,}05x}$.

a) Montrez que la fonction F définie sur $[0\ ;\ +\infty[$ par $F(x) = -e^{-0{,}05x}$ est une primitive de f.

b) On rappelle que pour tout nombre réel t de $[0\ ;\ +\infty[$, $p(T \leq t) = \int_0^t f(t)\,dt$.

Démontrez que $p(T \leq t) = 1 - e^{-0{,}05t}$.

3. a) Calculez la probabilité que le temps de latence soit inférieur à une demi-journée, soit 12 heures.

b) Calculez la probabilité que le temps de latence soit supérieur à un jour.

c) Calculez $p(12 \leq T \leq 24)$.

FAIT ☐ REVU ☐

Exercice 56 — voir Fiche savoir 9

Extrait sujet Réunion, septembre 2016

Une usine métallurgique fabrique des boîtes de conserve pour des entreprises spécialisées dans le conditionnement industriel de légumes. La probabilité qu'une boîte prélevée au hasard soit non conforme est 0,04. Un lot de 200 boîtes choisies au hasard est livré à une entreprise spécialisée dans le conditionnement des légumes. Le nombre de boîtes fabriquées par cette usine métallurgique est assez important pour pouvoir assimiler un tel prélèvement à un tirage avec remise de 200 boîtes.

PARTIE A

La variable aléatoire X désigne le nombre de boîtes non conformes dans un tel lot.

1. Justifiez que la variable aléatoire X suit une loi binomiale dont on précisera les paramètres.

2. Déterminez la probabilité qu'un tel lot contienne exactement quatre boîtes non conformes.

PARTIE B

On décide d'approcher la loi binomiale suivie par X par la loi normale d'espérance $\mu = 8$ et d'écart type $\sigma = 2{,}77$.

1. Justifiez le choix de ces paramètres.

2. À l'aide de la loi normale ainsi définie :

a) calculez $p(6 \leq X \leq 10)$ et interprétez le résultat trouvé.

b) déterminez une approximation de la probabilité qu'il y ait au maximum 4 boîtes non conformes.

FAIT ☐ REVU ☐

Exercice 57 — voir Fiche savoir 9

Une entreprise fabrique en grande quantité des rails pour la pose de plaques de plâtre.

La largeur des rails est exprimée en millimètres. Un rail est dit « conforme pour sa largeur » lorsque celle-ci appartient à l'intervalle $[47{,}8\ ;\ 48{,}2]$.

PARTIE A

Dans cette partie, on considère que 5 % des rails ne sont pas conformes pour la longueur.

On prélève au hasard 50 rails dans le stock. Le stock est suffisamment important pour que l'on puisse assimiler ce prélèvement à un tirage avec remise de 50 rails.

On considère la variable aléatoire X qui, à tout prélèvement de 50 rails, associe le nombre de rails qui ne sont pas conformes pour la longueur.

1. Justifiez que la variable aléatoire X suit une loi binomiale dont on précisera les paramètres.

2. Calculez la probabilité $p(X = 3)$ et interprétez le résultat.

3. Calculez la probabilité que dans un tel prélèvement, deux rails au moins ne soient pas conformes pour la largeur.

PARTIE B

On désigne par Y la variable aléatoire qui, à chaque rail pris au hasard dans la production d'une journée, associe sa largeur.

On admet que la variable aléatoire Y suit la loi normale de moyenne 48 et d'écart type 0,1.
Calculez la probabilité qu'un rail prélevé au hasard dans la production d'une journée soit conforme pour la largeur.

FAIT ☐ REVU ☐

Estimation et prise de décision

Exercice 58 voir Fiche savoir 9

Lors des élections à la Chambre de Métiers d'Agen de 2016, 25,8 % des bulletins exprimés étaient en faveur du candidat du parti Les Artisans.

1. Un sondage a été effectué à la sortie des urnes. Soit f le pourcentage de personnes favorables au candidat du parti Les Artisans.
Déterminez l'intervalle de fluctuation de f au seuil de 95 %.

2. Déterminez l'intervalle en considérant un échantillon de 2 000 personnes.

FAIT ☐ REVU ☐

Exercice 59 voir Fiche savoir 9

Un bassin artificiel où la production intensive de poissons est effectuée est censé contenir 70 % de carpes, sauf si des facteurs extérieurs engendrent une variation.
On prélève un échantillon de 1 000 poissons dans le bassin et on observe que 74 % des poissons sont des carpes.
Les facteurs extérieurs ont-ils fait varier le pourcentage théorique ?

FAIT ☐ REVU ☐

Exercice 60 voir Fiche savoir 9

Pour une élection présidentielle, un sondage a été effectué sur 1 052 personnes. Dans ce sondage, 25,6 % des personnes interrogées se disent prêtes à voter pour M. Puillon au premier tour.
Donnez l'intervalle de confiance à 95 % de la proportion de personnes prêtes à voter pour ce candidat.

FAIT ☐ REVU ☐

Exercice 61 voir Fiche savoir 9

Extrait sujet Polynésie, juin 2016
Deux amis ont monté un atelier associatif pour réparer des vélos. Le but de cette association est que chaque adhérent puisse venir réparer son vélo dans cet atelier avec l'aide d'un spécialiste. Le matériel et les outils sont fournis.
Nos deux amis commandent régulièrement des lots de 60 roulements à billes pour les vélos. Ils ont constaté que, lors de leur dernière livraison, sur le lot des 60 roulements à billes, 3 étaient défectueux. Ils s'inquiètent donc de la fiabilité du fabricant.
Le contrat précise que seulement 4 % des pièces sont défectueuses.

1. Calculez la fréquence des pièces défectueuses dans le dernier lot.

On considère que les pièces constituant ce lot forment un échantillon prélevé de façon aléatoire dans un stock dans lequel 4 % des pièces sont défectueuses.

2. Déterminez l'intervalle de fluctuation asymptotique à 95 % de la fréquence des roulements à billes non conformes dans un échantillon de 60 roulements. Les valeurs approchées seront arrondies à 10^{-2}.

On rappelle que l'intervalle de fluctuation asymptotique à 95 % sur un échantillon de taille n, avec p la proportion de pièces défectueuses sur la population, est :

$$\left[p - 1{,}96\sqrt{\frac{p(1-p)}{n}} \; ; \; p + 1{,}96\sqrt{\frac{p(1-p)}{n}}\right].$$

3. Nos amis ont-ils raison de s'inquiéter ? Justifiez votre réponse.

FAIT ☐ REVU ☐

Exercice 62 voir Fiche savoir 9

Extrait sujet Antilles-Guyane, juin 2016
Un manufacturier de pneumatiques produit des pneus d'avions en grande quantité. Il s'engage à livrer des produits spécifiques aux avionneurs de masse maximum garantie de 124 kg.
Ces pneus doivent supporter une charge nominale de 10 tonnes, des vitesses pouvant aller jusqu'à 420 km·h^{-1} et des températures instables allant de –40 °C (en altitude) à 250 °C (au moment du décollage).

Partie A

On note M la variable aléatoire qui, à chaque pneu prélevé au hasard dans la production, associe sa masse en kilogrammes. On admet que la variable aléatoire M suit la loi normale de moyenne $\mu = 121{,}37$ et d'écart type $\sigma = 0{,}42$.

1. Déterminez la probabilité qu'un pneu prélevé au hasard ait une masse en kilogrammes comprise entre 120,95 et 121,79.

2. Déterminez la probabilité qu'un pneu prélevé au hasard ait une masse en kilogrammes supérieure à 122,63.

Partie B

Un pneu trop lourd entraîne une augmentation de la consommation de kérosène. Lorsque la masse d'un pneu reçu par une compagnie aérienne dépasse 121,9 kg, cela entraîne des pénalités financières pour le manufacturier. Sur la chaîne de fabrication, on prélève de façon aléatoire un échantillon de 36 pneus et on constate que 2 d'entre eux ont une masse qui dépasse 121,9 kg.

1. Quelle est la fréquence des pneus dans l'échantillon prélevé dont la masse dépasse 121,9 kg ?

2. Déterminez l'intervalle de confiance avec un niveau de confiance de 95 % de la proportion de pneus dont la masse dépasse 121,9 kg dans la production.

On rappelle que lorsqu'une fréquence f est mesurée dans un échantillon de taille n, l'intervalle de confiance à 95 % de la proportion dans la population est donné par : $\left[f - 1{,}96\sqrt{\dfrac{f(1-f)}{n}} \; ; \; f + 1{,}96\sqrt{\dfrac{f(1-f)}{n}} \right]$.

FAIT ☐ REVU ☐

Exercice 63 — voir Fiche savoir 9

Pour les trois lycées de la ville d'Agen, on s'intéresse au temps passé en moyenne, par jour, devant un écran par les élèves de 15 à 18 ans, pendant leur temps libre. Dans chaque lycée, on constitue un échantillon de taille 500 considéré comme prélevé au hasard et avec remise ; on observe ainsi que le temps est supérieur à 5 heures pour 210 élèves du lycée A, 160 élèves du lycée B et 170 élève du lycée C.

1. Calculez, pour chaque échantillon, la fréquence des élèves pour lesquels le temps passé devant un écran est supérieur à 5 heures.

2. Déterminez les intervalles avec un niveau de confiance de 95 % de la proportion p inconnue du nombre d'élèves passant plus de 5 heures devant un écran pour chaque lycée.

3. Comparez ces trois intervalles et concluez.

FAIT ☐ REVU ☐

Corrigés

Exercice 1

1. $U_p \geq 50$ implique que $p^2 + 2p \geq 50$, soit $p^2 + 2p - 50 \geq 0$. Le discriminant de l'équation $x^2 + 2x - 50 = 0$ est $\Delta = b^2 - 4ac = 204$, il y a donc deux solutions. On ne prendra que la solution positive pour satisfaire l'inéquation. Ainsi, $x \approx 6{,}14$ donc $U_p \geq 50$ pour $p \geq 7$.

2. Algorithme complet

> Variables : i et u
> Initialisation :
> – Affecter la valeur 1 à i
> – Affecter la valeur 3 à u
> Traitement
> Tant que $u < 1\,000$,
> i prend la valeur $i + 1$
> u prend la valeur $i^2 + 2i$
> Sortie
> Afficher la valeur de i

3. $U_n \geq 1\,000$ implique $n^2 + 2n - 1\,000 \geq 0$. Le discriminant de l'équation $x^2 + 2x - 1\,000 = 0$ est $\Delta = b^2 - 4ac = 4\,004$, il y a donc deux solutions. On ne prendra que la solution positive pour satisfaire l'inéquation. Ainsi, $x \approx 30{,}63$ donc $U_n \geq 10\,000$ pour $n \geq 31$.

Exercice 2

1. Pour des grandes valeurs de n, la suite (V_n) semble tendre vers $0{,}333$ ou $\dfrac{1}{3}$.

2. $\left|V_n - \dfrac{1}{3}\right| = \left|\dfrac{n^2+2n}{3n^2+1} - \dfrac{1}{3}\right| = \left|\dfrac{6n-1}{3(3n^2+1)}\right|$

3. $\lim\limits_{n \to +\infty} \left|V_n - \dfrac{1}{3}\right| = \lim\limits_{n \to +\infty} \left|\dfrac{6n-1}{3(3n^2+1)}\right| = \lim\limits_{n \to +\infty} \left|\dfrac{6n}{9n^2}\right|$
$= \lim\limits_{n \to +\infty} \left|\dfrac{2}{3n^2}\right| = 0$

On en déduit que $\lim\limits_{n \to +\infty} V_n = \dfrac{1}{3}$.

Exercice 3

Soit (U_n) la suite géométrique de raison $q = \dfrac{1}{2}$ et de premier terme $U_0 = 4$.

1. $U_n = 4 \times \left(\dfrac{1}{2}\right)^n$

2. Comme $0 < \dfrac{1}{2} < 1$, alors $\lim\limits_{n \to +\infty} \left(\dfrac{1}{2}\right)^n = 0$.

Ainsi, $\lim\limits_{n \to +\infty} U_n = 0$.

3.

> Variables : i et u
> Initialisation :
> – Affecter la valeur 0 à i
> – Affecter la valeur 4 à u
> Traitement
> Tant que $|u| < 10^{-p}$
> i prend la valeur $i + 1$
> u prend la valeur $4 \times \left(\dfrac{1}{2}\right)^i$
> Sortie
> Afficher la valeur de i

4. $|U_n| \leq 10^{-4}$ pour $n \geq 16$.

Exercice 4

On considère la suite géométrique (U_n) de raison $q = \dfrac{1}{2}$ et de premier terme $U_0 = -2$.

1. $S_n = U_0 + U_1 + U_2 + \ldots + U_n$

$= U_0 \times \dfrac{1-q^n}{1-q} = -2 \times \dfrac{1-\left(\dfrac{1}{2}\right)^n}{1-\dfrac{1}{2}}$

$= -4\left(1 - \left(\dfrac{1}{2}\right)^n\right)$.

2. Comme $0 < \dfrac{1}{2} < 1$, alors $\lim\limits_{n \to +\infty} \left(\dfrac{1}{2}\right)^n = 0$.

Ainsi, $\lim\limits_{n \to +\infty} S_n = -4(1-0) = -4$.

Exercice 5

1. La production U_2 du nombre de panneaux photovoltaïques prévue pour l'année 2016 est $U_2 = U_1 + \dfrac{4}{100}U_1 = 1{,}04 U_1 = 5\,200$.

2. La suite (U_n) est une suite géométrique de premier terme $U_1 = 5\,000$ et de raison $q = 1{,}04$.
$U_n = U_1 \times q^{n-1} = 5\,000\,(1{,}04)^{n-1}$.

3. La production totale théorique T des six années de 2015 à 2020 correspond à la somme :
$T = U_1 + U_2 + U_3 + U_4 + U_5 + U_6$.

On a donc $T = 5\,000 \times \dfrac{1-1{,}04^6}{1-1{,}04} = 33\,164{,}88$.

La production totale T sera de 33 165 panneaux.

Exercice 6

1. Si $n = 1$, alors comme i varie de 1 à n, alors $i = 1$. $u = 2$ dès le départ, donc après le traitement, $u = 1{,}5 \times 2 = 3$. Le programme affiche $u = 3$.

Corrigés

Si $n = 2$, alors comme i varie de 1 à 2, pour $i = 1$, on a $u = 3$ et pour $i = 2$, on a $u = 1,5 \times 3 = 4,5$. Le programme affiche $u = 4,5$.

Si $n = 3$, alors comme i varie de 1 à 3, pour $i = 1$, on a $u = 3$, pour $i = 2$, on a $u = 4,5$ et pour $i = 3$, on a $u = 1,5 \times 4,5 = 6,75$. Le programme affiche $u = 6,75$.

2. a) La suite (U_n) est une suite géométrique de raison $q = 1,5$ et de premier terme $U_0 = 2$.

b) $U_n = 2 \times 1,5^n$

3. a) $S_0 = U_0 = 2$;
$S_1 = U_0 + U_1 = 2 + 2 \times 1,5 = 5$;
$S_2 = U_0 + U_1 + U_2 = 2 + 3 + 4,5 = 9,5$.

b) Voici l'algorithme modifié :

> **Entrée** : Saisir la valeur de l'entier naturel n
> **Traitement** : Affecter 2 à la valeur u
> Affecter 2 à la variable S
> Pour i variant de 1 à n
> Affecter $1,5u$ à u
> Affecter $S + u$ à S
> Fin de pour
> **Sortie** : Afficher S

c) $S_n = U_0 + U_1 + U_2 + \ldots + U_n = U_0 \times \dfrac{1 - q^{n+1}}{1 - q}$
$= 2 \times \dfrac{1 - (1,5)^{n+1}}{1 - 1,5} = 4 \times (1,5^{n+1} - 1)$.

d) Comme $1,5 > 1$, alors $\lim\limits_{n \to +\infty} 1,5^{n+1} = +\infty$ et donc $\lim\limits_{n \to +\infty} (1,5^{n+1} - 1) = +\infty$. Ainsi, $\lim\limits_{n \to +\infty} S_n = +\infty$.

Exercice 7

1. $U_0 = 0$; $U_1 = 1$; $U_2 = 4$; $U_3 = 25$.

(U_n) n'est pas une suite géométrique, car $\dfrac{U_2}{U_1} \neq \dfrac{U_3}{U_2}$.

2. $\lim\limits_{n \to +\infty} U_n = \lim\limits_{n \to +\infty} n^2 = +\infty$.

3. $S_{n+1} = S_n + (n+1)^2 > S_n$.

4. Comme $S_n = \dfrac{n(n+1)(2n+1)}{6}$, alors
$1^2 + 2^2 + 3^2 + \ldots + 10^2 = S_{10} = \dfrac{10 \times 11 \times 21}{6} = 385$.

Exercice 8

1. À la fin du mois de janvier, Pierre aura dépensé 20 % des 30 euros versés pas ses parents. Il lui restera donc 80 % de cette somme, soit $30 \times 0,80 = 24$ euros.

2. a) Au 31 janvier, il lui restait 24 euros, auxquels s'ajoutent le lendemain (1er février) les 30 euros mensuels. On a donc $U_2 = 24 + 30 = 54$ euros.

b) Pierre a U_n euros le premier du $n$ième mois. Il en dépense 20 %, donc il lui en reste 80 %, soit $0,80 U_n$. Le premier du mois suivant s'ajoutent les 30 euros, donc $U_{n+1} = 0,80 U_n + 30$.

c) Le capital acquis le 1er avril 2015 correspond à U_5.

> **Initialisation**
> Affecter à i la valeur 1
> Affecter à u la valeur 30
> **Traitement**
> Tant que $i < 4$
> Affecter à u la valeur $0,8 U_n + 30$
> Affecter à i la valeur $i + 1$
> Fin Tant que
> **Sortie**
> Afficher u

3.

n	21	22	23	24	25
U_n	148,62	148,89	149,12	149,29	149,43

n	26	27	28	29	30
U_n	149,55	149,64	149,71	149,77	149,81

La suite U_n semble être croissante et avoir pour limite 150.

4. Pierre disposera de 149,90 euros lorsque $p = 150 - 149,90 = 0,10$.

Exercice 9

1. Graphiquement, il semble que $\lim\limits_{x \to +\infty} f(x) = +\infty$ et $\lim\limits_{x \to -\infty} f(x) = 2$.

2. La fonction f semble croissante sur $\mathbb{R}$. Voici son tableau de variation :

x	$-\infty$		$+\infty$
$f'(x)$		+	
$f(x)$	2	↗	$+\infty$

Exercice 10

1. Graphiquement, il semble que :

$\lim\limits_{x \to +\infty} f(x) = 1$; $\lim\limits_{x \to -\infty} f(x) = 0$;

$\lim\limits_{x \to -1^-} f(x) = -\infty$; $\lim\limits_{x \to -1^+} f(x) = +\infty$.

2. Voici son tableau de variation :

x	$-\infty$		-1		$+\infty$
$f'(x)$		$-$	‖	$-$	
$f(x)$	0 ↘ $-\infty$		‖	$+\infty$ ↘ 1	

3. La courbe C_f admet en tout trois asymptotes parallèles aux axes d'équation $y = 0$; $y = 1$ et $x = -1$.

Exercice 11

1. Comme $\lim\limits_{x \to -1^+} x + 1 = 0^+$, alors $\lim\limits_{x \to -1^+} \dfrac{1}{x+1} = +\infty$.

2. On a de plus $\lim\limits_{x \to -1^+} x^2 + 3 = 4$ donc
$\lim\limits_{x \to -1^+} \dfrac{x^2 + 3}{x + 1} = \lim\limits_{x \to -1^+} \dfrac{4}{x + 1} = +\infty$.

3. Comme $\lim\limits_{x \to -1^-} x + 1 = 0^-$, alors $\lim\limits_{x \to -1^+} \dfrac{1}{x+1} = -\infty$.

De plus, $\lim\limits_{x \to -1^-} x^2 + 3 = 4$ donc
$\lim\limits_{x \to -1^-} \dfrac{x^2 + 3}{x + 1} = \lim\limits_{x \to -1^-} \dfrac{4}{x + 1} = -\infty$.

4. On calcule les limites en $+\infty$ et en $-\infty$ de la fonction f à l'aide de la nouvelle écriture :

$f(x) = \dfrac{x + \dfrac{3}{x}}{1 + \dfrac{1}{x}}$.

$\lim\limits_{x \to +\infty} x + \dfrac{3}{x} = +\infty$ et $\lim\limits_{x \to +\infty} 1 + \dfrac{1}{x} = 1$ donc par la limite du quotient : $\lim\limits_{x \to +\infty} f(x) = +\infty$.

$\lim\limits_{x \to -\infty} x + \dfrac{3}{x} = -\infty$ et $\lim\limits_{x \to -\infty} 1 + \dfrac{1}{x} = 1$ donc par la limite du quotient : $\lim\limits_{x \to -\infty} f(x) = -\infty$.

Exercice 12

1. a) $\lim\limits_{x \to +\infty} 1 - x^3 = \lim\limits_{x \to +\infty} -x^3 = -\infty$

b) Comme $\lim\limits_{X \to -\infty} X^3 = -\infty$ et en posant $X = 1 - x^3$, on a $\lim\limits_{x \to +\infty} f(x) = -\infty$.

2. a) $\lim\limits_{x \to -\infty} 1 - x^3 = \lim\limits_{x \to -\infty} -x^3 = +\infty$

b) Comme $\lim\limits_{X \to +\infty} X^3 = +\infty$ et en posant $X = 1 - x^3$, on a $\lim\limits_{x \to +\infty} f(x) = +\infty$.

Exercice 13

1. a) $\lim\limits_{x \to 0^+} 2x + 1 = 1$ et $\lim\limits_{x \to 0^+} -\dfrac{1}{x^2} = -\infty$.

Par addition des limites, on a $\lim\limits_{x \to 0^+} f(x) = -\infty$.

$\lim\limits_{x \to +\infty} 2x + 1 = +\infty$ et $\lim\limits_{x \to +\infty} -\dfrac{1}{x^2} = 0$.

Par addition des limites, on a $\lim\limits_{x \to +\infty} f(x) = +\infty$.

b) $\lim\limits_{x \to 0^+} f(x) = -\infty$ implique que C_f admet une asymptote verticale d'équation $x = 0$.

$\lim\limits_{x \to +\infty} f(x) = +\infty$ n'implique pas que C_f admet une asymptote en $+\infty$.

2. a) La fonction affine $x \mapsto 2x + 1$ admet pour dérivée la fonction constante 2.

La fonction $x \mapsto -\dfrac{1}{x^2}$ est de la forme $-\dfrac{1}{u}$ où $u = x^2$. On sait que $\left(-\dfrac{1}{u}\right)' = \dfrac{u'}{u^2}$ avec $u' = 2x$,

donc $\left(-\dfrac{1}{x^2}\right)' = \dfrac{2x}{x^4} = \dfrac{2}{x^3}$.

Ainsi, $f'(x) = 2 + \dfrac{2}{x^3}$.

b) Comme $x > 0$, alors $\dfrac{2}{x^3}$ et donc $f'(x) > 0$. On en déduit le tableau de variation de f :

x	0		$+\infty$
$f'(x)$		$+$	
$f(x)$	$-\infty$	↗	$+\infty$

3. a) Pour tout réel x de $]0 ; +\infty[$,
$g(x) = 2x + 1 - \dfrac{1}{x^2} - (2x + 1) = -\dfrac{1}{x^2}$.

b) Pour tout réel x de $]0 ; +\infty[$, $-\dfrac{1}{x^2} < 0$.

c) $\lim\limits_{x \to +\infty} g(x) = \lim\limits_{x \to +\infty} -\dfrac{1}{x^2} = 0$.

Exercice 14

1.

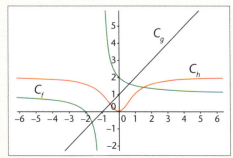

2. L'expression $\dfrac{x}{x+1}$ peut s'écrire :

$\dfrac{x+1-1}{x+1} = \dfrac{x+1}{x+1} - \dfrac{1}{x+1} = 1 - \dfrac{1}{x+1}$.

Ainsi, $\lim\limits_{x \to +\infty} 1 - \dfrac{1}{x+1} = 1$. De plus, $\lim\limits_{x \to +\infty} \dfrac{2}{x+1} = 0$, alors par addition des limites, $\lim\limits_{x \to +\infty} \dfrac{x}{x+1} + \dfrac{2}{x+1} = 1$.

Comme $\lim\limits_{x \to +\infty} f(x) = 1$, on peut en déduire que $f(x) = \dfrac{x}{x+1} + \dfrac{2}{x+1}$.

3. Graphiquement, $g(0) = 1$ et $g(1) = 2$.
Donc $g(0) = b = 1$ et $g(1) = a + b = a + 1 = 2$.
On en déduit que $a = 1$ et l'expression générale de la fonction affine est $g(x) = x + 1$.

4. Graphiquement, $\lim\limits_{x \to +\infty} h(x) = 2$
et $\lim\limits_{x \to +\infty} \dfrac{cx^2}{1+x^2} = \lim\limits_{x \to +\infty} \dfrac{cx^2}{x^2} = c$, d'où $c = 2$.

Ainsi, $h(x) = \dfrac{2x^2}{1+x^2}$.

Exercice 15

1. Réponse C. L'ensemble de définition I est $]-\infty\,;-2[\,\cup\,]-2\,;2[\,\cup\,]2\,;+\infty[$.

2. Réponse A. La limite en $+\infty$ de la fonction f est égale à 2.

3. Réponse C. La limite en 2 par valeurs supérieures de la fonction f est égale à $+\infty$.

4. Réponse A. C_f admet deux asymptotes verticales d'équation $x = 2$ et $x = -2$.

Exercice 16

1. L'ensemble de définition I de la fonction f est l'ensemble des réels $\mathbb{R}$, car pour tout x réel, $1 + x^2 \neq 0$.

2. $f(x)$ peut s'écrire sous la forme $f(x) = h(g(x))$ avec $g(x) = \dfrac{x^2}{1+x^2}$ et $h(x) = x^3$.

3. $\lim\limits_{x \to +\infty} g(x) = \lim\limits_{x \to +\infty} \dfrac{x^2}{1+x^2} = \lim\limits_{x \to +\infty} \dfrac{x^2}{x^2} = 1$

4. $\lim\limits_{x \to +\infty} f(x) = \lim\limits_{x \to +\infty} h(g(x)) = h(1) = 1$

Exercice 17

a) $f'(x) = 2x + 3x^2$

b) $g'(x) = 1 - 12x^3 + 2x^2$

c) $h'(x) = -\dfrac{1}{x^2} + \dfrac{4}{x^3}$

d) $i'(x) = \cos x - \sin x$

e) $j'(x) = 2\cos(2x - 1) + 3\sin(-3x + 2)$

Exercice 18

a) $f'(x) = 1 + 2x + 3x^2$

b) $g'(x) = 3 \times (1 + 2x)(x + x^2)^2 = (3 + 6x)(x + x^2)^2$

c) $h'(x) = -\dfrac{2(2x)}{(1+x^2)^2} = -\dfrac{4x}{(1+x^2)^2}$

d) $i'(x) = \dfrac{(\sin x)'(2+\cos x) - \sin x \,(2+\cos x)'}{(2+\cos x)^2}$

$= \dfrac{\cos x(2+\cos x) - \sin x(-\sin x)}{(2+\cos x)^2} = \dfrac{1 + 2\cos x}{(2+\cos x)^2}$

e) $j'(x) = 5 \times (-2)(3 - 2x)^4 = -10(3 - 2x)^4$

f) $k'(x) = -\dfrac{3(x+2)^2}{(x+2)^6} = -\dfrac{3}{(x+2)^4}$

Exercice 19

Soit K un réel quelconque. Les primitives des fonctions sont les suivantes :

a) $F(x) = \dfrac{3}{2}x^2 - 5x + K$

b) $G(x) = \dfrac{x^2}{2} - \dfrac{x^3}{6} + K$

c) $H(x) = 6x - \dfrac{1}{x} + \dfrac{1}{x^2} + K$

d) $I(x) = -\cos x + \sin x + K$

e) $J(x) = -\dfrac{1}{2}\cos(2x + 1) + \dfrac{1}{3}\sin(3x - 2) + K$

Exercice 20

Soit K un réel quelconque. Les primitives des fonctions sont les suivantes :

a) f est de la forme $u' \cdot u$ avec $u = x^2 - 5$ et $u' = 2x$, donc une primitive de f est $F = \dfrac{u^2}{2}$ et donc $F(x) = \dfrac{(x^2 - 5)^2}{2} + K$.

b) g est de la forme $\dfrac{1}{3}u' \cdot u$ avec $u = x^3 - 1$ et $u' = 3x^2$, donc une primitive de g est $G = \dfrac{1}{3} \times \dfrac{u^2}{2}$ et donc $G(x) = \dfrac{1}{3}\dfrac{(x^3 - 1)^2}{2} = \dfrac{(x^3 + 1)^2}{6} + K$.

c) h est de la forme $\dfrac{1}{2}u' \cdot u^3$ avec $u = x^2 + 2x + 1$ et $u' = 2x + 2$, donc une primitive de h est $H = \dfrac{1}{2} \times \dfrac{u^4}{4}$

et donc $H(x) = \dfrac{1}{2}\dfrac{(x^2 + 2x + 1)^4}{4} + K$

$= \dfrac{(x^2 + 2x + 1)^4}{8} + K$.

d) i est de la forme $\dfrac{1}{2}\dfrac{u'}{u^2}$ avec $u = x^2 + 1$ et $u' = 2x$, donc une primitive de i est $I = -\dfrac{1}{2} \times \dfrac{1}{u}$ et donc $I(x) = -\dfrac{1}{2(x^2 + 1)} + K$.

e) j est de la forme $\dfrac{-u'}{u^3}$ avec $u = 3 + \cos x$ et $u' = -\sin x$, donc une primitive de j est $J = \dfrac{1}{2u^2}$ et donc $J(x) = \dfrac{1}{2(3 + \cos x)^2} + K$.

Exercice 21

a) $f(x) = 2x(x^2 - 5)$ a pour primitives :
$F(x) = \dfrac{(x^2 - 5)^2}{2} + K$ avec K réel. Comme $F(0) = 1$, alors $\dfrac{25}{2} + K = 0$, d'où $K = -\dfrac{25}{2}$.

Ainsi, $F(x) = \dfrac{(x^2 - 5)^2}{2} - \dfrac{25}{2}$.

b) $g(x) = x^2(x^3 - 1)$ a pour primitives :
$G(x) = \dfrac{(x^3 - 1)^2}{6} + K$ avec K réel. Comme $G(1) = 0$, alors $K = 0$ et $G(x) = \dfrac{(x^3 - 1)^2}{6}$.

c) $h(x) = (x + 1)(x^2 + 2x + 1)^3$ a pour primitives :
$H(x) = \dfrac{(x^2 + 2x + 1)^4}{8} + K$ avec K réel.

Comme $H(0) = 0$, alors $\dfrac{1}{8} + K = 0$, donc $K = -\dfrac{1}{8}$.

Ainsi, $H(x) = \dfrac{(x^2 + 2x + 1)^4}{8} - \dfrac{1}{8}$.

Exercice 22

1. a) Il faut calculer la fonction dérivée de la fonction G. G est de la forme $\dfrac{-4,5}{u}$ où $u = x^2 + 3$, alors $G = \dfrac{4,5u'}{u^2}$. Donc $G'(x) = \dfrac{4,5(2x)}{(x^2 + 3)^2} = \dfrac{9x}{(x^2 + 3)^2}$.

G est bien une primitive de la fonction f.

b) On sait que $F(1) = 0$ et que pour tout réel x, on a $F(x) = -\dfrac{4,5}{x^2 + 3} + K$ où K est un réel que l'on va déterminer.
$F(1) = 0$ implique $-\dfrac{4,5}{4} + K = 0$ et donc $K = \dfrac{9}{8}$. On en déduit que $F(x) = -\dfrac{4,5}{x^2 + 3} + \dfrac{9}{8}$.

2. a) $\lim\limits_{x \to +\infty} x^2 + 3 = +\infty$ donc $\lim\limits_{x \to +\infty} -\dfrac{4,5}{x^2 + 3} = 0$, alors $\lim\limits_{x \to +\infty} F(x) = \dfrac{9}{8}$.

$\lim\limits_{x \to -\infty} x^2 + 3 = +\infty$, donc $\lim\limits_{x \to -\infty} -\dfrac{4,5}{x^2 + 3} = 0$, alors $\lim\limits_{x \to -\infty} F(x) = \dfrac{9}{8}$.

b) La courbe représentative de la fonction F admet une asymptote horizontale en $+\infty$ et $-\infty$ d'équation $y = \dfrac{9}{8}$.

3. $F(x) = -\dfrac{4,5}{x^2 + 3} + \dfrac{9}{8}$ est définie pour tout x réel et admet pour fonction dérivée $F'(x) = f(x) = \dfrac{9x}{(x^2 + 3)^2}$.

Comme $(x^2 + 3)^2 > 0$, alors le signe de $F'(x)$ dépend du signe de $9x$.
Tableau de variation :

x	$-\infty$		0		$+\infty$
$9x$		$-$	0	$+$	
$F'(x)$		$-$	0	$+$	
$F(x)$	$\dfrac{9}{8}$	↘	1	↗	$\dfrac{9}{8}$

4. L'équation de la tangente à la courbe C_F représentative de la fonction F au point d'abscisse 1 a pour expression : $y = F'(1)(x - 1) + F(1)$. Comme $F'(1) = f(1) = \dfrac{9}{16}$ et $F(1) = 0$, on en déduit l'expression de la tangente : $y = \dfrac{9}{16}(x - 1)$.

Exercice 23

Soit f la fonction définie sur un intervalle I par $f(x) = \dfrac{2}{(x^2 + 2)^2}$.

1. L'ensemble de définition de la fonction f est $\mathbb{R}$, car pour tout x réel, $x^2 + 2 > 0$.

2. $\lim\limits_{x \to +\infty} x^2 + 2 = +\infty$, donc $\lim\limits_{x \to +\infty} \dfrac{2}{(x^2 + 3)^2} = 0$, alors $\lim\limits_{x \to +\infty} f(x) = 0$.

$\lim\limits_{x \to -\infty} x^2 + 2 = +\infty$, donc $\lim\limits_{x \to -\infty} \dfrac{2}{(x^2 + 3)^2} = 0$, alors $\lim\limits_{x \to -\infty} f(x) = 0$.

3. $f'(x) = -\dfrac{2 \times 2 \times 2x(x^2 + 2)}{(x^2 + 2)^4} = \dfrac{-8x}{(x^2 + 2)^3}$.

Pour tout x réel, $f'(x)$ est du signe de $-8x$. Ainsi, pour $x < 0$, $f'(x) > 0$ et pour $x > 0$, $f'(x) < 0$. On peut en déduire que f est croissante pour $x < 0$ et décroissante pour $x > 0$.

4. Le tableau de variation de la fonction f est :

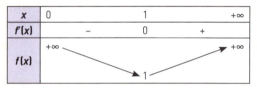

Exercice 24

1. a) ln 18 = ln(2 × 3 × 3) = ln2 + ln3 + ln3 = ln2 + 2ln3
b) ln 648 = ln(2^3 × 3^4) = ln2^3 + ln3^4 = 3ln2 + 4ln3
c) ln$\left(\dfrac{32}{243}\right)$ = ln$\left(\dfrac{2^4}{3^5}\right)$ = ln2^4 − ln3^5 = 4ln2 − 5ln3

2. a) ln 1 000 = ln10^3 = ln(5^3 × 2^3)
= ln5^3 + ln2^3 = 3ln5 + 3ln2
b) ln$\left(\dfrac{25}{64}\right)$ = ln$\left(\dfrac{5^2}{2^6}\right)$ = ln5^2 − ln2^6
c) ln 6,25 = ln$\dfrac{25}{4}$ = ln5^2 − ln2^2 = 2ln5 − 2ln2.

Exercice 25

a) $0,8^x \leq 0,06 \Leftrightarrow \ln(0,8^x) \leq \ln(0,06)$
$\Leftrightarrow x\ln(0,8) \leq \ln(0,06)$
Comme ln(0,8) < 0 alors $x \geq \dfrac{\ln(0,06)}{\ln(0,8)}$ soit $x \geq 12,6$.

b) $1,05^x \geq 2 \Leftrightarrow \ln(1,05^x) \geq \ln(2) \Leftrightarrow x\ln(1,05) \geq \ln(2)$
Comme ln(1,05) > 0, alors $x \geq \dfrac{\ln(2)}{\ln(1,05)}$. Soit $x \geq 14,2$.

Exercice 26

1. $\lim\limits_{x \to 0} \ln x = -\infty$ et $\lim\limits_{x \to 0} x = 0$
donc $\lim\limits_{x \to 0} x - \ln x = \lim\limits_{x \to 0} f(x) = +\infty$.
La courbe représentative de la fonction f admet une asymptote verticale d'équation $x = 0$.

2. Pour déterminer la limite de f en +∞, il faut transformer l'expression de f en factorisant par x.
Ainsi, $f(x) = x\left(1 - \dfrac{\ln x}{x}\right)$.
Comme $\lim\limits_{x \to +\infty} \dfrac{\ln x}{x} = 0$ et $\lim\limits_{x \to +\infty} x = +\infty$, alors par la multiplication des limites, $\lim\limits_{x \to +\infty} f(x) = +\infty$.

3. Pour tout $x \in]0 ; +\infty[$, $f'(x) = 1 - \dfrac{1}{x} = \dfrac{x-1}{x}$.

4. Pour tout $x \in]0 ; +\infty[$, $x - 1 < 0$ pour $x \in]0 ; 1[$ et $x - 1 > 0$ pour $x \in]1 ; +\infty[$. On en déduit que $f'(x) < 0$ pour $x \in]0 ; 1[$ et que $f'(x) > 0$ pour $x \in]1 ; +\infty[$.

Le tableau de variation de f sur $]0 ; +\infty[$ est :

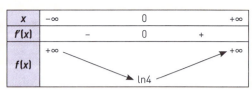

5. $f(e) = e - \ln e = e - 1$ et $f'(e) = \dfrac{e-1}{e}$.

L'expression de l'équation de la tangente à la courbe représentative de f au point d'abscisse e est : $y = f'(e)(x - e) + f(e)$. Ainsi, $y = \dfrac{e-1}{e}(x-e) + e - 1$.

En simplifiant, on obtient : $y = \dfrac{e-1}{e}x + 2e - 2$.

Exercice 27

1. $\lim\limits_{x \to +\infty} 4 + x^2 = +\infty$ et $\lim\limits_{X \to +\infty} \ln X = +\infty$.

En posant $X = 4 + x^2$, on a $\lim\limits_{x \to +\infty} \ln(4 + x^2) = +\infty$.
Ainsi, $\lim\limits_{x \to +\infty} f(x) = +\infty$.
De même $\lim\limits_{x \to -\infty} 4 + x^2 = +\infty$ et $\lim\limits_{X \to +\infty} \ln X = +\infty$.
En posant $X = 4 + x^2$, on a $\lim\limits_{x \to -\infty} \ln(4 + x^2) = +\infty$.
Ainsi, $\lim\limits_{x \to -\infty} f(x) = +\infty$.

2. Pour tout x réel, la fonction f est de la forme ln u où $u = 4 + x^2$. De plus ln u a pour dérivée $\dfrac{u'}{u}$, alors $f'(x) = \dfrac{2x}{4 + x^2}$.

3. Pour tout x réel, $f'(x)$ est du signe de 2x, donc $f'(x) > 0$ pour $x > 0$.
Tableau de variation de la fonction f :

x	−∞		0		+∞
f'(x)		−	0	+	
f(x)	+∞	↘	ln4	↗	+∞

4. $f(e) = \ln(4 + e^2)$.
$f'(e) = \dfrac{2e}{4 + e^2}$.

L'expression de l'équation de la tangente à la courbe représentative de f au point d'abscisse e est : $y = f'(e)(x - e) + f(e)$.

Ainsi, $y = \dfrac{2e}{4 + e^2}(x - e) + \ln(4 + e^2)$.

En simplifiant, on obtient :
$y = \dfrac{2e}{4 + e^2}x - \dfrac{2e^2}{4 + e^2} + \ln(4 + e^2)$.

Exercice 28

1. $\lim\limits_{x \to +\infty} x^2 = +\infty$ et $\lim\limits_{x \to +\infty} \dfrac{4}{x+1} = 0$, alors par addition des limites : $\lim\limits_{x \to +\infty} f(x) = +\infty$.

$\lim\limits_{x \to -1^+} x^2 = 1$ et $\lim\limits_{x \to -1^+} \dfrac{4}{x+1} = +\infty$, alors par addition des limites : $\lim\limits_{x \to -1^+} f(x) = +\infty$.

2. Comme $\lim\limits_{x \to -1^+} f(x) = +\infty$, la courbe représentative de f admet une asymptote verticale d'équation $x = -1$.

3. f est définie pour tout $x > -1$ et a pour fonction dérivée $f'(x) = 2x - \dfrac{4}{(x+1)^2} = \dfrac{2x(x+1)^2 - 4}{(x+1)^2}$
$= \dfrac{2x^3 + 4x^2 + 2x - 4}{(x+1)^2}$.

4. f admet des primitives sur $]-1\,;+\infty[$. Soit F ces primitives et ainsi, $F(x) = \dfrac{x^3}{3} + 4\ln(x+1) + K$.

Comme $F(0) = 0$, on a $F(0) = 0 + \ln 1 + K = 0$. On en déduit que $K = 0$ et que pour tout x appartenant à $]-1\,;+\infty[$, $F(x) = \dfrac{x^3}{3} + 4\ln(x+1)$.

Exercice 29

1. $f(10^2) = \dfrac{10}{\ln(10)} \times \ln(10^2) + 120$
$= \dfrac{10}{\ln(10)} \times 2\ln(10) + 120 = 20 + 120 = 140$.

$f(10^3) = \dfrac{10}{\ln(10)} \times \ln(10^3) + 120$
$= \dfrac{10}{\ln(10)} \times 3\ln(10) + 120 = 30 + 120 = 150$.

Il semble que le niveau sonore est augmenté de 10 dB lorsque l'intensité acoustique est multipliée par 10 (de 10^2 à 10^3).

2. $f(10^2) = 140$.
$f(2 \times 10^2) = \dfrac{10}{\ln(10)} \times \ln(2 \times 10^2) + 120$
$= \dfrac{10}{\ln(10)} \times (\ln 2 + 2\ln(10)) + 120$
$= \dfrac{10\ln 2}{\ln 10} + 20 + 120 = 3{,}01 + 140$

Il semble que lorsque l'intensité acoustique est multipliée par 2, le niveau sonore est augmenté d'environ 3 dB.

3. Déterminer l'intensité acoustique à partir de laquelle le port d'un tel casque est conseillé revient à résoudre l'équation suivante :

$f(x) = \dfrac{10}{\ln(10)} \times \ln(x) + 120 = 85$.

On a donc : $\ln x = -45 \times \dfrac{\ln 10}{10} = -4{,}5 \ln 10$.

Ainsi, $x = e^{-4{,}5\ln 10} = 3{,}16 \times 10^{-5}$ W/m^2.

Exercice 30

a) $e^{\ln 3} = 3$

b) $e^{-\ln 6} = \dfrac{1}{e^{\ln 6}} = \dfrac{1}{6}$

c) $e^{5\ln 3} = e^{\ln 3^5} = 3^5$

d) $\ln(e^3) = 3$

e) $e^3 e^{-4} = e^{3-4} = e^{-1} = \dfrac{1}{e}$

f) $\dfrac{e^{x+2}}{e^{3x-1}} = e^{x+2-(3x-1)} = e^{-2x+3}$

Exercice 31

a) $e^x = 2 \Leftrightarrow \ln e^x = \ln 2 \Leftrightarrow x = \ln 2$

b) L'équation $e^x + 2 = 0$ n'a pas de solution, car pour tout x réel, $e^x > 0$.

c) $e^{x+1} = 2 \Leftrightarrow \ln e^{x+1} = \ln 2 \Leftrightarrow x + 1 = \ln 2 \Leftrightarrow x = \ln 2 - 1$

d) $\ln(2x) = 3 \Leftrightarrow e^{\ln(2x)} = \ln 3 \Leftrightarrow 2x = \ln 3 \Leftrightarrow x = \dfrac{\ln 3}{2}$

e) $\ln(x+1) = 5 \Leftrightarrow e^{\ln(x+1)} = \ln 5 \Leftrightarrow x + 1 = \ln 5 \Leftrightarrow x = \ln 5 - 1$

Exercice 32

a) $\lim\limits_{x \to +\infty} e^x + 3x = +\infty$ par addition des limites.

b) $\lim\limits_{x \to -\infty} e^x = 0$ et $\lim\limits_{x \to -\infty} 3x = -\infty$, donc par addition des limites : $\lim\limits_{x \to -\infty} e^x + 3x = -\infty$.

c) En factorisant l'expression par x, on obtient $e^x - 2x = x\left(\dfrac{e^x}{x} - 2\right)$. On sait que $\lim\limits_{x \to +\infty} \dfrac{e^x}{x} = +\infty$ et que $\lim\limits_{x \to +\infty} x = +\infty$. On en déduit par multiplication des limites que $\lim\limits_{x \to +\infty} x\left(\dfrac{e^x}{x} - 2\right) = +\infty$

d) $\lim\limits_{x \to +\infty} e^{-x} = 0$ et $\lim\limits_{x \to +\infty} 3x = +\infty$ donc par addition des limites : $\lim\limits_{x \to +\infty} e^{-x} + 3x = +\infty$.

e) En factorisant le dénominateur par e^x, on obtient : $\dfrac{e^x}{e^x + 2} = \dfrac{e^x}{e^x\left(1 + \dfrac{2}{e^x}\right)} = \dfrac{1}{1 + \dfrac{2}{e^x}}$.

$\lim\limits_{x \to +\infty} \dfrac{2}{e^x} = 0$, donc $\lim\limits_{x \to +\infty} \dfrac{1}{1+\dfrac{2}{e^x}} = 1$.

f) $-\dfrac{x^2}{x^2+1} = -\dfrac{x^2}{x^2\left(1+\dfrac{1}{x^2}\right)} = -\dfrac{1}{1+\dfrac{1}{x^2}}$.

$\lim\limits_{x \to +\infty} -\dfrac{x^2}{x^2+1} = \lim\limits_{x \to +\infty} -\dfrac{1}{1+\dfrac{1}{x^2}} = -1$, on en déduit que $\lim\limits_{x \to +\infty} e^{-\frac{x^2}{x^2+1}} = e^{-1}$.

g) Comme $\lim\limits_{x \to +\infty} -3x+1 = -\infty$, alors $\lim\limits_{x \to +\infty} e^{-3x+1} = 0$.

Exercice 33

1. $\lim\limits_{x \to +\infty} x^2 = +\infty$ et $\lim\limits_{x \to +\infty} e^x = +\infty$, donc par la multiplication des limites : $\lim\limits_{x \to +\infty} x^2 e^x = +\infty$.

2. $f'(x) = 2xe^x + x^2 e^x = (x^2 + 2x)e^x = xe^x(2+x)$.

3. Comme pour tout x réel, $e^x > 0$, le signe de $f'(x)$ dépend du signe de $xe^x(2+x)$.
Le tableau de variation de f est donc :

x	$-\infty$		-2		0		$+\infty$
x		$-$		$-$	0	$+$	
$2+x$		$-$	0	$+$		$+$	
$f'(x)$		$+$	0	$-$	0	$+$	
$f(x)$	0	↗	$f(-2)$	↘	$f(0)$	↗	$+\infty$

4. Si F est une primitive de f, alors on a $F'(x) = f(x)$.
$F'(x) = (2x-2)e^x + (x^2 - 2x + 2)e^x$
$= e^x(2x - 2 + x^2 - 2x + 2) = e^x(x^2)$.

Exercice 34

1. $f(0,5) = 35e^{-1,6 \times 0,5} - 30 = 35e^{-0,8} - 30 = -14,3$ °C.
La température atteinte par les ailerons au bout de 30 minutes est $-14,3$ °C.

2. $f'(t) = 35 \times (-1,6)e^{-1,6t} - 0 = -56e^{-1,6t}$. Comme $e^{-1,6t} > 0$ pour tout $t \geq 0$, alors $f'(t) < 0$ pour tout $t \geq 0$. La fonction est décroissante sur $[0 \,;\, +\infty[$.

3. La température des ailerons au bout d'une heure et demie correspond à :
$f(1,5) = 35e^{-1,6 \times 1,5} - 30 = 35e^{-2,4} - 30 = -28,8$ °C. Oui, la température des ailerons est conforme au cahier des charges.

4. $f(t) = -24 \Leftrightarrow 35e^{-1,6t} - 30 = -24 \Leftrightarrow 35e^{-1,6t} = 6$
$\Leftrightarrow e^{-1,6t} = \dfrac{6}{35} \Leftrightarrow t = -\dfrac{1}{1,6}\ln\dfrac{6}{35} = 1,10$ h.

La température des ailerons sera de -24 °C au bout de 1 heure et 6 minutes.

Exercice 35

1. $\lim\limits_{x \to +\infty} e^{-2x} = 0$ et $\lim\limits_{x \to +\infty} 5x = +\infty$, donc par addition des limites : $\lim\limits_{x \to +\infty} e^{-2x} + 5x = +\infty$.

2. $f'(x) = -2e^{-2x} + 5$.

Pour tout x réel, $f'(x) > 0 \Leftrightarrow -2e^{-2x} + 5 > 0 \Leftrightarrow e^{-2x} < \dfrac{5}{2}$

$\Leftrightarrow -2x < \ln\left(\dfrac{5}{2}\right) \Leftrightarrow x > -\dfrac{1}{2}\ln\left(\dfrac{5}{2}\right) \Leftrightarrow x > \dfrac{1}{2}\ln\left(\dfrac{2}{5}\right)$.

Par conséquent, la fonction f est croissante sur $\left]\dfrac{1}{2}\ln\left(\dfrac{2}{5}\right) \,;\, +\infty\right[$ et décroissante sur $\left]-\infty \,;\, \dfrac{1}{2}\ln\left(\dfrac{2}{5}\right)\right[$.

3. Le tableau de variation de la fonction f sur $\mathbb{R}$ est :

x	$-\infty$		$\dfrac{1}{2}\ln\left(\dfrac{2}{5}\right)$		$+\infty$
$f'(x)$		$-$	0	$+$	
$f(x)$	$+\infty$	↘	$f\left(\dfrac{1}{2}\ln\left(\dfrac{2}{5}\right)\right) = 0,209$	↗	$+\infty$

4. a) L'équation $f(x) = 2$ admet deux solutions.
b) Les deux solutions sont $-0,96$ et $0,29$.

Exercice 36

a) $\displaystyle\int_1^2 (x^2 - x)\,dx = \left[\dfrac{x^3}{3} - \dfrac{x^2}{2}\right]_1^2 = \dfrac{8}{3} - 2 - \dfrac{1}{3} + \dfrac{1}{2} = \dfrac{5}{6}$

b) $\displaystyle\int_0^{\frac{\pi}{2}} \sin x\,dx = [-\cos x]_0^{\frac{\pi}{2}} = 1$ u. a.

c) $\displaystyle\int_{-1}^2 (2t^2 - 4)\,dt = \left[\dfrac{2t^3}{3} - 4t\right]_{-1}^2 = \dfrac{16}{3} - 8 + \dfrac{2}{3} - 4 = -6$ u. a.

d) $\displaystyle\int_1^4 \left(3x^2 - \dfrac{1}{x^2}\right)dx = \left[x^3 + \dfrac{1}{x}\right]_1^4 = 64 + \dfrac{1}{4} - 2 = \dfrac{257}{4}$ u. a.

e) $\displaystyle\int_1^2 \dfrac{(x^2 - x)}{x^2}\,dx = \int_1^2 1 - \dfrac{1}{x}\,dx = [x - \ln x]_1^4$
$= 4 - \ln 4 - 1 = 3 - \ln 4$ u. a.

Exercice 37

1. $h(x) = ax^2 + bx + c$ avec a, b et c réels non nuls et d'après la représentation graphique, $h(0) = 2$ implique $c = 2$.
$h(1) = 1$ implique $a + b + c = 1$, donc $a + b = -1$.
Aussi, $h(2) = 2$ donne $4a + 2b = 0$.
Il suffit de résoudre le système suivant : $\begin{cases} a + b = -1 \\ 4a + 2b = 0 \end{cases}$

On obtient alors $a = 1$, $b = -2$ et $c = 2$. La fonction h a pour expression $h(x) = x^2 - 2x + 2$.

2. $\int_{-1}^{4} h(x)dx$ correspond à l'aire comprise entre les droites d'équation $x = -1$; $x = 4$; l'axe des abscisses et la représentation graphique de la fonction h.

3. $\int_{-1}^{4} h(x)dx = \int_{-1}^{4} x^2 - 2x + 2 \, dx = \left[\dfrac{x^3}{3} - x^2 + 2x\right]_{-1}^{4}$

$= \dfrac{64}{3} - 16 + 8 + \dfrac{1}{3} + 1 + 2$

$= \dfrac{65}{3} + 11 = \dfrac{98}{3}$ u. a.

Exercice 38

1. On remarque graphiquement que la fonction affine est au-dessus de la parabole. Ainsi, pour x réel, $f(x) > g(x)$.

2. $I = \int_{0}^{3} f(x) - g(x) \, dx$

3. $I = \int_{0}^{3} x + 6 + 0,5x^2 - 5 \, dx = \left[\dfrac{x^2}{2} + x + \dfrac{1}{6}x^3\right]_{0}^{3}$

$= \dfrac{9}{2} + 3 + \dfrac{27}{6} = \dfrac{72}{6} = 12$ u. a.

Exercice 39

Partie A

1. On éteint le chauffage dans la pièce, donc la température baisse en fonction du temps, $f(t)$ est la température de la pièce exprimée en degrés Celsius, donc la fonction f est décroissante sur l'intervalle [0 ; 9].

2. Pour tout x de l'intervalle [0 ; 9], la fonction dérivée f' est négative.

3. $f(9) = 9e^{-0,12 \times 9} + 11 = 14,1$. Au bout de 9 heures, la température de la pièce est de 14,1 °C.

4. À l'aide de la calculatrice, la température est inférieure à 15 °C à partir de 4 h 45 du matin.

5. Il faut déterminer t pour que $f(t) < 15$.
$f(t) < 15 \Leftrightarrow 9e^{-0,12t} + 11 < 15 \Leftrightarrow 9e^{-0,12t} < 4$

$\Leftrightarrow e^{-0,12t} < \dfrac{4}{9}$

$\Leftrightarrow -0,12t < \ln\dfrac{4}{9}$

$\Leftrightarrow t > -\dfrac{1}{0,12} \ln\dfrac{4}{9} = 6,76$ h

6 h 45 après 22 heures correspond à 4 h 45 le lendemain matin.

Partie B

1. $E = \int_{0}^{9} g(t)dt = \int_{0}^{9} 0,7e^{-0,12t} \, dt$

$= \left[-\dfrac{0,7e^{-0,12t}}{0,12}\right]_{0}^{9} = -\dfrac{0,7e^{-1,08}}{0,12} + \dfrac{0,7}{0,12}$

$= \dfrac{35}{6}(1 - e^{-1,08})$ kW·h.

2. $E = 3,9$ kW·h.

Exercice 40

1. a) Pour $t = 0$, on calcule :
$f(0) = 2,2 + 200 \times 0 \times e^0 = 2,2$ ppm.

b) 30 minutes après, soit pour $t = 0,5$h, on a :
$f(0) = 2,2 + 200 \times 0,5 e^{-0,5} = 60,7$ ppm.

2. a) Pour tout réel t de l'intervalle [0 ; 8] :
$f'(t) = 0 + 200e^{-t} + 200t(-e^{-t}) = 200e^{-t}(1 - e^{-t})$.

b) Le signe de $f'(t)$ sur l'intervalle [0 ; 8] ne dépend que du signe de $1 - e^{-t}$.
Ainsi, $f'(t) > 0 \Leftrightarrow 1 - e^{-t} > 0 \Leftrightarrow e^{-t} < 1 \Leftrightarrow -t < 0 \Leftrightarrow t > 0$.
On peut conclure que la fonction f est strictement croissante sur l'intervalle [0 ; 8].

3. a) La valeur moyenne de la concentration de monoxyde de carbone lors des 8 heures qui ont suivi l'accident correspond à la valeur de l'intégrale :

$I = \dfrac{1}{8} \int_{0}^{8} f(t)dt = \left[2,2t - 200(t + 1)e^{-t}\right]_{0}^{8}$

$= \dfrac{1}{8}(17,6 - 200 \times 9e^{-8} + 200)$

$= \dfrac{1}{8}(217,6 - 0,60) = \dfrac{217}{8} = 27,12$ ppm

b) Non, la sécurité des personnes qui seraient présentes dans la pièce ne sera pas remise en cause.

Corrigés

Exercice 41

1. $F'(x) = -1(\ln x)^2 - 2x \times \dfrac{1}{x}(\ln x) + 4\ln x + 4x \times \dfrac{1}{x} - 4$

$= -(\ln x)^2 + 2\ln x = (2 - \ln x)\ln x$.

F est bien une primitive de f.

2. $D = \displaystyle\int_1^{e^2} f(x)\,dx = \left[-x(\ln x)^2 + 4x\ln x - 4x\right]_1^{e^2}$

$= -e^2(\ln e^2)^2 + 4e^2\ln e^2 - 4e^2 + 4$

$= -2e^2 + 8e^2 + 4 = 6e^2 + 4$ u. a.

Exercice 42

1. $f'(x) - f(x) = 5e^x - 5e^x = 0$.

f est solution de l'équation différentielle (E).

2. $f(x)'' + 2f'(x) - f(x) = 2 + 2 \times 2x - (x^2 + 3)$
$= -x^2 + 4x - 1 \neq x^2$. La fonction $f(x)$ n'est pas solution de l'équation (F).

3. $f(x)'' + 9f(x) = -18\cos(3x) + 9\sin(3x) + 9(2\cos(3x) - \sin(3x)) = 0$. La fonction f est solution de l'équation (E).

4. Chaque proposition comporte la dérivée seconde de f, alors calculons $f''(x)$.

$f'(x) = -\dfrac{8}{3}\sin\left(\dfrac{4}{3}x - \dfrac{\pi}{6}\right)$ et $f''(x) = -\dfrac{32}{9}\cos\left(\dfrac{4}{3}x - \dfrac{\pi}{6}\right)$.

On remarque que $f''(x) = -\dfrac{16}{9}f(x)$, donc :

$9f''(x) + 16f(x) = 0$. f est une solution de l'équation différentielle C : $9y'' + 16y = 0$.

Exercice 43

1. La fonction f est solution de l'équation différentielle du premier ordre $y' + 3y = 0$ et a pour expression $f(x) = ke^{-3x}$. Comme $f(0) = 2$, alors $k = 2$, ainsi $f(x) = 2e^{-3x}$.

2. La fonction f est solution de l'équation différentielle du premier ordre $y' - 4y = 0$ et a pour expression $f(x) = ke^{4x}$. Comme $f(0) = 1$, alors $k = 1$, ainsi $f(x) = e^{4x}$.

3. La fonction f est solution de l'équation différentielle du premier ordre $y' - y = 0$ et a pour expression $f(x) = ke^x$. Comme $f(\ln 3) = 1$, alors $k \times 3 = 1$ et $k = \dfrac{1}{3}$. Ainsi, $f(x) = \dfrac{1}{3}e^x$.

Exercice 44

1. Les solutions de l'équation différentielle $y'' + 25y = 0$ sont $f(x) = A\cos(5x) + B\sin(5x)$ où A et B sont des réels.

2. Les solutions de l'équation différentielle $y'' + 81y = 0$ sont $f(x) = A\cos(9x) + B\sin(9x)$ où A et B sont des réels. De plus, $f(0) = 0$ implique $A + 0 = 0$, donc $A = 0$. Ainsi, $f(x) = B\sin(9x)$.

$f'(x) = 9B\cos(9x)$ et $f'(0) = 10$ implique $9B = 10$, soit $B = \dfrac{9}{10}$. L'expression de f est : $f(x) = \dfrac{9}{10}\sin(9x)$.

Exercice 45

1. Les solutions de l'équation différentielle $y'' + 4y = 0$ sont $f(x) = A\cos(2x) + B\sin(2x)$ où A et B sont des réels.

2. $f(0) = \sqrt{3}$ implique $A = \sqrt{3}$.

$f'(x) = 2A\cos(2x) + 2B\sin(2x)$ et $f'(0) = 2$ donc $2B = 2$ implique $B = 1$.

L'expression de f est : $f(x) = \sqrt{3}\cos(2x) + \sin(2x)$.

3. $2\sin\left(2x + \dfrac{\pi}{3}\right) = 2\left(\sin(2x)\cos\left(\dfrac{\pi}{3}\right) + \cos(2x)\sin\left(\dfrac{\pi}{3}\right)\right)$

$= 2\left(\dfrac{1}{2}\sin 2x + \dfrac{\sqrt{3}}{2}\cos(2x)\right)$

$= \sin(2x) + \sqrt{3}\cos(2x) = f(x)$

4. Soit k un entier relatif :

$f(x) = 0 \Leftrightarrow 2\sin\left(2x + \dfrac{\pi}{3}\right)$

$\Leftrightarrow 2x + \dfrac{\pi}{3} = 0 + k\pi \Leftrightarrow x = -\dfrac{\pi}{6} + k\dfrac{\pi}{2}$.

Exercice 46

1. a) La fonction f est solution de l'équation différentielle (E) du premier ordre $y' + 0{,}05y = 0$ et a pour expression $f(t) = ke^{-0{,}05t}$.

b) 1 kg de chlore est déversé dans 600 000 L, donc au moment de l'accident, la concentration massique du chlore présent dans la piscine en milligrammes par litre est $\dfrac{10^6}{600\,000} = \dfrac{5}{3}$. Ainsi, $f(0) = \dfrac{5}{3}$, donc $k = \dfrac{5}{3}$.

Ainsi, $f(t) = \dfrac{5}{3}e^{-0{,}05t}$.

2. On admet que f est définie sur $[0\,;\,+\infty[$ par $f(t) = \dfrac{5}{3} \times e^{-0,05t}$.

La piscine pourra ouvrir de nouveau au public lorsque $f(t) = \dfrac{5}{3} \times e^{-0,05t} \leq 0,25$.

$\dfrac{5}{3} \times e^{-0,05t} \leq 0,25 \Leftrightarrow e^{-0,05t} \leq 0,15 \Leftrightarrow -0,05t \leq \ln 0,15$
$\Leftrightarrow t \geq -\dfrac{1}{0,05}\ln 0,15 \Leftrightarrow t \geq -20\ln 0,15$.

Comme $-20\ln 0,15 \approx 37,9$, la piscine pourra ouvrir 38 heures après l'accident.

Exercice 47

1. $\cos\left(\dfrac{5\pi}{12}\right) = \cos\left(\dfrac{\pi}{4} + \dfrac{\pi}{6}\right) = \cos\dfrac{\pi}{4}\cos\dfrac{\pi}{6} - \sin\dfrac{\pi}{4}\sin\dfrac{\pi}{6}$

$= \dfrac{\sqrt{2}}{2} \times \dfrac{\sqrt{3}}{2} - \dfrac{\sqrt{2}}{2} \times \dfrac{1}{2} = \dfrac{\sqrt{6}-\sqrt{2}}{4}$

$\sin\left(\dfrac{7\pi}{12}\right) = \sin\left(\dfrac{3\pi}{4} - \dfrac{\pi}{6}\right) = \sin\dfrac{3\pi}{4}\cos\dfrac{\pi}{6} - \cos\dfrac{3\pi}{4}\sin\dfrac{\pi}{6}$

$= -\dfrac{\sqrt{2}}{2} \times \dfrac{\sqrt{3}}{2} + \dfrac{\sqrt{2}}{2} \times \dfrac{1}{2} = \dfrac{\sqrt{2}-\sqrt{6}}{4}$

2. $\cos^2\left(\dfrac{\pi}{12}\right) = \dfrac{\cos\left(2\times\dfrac{\pi}{12}\right)+1}{2} = \dfrac{\cos\left(\dfrac{\pi}{6}\right)+1}{2} = \dfrac{2+\sqrt{3}}{4}$

d'où $\cos\dfrac{\pi}{12} = \sqrt{\dfrac{2+\sqrt{3}}{4}}$.

$\sin^2\left(\dfrac{\pi}{12}\right) = \dfrac{1-\cos\left(2\times\dfrac{\pi}{12}\right)}{2} = \dfrac{1-\cos\left(\dfrac{\pi}{6}\right)}{2} = \dfrac{2-\sqrt{3}}{4}$

d'où $\sin\dfrac{\pi}{12} = \sqrt{\dfrac{2-\sqrt{3}}{4}}$.

Exercice 48

1. $|z| = \sqrt{2^2+2^2} = \sqrt{8} = 2\sqrt{2}$.

2. a) $\cos\theta = \dfrac{2}{2\sqrt{2}} = \dfrac{\sqrt{2}}{2}$ et $\sin\theta = \dfrac{2}{2\sqrt{2}} = \dfrac{\sqrt{2}}{2}$.

b) $\theta = \dfrac{\pi}{4} + 2k\pi$ où k est un entier relatif. z a pour forme trigonométrique $z = 2\sqrt{2}\left(\cos\dfrac{\pi}{4} + i\sin\dfrac{\pi}{4}\right)$.

3. $z = 2\sqrt{2}e^{i\frac{\pi}{4}}$; $z^2 = 8e^{i\frac{\pi}{2}} = 8i$; $\dfrac{1}{z} = \dfrac{1}{2\sqrt{2}e^{i\frac{\pi}{4}}} = \dfrac{\sqrt{2}}{4}e^{-i\frac{\pi}{4}}$

Exercice 49

1. a) $(2-i)z = 2 - 6i \Leftrightarrow z = \dfrac{2-6i}{2-i} \Leftrightarrow z = \dfrac{(2-6i)(2+i)}{5}$
$\Leftrightarrow z = \dfrac{10-10i}{5} \Leftrightarrow z = 2 - 2i$.

Ainsi, $z_1 = 2 - 2i$.

b) $|z_1| = 2\sqrt{2}$, $\cos\theta = \dfrac{2}{2\sqrt{2}} = \dfrac{\sqrt{2}}{2}$ et $\sin\theta = \dfrac{-2}{2\sqrt{2}} = -\dfrac{\sqrt{2}}{2}$.

$\theta = -\dfrac{\pi}{4} + 2k\pi$ où k est un entier relatif. z a pour forme exponentielle $z = 2\sqrt{2}e^{-i\frac{\pi}{4}}$.

c) $z_2 = e^{-\frac{\pi}{2}} \times z_1 = e^{-\frac{\pi}{2}} \times 2\sqrt{2}e^{-i\frac{\pi}{4}} = 2\sqrt{2}e^{-i\frac{3\pi}{4}}$.

$z_2 = 2\sqrt{2}\left(\cos\left(-\dfrac{3\pi}{4}\right) + i\sin\left(-\dfrac{3\pi}{4}\right)\right)$
$= 2\sqrt{2}\left(\dfrac{-\sqrt{2}}{2} - i\dfrac{\sqrt{2}}{2}\right) = -2 - 2i$

2. a)

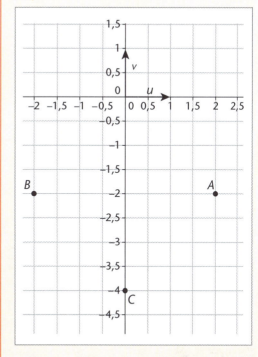

b) $\vec{CA}(4\,;\,4)$ et $\vec{CB}(-4\,;\,4)$ donc $\vec{CA}\cdot\vec{CB} = -16 + 16 = 0$.

c) ABC est un triangle rectangle en C.

Exercice 50

1. $|z| = \sqrt{6+2} = \sqrt{8} = 2\sqrt{2}$.

$\cos\theta = \dfrac{\sqrt{6}}{2\sqrt{2}} = \dfrac{\sqrt{3}}{2}$ et $\sin\theta = \dfrac{-\sqrt{2}}{2\sqrt{2}} = -\dfrac{1}{2}$.

$\theta = -\dfrac{\pi}{6} + 2k\pi$ où k est un entier relatif. z a pour forme exponentielle $z = 2\sqrt{2}\,e^{-i\frac{\pi}{6}}$.

2. $\dfrac{z_1}{z_2} = \dfrac{3e^{-i\frac{\pi}{3}}}{3\sqrt{2}\,e^{-i\frac{\pi}{4}}} = \dfrac{\sqrt{2}}{2}\,e^{i\left(-\frac{\pi}{3}+\frac{\pi}{4}\right)} = \dfrac{\sqrt{2}}{2}\,e^{i\left(\frac{\pi}{12}\right)}$.

Exercice 51

1. $z_1 = \sqrt{2}\left(\cos\dfrac{\pi}{4} - i\sin\dfrac{\pi}{4}\right)$.

2. $z_2 = e^{i\frac{5\pi}{6}} = -\dfrac{\sqrt{3}}{2} + \dfrac{1}{2}i$.

3. $Z = (1-i)\left(-\dfrac{\sqrt{3}}{2} + \dfrac{1}{2}i\right) = -\dfrac{\sqrt{3}}{2} + \dfrac{1}{2}i + i\dfrac{\sqrt{3}}{2} + \dfrac{1}{2}$

$= \dfrac{+1-\sqrt{3}}{2} + i\dfrac{\sqrt{3}+1}{2}$.

4. La forme exponentielle de Z se détermine à l'aide des formes exponentielles de z_1 et z_2. Ainsi,

$Z = \sqrt{2}\left(\cos\dfrac{\pi}{4} - i\sin\dfrac{\pi}{4}\right)\left(e^{i\frac{5\pi}{6}}\right)$

$= \sqrt{2}\left(e^{-i\frac{\pi}{4}}\right)\left(e^{i\frac{5\pi}{6}}\right) = \sqrt{2}\,e^{i\frac{7\pi}{12}}$.

5. Par identification, $\cos\left(\dfrac{7\pi}{12}\right) = \dfrac{+1-\sqrt{3}}{2}$

et $\sin\left(\dfrac{7\pi}{12}\right) = \dfrac{\sqrt{3}+1}{2}$.

Exercice 52

1. Pour tous réels a et b tels que $0 \leq a \leq b \leq 2$, $p(X \in [a\,;b]) = \dfrac{b-a}{2}$.

2. $p(X \in [0\,;1]) = \dfrac{1}{2}$ et $p\left(X \in \left[\dfrac{1}{2}\,;\dfrac{3}{2}\right]\right) = \dfrac{1}{2}$.

3. $E(X) = \dfrac{0+2}{2} = 1$.

Exercice 53

1. $p(X < 100) = 0{,}5$ car environ 50 % de ces batteries sont en état de fonctionnement au bout de 100 semaines.

2. $p(X < 100) = \displaystyle\int_0^{100} \lambda e^{-\lambda x}\,dx = \left[-e^{-\lambda x}\right]_0^{100} = 1 - e^{-100\lambda}$.

3. $1 - e^{-100\lambda} = 0{,}5 \Leftrightarrow e^{-100\lambda} = \dfrac{1}{2} \Leftrightarrow -100\lambda = \ln\dfrac{1}{2}$

$\Leftrightarrow \lambda = \dfrac{\ln 2}{100}$.

4. $p(X > 200) = 1 - p(X < 200) = 1 - (1 - e^{-200\lambda}) = e^{-200\lambda}$.

Comme $\lambda = \dfrac{\ln 2}{100}$ alors $p(X > 200) = e^{-2\ln 2} = \dfrac{1}{4}$.

Exercice 54

a) Réponse B : $p(X \geq -1) = 1 - p(X \leq -1)$.
b) Réponse A : $p(X \leq 0{,}5) = 0{,}5 + p(0 \leq X \leq 0{,}5)$.
c) Réponse C : $p(X \geq 1) = 1 - p(X \leq 1)$.

Exercice 55

1. $E(T) = \dfrac{1}{\lambda} = \dfrac{1}{0{,}05} = 20$.

Un bateau se présente devant le pont toutes les 20 heures en moyenne.

2. a) $F'(x) = -(0{,}05)e^{-0{,}05x} \cdot (-0{,}05) \cdot ... = 0{,}05\,e^{-0{,}05x} = f(x)$.
F est une primitive de f.

b) $p(T \leq t) = \displaystyle\int_0^t f(t)\,dt = \int_0^t 0{,}05\,e^{-0{,}05x}\,dx$

$= [F(t)]_0^t$

$= -(0{,}05)e^{-0{,}05t} + 1$.

3. a) $p(T \leq 12) = -(0{,}05)e^{-0{,}05 \times 12} + 1 = 0{,}97$
b) $p(T > 24) = 1 - p(T < 24) = (0{,}05)e^{-0{,}05 \times 24} = 0{,}02$
c) $p(12 \leq T \leq 24) = p(T \leq 24) - p(T \leq 12)$
$= (0{,}05)e^{-1{,}6} - (0{,}05)e^{-1{,}2} = 0{,}95$

Exercice 56

Partie A

1. On prélève une boîte, il y a deux issues :
– on appelle succès l'événement « la boîte est non conforme » avec pour probabilité $p = 0{,}04$;
– on appelle échec l'événement « la boîte est conforme » avec pour probabilité $q = 1 - 0{,}04 = 0{,}96$.
On répète 200 fois l'expérience de façon indépendante (tirage assimilé à un tirage avec remise). Donc la variable aléatoire X qui donne le nombre de succès suit la loi binomiale de paramètre $n = 200$ et $p = 0{,}04$.

2. $p(X = 4) \approx 0{,}055$ à l'aide de la calculatrice.

Partie B

1. La variable aléatoire X suit la loi binomiale de paramètres $n = 200$ et $p = 0{,}04$.

On peut donc approcher cette loi binomiale par une loi normale d'espérance $\mu = np = 8$ et d'écart type $\sigma = \sqrt{np(1-p)} = \sqrt{8(0,96)} = 2,77$.

2. a) À l'aide de la calculatrice, on obtient $p(6 \leq X \leq 10) \approx 0,53$. La probabilité qu'un lot contienne entre 6 et 10 boîtes non conformes est 0,53.

b) À l'aide de la calculatrice, on obtient $p(X \leq 4) \approx 0,074$.

Exercice 57

Partie A

1. On prélève un rail, il y a deux issues :
– on appelle succès l'événement « le rail n'est pas conforme » avec pour probabilité $p = 0,05$;
– on appelle échec l'événement « le rail est conforme » avec pour probabilité $q = 1 - 0,05 = 0,95$.
On répète 50 fois l'expérience de façon indépendante (tirage assimilé à un tirage avec remise). Donc la variable aléatoire X qui donne le nombre de succès suit la loi binomiale de paramètre $n = 50$ et $p = 0,05$.

2. À l'aide de la calculatrice, on obtient $p(X = 3) \approx 0,22$. La probabilité que le lot de 50 rails comporte 3 rails non conformes est 0,22.

3. À l'aide de la calculatrice, on obtient :
$p(X \geq 2) = 1 - p(X \leq 1) = 1 - 0,28 = 0,72$.

Partie B

Y suit la loi normale de moyenne 48 et d'écart type 0,1.
$p(47,8 \leq Y \leq 48,2) = p(48 - 2 \times 0,1 \leq Y \leq 48 + 2 \times 0,1)$
$= p(\mu - 2 \times \sigma \leq Y \leq \mu + 2 \times \sigma) = 0,95$

Exercice 58

1. L'intervalle de fluctuation asymptotique à 95 % sur un échantillon de taille n, avec $p = 0,258$ la proportion des bulletins exprimés en faveur du candidat du parti Les Artisans est :
$\left[p - 1,96\sqrt{\dfrac{p(1-p)}{n}} \ ; \ p + 1,96\sqrt{\dfrac{p(1-p)}{n}} \right]$

2. Avec $n = 2\,000$ et $p = 0,258$, l'intervalle est :
$\left[0,258 - 1,96\sqrt{\dfrac{0,258(1-0,258)}{2\,000}} ; 0,258 + 1,96\sqrt{\dfrac{0,258(1-0,258)}{2\,000}} \right]$
$= [0,239 ; 0,257]$

soit entre 23,9 % et 25,7 %.

Exercice 59

L'intervalle de fluctuation asymptotique à 95 % sur un échantillon de taille $n = 1\,000$, avec $p = 0,70$ la proportion des carpes dans le bassin est :
$\left[0,7 - 1,96\sqrt{\dfrac{0,7(1-0,7)}{1\,000}} \ ; \ p + 1,96\sqrt{\dfrac{0,7(1-0,7)}{1\,000}} \right]$
$= [0,7 - 0,284 ; 0,7 + 0,284] = [0,67 ; 0,73]$.
Les facteurs extérieurs ont fait varier le pourcentage théorique, car on remarque que la proportion observée (0,74) n'appartient pas à l'intervalle.

Exercice 60

L'échantillon est de taille $n = 1\,052$ et la proportion $f = 0,256$. L'estimation, dans la population, du pourcentage de personnes prêtes à voter pour monsieur Puillon est donc dans l'intervalle de confiance à 95 % :
$\left[0,256 - 1,96\sqrt{\dfrac{0,256(1-0,256)}{1\,052}} ; 0,256 + 1,96\sqrt{\dfrac{0,256(1-0,256)}{1\,052}} \right]$

$= [0,230 ; 0,282]$

soit entre 23,0 % et 28,2 %.

Exercice 61

1. Il y a 3 pièces défectueuses sur 60. La fréquence est donc $\dfrac{3}{60} = 0,05$. Par conséquent, il y a 5 % de pièces défectueuses dans le lot de leur dernière livraison.

2. L'intervalle de fluctuation asymptotique à 95 % sur un échantillon de taille $n = 60$, avec $p = 0,04$ la proportion des roulements à billes non conformes est :
$\left[0,04 - 1,96\sqrt{\dfrac{0,04 \times 0,96}{60}} ; 0,04 + 1,96\sqrt{\dfrac{0,04 \times 0,96}{60}} \right]$

$= [-0,01 ; 0,09]$

3. Comme la fréquence observée par nos amis est de 5 % et fait partie de l'intervalle, ils n'ont pas raison de s'inquiéter.

Corrigés

Exercice 62

Partie A

1. $p(120{,}95 \leq M \leq 121{,}79)$
$= p(121{,}37 - 0{,}42 \leq M \leq 121{,}37 + 0{,}42)$
$= p(\mu - \sigma \leq M \leq \mu + \sigma) = 0{,}68$.
La probabilité qu'un pneu prélevé au hasard ait une masse en kilogrammes comprise entre 120,95 et 121,79 est égale à 0,68.

2. À l'aide de la calculatrice, on obtient :
$p(M \geq 122{,}63) = 0{,}001$.
La probabilité qu'un pneu prélevé au hasard ait une masse en kilogrammes supérieure à 122,63 est égale à 0,001.

Partie B

1. La fréquence des pneus dans l'échantillon prélevé dont la masse est supérieure à 121,9 kg est
$f = \dfrac{2}{36} = 0{,}056$.

2. L'intervalle de fluctuation asymptotique à 95 % sur un échantillon de taille $n = 36$, avec $f = 0{,}056$, la proportion p des pneus dont la masse dépasse 121,9 kg est :

$$\left[0{,}056 - 1{,}96\sqrt{\dfrac{0{,}056(1-0{,}056)}{36}}\,;\, 0{,}056 + 1{,}96\sqrt{\dfrac{0{,}056(1-0{,}056)}{36}}\right]$$

$= [-0{,}02\,;\,0{,}131]$, soit $[0\,;\,0{,}131]$.
La proportion p de pneus dont la masse dépasse 121,9 kg dans la production est comprise entre 0 et 0,131.

Exercice 63

1. Pour le lycée A, $f_A = \dfrac{210}{500} = \dfrac{21}{50} = 0{,}42$.

Pour le lycée B, $f_B = \dfrac{160}{500} = \dfrac{16}{50} = 0{,}32$.

Pour le lycée C, $f_C = \dfrac{170}{500} = \dfrac{17}{50} = 0{,}34$.

2. Pour le lycée A, l'intervalle est :

$$\left[0{,}42 - 1{,}96\sqrt{\dfrac{0{,}42 \times 0{,}58}{500}}\,;\, 0{,}42 + 1{,}96\sqrt{\dfrac{0{,}42 \times 0{,}58}{500}}\right]$$

$= [0{,}38\,;\,0{,}46]$.

Pour le lycée B, l'intervalle est : $[0{,}28\,;\,0{,}36]$.
Pour le lycée C, l'intervalle est : $[0{,}29\,;\,0{,}368]$.

3. L'intervalle associé au lycée A est disjoint des intervalles associés aux lycées B et C, on peut conclure que les échantillons ne proviennent pas de la même population.

Savoir
1

La culture

LU ☐
SU ☐
REVU ☐

La culture désigne toutes les productions humaines. Elle semble d'emblée s'opposer à la nature. N'est-il pas naturel chez l'homme d'avoir une culture ? N'est-ce pas ce qui fonde son essence ?

1. La nature et la culture sont-elles opposées ?

La nature et la culture semblent s'opposer dans la nature même de leurs définitions.
a) La culture n'est pas une simple accumulation de connaissances. Elle est la capacité qu'a l'homme de comprendre le monde et de le modifier par son travail. Étymologiquement, culture vient du latin *colere* : le travail de la terre.
b) La culture est donc ce par quoi l'homme transforme le monde pour le rendre conforme à sa volonté, elle est ce qui permet à l'humanité de faire des progrès. Par la culture, l'homme s'éloigne de ses instincts animaux innés et acquiert de nouvelles capacités.
c) La culture distinguerait l'homme de l'animal. Elle fonde notre humanité.

2. Une culture ou des cultures ?

La culture est attachée à une société donnée. Existe-t-il une pluralité de cultures ou une seule culture de l'humanité ?
a) Toute société possède une culture : la culture est universelle.

CITATION « *Toutes les nations, quoiqu'ayant été fondées séparément, éloignées qu'elles étaient les unes des autres par d'immenses distances d'espace et de temps, gardent les trois coutumes humaines suivantes : toutes ont quelque religion, toutes contractent des mariages solennels, toutes ensevelissent leurs morts.* » Giambattista Vico, *La Science Nouvelle*, 1725.

b) Mais chaque société possède une culture singulière qui semble parfois si éloignée de ce que l'on connaît qu'on ne la considère plus comme une culture à part entière.

CITATION « *Chacun appelle barbarie ce qui n'est pas conforme à ses usages.* »
Montaigne, *Essais*, 1580.

3. Peut-on juger une culture ?

On a souvent tendance à considérer notre culture comme la seule culture valable, comme un absolu.
a) On confond souvent culture et civilisation. Ceux qui ne partagent pas notre culture seraient moins civilisés. Leurs traditions nous semblent inhumaines et primitives.
b) C'est l'ethnocentrisme, qui consiste à considérer que la culture à laquelle on appartient est la meilleure, la seule véritable culture. Les autres civilisations seraient alors qualifiées de sauvages.
c) Mais la culture consiste justement à savoir voir que chaque individu nous ressemble en tant qu'il est un être humain. En considérant l'autre comme un barbare, nous nous comportons nous-mêmes de manière inhumaine.

CITATION « *Le barbare, c'est d'abord celui qui croit à la barbarie*, 1952. »
Lévi-Strauss, *Race et histoire*, 1952.

Repères : Essence ◆ Absolu/relatif ◆ Progrès ◆ Inné/acquis ◆ Universel/singulier ◆ Barbarie ◆ Ethnocentrisme

PHILOSOPHIE

Savoir 2 — L'art et la technique

On a l'habitude d'opposer art et technique. L'art produirait le beau, tandis que la technique produirait l'utile. L'art inventerait, créerait, tandis que la technique se contenterait d'exécuter et de reproduire. Cependant, l'opposition est-elle si radicale entre l'art et la technique ?

1. L'art et la technique : à la recherche de définitions

Il n'existait pas d'opposition entre art et technique jusqu'au XVIIIe siècle.

a) Sous la Grèce antique, l'art et la technique étaient confondus. D'un point de vue étymologique, les deux termes désignent alors tout ce qui résulte d'une production humaine, tout ce qui n'est pas naturellement présent dans la nature. L'art désignait donc aussi bien l'art (la manière) de faire quelque chose, que la réalisation d'œuvres esthétiques.

b) On oppose depuis le XVIIIe siècle et l'apparition du terme « technique » dans le vocabulaire, la technique et l'art. Tandis que la technique vise l'utile, l'art vise le beau.

c) Aujourd'hui, l'art et la technique se confondent dans le design, qui vise à produire des objets qui ont à la fois une utilité pratique et une dimension esthétique.

2. Un rapprochement entre art et technique : artiste, artisan et technicien

Il existe en fait de nombreux points communs entre les artistes et les artisans.

a) L'artiste et l'artisan ont cela en commun qu'ils travaillent tous deux la matière, ils la transforment pour créer une œuvre.

b) Cependant on peut penser que l'artisan ne fait que produire un objet utile, là où l'artiste crée une œuvre esthétique et désintéressée. L'artisan aurait alors un certain talent dans l'exécution et l'artiste, lui, du génie. Ce génie résiderait dans cette apparente facilité de la création. Alors que pour Nietzsche, tout le génie de l'artiste réside dans sa capacité à faire croire à son génie, à faire oublier son travail.

> CITATION « *Personne ne peut voir dans l'œuvre de l'artiste comment elle s'est faite ; c'est là son avantage, car partout où l'on peut observer une genèse on est quelque peu refroidi.* »
> Friedrich Nietzsche, *Humain, trop humain*, 1878.

3. L'art, le révélateur d'une autre réalité

La technique produit des objets utiles qui nous font parfois perdre de vue le sens même de la vie. L'art est alors peut-être ce qui nous permet de redécouvrir le monde.

a) L'art est révélateur d'une autre réalité, car il n'est pas simplement reproduction du réel. Il nous permet de découvrir une autre vérité sur le monde.

b) L'art est désintéressé. Il ne doit servir au sens strict à rien. Il ne doit rien viser d'autre que le beau qui est quelque chose qui s'éprouve et qui ne se prouve pas. Il est subjectif.

> CITATION « *Le beau est ce qui plaît universellement sans concept.* »
> Emmanuel Kant, *Critique de la faculté de juger*, 1790.

c) Par l'art, l'homme retrouve donc sa nature d'être de culture, il s'humanise. Tandis que la technique peut constituer un danger si elle n'est pas maîtrisée. L'homme par la technique apprend que le progrès n'est pas nécessairement positif.

Repères : Universel/particulier ♦ Nécessaire/contingent ♦ Transcendant ♦ Progrès ♦ Fin/finalité

Savoir 3

Les échanges

LU ☐
SU ☐
REVU ☐

Les échanges désignent d'abord une action par laquelle on offre ou on reçoit une chose ou une valeur contre une autre considérée comme ayant une valeur équivalente. Ils sont constitutifs de la société, mais peuvent aussi déshumaniser les relations entre les individus s'ils ne se basent que sur un principe marchand.

1. Les échanges fondent la société

La recherche de l'intérêt individuel et commun ainsi que la division du travail font que les échanges se trouvent au fondement de la société.

a) L'homme ne pouvant pas se suffire à lui-même, il a besoin d'échanger avec autrui. Comme l'homme a besoin d'échanger, il doit vivre avec ses semblables.

b) En visant l'intérêt particulier, on augmente le bien-être total de la société. Le boulanger a intérêt à fabriquer du bon pain, non pas parce qu'il vise le bien-être de ses clients, mais d'abord pour garder ses clients. Ce n'est pas l'altruisme mais l'égoïsme qui meut les hommes.

> **CITATION** « Ce n'est pas de la bienveillance du boucher, du boulanger que nous attendons notre dîner mais du soin qu'ils apportent à leurs intérêts. Nous ne nous adressons pas à leur humanité mais à leur égoïsme et ce n'est jamais de nos besoins que nous leur parlons mais toujours de leur intérêt. »
> Adam Smith, *Recherches sur la nature et les causes de la richesse des nations*, 1776.

c) Par les échanges et par le commerce, l'intérêt rapproche les hommes et on pourrait même soutenir qu'il engendre la paix.

2. Les échanges comme source de destruction du lien social

Pour les utilitaristes, les échanges économiques se trouveraient donc au fondement de la société. Mais l'intérêt individuel ne peut à lui seul construire un véritable lien social.

a) La poursuite de l'intérêt individuel seul risque de conduire à une destruction de la société. L'échange, s'il n'est qu'économique, reste instable, et le lien qu'il entraîne également.

> **CITATION** « Si l'intérêt rapproche les hommes, ce n'est jamais que pour quelques instants. »
> Émile Durkheim, *De la division du travail social*, 1893.

b) L'échange économique ne fait que favoriser l'absence de conflit. Le lien social ainsi établi n'est pas un véritable lien. Sans lien qui transcende l'intérêt individuel, on peut réellement se demander si c'est bien une société qui est constituée et non une simple communauté d'intérêt.

3. Des échanges humanisés créateurs de liens

Il faudrait donc retrouver une dimension autre qu'économique aux échanges, afin que ceux-ci puissent être porteurs d'humanité.

a) Il ne faut pas réduire les échanges à leur dimension économique.

b) L'échange suppose la réciprocité. Il est surtout ce qui doit permettre à chacun d'être reconnu dans son individualité. Il est ce par quoi nous devons reconnaître autrui pour ce qu'il est et non comme un simple objet utilisable. C'est là toute la dimension de l'amitié qui repose sur des échanges réciproques et désintéressés.

Repères : Transcender ◆ Utilitarisme ◆ Division du travail

Savoir 4 — La vérité

Opposée à l'opinion et à la croyance, la vérité nous permettrait de posséder une connaissance parfaite, certaine, du monde et de nous-mêmes. Mais existe-t-il seulement une vérité unique, absolue et universelle ? La vérité pourrait-elle être relative à chacun ?

1. Quels sont les critères pour affirmer : « c'est la vérité » ?

Les critères qui constituent la vérité sont multiples.

a) La première forme de vérité est ce que l'on nomme la « vérité correspondance ». Serait vrai ce qui correspondrait à la réalité.

> CITATION *La vérité est « l'adéquation de la chose et de l'esprit ».*
> Thomas d'Aquin, *Somme théologique*, 1266-1273.

b) Par la « vérité cohérence » on admet que la vérité n'existe qu'au sein des propositions que nous émettons à propos du monde qui nous entoure. La vérité tiendrait donc à la cohérence de nos raisonnements et de nos énoncés.

c) Cependant, nous pouvons ne pas percevoir la réalité telle qu'elle est vraiment et produire des énoncés en apparence cohérents mais finalement faux. Le critère le plus « certain » pour atteindre la vérité serait donc l'évidence.

> CITATION *« Est vrai ce qui se présenterait si clairement et distinctement à mon esprit que je n'eusse aucune occasion de la mettre en doute. »*
> René Descartes, *Discours de la méthode*, 1637.

2. La recherche de la vérité

Il existe différentes méthodes pour rechercher la vérité.

a) Le rationalisme postule que nous ne pouvons atteindre la vérité que par la force de la raison car l'expérience sensible serait source d'illusions. La vérité ne peut être qu'une construction rigoureuse de la pensée. C'est le cas du *cogito* de Descartes, vérité première et issue d'un raisonnement purement logique.

> CITATION *« Je pense, donc je suis. »* René Descartes, *Méditations métaphysiques*, 1641.

b) L'empirisme postule au contraire qu'une connaissance vraie ne peut provenir que de l'expérience sensible, c'est-à-dire de nos sensations.

> CITATION *« L'expérience est le fondement de toutes nos connaissances, et c'est de là qu'elles tirent leur première origine. »* John Locke, *Essai sur l'entendement humain*, 1689.

c) Cependant on peut penser que la vérité absolue n'existe pas, et qu'il serait donc inutile de la rechercher. La vérité serait propre à chacun. C'est le relativisme.

3. Faut-il toujours rechercher la vérité ?

Croire en la vérité pourrait s'avérer chose dangereuse. N'est-elle qu'un idéal ?

a) Croire en la vérité serait constitutif de comportements dangereux comme le dogmatisme et le fanatisme qui nous pousseraient à l'intolérance.

b) C'est pourquoi il ne faudrait pas perdre de vue qu'un des premiers critères de la vérité serait sans doute de pouvoir être remise en question. C'est l'objet du falsificationnisme (Popper) qui permettrait le progrès.

Repères : Rationalisme ◆ Empirisme ◆ Scepticisme ◆ Relativisme ◆ Opinion ◆ Dogmatisme ◆ Fanatisme ◆ Falsificationnisme

Savoir
5

LU ☐
SU ☐
REVU ☐

La raison et la croyance

La raison est la capacité de penser, de juger. Elle permet la connaissance. On lui oppose la croyance, qui relèverait de l'opinion et qui ne mènerait pas à une vérité certaine. Faut-il opposer la raison qui mènerait à la vérité et la croyance qui mènerait à la superstition ?

1. La raison, fondement de la vérité

La raison mènerait à l'évidence d'une vérité certaine.
a) La raison est le propre de l'homme, elle est une qualité innée et universelle.

> CITATION « *La raison est la chose la mieux partagée au monde.* »
> René Descartes, *Discours de la méthode*, 1637.

b) La raison donne des règles de pensée et de vie, c'est-à-dire un pouvoir de contrôler et de justifier nos convictions et nos actions.
c) La raison serait la source de la pensée scientifique. Elle nous permet de comprendre la réalité grâce à des lois. Elle nous donne donc une connaissance théorique du monde.

2. Les différentes formes de croyance

A priori, la croyance relève de la superstition et serait source d'erreur ou en tout cas de dogmatisme. Il existe différentes formes de croyances.
a) La croyance relèverait tout d'abord de l'opinion. C'est celle qui s'exprime par : « je crois à ». C'est une croyance qui n'exprime pas un doute prudent, mais une affirmation propre à un préjugé. Elle est l'obstacle à la connaissance. En effet, la recherche de la vérité impose une « conversion », un arrachement au préjugé.

> CITATION «*Allégorie de la caverne dans laquelle Socrate cherche à faire sortir ses interlocuteurs de leur ignorance.* »
> Platon, *La République,* 380 av. J.-C.

b) La croyance est aussi ce qui dénote de l'incertitude. Elle s'exprime alors par : « je crois que ». Pour les sceptiques, cette croyance constitue en fait le plus haut degré de vérité que nous puissions atteindre.
c) La croyance relève aussi de la foi. Elle s'exprime alors par : « je crois en ». La foi n'est ni une certitude, ni une simple opinion, ni une croyance consciente de son caractère incertain. La foi postule l'existence d'un ordre de vérité au-delà des vérités de raison et d'expérience : non démontrable et non constatable. C'est ce que Pascal nomme les « connaissances du cœur ».

3. Raison et croyance fondatrices de deux ordres de vérités différents

L'opposition entre raison et croyance semble simpliste.
a) La raison n'est peut-être pas capable de tout démontrer. La croyance serait alors une adhésion à ce qui serait évident mais indémontrable comme les premiers principes, qui ont pour conséquences d'autres savoirs.

> CITATION « *Nous connaissons la vérité, non seulement par la raison, mais encore par le cœur ; c'est de cette dernière sorte que nous connaissons les premiers principes.* »
> Blaise Pascal, *Pensées*, 1670.

b) La croyance serait de plus une nécessité à notre humanité, ce qui nous permettrait de nous questionner sur le monde.

Repères : Principe/conséquence ◆ Scepticisme ◆ Dogmatisme ◆ Loi ◆ En théorie/en pratique ◆ Inné/acquis

Savoir 6

L'expérience

L'expérience concerne la perception et la sensation. On peut considérer que c'est nécessairement par l'expérience que l'on peut parvenir à la vérité. Mais est-ce vraiment le cas ?

1. Les caractéristiques de l'expérience

L'expérience concerne l'ensemble des données que nos cinq sens nous apportent.
a) L'expérience est **pratique**. Elle est concrète et s'oppose à la **théorie** qui est une construction abstraite issue d'un travail de la raison.
b) L'expérience est **particulière**, elle est vécue par un individu, à un instant dans certaines circonstances. Elle ne fonde donc en elle-même aucune loi **générale**. Elle ne semble pas suffire à fonder la vérité.
c) On peut aussi penser que l'expérience sensible relève d'une certaine passivité. Les informations proviennent en effet à nos sens sans que nous le décidions. Dans ce cas, l'expérience pourrait-elle réellement mener à une connaissance certaine ?

2. L'expérience mène à la connaissance

Pour les **empiristes**, l'expérience est au fondement de toute connaissance.
a) Les seuls principes de la raison ne peuvent constituer un réel savoir pour les empiristes, car cela resterait trop abstrait, et trop éloigné de la réalité. De plus, on ne pourrait les vérifier par l'**expérimentation**.
b) C'est seulement à partir des données sensibles que nous pouvons construire un savoir certain. La connaissance ne s'acquiert qu'à partir de l'expérience. Les données de l'expérience sont donc irremplaçables.

> CITATION « *Puisqu'il semble bien ne pas y avoir d'idées dans l'esprit avant que les sens n'en aient introduit, je conçois que les idées dans l'entendement sont contemporaines de la sensation.* »
> John Locke, *Essai sur l'entendement humain*, 1689.

3. L'expérience ne suffit pas pour aboutir à une connaissance certaine

Mais l'expérience seule ne semble pas pouvoir constituer un savoir certain.
a) Nos sensations sont parfois trompeuses et peuvent être source d'illusion. C'est ce qui arrive par exemple lors des illusions d'optique.
b) L'expérience est ce qui permet de constater un fait. Mais elle ne permet pas, seule, de construire une théorie scientifique certaine. L'expérience est **nécessaire** pour fonder la connaissance mais elle n'est pas suffisante. Il faut que la raison ordonne les informations de l'expérience pour parvenir à la connaissance. C'est l'objet de la *méthode expérimentale* mise en place par Claude Bernard qui est constituée de trois étapes : l'observation d'un phénomène, l'élaboration d'une hypothèse et sa vérification par l'**expérimentation**.

> CITATION « *Il y a dans toute connaissance expérimentale trois phases : observation faite, comparaison établie et jugement motivé.* »
> Claude Bernard, *Introduction à l'étude de la méthode expérimentale*, 1865.

c) Il existe donc une différence entre expérience commune et expérience scientifique, l'**expérimentation**, qui est la vérification d'une hypothèse dans un cadre scientifique et raisonné. Cette vérification d'une théorie par l'**expérimentation** peut constituer le critère de la vérité.

Repères : Théorie/pratique ◆ Général/particulier ◆ Expérimentation ◆ Empirisme ◆ Nécessaire/contingent ◆ Abstrait/concret ◆ Entendement

Savoir 7

La liberté

Notre liberté nous apparaît souvent comme une évidence : notre qualité d'être humain implique que l'on soit libre. Mais si la liberté n'était pas innée chez l'homme ?

1. La liberté est limitée
La liberté n'est peut-être qu'une illusion. En effet, est-on absolument libre ?
a) La liberté est limitée par les lois de la nature. Le **déterminisme** entrave également potentiellement la liberté. Il est possible que nos actes et nos pensées soient déterminés par avance.

> CITATION « Homme faible et vain ! tu prétends d'être libre ; [...] ? Ne vois-tu pas [...] que ce sont des circonstances indépendantes de toi qui modifient ton être et qui règlent ton sort ? » Paul-Henri Thiry d'Holbach, *Système de la nature*, 1770.

b) La liberté est limitée par les désirs. Peut-être n'a-t-on pas conscience que ce sont nos désirs et nos instincts qui nous poussent à agir ?

> CITATION « Les hommes se croient libres pour cette seule cause qu'ils sont conscients de leurs actions et ignorants des causes par où ils sont déterminés. » Spinoza, *Éthique*, 1677.

c) La liberté est limitée par la présence d'autrui avec lequel on vit.

> CITATION « L'homme est né libre, et partout il est dans les fers. » Jean-Jacques Rousseau, *Du contrat social*, 1762.

2. Les contraintes, conditions de la liberté
L'homme est libre, mais cette liberté ne peut être totale au risque de détruire la liberté.
a) Le déterminisme et les désirs ne sont pas fatals à la liberté. Le **stoïcisme** nous invite à maîtriser nos désirs afin d'atteindre l'**ataraxie**.

> CITATION « Ce n'est pas par la satisfaction des désirs que s'obtient la liberté, mais par la destruction du désir. » Épictète, *Manuel*, 125 ap. J.-C.

b) La loi est une autre condition à la liberté. Elle est la condition de la liberté collective. Sans loi, impossible de vivre en société.

> CITATION « Une fois la société civile constituée, chaque citoyen ne conserve qu'autant de liberté qu'il lui en faut pour vivre bien et vivre en paix, de même les autres perdent de leur liberté juste ce qu'il faut pour qu'ils ne soient plus à redouter. » Thomas Hobbes, *Le Citoyen*.

c) Pour être réellement libre on ne doit obéir qu'à soi-même. On doit donc être **autonome**, c'est-à-dire être capable de suivre sa propre loi.

> CITATION « L'obéissance à la loi qu'on s'est prescrite est liberté. » Jean-Jacques Rousseau, *Du contrat social*, 1762.

3. La conquête de la liberté
La liberté n'est pas innée. Elle se conquiert.
a) La liberté consiste donc à avoir le choix et à être capable de choisir en connaissance de cause. C'est le **libre arbitre**.
b) Pour l'**existentialisme**, nous sommes libres par essence, ce qui implique que nous devons assumer l'ensemble de nos choix. Cela peut entraîner une angoisse face à la liberté.

Repères : Libre arbitre ◆ Existentialisme ◆ Autonomie ◆ Contrainte/obligation ◆ Stoïcisme ◆ Déterminisme ◆ Ataraxie

Savoir 8

La justice et la loi

LU ☐
SU ☐
REVU ☐

Il semble que nous ayons naturellement l'intuition de ce qui est juste ou non. La loi est-elle nécessairement pourvoyeuse de justice ?

1. La loi et la justice : des définitions multiples

La loi et la justice sont des termes polysémiques. Quelles définitions peut-on leur donner ?
a) La justice est tout à la fois un idéal, une vertu, mais aussi un ensemble d'institutions que met en place un État afin de faire respecter les lois.
b) La loi peut se comprendre comme loi positive ou loi naturelle.
c) La loi positive désigne les lois mises en place par un gouvernement. La loi naturelle désigne cet idéal de justice dont nous avons spontanément l'instinct.
d) Qu'est-ce qu'être juste ? Est-ce simplement respecter les lois et les institutions ou est-ce plutôt poursuivre un idéal de justice que nous dicte la loi naturelle ?

2. Il n'y a pas de justice sans loi

Pour établir la justice dans la société, il semble nécessaire de mettre en place des règles.
a) Une société sans loi est une société où règne nécessairement l'injustice. Il faut donc qu'une puissance supérieure, l'État, fasse naître des lois qui s'appliquent à tous afin de permettre la vie en communauté.

CITATION « Là où il n'est pas de pouvoir commun, il n'est pas de loi ; là où il n'est pas de loi, il n'est pas d'injustice. »   Thomas Hobbes, *Léviathan*, 1651.

b) À l'état de nature, c'est donc la loi du plus fort qui règne. La loi, pour être juste, et pour être fondée, doit reposer sur la loi naturelle afin que chacun comprenne qu'il est dans son intérêt comme dans celui de la communauté d'y obéir. La force ne peut être le fondement de la loi.

CITATION « S'il faut obéir par force on n'a pas besoin d'obéir par devoir, et si l'on n'est plus forcé d'obéir on n'y est plus obligé. On voit donc que ce mot de droit n'ajoute rien à la force ; il ne signifie ici rien du tout. »   Jean-Jacques Rousseau, *Du contrat social*, I, 3, 1762.

3. L'égalité des lois

Obéir aux lois ne suffit pas à être juste. Ce qui est légal n'est pas légitime.
a) La loi, pour être juste, doit d'abord être générale, elle doit s'appliquer à tous. Pourtant, si la loi est générale, elle ne sert à traiter que des cas particuliers. Il ne faudrait donc pas faire preuve de stricte égalité mais bien d'équité.

CITATION « Telle est la nature de l'équitable : c'est d'être un correctif de la loi, là où la loi a manqué de statuer à cause de sa généralité. » Aristote, *Éthique à Nicomaque*, V, 14, 350 av. J.-C.

b) Quand la loi ne semble pas légitime, il est du devoir du citoyen de lui désobéir, afin de ne pas se retrouver lui-même agent de l'injustice. L'idéal de la loi naturelle doit toujours être à l'origine de la loi positive pour que celle-ci soit juste.

CITATION « Le respect de la loi doit venir après celui du droit. »
Henry-David Thoreau, *La Désobéissance civile*, 1849.

Repères : Loi positive ♦ Loi naturelle ♦ Légal/légitime ♦ Général/particulier ♦ Égalité/équité ♦ État de nature

Savoir 9 — Le bonheur

Le bonheur semble être le moteur de nos vies. Pourtant, le bonheur a toujours tendance à se dérober à nous. Est-il quelque chose d'humain ?

1. Plaisir, joie, bonheur : des notions à ne pas confondre
Il ne faut pas confondre le bonheur avec le plaisir et la joie.
a) Le plaisir est un sentiment lié au corps, à la satisfaction du désir. Ce sentiment est passager.
b) La joie est un peu plus durable que le plaisir. Elle est procurée par le sentiment d'un travail accompli et nous sommes donc les artisans de ces moments de joie.
c) Le bonheur, au sens philosophique du terme, est éternel, et est un état où plus aucune douleur ne se fait sentir. Il apparaît donc que le bonheur ne peut être qu'un idéal vers lequel nous tendons car rien chez l'homme ne semble durer éternellement.

2. Des recettes pour atteindre le bonheur ?
Le bonheur se trouverait dans l'absence de troubles, ce que les Grecs nomment l'ataraxie.
a) Pour les stoïciens, la clé du bonheur se trouve dans la maîtrise de nos désirs. Il faut savoir refuser ce qui ne dépend pas de notre volonté.

> CITATION « Ne désire pas que les choses arrivent comme tu le désires, mais désire qu'elles arrivent comme elles arrivent et tu seras heureux. » Épictète, *Manuel*, 125 ap. J.-C.

b) Pour les épicuriens, le bonheur se trouve dans les choses simples de la vie. Il faut savoir faire le tri entre ses désirs pour ne conserver que ceux qui nous rendront assurément heureux : les désirs naturels et les désirs nécessaires.

> CITATION « Parmi nos désirs, les uns sont naturels, les autres vains. Parmi les désirs naturels, les uns sont nécessaires et les autres naturels seulement. » Épicure, *Lettre à Ménécée*.

c) On peut penser que le bonheur se trouve dans la connaissance de soi et du monde qui nous entoure. La vérité nous permettrait de réellement goûter au bonheur qui ne serait sans elle qu'illusion.

> CITATION « Il vaut mieux être moins gai et avoir plus de connaissances. » René Descartes, *Lettres à Élizabeth*, 1645.

3. Le bonheur, un idéal inatteignable et inhumain ?
L'homme est-il voué au malheur par essence ?
a) L'homme n'est pas capable d'être au présent, de se rendre compte de son bonheur au moment où il l'effleure. Nous semblons rester éternellement insatisfaits.

> CITATION « Nous ne vivons jamais, mais nous espérons de vivre ; et nous disposant toujours à être heureux, il est inévitable que nous ne le soyons jamais. » Blaise Pascal, *Pensées*, 1670.

b) C'est à nous de savoir nous rendre compte de ces moments précieux constitutifs de notre bonheur, et de nous rendre compte que nous devons être les artisans de ce bonheur.

> CITATION « Il est impossible que l'on soit heureux si on ne veut pas l'être ; il faut donc vouloir son bonheur et le faire. » Alain, *Propos sur le bonheur*, 1923.

Repères : Désir naturel ♦ Désir nécessaire ♦ Ataraxie ♦ Hédonisme ♦ Pessimisme

S'entraîner au Bac

Exercice 1 voir Fiche savoir 1

La culture

1. Que signifie cette citation de Giambattista Vico : « *Toutes les nations, quoiqu'ayant été fondées séparément, éloignées qu'elles étaient les unes des autres par d'immenses distances d'espace et de temps, gardent les trois coutumes humaines suivantes : toutes ont quelque religion, toutes contractent des mariages solennels, toutes ensevelissent leurs morts.* » ?
a) Tous les hommes n'ont pas la même culture.
b) Tous les hommes partagent le fait d'avoir une culture.
c) Tous les hommes ont la même culture.

2. Que veut dire Montaigne lorsqu'il écrit : « *Chacun appelle barbarie ce qui n'est pas conforme à ses usages.* » ?
a) Il est difficile de comprendre une culture éloignée de la nôtre.
b) La barbarie, c'est ne pas avoir de culture.
c) Ceux qui ont une culture différente sont des sauvages.

3. Qu'est-ce que l'ethnocentrisme ?
a) Croire que toutes les cultures se valent.
b) Croire que sa culture est supérieure à celle des autres.
c) Croire qu'il existe une culture commune.

FAIT ☐ REVU ☐

Exercice 2 voir Fiche savoir 2

L'art et la technique

1. Qu'est-ce que le progrès au sens philosophique ?
a) L'accroissement des connaissances.
b) L'amélioration des techniques.
c) L'amélioration de l'humanité.

2. Quelle différence fait-on aujourd'hui entre art et technique ?
a) L'art produit des objets esthétiques tandis que la technique produit des objets utiles.
b) Aucune.
c) L'art produit des œuvres coûteuses tandis que la technique produit des objets abordables.

3. Quel est le point commun entre l'artiste et l'artisan ?
a) Ils travaillent tous deux sur la transformation de la matière.
b) Ils utilisent tous les deux la technique.
c) Ils n'ont pas de point commun.

4. Que veut dire Nietzsche quand il écrit : « *Personne ne peut voir dans l'œuvre de l'artiste comment elle s'est faite ; c'est là son avantage, car partout où l'on peut observer une genèse on est quelque peu refroidi.* » ?
a) L'artiste est un génie, ses créations sont divines.
b) Le talent de l'artiste consiste à faire croire dans la facilité de la réalisation de son œuvre.
c) Il ne faut pas regarder les artistes travailler.

5. Que veut dire Kant quand il écrit : « *Le beau est ce qui plaît universellement sans concept.* » ?
a) L'art conceptuel n'est pas esthétique.
b) Tout ce qui est beau est de l'art.
c) Le beau s'éprouve, il ne se prouve pas rationnellement.

FAIT ☐ REVU ☐

Exercice 3 voir Fiche savoir 3

Les échanges

1. Qu'est-ce que la division du travail ?
a) L'instauration d'une durée de travail limitée par semaine.
b) La spécialisation des tâches.
c) L'instauration des congés payés.

2. Pourquoi l'homme vit-il en société selon Adam Smith ?
a) Car il ne se suffit pas à lui-même, il a besoin d'échanger.
b) Car l'union fait la force.
c) Car c'est dans sa nature.

3. Que veut dire Durkheim quand il écrit : « *Si l'intérêt rapproche les hommes, ce n'est jamais que pour quelques instants.* » ?
a) Les échanges sont ce qui permet la paix au sein de la société.
b) Les échanges créent des conflits au sein de la société.
c) Les échanges ne suffisent pas à instaurer la paix au sein de la société.

4. Qu'est-ce que l'utilitarisme ?
a) Une doctrine selon laquelle le but de toute action est le maximum de contentement pour un minimum d'effort.
b) Une doctrine selon laquelle il faut absolument respecter toutes les personnes humaines quelles que soient les circonstances.
c) Une doctrine selon laquelle les personnes qui ne sont pas utiles à la société doivent être éliminées.

FAIT ☐ REVU ☐

S'entraîner au Bac

Exercice 4 — voir Fiche savoir 4

La vérité

1. Quel est le premier critère de la vérité selon cette citation de Descartes : « *Est vrai ce qui se présenterait si clairement et distinctement à mon esprit que je n'eusse aucune occasion de la mettre en doute.* » ?
a) La démonstration.
b) L'évidence.
c) La preuve.

2. Qu'est-ce que le rationalisme ?
a) Une doctrine philosophique selon laquelle est vrai ce qui est raisonnable.
b) Une doctrine philosophique selon laquelle la raison serait la seule source de la connaissance.
c) Une doctrine philosophique selon laquelle ce qui est vrai se vérifie par l'expérience.

3. Que veut dire Locke lorsqu'il écrit : « *L'expérience est le fondement de toutes nos connaissances, et c'est de là qu'elles tirent leur première origine.* » ?
a) La connaissance peut se passer de l'expérience.
b) La connaissance doit se passer de l'expérience pour mener à la vérité.
c) L'expérience se trouve au fondement de toute connaissance.

4. Qu'est-ce que le falsificationnisme ?
a) Une théorie selon laquelle la preuve est le critère de la vérité d'une théorie scientifique.
b) Une théorie selon laquelle le fait de pouvoir être réfutée est le critère de la scientificité d'une théorie scientifique.
c) Une théorie selon laquelle est vrai ce qui ne peut pas se prouver.

FAIT ☐   REVU ☐

Exercice 5 — voir Fiche savoir 5

La raison et la croyance

1. Que veut dire Descartes lorsqu'il écrit : « *La raison est la chose la mieux partagée au monde.* » ?
a) La raison est une qualité innée à tous les hommes.
b) Tout le monde n'est pas capable de se servir de sa raison.
c) La raison est une qualité dont seulement certains hommes disposent.

2. Qu'est-ce que le dogmatisme ?
a) Une attitude qui consiste à avoir des certitudes sans les vérifier.
b) Croire que rien n'est vrai.
c) Croire en une religion.

3. Que veut dire Pascal lorsqu'il écrit : « *Nous connaissons la vérité, non seulement par la raison, mais encore par le cœur ; c'est de cette dernière sorte que nous connaissons les premiers principes.* » ?
a) Il existe des vérités qui ne se démontrent pas mais qui s'éprouvent, dont nous avons l'intuition.
b) La vérité ne peut provenir que de la raison.
c) La raison ne nous apporte aucune connaissance.

4. Qu'est-ce que le scepticisme ?
a) Une doctrine philosophique selon laquelle il faut douter de tout, rien n'est absolument certain.
b) Une doctrine philosophique selon laquelle la vérité n'existe pas.
c) Une doctrine philosophique selon laquelle tout est vrai.

FAIT ☐   REVU ☐

Exercice 6 — voir Fiche savoir 6

L'expérience

1. Qu'est-ce que l'empirisme ?
a) Une doctrine philosophique selon laquelle toute connaissance provient de la raison.
b) Une doctrine philosophique selon laquelle toute connaissance provient de l'expérience.
c) Une doctrine philosophique selon laquelle toute connaissance est innée.

2. Que veut dire Locke lorsqu'il écrit : « *Puisqu'il semble bien ne pas y avoir d'idées dans l'esprit avant que les sens n'en aient introduit, je conçois que les idées dans l'entendement sont contemporaines de la sensation.* » ?
a) Toutes les idées sont innées.
b) Il n'y a pas d'idées qui soient innées.
c) Toutes nos idées ont pour fondement l'expérience sensible.

3. Quelle différence existe-t-il entre l'expérience commune et l'expérience scientifique ?
a) Il n'y en a pas.
b) L'expérience scientifique nécessite une réflexion et est donc active, tandis que l'expérience commune est passive.
c) L'expérience commune est théorique alors que l'expérience scientifique est pratique.

4. Qu'est-ce que l'entendement ?
a) La faculté d'entendre, l'ouïe.
b) L'ensemble de nos connaissances.

c) La faculté de comprendre et de connaître grâce à l'intelligence.

FAIT ☐ REVU ☐

Exercice 7 — voir Fiche savoir 7
La liberté

1. Le déterminisme est une théorie selon laquelle :
a) nous sommes absolument libres de nos choix.
b) l'homme ne serait pas libre car l'ensemble de nos choix seraient les conséquences de faits antérieurs.
c) tout est écrit à l'avance.

2. Que veut dire Spinoza lorsqu'il écrit : « *Les hommes se croient libres pour cette seule cause qu'ils sont conscients de leurs actions et ignorants des causes par où ils sont déterminés.* » ?
a) Les hommes sont conscients des causes qui les poussent à agir.
b) Les hommes ont une conscience.
c) Les hommes se pensent libres alors qu'ils ne connaissent pas les raisons qui les poussent à agir.

3. Qu'est-ce que le stoïcisme ?
a) C'est maîtriser ses désirs afin d'atteindre une liberté intérieure.
b) C'est rester indifférent à tout ce qui nous arrive.
c) C'est assouvir l'ensemble de ses désirs.

4. Qu'est-ce que l'autonomie au sens philosophique ?
a) La capacité de se donner à soi-même sa propre loi.
b) La capacité de vivre seul.
c) L'indépendance.

FAIT ☐ REVU ☐

Exercice 8 — voir Fiche savoir 8
La justice et la loi

1. Qu'est-ce que la loi naturelle ?
a) La loi de la jungle qui règle les rapports entre les individus.
b) La loi écrite par le gouvernement.
c) La loi qui est issue de la morale et qui doit constituer le principe de toute loi.

2. Qu'est-ce que l'équité selon Aristote ?
a) C'est être juste en étant parfaitement égal.
b) C'est être juste en prenant en compte la valeur de chacune des parties.
c) C'est être injuste car on fait des différences selon les individus.

3. Que veut dire Thoreau quand il écrit : « *Le respect de la loi doit venir après celui du droit.* » ?
a) On doit d'abord respecter la loi naturelle avant la loi positive.
b) On doit d'abord respecter la loi positive avant la loi naturelle.
c) On ne doit pas respecter la loi quelle qu'elle soit.

4. Que veut dire Hobbes lorsqu'il écrit : « *Là où il n'est pas de pouvoir commun, il n'est pas de loi ; là où il n'est pas de loi, il n'est pas d'injustice.* » ?
a) Une société sans loi est une société où il ne peut pas y avoir d'injustice.
b) Le pouvoir du gouvernement est créateur d'injustices.
c) Une société sans loi est une société où règne nécessairement l'injustice.

FAIT ☐ REVU ☐

Exercice — voir Fiche savoir 9
Le bonheur

1. Qu'est-ce que l'ataraxie ?
a) Vouloir toujours plus que ce que l'on possède.
b) Un détachement des plaisirs matériels.
c) L'absence de troubles, la tranquillité de l'âme.

2. Qu'est-ce que l'épicurisme ?
a) Une doctrine selon laquelle il faut satisfaire tous ses désirs pour être heureux.
b) Une doctrine selon laquelle le bonheur se trouve dans la simplicité.
c) Une doctrine selon laquelle le bonheur n'existe pas.

3. Que veut dire Pascal lorsqu'il écrit : « *Nous ne vivons jamais, mais nous espérons de vivre ; et nous disposant toujours à être heureux, il est inévitable que nous ne le soyons jamais.* » ?
a) Nous ne savons pas profiter du bonheur à l'instant où il nous arrive.
b) Nous ne pouvons pas être heureux car nous avons conscience que nous sommes mortels.
c) Il est illusoire de chercher à être heureux.

4. Qu'est-ce que le pessimisme ?
a) Une doctrine philosophique selon laquelle le pire arrive toujours.
b) Une doctrine philosophique selon laquelle le bonheur n'existe pas.
c) Une doctrine philosophique selon laquelle l'homme n'est pas destiné à être heureux.

FAIT ☐ REVU ☐

S'entraîner au Bac

Exercice 10 — Explication de texte

> La *loi* ne consiste pas tant à limiter un agent *libre* et *intelligent* qu'à le *guider* vers ses propres intérêts, et elle ne prescrit pas au-delà de ce qui conduit au bien général de ceux qui sont assujettis à cette loi. S'ils pouvaient être plus heureux sans elle, la *loi* s'évanouirait comme une chose inutile : et ce qui nous empêche seulement de tomber dans les marais et les précipices mérite mal le nom de contrainte. De sorte que, quelles que soient les erreurs commises à son propos, la *finalité de la loi* n'est pas d'abolir ou de restreindre mais de *préserver et d'élargir la liberté* ; et, dans toutes les conditions des êtres créés qui sont capables de vivre d'après des lois, *là où il n'y a pas de lois, il n'y a pas de liberté*. Car la *liberté* consiste à être délivré de la contrainte et de la violence exercées par autrui, ce qui ne peut être lorsqu'il n'y a point de loi ; mais la liberté n'est pas ce que l'on nous dit, à savoir une *liberté, pour tout homme, de faire ce qui lui plaît* (car qui peut être libre quand n'importe quel homme peut nous imposer ses humeurs ?). Mais c'est une *liberté* de disposer et d'ordonner comme on l'entend sa personne, ses actions, ses biens et l'ensemble de sa propriété, dans les limites de ce qui est permis par les lois auxquelles on est soumis ; et, dans ces limites, de ne pas être assujetti à la volonté arbitraire de quiconque, mais de suivre librement sa propre volonté.
>
> Locke.

Questions de l'explication

1. Dégagez la thèse de ce texte et mettez en évidence les étapes de son argumentation.

2. a) Précisez la conception de la liberté à laquelle Locke s'oppose dans ce texte.

b) En vous appuyant sur l'image de la ligne 4, expliquez : « *guider* [un agent *libre* et *intelligent*] vers ses propres intérêts ».

c) Comment Locke définit-il la liberté ? Expliquez cette définition en vous appuyant précisément sur le texte.

3. La loi est-elle la condition de la liberté ?

Pour répondre à ces questions, suivez la démarche guidée, étape par étape.

Démarche guidée

Étape 1 (question 1) : dégager la thèse et le plan du texte

Dégagez la thèse de ce texte et mettez en évidence les étapes de son argumentation.

1. Quelle est l'idée principale du texte ?
a) La loi empêche la liberté de s'exercer.
b) La loi s'oppose à la liberté.
c) La loi est la condition de la liberté.

2. Dans quelle phrase du texte la thèse est-elle présente ?
a) « La *loi* ne consiste pas tant à limiter un agent *libre* et *intelligent* qu'à le *guider* vers ses propres intérêts. »
b) « *Là où il n'y a pas de lois, il n'y a pas de liberté.* »
c) « La *liberté* consiste à être délivré de la contrainte et de la violence exercées par autrui. »

3. Remettez les étapes de l'argumentation dans l'ordre.

a) 1 : Locke rappelle le préjugé selon lequel la loi s'oppose à la liberté, elle en serait destructrice, puisqu'elle la limite par définition.
2 : La loi est ce qui nous permet de préserver nos droits face à autrui. Elle est la garante de la liberté.
3 : La liberté se trouve donc dans la reconnaissance de la légitimité de la loi, dans une certaine forme d'autonomie.

b) 1 : Locke nous dit que la loi est un obstacle à la liberté.
2 : Il ne faut pas suivre la loi pour pouvoir survivre face à autrui.
3 : La liberté consiste donc à faire tout ce que l'on veut.

c) 1 : Dans un premier temps Locke rappelle le principe selon lequel la loi est la condition de la liberté.
2 : Il faut alors se méfier de la croyance selon laquelle la loi est un obstacle à la liberté.
3 : La liberté ne consiste donc pas dans le pouvoir de faire ce que l'on veut.

Étape 2 (question 2) : expliciter le sens d'un extrait du texte

2. a) Précisez la conception de la liberté à laquelle Locke s'oppose dans ce texte.

b) En vous appuyant sur l'image des lignes 1-2, expliquez : « *guider* [un agent *libre* et *intelligent*] vers ses propres intérêts ».

c) Comment Locke définit-il la liberté ? Expliquez cette définition en vous appuyant précisément sur le texte.

Étape 3 (question 3) : rédiger la réponse

La loi est-elle la condition de la liberté ?
La réponse à la question 3 de l'explication de texte répond aux mêmes critères que la dissertation, différence faite qu'elle s'appuie sur le texte étudié et que vous devez donc citer le texte.
Les questions précédentes sont là pour vous aider à construire votre réflexion à propos du texte.

1. Quelle phrase parmi les propositions suivantes pourrait constituer le point de départ de l'introduction ?
a) Locke remet en question le préjugé selon lequel la liberté est le pouvoir de faire tout ce que l'on veut sans aucune limite.
b) La liberté est un problème que de nombreux philosophes ont traité.
c) Tout le monde souhaite être libre. Mais comment atteindre cette liberté alors que nous vivons sous des lois ?

2. Quelle est la problématique la plus adaptée à la question posée ?
a) La loi est-elle la condition de la liberté ?
b) Peut-on être libre et soumis aux lois en même temps ?
c) Qu'est-ce que la liberté ?

3. Quel est le plan le plus adapté pour répondre au sujet ?
a) I. La loi est la condition de la liberté
  II. Qu'est-ce que la liberté ?
b) I. Définition de la liberté
  II. Ce que n'est pas la liberté
c) I. La loi est un obstacle à la liberté
  II. Pourtant, sans loi la liberté n'existerait pas

Exercice 11 — Dissertation

Sujet
Peut-on connaître ce dont on n'a pas l'expérience ?

Démarche guidée

Étape 1 : comprendre le sens du sujet
– À quoi vous invite à réfléchir l'intitulé de ce sujet ?
a) Savoir si l'expérience sensible est une condition de la connaissance.
b) Savoir s'il faut être expérimenté pour connaître le monde qui nous entoure.
c) Savoir si l'on peut connaître la vérité.

Étape 2 : formuler la problématique
– Quel est le problème que pose véritablement le sujet ?
a) Peut-on connaître sans savoir ?
b) Existe-t-il une connaissance parfaitement a priori ?
c) L'expérience est-elle un frein à la connaissance ?

Étape 3 : élaborer le plan
– Quel plan est le mieux adapté à la question posée par le sujet ?
a) I. Oui, il existe des connaissances a priori.
II. Non, il n'y a pas de connaissance possible sans l'expérience.
III. La connaissance commence par l'expérience mais ne s'y limite pas.
b) I. Oui.
II. Non.
c) I. Il faut de l'expérience pour connaître.
II. Il faut être expérimenté pour connaître.
III. L'expérience reste trop subjective pour mener à une connaissance certaine.

Étape 4 : structurer les sous-parties
– Maintenant que vous avez trouvé les grandes étapes du plan, remettez dans l'ordre l'ensemble des arguments qui le composent (un argument par sous-partie).
a) Toute connaissance ne dérive pas nécessairement de l'expérience.
b) Nous possédons certaines idées sans en avoir fait l'expérience.
c) C'est l'activité du sujet qui rend possible à la fois la connaissance et l'expérience.
d) L'origine de certains concepts se trouvent dans nos sens.
e) Nous ne pouvons nous représenter certaines choses qu'après en avoir la connaissance.
f) L'esprit est une table rase (vide de toute représentation).

Étape 5 : rédiger l'introduction
– Quelles sont les étapes à respecter dans une introduction ?
a) Annonce de la problématique et annonce du plan.
b) Accroche qui caractérise le problème, annonce de la problématique et annonce du plan.
c) Rappel du sujet et annonce du plan.

Étape 6 : rédiger la conclusion
– Quelle réponse la réflexion que nous avons construite nous permet-elle d'apporter au sujet ?
a) On ne peut pas connaître ce dont on n'a pas l'expérience.
b) On peut connaître ce dont on n'a pas l'expérience.
c) Connaître nécessite non seulement l'expérience mais aussi une activité de la raison.

Étape 7 : passer à la rédaction de la dissertation

Corrigés

Exercice 1

1. Réponse b).
2. Réponse a).
3. Réponse b).

Exercice 2

1. Réponse c). Attention, au sens large, le progrès peut être défini par l'ensemble des réponses proposées. Dans le sens de la question, on comprend que tout progrès technique n'est pas forcément un progrès pour l'humanité (exemple de la bombe atomique).
2. Réponse a).
3. Réponses a) et b).
4. Réponse b).
5. Réponse c).

Exercice 3

1. Réponse b).
2. Réponse a). Attention, pour d'autres écoles de pensée, la réponse c) est valable. C'est l'idée d'Aristote lorsqu'il écrit que « l'homme est un animal politique », cela signifie que l'homme ne peut pas réaliser son humanité sans la présence d'autrui.
3. Réponse c).
4. Réponse a).

Exercice 4

1. Réponse b).
2. Réponse b).
3. Réponse c).
4. Réponse b).

Exercice 5

1. Réponse a).
2. Réponse a).
3. Réponse a).
4. Réponse a).

Exercice 6

1. Réponse b).
2. Réponses b) et c).
3. Réponse b).
4. Réponse c).

Exercice 7

1. Réponse b). Attention à ne pas confondre déterminisme et fatalisme (réponse c).
2. Réponse c).
3. Réponse a).
4. Réponse a). Attention à ne pas confondre indépendance et autonomie.

Exercice 8

1. Réponse c).
2. Réponse b).
3. Réponse a).
4. Réponse c).

Exercice 9

1. Réponse c).
2. Réponse b).
3. Réponse a).
4. Réponse c).

Exercice 10

Étape 1 : dégager la thèse et le plan du texte

1. Réponse c).
2. Réponse b).
3. Réponse a).

Étape 2 : expliciter un extrait du texte

2. a) Locke s'oppose ici à la conception de liberté comme indépendance, c'est-à-dire comme pouvoir de faire tout ce que l'on veut. Pour lui, la liberté est obéissance raisonnable aux lois.

2. b) La loi guide un « agent libre » car il n'est pas soumis à la contrainte d'autrui et « intelligent » car il n'est pas soumis à la contrainte de ses désirs. En effet, nous avons tendance à nous laisser guider par nos désirs, ce qui nous pousse dans les marais et les précipices. C'est pourquoi la loi existe afin de nous protéger de nos propres décisions que nous pouvons prendre sous l'emprise de nos passions. La loi protège nos intérêts et nous y obéissons donc volontairement.

3. La liberté selon Locke est de ne pas être soumis à autrui, ni aveuglé par ses propres désirs. La liberté se trouve dans l'autonomie : l'obéissance à la loi que l'on s'est soi-même prescrite.

Étape 3 : rédiger la réponse à la question 3

1. Réponse a). Nous reprenons ici le point de départ du texte de Locke.
2. Réponse b).
3. Réponse c).

Plan détaillé de la réponse à la question 3
Introduction :
Locke remet en question le préjugé selon lequel la liberté est le pouvoir de faire tout ce que l'on veut sans aucune limite. Pour lui, la loi est la condition de la liberté, elle en est la garantie. Mais peut-on être libre et soumis aux lois en même temps ? On pourrait penser que la liberté se définit par l'indépendance. Pourtant, la loi garantit l'existence de la liberté qui périt si elle n'est pas limitée.

I. La liberté comme pouvoir de faire ce que l'on veut
A/ La loi limite la liberté
– La liberté se définit comme absence de contraintes. La loi prend l'apparence d'une contrainte en tant qu'elle pose des interdits et des obligations.
– La liberté suppose de pouvoir faire ce que l'on veut. La loi est alors un obstacle à la liberté, contrairement à ce qu'affirme Locke.

B/ La conception anarchiste
– La liberté entre en conflit avec les lois. C'est ce que dénonce le mouvement anarchiste en affirmant qu'il est « interdit d'interdire ».
– « La liberté est indivisible » dit Bakounine. Donc retirer un peu de liberté à l'homme, c'est anéantir toute la liberté pour lui.
– On doit donc contester l'autorité politique qui anéantit la liberté individuelle, essence de l'homme.

C/ De la nécessité des lois positives
– L'homme est un être égoïste qui cherche à garantir son intérêt personnel.
– Parallèle Hobbes « l'homme est un loup pour l'homme ». Sans loi, pas de liberté.
– « La liberté consiste à être délivré de la contrainte et de la violence exercées par autrui. » Locke (l. 8). La loi contraint chacun à respecter les droits inaliénables de tous.
– Mais à quelles conditions concilier loi et liberté ?

II. La loi, condition nécessaire de la liberté
A/ Obligation et contrainte
– Dire que la loi est contrainte, c'est considérer qu'elle va à l'encontre de la volonté de l'homme. Mais ne devons-nous pas vouloir la loi pour pouvoir vivre en société ? Reconnaître la légitimité de la loi, c'est aussi reconnaître qu'on doit lui obéir. La loi doit apparaître comme un guide et non comme une contrainte.
– Obéir à la loi, c'est donc d'abord obéir à soi-même (//démocratie), c'est choisir d'obéir car on reconnaît que c'est dans cette obéissance que se situe notre intérêt.
– La loi n'est donc pas, dans ce sens, obstacle à notre liberté car elle est obligation qui émane de notre propre volonté.

B/ La liberté comme autonomie
– La loi est utile, comme le dit Locke, car les hommes ne peuvent se limiter d'eux-mêmes. « S'ils pouvaient être plus heureux sans elle, la loi s'évanouirait comme une chose inutile. »
– La liberté suppose une obéissance interne à la raison, elle est autonomie. L'homme est libre lorsqu'il agit suivant sa volonté, guidé par la raison.
– Ce n'est pas l'indépendance, mais l'autonomie qui caractérise la liberté (Kant). La liberté est maîtrise de soi, capacité à se limiter soi-même.

C/ Mais toute loi n'est pas source de liberté
– Certaines lois peuvent être profondément injustes. Les lois arbitraires décrétées par tel ou tel dictateur peuvent ne pas favoriser la liberté.
– Pour que la loi soit source de liberté, elle doit répondre à plusieurs exigences.
– Rousseau (*Du Contrat social*) montre que la loi de l'État vise avant tout à garantir la liberté civile. Souveraineté du peuple. La loi émane de la volonté générale, volonté de tous en vue du bien commun.
– Tous étant soumis aux mêmes lois, chacun n'obéit finalement qu'à lui-même. Les lois, pour permettre la liberté, doivent être légitimes et ne pas aller à l'encontre du droit naturel.

Conclusion :
La liberté ne réside pas dans l'indépendance. La liberté est autonomie. De ce fait, la loi positive est la condition de la liberté tant qu'elle est légitime et qu'elle ne va pas à l'encontre de la loi naturelle.

Corrigés

Exercice 11

Étape 1
Réponse a). Ici le terme expérience est à prendre au sens d'expérience sensible, c'est-à-dire l'ensemble des informations que nous apportent nos cinq sens.

Étape 2
Réponse b). Le sujet invite à se poser la question du rôle de l'expérience dans la connaissance. Peut-on connaître sans se servir des informations que nous apportent nos cinq sens ? Est-il possible de se passer de l'expérience pour connaître le réel ?

Étape 3
Réponse a). Pour traiter le sujet, il faut confronter les thèses rationaliste et empiriste. On finira alors par dire que la connaissance nécessite à la fois une part de raison et une part d'expérience. La réponse b) reste trop caricaturale et ne permet pas de répondre au sujet. De plus, ce genre de plan ne montre pas que vous avez réfléchi au problème posé par le sujet. La réponse c) est incorrecte car elle joue sur les différents sens du terme expérience, ce qui mène dans ce cas au hors-sujet.

Étape 4
L'ordre logique des arguments est le suivant : b) e) d) f) a) c).

Étape 5
Réponse b). L'introduction de la dissertation doit montrer que vous avez compris le problème posé par le sujet. Ici, il faut particulièrement montrer que le terme « expérience » est à prendre exclusivement au sens d'« expérience sensible ».

Étape 6
Réponse c). La conclusion doit résumer les étapes de votre argumentation et donner une réponse claire au sujet.

Étape 7
Cette réflexion doit vous mener à rédiger un plan détaillé au brouillon qui vous permettra de construire une dissertation structurée et pertinente à rédiger entièrement sur votre copie. Le plan ne doit pas apparaître. Les transitions servent à bien faire comprendre au correcteur la logique de votre réflexion.

Introduction :
Toute connaissance ne se réduit sans doute pas à la description d'une expérience réelle. Néanmoins, il semble raisonnable de poser qu'une connaissance fait systématiquement référence à une expérience au moins possible. Pourtant, il suffit de considérer, par exemple, les sciences dites « dures », et en particulier les mathématiques, pour s'apercevoir que la question est plus complexe. On connaît en effet des objets tels qu'une droite ou une fonction, mais peut-on dire qu'on a l'expérience de tels objets ? Et si nous pouvons nous passer de l'expérience pour certains objets, alors d'où vient la connaissance que nous en avons ? On peut donc se demander si une connaissance parfaitement a priori est possible ?
Il apparaît que répondre à ces questions requiert que l'on définisse ce qu'est la connaissance, car si l'on juge que l'expérience est nécessaire à toute connaissance, alors il faudra rejeter hors du domaine de la connaissance toute proposition à propos d'un objet dont on ne peut avoir l'expérience. Expliciter les conditions qui rendent possibles la connaissance, c'est tenter de se doter d'un critère pour distinguer la connaissance du fantasme.

I. Oui, il existe des connaissances a priori.
A/ Nous possédons certaines idées sans en avoir fait l'expérience.
– Une idée peut-elle être innée, c'est-à-dire se trouver en notre esprit sans avoir été provoquée par un élément extérieur ?
– Descartes donne des exemples de telles idées : « l'idée de Dieu, de l'esprit, du corps, du triangle, et en général toutes celles qui représentent des essences vraies, immuables et éternelles. » Descartes juge ainsi que ces idées sont présentes en tous les esprits, car sinon, il nous serait impossible de les acquérir, puisqu'il n'y en a pas d'expérience possible.

B/ Nous ne pouvons nous représenter certaines choses qu'après en avoir la connaissance.
– Descartes déduit l'existence nécessaire d'idées innées du fait que certaines idées que nous avons ne peuvent pas venir de l'expérience.
Exemple : celui d'une droite. Nous savons qu'une droite n'est pas bornée, contrairement au segment. Autrement dit, elle est infinie. Or nous n'avons jamais l'expérience de l'infini. L'infini est ce qui échappe à toute expérience possible.

– Dès lors, si nous pouvons concevoir ces objets sans en avoir l'expérience, il faut postuler que ce sont des idées innées. Et comme, à partir de ces idées, des connaissances peuvent être élaborées et même des sciences toutes entières (la géométrie pure), on peut en conclure qu'il est possible de connaître ce dont on n'a pas l'expérience.

Transition :
D'où peuvent nous venir ces idées puisque ce n'est pas de l'expérience ? Quelle peut être l'origine de ces idées qui ne s'acquièrent pas ?

II. Non, il n'y a pas de connaissance possible sans l'expérience.

A/ L'origine de certains concepts se trouve dans nos sens
– D'après les empiristes, affirmer comme le fait Descartes l'existence des idées innées est un postulat arbitraire et non fondé.
– Ainsi, Hume, dans le *Traité de la nature humaine*, montre que « l'idée de causalité est tirée de l'expérience ». Pourtant, l'idée même de l'enchaînement nécessaire de la cause et de l'effet ne peut être l'objet d'une expérience, donc un rationaliste strict pourrait la mettre au rang des idées innées.
– Hume conteste cet état de fait : il ne s'agit selon lui que d'une généralisation abusive à partir de corrélations entre phénomènes que nous observons. Nos sens ne sont capables de nous fournir qu'une information limitée.

B/ L'esprit est une table rase
– L'empirisme suggère que l'entendement est, au départ au moins, comparable à une table rase, c'est-à-dire un vide initial qui se remplit grâce à l'acquisition d'informations provenant des sens.
– Locke, dans l'*Essai sur l'entendement humain*, tente de montrer qu'en considérant que l'esprit est au départ une table rase, on peut reconstruire toutes les idées innées des rationalistes. Ainsi reconstruites, les idées prétendument innées apparaissent tirées de l'expérience et Locke peut conclure : « l'expérience : c'est le fondement de toutes nos connaissances, et c'est de là qu'elles tirent leur première origine ».

Transition :
L'expérience est la seule origine de nos connaissances, celle-ci vient de nos sensations. On pourrait ainsi dire que nous ne connaissons rien, nous ne faisons que sentir.

III. La connaissance commence par l'expérience, mais ne s'y limite pas.

A/ Toute connaissance ne dérive pas nécessairement de l'expérience.
– Kant admet au départ que « toute notre connaissance commence avec l'expérience ». Considérant que l'esprit ne fonctionne pas sans matière sur laquelle réfléchir, il déduit que les premières idées ne peuvent venir que des données de l'expérience sensible.
– Mais il ajoute, dans l'introduction à la seconde édition de la *Critique de la raison pure*, que « si toute notre connaissance débute avec l'expérience, cela ne prouve pas qu'elles dérivent toutes de l'expérience ». Ainsi, lorsque nous émettons des jugements, qui sont autant de connaissances, nous le faisons hors de toute expérience.

B/ C'est l'activité du sujet qui rend possible à la fois la connaissance et l'expérience.
– Pendant une expérience, nous recevons des informations sur la réalité extérieure et nous en conservons la mémoire. Dans le même temps, nous avons conscience de recevoir ces informations.
– Le propre de l'esprit est d'être actif et non purement passif, il n'est pas qu'un simple récepteur des sensations. Il donne du sens, interprète les impressions que nous avons reçues et les rapporte au sujet que nous sommes. Finalement, l'expérience n'est possible que parce que l'esprit est avant tout activité de synthèse.

Conclusion :
Les idées que l'esprit construit hors de toute expérience possible ne sont pas des connaissances. Elles ne correspondent pas à une prise de conscience d'un fait nouveau ou d'une loi nouvelle mais ne sont que le résultat du jeu de l'activité de l'esprit. Néanmoins, cette activité même empêche de réduire la connaissance à l'expérience sensible. Car la condition de possibilité de l'expérience est l'activité de l'esprit, c'est-à-dire de la raison.

Lexique

Absolu/Relatif : L'absolu se suffit à lui-même. L'absolu est sans limites, et ne dépend de rien d'autre que de lui-même. Par opposition, est relatif ce qui dépend d'autre chose que de lui-même.

Abstrait/Concret : Est abstrait ce qui est vague, que l'on ne retrouve pas dans la réalité. Est concret ce qui est réel, matériel, ce à quoi on peut directement se rattacher dans la réalité.

Acquis : Voir inné/acquis.

Ataraxie : Tranquillité de l'âme, paix intérieure, absence de trouble.

Autonomie : Capacité de se donner à soi-même sa propre loi, de se déterminer par soi-même. Différent de l'indépendance, qui est le fait de suivre l'ensemble de ses désirs sans distinction.

Barbarie : Au sens commun, désigne l'absence de civilisation. Initialement on appelait barbares, sous la Grèce antique, tous ceux qui ne participaient pas de la culture grecque. Aujourd'hui, la barbarie désigne des actes inhumains, contraires à la loi naturelle.

Concret : Voir abstrait/concret.

Conséquence : Voir principe/conséquence.

Contingent : voir nécessaire/contingent.

Contrainte/Obligation : La contrainte est une force extérieure qui nous entrave dans notre liberté. L'obligation est une force intérieure qui nous pousse à agir moralement, elle réside dans notre conscience morale.

Désir naturel : Désir en accord avec la nature humaine, dont la réalisation ne causera pas plus de souffrance que de plaisir.

Désir nécessaire : Désir dont la satisfaction constitue un besoin. Exemple : manger, boire...

Déterminisme : Doctrine selon laquelle le monde serait ordonné en fonction d'un principe d'enchaînement de causes et de conséquences nécessaires. De ce fait, l'homme ne serait pas libre, car l'ensemble de ses actions et de ses idées seraient le résultat de causes antérieures.

Division du travail : Repose sur le principe selon lequel un individu ne peut pas être doué dans tous les domaines. Il s'agit donc de répartir les tâches afin de gagner en productivité. C'est la spécialisation des tâches.

Dogmatisme : Attitude qui consiste à considérer que l'on a raison sans pour autant pouvoir prouver ce que l'on avance et sans jamais accepter de remettre son prétendu savoir en question.

Droit : Au sens commun, le droit désigne l'ensemble des lois édictées par un État. Le terme peut prendre un sens moral et renvoie ici aux principes des lois naturelles (ou droit naturel).

Égalité/Équité : L'égalité est un principe juridique selon lequel tous les hommes doivent être traités exactement de la même manière quelles que soient leur valeur ou les circonstances. L'équité est un principe juridique selon lequel il faut adapter l'application de la loi en fonction des circonstances et des personnes.

Empirisme : Doctrine philosophique notamment représentée par John Locke et David Hume selon laquelle toute connaissance proviendrait de l'expérience sensible. L'expérience serait le socle nécessaire à toute connaissance. On ne pourrait s'affranchir de l'expérience sensible pour parvenir à la vérité. S'oppose au rationalisme.

Entendement : Au sens général, l'entendement est la raison. C'est la capacité de l'homme à connaître et comprendre grâce à l'intelligence. Chez Kant, l'entendement et la raison ont deux fonctions différentes. L'entendement permet d'ordonner et de faire la synthèse des informations qui nous sont apportées par nos cinq sens et la raison est ce qui nous permet de connaître les premiers principes.

Équité : Voir égalité/équité.

Essence : Nature d'une chose. Ce qui définit une chose, qui fait qu'elle est ce qu'elle est.

État de nature : Hypothèse qui décrit ce qu'aurait été la situation des hommes précédant toute mise en place d'un pouvoir hiérarchiquement supérieur ou d'un gouvernement. S'oppose à l'état civil.

Ethnocentrisme : Attitude qui consiste à considérer sa culture comme étant supérieure, la meilleure, la seule culture valable. Cela amène à considérer ceux qui ne participent pas de cette culture comme des barbares ou des sauvages.

Existentialisme : Doctrine philosophique qui place l'existence humaine au centre de sa réflexion. Pour Jean-Paul Sartre, représentant de cette doctrine, l'homme est libre de choisir son essence tout au long de son existence. Il n'est pas prédéterminé.

Expérimentation : L'expérimentation est différente de l'expérience commune. C'est une expérience scientifique, qui nécessite donc un protocole et un raisonnement préalable. L'expérience scientifique réfléchie s'oppose donc à l'expérience sensible immédiate.

Falsificationnisme : Théorie philosophique mise en place par Karl Popper. Il considère que la vérité n'est pas absolue mais qu'elle en perpétuelle évolution grâce au progrès scientifique. La possibilité d'être réfutée constituerait donc le critère de la scientificité d'une théorie.

Fanatisme : Attitude qui consiste à considérer que l'on détient la vérité absolue et à chercher à faire

Lexique

adhérer par tous les moyens les autres à cette prétendue vérité.
Fatalisme : Théorie selon laquelle tout serait déterminé par avance, tout serait écrit au préalable. On ne pourrait donc pas échapper à notre destin.
Fin/Finalité : Au sens philosophique, le but, l'objectif, ce vers quoi on tend. S'oppose aux moyens.
Général/Particulier : Est général ce qui correspond à une majorité des cas. Est particulier ce qui ne correspond qu'à une minorité des cas.
Hédonisme : Doctrine selon laquelle le plaisir mène au bonheur.
Immanence : Est immanent ce qui ne relève pas d'une instance extérieure. Ce qui ne peut excéder l'expérience.
Inné/Acquis : Est inné ce dont on dispose dès notre naissance, ce que l'on possède naturellement. Par opposition, est acquis ce que l'on ne possède pas naturellement, ce qui est donc notamment apporté par l'apprentissage et la culture.
Légal/Légitime : Est légal ce qui est conforme à la loi positive. Est légitime ce qui est conforme à la loi naturelle.
Légitime : Voir légal/légitime.
Libre-arbitre : Capacité proprement humaine à choisir de manière rationnelle entre plusieurs possibilités. Concerne le pouvoir de la volonté humaine de se déterminer elle-même sans aucune contrainte extérieure.
Loi : En science, une loi est un rapport universel et constant établi entre deux phénomènes naturels. En droit, la loi est une règle obligatoire établie par les autorités à laquelle nous devons nous conformer et qui permet de réguler les rapports des hommes au sein de la société.
Loi positive/Loi naturelle : La loi positive est la loi attachée à un État ou à un gouvernement à laquelle nous devons obéir sous peine de sanctions. La loi naturelle concerne les normes que nous devons suivre selon une dimension morale.
Nécessaire/Contingent : Est nécessaire ce qui ne peut pas ne pas être, ou ce qui ne pourrait être autrement. Est contingent ce qui aurait pu ne pas être ou être différent.
Obligation : Voir contrainte/obligation.
Opinion : Au sens commun, avis, jugement qui ne relève pas d'une connaissance rationnelle et vérifiable. En philosophie, on considère que l'opinion est l'ennemie de la vérité, car elle a tendance à se faire passer pour telle.
Particulier : Voir général/particulier.
Pessimisme : Doctrine philosophique selon laquelle le bonheur ne serait qu'une illusion. L'homme ne pourrait jamais atteindre le bonheur.
Pratique : Voir théorie/pratique.
Principe/Conséquence : Le principe est au fondement d'une chose. En ce qui concerne la connaissance, le principe est ce qui se trouve au fondement d'une théorie. Dans le domaine de la morale, un principe est une règle qui commande nos actions. La conséquence est ce qui découle du principe.
Progrès : Le progrès est l'évolution d'un phénomène. Le progrès technique concerne l'accroissement des connaissances et la capacité de l'homme à transformer la nature. Au sens large, le progrès concerne toute amélioration de l'humanité.
Rationalisme : Doctrine philosophique notamment représentée par René Descartes selon laquelle la connaissance ne proviendrait que de la raison. Pour Descartes, la connaissance ne peut pas provenir de l'expérience car nos sens sont source d'illusion.
Relatif : Voir absolu/relatif.
Relativisme : En ce qui concerne la philosophie de la connaissance, théorie selon laquelle la vérité est relative aux individus. Il n'y aurait donc pas de vérité absolue.
Scepticisme : Doctrine philosophique selon laquelle nous ne serons jamais certains d'atteindre la vérité. Aucune vérité n'est indubitable, il faut donc douter de tout.
Stoïcisme : Doctrine philosophique antique représentée par Épictète qui enseigne de se libérer de l'emprise de ses désirs. Il faut donc accepter ce qui ne dépend pas de nous pour atteindre l'ataraxie.
Théorie/Pratique : La théorie serait ce qui constituerait le principe abstrait de toute connaissance. La pratique est la mise en application concrète d'une théorie.
Transcendance : Du latin *transcendere* : passer au-delà, surpasser. Idée de supériorité. Est transcendant ce qui est d'une nature supérieure, au-delà de toute expérience possible. Opposé à immanence.
Universel/Singulier : Est universel ce qui est valable dans tous les cas, ce qui concerne tous les êtres humains sans exception quelle que soit l'époque, la région du monde, etc. Est singulier ce qui ne concerne qu'une seule personne à un moment donné, dans des circonstances précises. Est singulier ce qui est unique.
Utilitarisme : Doctrine philosophique mise en place notamment par Jeremy Bentham et John Stuart Mill, qui repose sur le principe que le but de la société doit être le bonheur du plus grand nombre. Pour l'utilitarisme, l'utilité est donc le seul critère de la moralité.

Savoir 1

L'épreuve écrite

LU ☐
SU ☐
REVU ☐

L'épreuve écrite se divise en deux parties. Une épreuve de compréhension composée de deux documents à partir desquels des questions vous seront posées. Elle se termine généralement par une confrontation des documents.
Ensuite vient l'épreuve d'expression écrite.

1. Méthodologie : comment aborder l'épreuve écrite ?

a) Étape 1 : compréhension générale

Lisez le texte en entier au moins une fois en repérant où l'action se passe, quand elle se passe et qui sont les personnages principaux, le thème principal. Il faut repérer / souligner / entourer / surligner les dates, les noms propres, pronoms personnels et possessifs (noms géographiques, noms de personnes).
N'oubliez pas de lire le paratexte qui vous permet de noter de précieuses informations : auteur, date, nature du document…

b) Étape 2 : compréhension détaillée

Relisez le texte en repérant :
– les actions des différents personnages et ce qui motive leur actions ;
– les verbes et formes verbales ;
– le vocabulaire qui vous est inconnu pour essayer de trouver le sens d'après le contexte.
Il existe plusieurs typologie de questions. Il faut bien les identifier pour y répondre correctement.

– *Choose the right answer.* → Choisissez la bonne réponse.
– *Say whether the following statements are TRUE or FALSE. Justify your choice by quoting from the text and give the line numbers.* → Dites si les phrases suivantes sont VRAIES ou FAUSSES, justifiez votre choix en citant le texte et en donnant le numéro de la ligne.
– *Pick out three different examples showing that…* → Choisissez trois exemples différents qui montrent que…
– *Match each element with the corresponding definition.* → Reliez chaque élément avec la définition qui lui correspond.
– *Complete the sentences by using one of the following adjectives.* → Complétez les phrases en utilisant l'un des adjectifs suivants.

c) Étape 3 : confronter les documents

La dernière partie de l'épreuve de compréhension porte sur les deux documents. Ces documents ont nécessairement un thème en commun, mais ils comportent également un point de divergence.

– *What theme do document 1 and 2 have in common?* → Quel est le thème commun à ces deux documents ?
– *Which sentence best describes the differences between the two texts?* → Quelle est la phrase qui décrit le mieux les différences entre les deux textes ?
– *Write down the two titles that correspond to both documents 1 and 2.* → Choisissez les deux titres qui conviennent aux deux documents.
– *Write down the 5 adjectives that can apply to both.* → Choisissez les 5 adjectifs qui conviennent aux deux documents.

Exemple sur le document 1

> In the month of July 1947, having saved about fifty dollars from old veteran benefits, I was ready to go to the West Coast. My friend Remi Boncœur had written me a letter from San Francisco, saying I should come. [...] My aunt was all in accord with my trip to the West; she said it would do me good. [...] Folding back my comfortable
> 5 home sheets for the last time one morning, I left with my canvas bag in which a few fundamental things were packed and took off for the Pacific Ocean with the fifty dollars in my pocket.
>   I'd been poring over maps of the United States in Paterson for months, even reading books about pioneers and savoring names like Platte and Cimarron and so
> 10 on, and on the road-map was one long red line called Route 6 that led to the tip of Cape Cod clear to Ely, Nevada, and 10 there dipped down to Los Angeles. I'll just stay on 6 all the way to Ely, I said to myself and confidently started. To get to 6 I had to go up to Bear Mountain. [...] Five scattered rides took me to Bear Mountain Bridge. It began to rain in torrents when I was left off there. It was mountainous. Route 6
> 15 came over the river, wound around a traffic circle and disappeared into the wilderness. Not only was there no traffic but the rain came down in buckets and I had n° 15 shelter. I had to run under some pines to take cover; this did no good; I began crying and swearing and socking myself on the head for being such a damn fool. I was forty miles north of New York; all the way up I'd been worried about the fact that on this,
> 20 my big opening day, I was only moving north instead of the so-longed-for west. Now I was stuck on my northernmost hangup. [...] 'What the hell am I doing up here?' I cursed. I cried for Chicago.
>
> Jack Kerouac, On the Road, 1957.

a) Étape 1 : compréhension générale

– Les dates sont surlignées en jaune, en bleu les personnages et en vert les lieux. Avec ce relevé, vous repérez, dès les trois premières lignes du document, que l'action se déroule en juillet 1947, que le narrateur est à la première personne (I/me/my), et qu'il est en partance pour la côte ouest des États-Unis (San Francisco), probablement pour rejoindre son ami Rémi Boncœur.
– En prenant connaissance du paratexte (source, date), Jack Kerouac, *On the Road*, 1957, on s'aperçoit qu'il y a un décalage entre la date de publication et la date du récit : c'est un piège à éviter lorsque la question de la date du récit vous sera posée.

b) Étape 2 : compréhension détaillée
• **Repérez les formes verbales**

Dans le document vous pouvez repérer les phrases suivantes :
– ... **I left** with my canvas bag in which a few fundamental things **were packed** and **took off** for the Pacific Ocean with the fifty dollars in my pocket...
– ... **I'd been poring** over maps of the United States in Paterson for months, even **reading** books about pioneers and **savoring** names like Platte
– ...Five scattered rides **took me to** Bear Mountain Bridge.
Ces verbes nous indiquent tout ce que le narrateur a entrepris/fait jusqu'à son arrivée à Bear Mountain bridge.
I left ➜ j'ai quitté – *a few things were packed* ➜ quelques affaires avaient été emportées
I'd been poring over... ➜ J'avais passé du temps à étudier des cartes
Reading books about pioneers ➜ à lire des livres sur les pionniers
savoring names like Platte ➜ à me régaler de noms comme Platte.
... *took me to Bear Mountain Bridge* ➜ me conduisirent jusqu'à Bear Mountain Bridge

- **Aborder le vocabulaire difficile**
– Quand le vocabulaire est inconnu, il faut essayer d'en déduire le sens :

EX 1 : *I'd been poring over **maps**.*

– Si on comprend le mot *maps* (cartes routières) on peut penser que le narrateur n'a guère pu faire autre chose que de les regarder. Par conséquent, on en déduit que *to pore over something* est proche du verbe regarder. (Définition du dictionnaire : étudier de près.)

EX 2 : *I began crying and swearing and **socking** myself on the head for being such a **damn fool**.*

– Si l'on comprend le verbe *crying* (pleurer) et *swearing* (jurer, proférer des jurons), on peut facilement imaginer que *socking myself on the head* ne peut être qu'une action liée au désespoir du narrateur ; on peut donc en déduire qu'il se frappe la tête de dépit.
Le verbe *sock* signifie (définition du dictionnaire) : « flanquer un gnon » (registre familier).
Attention, certains mots peuvent être pris pour des verbes.
Par exemple, *five scattered **rides** took me to Bear Mountain Bridge*. Ici **rides** est un nom, sujet du verbe *took*.

Exemple sur le document 2

> The three Alaskans dynamited the offending stick dams and drained the ponds. Then they motored onward, up a rocky creek bed and through dense alder thickets. It was late afternoon by the time they finally arrived at the bus. When they got there, according to Thompson, they found "a guy and a girl from Anchorage standing fifty
> 5 feet away, looking kinda spooked." ...Handwritten in neat block letters on a page torn from a novel by Nikolay Gogol, it read:
> S.O.S. I NEED YOUR HELP. I AM INJURED, NEAR DEATH, AND TOO WEAK TO HIKE OUT OF HERE. I AM ALL ALONE, THIS IS <u>NO JOKE</u>. IN THE NAME OF GOD, PLEASE REMAIN TO SAVE ME. I AM OUT COLLECTING BERRIES CLOSE BY AND
> 10 SHALL RETURN THIS EVENING. THANK YOU, CHRIS MCCANDLESS. AUGUST?
> McCandless's signature had been penned at the bottom of the SOS note, and the photos, when developed, included many self-portraits. But because he had been carrying no identification, the authorities didn't know who he was, where he was from, or why he was there.
>
> Excepted from Jon Krakauer, *Into the Wild* by, 1996.

c) Étape 3 : confronter les deux documents
Les documents 1 et 2 ont un thème en commun : le voyage initiatique aux États-Unis. Dans le document 1, le héros est découragé mais vivant alors que le héros du document 2 a trouvé la mort au bout de son périple en solitaire.

2. Méthodologie : expression écrite

a) Des textes de nature différente
On pourra vous demander de produire :
– un texte narratif (une lettre / une suite à l'histoire / un dialogue / une conversation entre deux personnages / un article de journal) ;
– un texte argumentatif. Vous devez défendre un point de vue : problématiques possibles (toujours en lien avec les documents proposés).

EXEMPLES DE PROBLÉMATIQUES
a. *Would you leave your home and friends with 50 dollars in your pocket to explore the world?*
b. *Do you think human beings can survive all by themselves?*

b) Comment rédiger un texte narratif ?

– Si c'est une lettre, le texte doit respecter la mise en page d'une lettre avec les formules de salutation d'usage.
– Si c'est un dialogue, il faut veiller dans votre texte à poser des questions et à y répondre.
– S'il s'agit d'imaginer une suite à l'histoire, il faut utiliser les temps grammaticaux qui conviennent. Le temps de la narration en anglais est généralement le prétérit. Veillez à respecter la tonalité du texte, évitez les anachronismes (pas de téléphone portable avant les années 1995, etc.).

c) Comment rédiger un texte argumentatif

– Il faudra obligatoirement une introduction, un développement en deux ou trois parties et une conclusion.
– Le développement doit être organisé : vos idées doivent s'enchaîner. Pour cela, utilisez des connecteurs logiques, donnez des exemples.
– Dans la conclusion, vous récapitulez l'essentiel de ce qui a été écrit afin de faire avancer la réflexion en amorçant des pistes encore inexplorées.

EXEMPLE À PARTIR DU SUJET : **Would you leave your home and friends with 50 dollars in your pocket to explore the world?**

Introduction
Young people usually want to experience life abroad after graduating from high school. Yet, they do not realize that leaving home is no easy task as it requires a lot of self – assurance and an ability to adapt to a new environment, a new culture.
First, I will examine the advantages of travelling abroad at a young age, and second, I will have a closer look at some of the mishaps and hurdles that can make life more difficult than expected.

Développement
In favour
– Socializing: meeting new people can be fun and rewarding.
– Getting acquainted with new habits is eye opening.
– Travelling on your own builds up your character.

Against
– You might meet dangerous people/be the victim of prejudices.
– You can be homesick/have troubles adapting to the local food.
– You may find it difficult to communicate with the local population (language barrier).

– **You might be the victim of prejudices**.
Indeed, an American friend of mine spent six months in France and she had a hard time getting used to being told all the time that Americans spent all their time at Mc Donald's.
She was extremely upset because she's a vegan.

– **Travelling on your own builds up your character**.
Once I found myself in a deserted train station in the middle of the night; I was scared to death but I had to find my way to the hotel. For some reason, I managed to pull myself together that I could do it. It was a real turning point, I was a grown up at last!

Conclusion
There is no straight answer to this question; some people are nurtured by their travel experience, other find it disheartening and cannot cope with the cultural gap they come across.

Savoir

2

L'épreuve orale (1ʳᵉ partie)

LU ☐
SU ☐
REVU ☐

L'épreuve a lieu en cours d'apprentissage, ce qui signifie que vous serez évalué en cours d'année de terminale, vers le mois de mars dans votre établissement.

1. Comment l'épreuve se déroule-t-elle ?

– L'épreuve consiste en trois écoutes d'un document audio en langue anglaise ou en trois visionnages d'un document vidéo en langue anglaise d'une longueur d'1 minute 30.
– Pendant l'écoute ou le visionnage, vous devez prendre des notes dans la langue de votre choix.
– Chaque écoute est suivie d'une pause de 2 minutes, temps que vous devez utiliser pour rassembler et compléter vos idées.
– Après les trois écoutes/visionnages, il vous reste environ 15 minutes pour rédiger un compte rendu du document en français.
Pour vous aider, le document est présenté avec un titre qui doit vous permettre d'anticiper sur son thème.

2. Comment se préparer à cette épreuve ?

– Votre oreille doit s'habituer à tous les accents rencontrés dans les pays anglophones. Cela passe par l'écoute et le visionnage de films en version originale. Grâce à internet vous avez accès à des documents sonores authentiques récents.
– La compréhension passe également par la pratique de la langue : un mot que vous utilisez est un mot que vous comprenez.
– Le compte rendu de l'écoute étant en français, il faut veiller à ne pas mélanger les deux langues.

3. Méthodologie de la compréhension orale

a) Comment prendre des notes

– Soyez extrêmement concentré sur l'écoute pour éviter les contre-sens.

> EX. : *Mark Obama's autobiography.*

L'anticipation vous permet de savoir de qui va parler le document : *Mark Obama* (un membre de la famille du Président des États-Unis) et de repérer le genre : une autobiographie, ce qui signifie qu'il va parler de son enfance, de ses parents, de ses souvenirs personnels qui seront présentés de façon chronologique. Il ne s'agit en aucun cas de raconter la vie de Barack Obama.
– Évitez de rédiger des phrases complètes.
– Notez les noms propres, les chiffres dès que vous les repérez à l'écoute.
– Lors de la dernière écoute vous devez savoir à quoi ces noms et chiffres se rapportent.

Conseils
- Utilisez des stylos de couleurs différentes correspondant à chaque écoute.
- Prenez vos notes en divisant votre feuille de brouillon en trois parties : début / milieu / fin.

Savoir 2

LU ☐
SU ☐
REVU ☐

L'épreuve orale (2ᵉ partie)

Vous devrez tirer au sort une des 4 notions au programme et vous en rendrez compte à l'oral pendant 10 minutes.

1. Comment l'épreuve se déroule-t-elle ?

L'épreuve dure 20 minutes en tout : 10 minutes de préparation et 10 minutes de passage devant l'examinateur.
À l'issue des 10 minutes de préparation, l'épreuve elle-même est divisée en 2 temps :
– 5 minutes d'exposé de votre notion problématisée,
– 5 minutes en interaction avec l'examinateur.

2. Comment se préparer à cette épreuve ?

– Pendant les 10 minutes de préparation, vous mettez au clair la problématique concernant la notion dont vous allez parler. Soyez confiant, vous connaissez la problématique que vous allez exposer.
– Notez au brouillon un plan cohérent et pensez à citer les documents étudiés en cours.

3. Un exemple

a) Introduction possible

The notion I will talk about today is heroes and myths. Let me define what a hero is. In my eyes, a hero is someone that people admire. It can be somebody famous or somebody who is not famous at all. A hero can also be a real person like Mother Teresa or a fictitious character such as Wonderwoman.

b) Problématique choisie

Now I want to discuss the following theme: Do we need heroes whatever our age? Or do we especially need heroes when we grow up?

c) Début de développement

First, I strongly believe that we have more heroes when we are little. As we saw in class when studying "Road to Perdition", the little boy looks up to his father. What is interesting here is that the father is a hitman, a killer who works for the mafia. The boy understands at a later stage what type of job his father has… In this document, on the trailer we can see 'Every father is a hero to his son"…
We may wonder if it is true especially when fathers are killers. But may be the father has redeeming qualities…
Second, I know myself that I strongly admire my swimming instructor. She won many medals and she makes me want to improve myself. Physically she is strong and self-confident and she can be trusted. In a second document we studied there was this young girl who started doing charity work…

d) Exemple de conclusion possible

As I said our heroes do help us grow up. But once we are grown-up, we still admire football players or brave women and men. However they play a lesser role in our life…

> **Conseils**
>
> Que devez-vous retenir de ce que vous venez de lire ?
> ◆ **Toujours avoir un plan.**
> Votre présentation orale est organisée: *The notion… Let me define / Let us define / Let me give a definition…*
> ◆ **Puis vous annoncez votre problématique :** *I would like to ask the following question…*
> ◆ **Montrez que vous avez préparé votre oral.**

Savoir 3

Mythes et héros

LU ☐
SU ☐
REVU ☐

Un héros / une héroïne peut être soit une personne d'un grand courage, d'une grande bravoure, soit le personnage d'une histoire, d'un film, d'un livre qui se distingue par ses actions.

1. Qui sont les héros ?

- Le héros dépasse la condition humaine par des hauts faits moraux ou physiques. C'est la raison pour laquelle nous applaudissons les sportifs et les sportives qui accomplissent des exploits physiques qui nous éblouissent.
- Notre admiration va aussi à des hommes ou des femmes qui s'engagent dans une lutte par conviction, pour le bien de l'humanité, dans un complet désintéressement au risque même d'en mourir. Cet éblouissement, cette admiration sont semblables aux sentiments éprouvés pour les personnages des mythes comme Ulysse, David avec Goliath qui ont des dons de force, de rapidité, de courage, de ruse, etc.
- Aujourd'hui, nos héros s'appellent Nelson Mandela, Rosa Parks ou encore Malala Yousafzai. Leur courage, leur abnégation forcent notre admiration et nous invitent à leur ressembler.

2. Quelques expressions pour parler des héros

a) Generality
– A man distinguished by exceptional courage, nobility, fortitude, etc.
– A man who is idealized for possessing superior qualities in any field.

b) To worship heroes
– The chief character in a book, play, or film, who is typically identified with good qualities, and with whom the reader is expected to sympathize.
– Heroes are heroic. They help saving people or society from villains or natural disasters, like Superman or Batman.

c) Extraordinary achievements
– To be regarded/considered as a model, an example, a hero...
– To achieve something great, unbelievable, a real feat...

3. Quelques problématiques liées à la notion de héros

– A child needs models to grow up: Heroes are essential to grow up.
– How can heroes and myths change our life?
– Can we do without heroes?
– Do we always have the same heroes or do we get rid of our childhood's heroes?
– Do heroes change the course of history?
– Why does society create myths and heroes?
– Are there not national heroes and international heroes?

4. Méthodologie : exemple guidé

La lecture amène nécessairement le lecteur à se poser des questions, et c'est le but. Ici, par exemple, le lecteur doit tout d'abord comprendre les liens qui existent entre les protagonistes, dont le narrateur/trice fait partie ici et joue un rôle fondamental.

> **From embarrassment to admiration**
>
> The next day, **Mama** comes to pick **me** up on her way home. [...] Her hair is particularly poofy, with the hairpiece done in this cascade of waves. She has that anything-can-happen Saturday afternoon look and her arm is propped on the partially rolled-down window with a cigarette dangling between her fingers. **Mrs. Wil-**
> 5 **liams** comes out of the house, wiping her hands on a dishtowel, and walks to the end of the driveway to be polite. [...]
>
> Mrs. Williams says, Oh **Mrs. Walker**, your hair always looks so pretty.
>
> **Mama** smiles generously. Thank you, darling, she purrs. You don't know what I go through to get it like this! I only have three hairs on my entire head, you know
> 10 – the whole thing is done with mirrors.
>
> Mama loves to put herself down when she's feeling all superior to someone. It's how you can tell something is coming. She lifts up her sunglasses and then French-inhales while she stares at Mrs. Williams' hair. This is the first time I notice how oily and stringy it is. It has no luster to it whatsoever. It looks like the kind of hair that if
> 15 you sniffed it, it would just smell too human to bear.
>
> Mama says, You know, **Antoinette**, you really ought to get yourself on over to the House of Beauty. Talk to **Jeannine**. She's my girl. Tell her I sent you.
>
> Rebecca Wells, *From Little Altars Everywhere*, 1992.

a) Compréhension générale : *Who? Where? When? What?*

– Who? : les personnages

Repérage : *Mama* et *me* (l. 1); *Mrs Williams* (l.4-5) ; *Mrs Walker* (l. 7) ; *Antoinette* (l. 16) ; *Jeannine* (l. 17).

Une première indication : *Me* est le narrateur ou la narratrice.

Une deuxième indication : on comprend que *Mrs Walker*, c'est *Mama* (*Mama smiles generously* (l.6)).

Une troisième indication : on comprend que Jeannine est *my girl* de *House of Beauty* donc une coiffeuse.

– What? : le sujet du dialogue

Un mot ou un champ lexical éclaire sur les deux personnages principaux.

Mrs Walker / Mama: *hair*, *hairpiece* (l. 2); *cascade of waves* (l. 2); *your hair looks pretty* (l. 7); *three hairs* (l. 9).

Mrs Williams/Antoinette: *dishtowel* (l. 5); *Mrs Williams' hair* (l. 13); *oily and stringy* (l. 13-14).

b) Compréhension détaillée

Les adjectifs décrivent les deux personnages ou les adverbes et les verbes utilisés par le narrateur.

En rouge : Mama est décrite comme *superior* avec *sunglasses* et qui fume à la manière de *french inhale*.

Conclusion : les deux personnages féminins sont très différents.

c) À quelle(s) notion(s) ce texte peut-il être associé ?

d) Proposition d'élargissement sur la notion à partir du texte

– *To which extent can we say that Mama is a heroine?*
– *Is telling the truth a quality required to be a hero or heroine?*
– *Is being good-looking necessary to be a hero?*

e) Pour conclure

There are no real heroines here.

 Remarque Les documents ne traitent pas toujours directement de l'une des 4 notions.

Savoir 4

Le progrès

LU ☐
SU ☐
REVU ☐

La notion de progrès est une idée moderne que l'on pense souvent en lien avec la révolution industrielle.

1. Qu'est-ce que le progrès ?

- Si nous nous accordons à dire que le progrès est l'action d'aller vers l'avant, de s'accroître (*a movement toward a goal or to a further or higher stage*), d'être meilleur (*to get better*), c'est souvent dans les domaines techniques, technologiques, médicaux (*it is often applied to technical, medical fields*) que nous l'appliquons ou l'évoquons.
- Pourtant le terme peut être pensé pour décrire une amélioration dans la société (*the notion can also describe a more equal society*) dans le sens où il y a plus d'égalité, de bonheur soit parce que les régimes politiques (*political regimes*) sont plus démocratiques, soit qu'il y a une meilleure répartition des richesses (*a better distribution of wealth*), soit qu'il y a accès à la connaissance (*an access to education*).
- Le progrès étant lié à l'économie et à la science, il est quantifiable car l'amélioration des techniques de production entraîne une avancée sociétale.
- Alors, la conclusion qui semble s'imposer (*the conclusion is self-evident*), c'est que le progrès technique entraîne d'un côté (*on the one hand*) une amélioration de nos conditions de vie et de l'autre (*on the other hand*), une amélioration liée à un accès à l'éducation, à la connaissance qui nous permet d'embrasser le monde d'un point de vue plus rationnel (*to embrace the world from a more sensible point of view*). Par conséquent, cela nous donne la capacité de mieux comprendre les désastres naturels et humains et d'essayer d'y remédier.

2. Quelques expressions pour parler du progrès

– *Developmental activity in science, technology, etc., especially with reference to the commercial opportunities created thereby or to the promotion of the material well-being of the public through the goods, techniques, or facilities created.*
– *Advancement in general.*
– *Growth or development; continuous improvement:*
– *He shows progress in his muscular coordination.*
– *The development of an individual or society in a direction considered more beneficial than and superior to the previous level.*

3. Méthodologie : exemple guidé

[Part 1]
'We can't breathe': Eric Garner's protesters use his last words in anger
The Guardian,
Thursday 4 December 2014.
PROTESTS IN NEW YORK OVER THE DANIEL PANTALEO GRAND JURY DECISION

The last words of Eric Garner became the rallying cry for protests that swirled in New York after a grand jury refused to indict a police officer who placed the unarmed black man in a chokehold, reigniting racial tensions that have been simmering for months in the US.
"I can't breathe," protesters chanted, in mostly peaceful demonstrations that brought longstanding strains over race to the heart of America's most populous city. Earlier in the day, prosecutors announced the jury's decision not to charge Daniel Pantaleo, one of the New York police department officers who had confronted Garner for selling loose cigarettes on Staten Island in July. /...

/...
[Part 2]

The protesters' anger echoed the tensions in Ferguson, Missouri, the scene of violence and rioting after another grand jury declined to bring charges against a white police office in the killing of Michael Brown, an unarmed black teenager suspected of robbing a convenience store. His death sparked hundreds of protests across the country and snapped into focus seething race issues.

Garner, who was black, died in July after being put in a chokehold by Pantaleo. Police had stopped the heavy-set father of six on suspicion of selling untaxed "loose" cigarettes. Garner had been arrested previously for selling untaxed cigarettes, marijuana possession and false impersonation.

A video shot by a bystander shows Garner resisting arrest as a plainclothes officer attempts to handcuff him. Backing away from the officer, Garner tells him: "This stops today," which has become a rallying cry for protesters in New York. After a struggle during which Garner is wrestled to the ground by several officers, he gasps "I can't breathe" until his 350lb body goes limp.

Barack Obama, criticised for his response to unrest in Ferguson, suggested the Garner case had reaffirmed his determination to ensure all Americans are treated equally in the criminal justice system.

a) Compréhension générale
– What? : le sujet du texte

Comme nous abordons un article de presse, nous commençons par examiner le titre.
Dans le titre, on observe des guillemets. On peut en déduire que les manifestants ont repris la phrase d'Eric Garner en transformant le « *I* » en « *we* ».
Avant le début de l'article, on trouve des indications sur le journal *The Guardian* et la date de parution.
Questions à se poser après ce premier repérage :
➜ *Who is Eric Garner?*
➜ *Who are the protesters?*
➜ *What is the meaning of "We can't breathe"?*

– Who? : les personnes impliquées

Repérez les personnes citées dans le texte : *Daniel Pantaleo, Eric Garner, one of the New York Department police officers, the grand jury, prosecutors, an unarmed black man, protesters.*

b) Compréhension détaillée

– La liste de protagonistes vous permet de connaître toute l'histoire :

Eric Garner is an unarmed black man who was arrested by one police officer from the New York Department, Daniel Pantaleo. The grand jury in a court or tribunal decided that Daniel Pantaleo had not discriminated against Eric Garner, a black man.

– Il faut maintenant chercher les raisons de l'arrestation et ce que veut dire *"We can't breathe"*. Collectez les termes qui appartiennent à la même thématique : *reigniting racial tensions, Strains over race.*
– Vous avez le sujet de l'article : la persistance de la discrimination raciale aux États-Unis au XXIe siècle au sein de la police et du système judiciaire.
– Quels autres événements signalent une discrimination raciale ?

c) À quelle(s) notion(s) ce texte peut-il être rattaché ?

Savoir 5

Lieux et formes de pouvoir

LU ☐
SU ☐
REVU ☐

La notion « Lieux et formes de pouvoir » peut englober de nombreux thèmes. Il faut aussi définir le type de pouvoir : politique, économique, ou/et culturel.

1. Les lieux du pouvoir
Le pouvoir s'exerce dans de nombreux lieux :
– les institutions politiques (Congrès, Parlement, etc.) ;
– la rue (rôle des manifestations, grèves) ;
– une salle de rédaction d'un journal, la télévision ;
– internet par les tweets ou les blogs ;
– les livres aussi dans une autre mesure.

2. Les formes de pouvoirs
– Le pouvoir, c'est la capacité de certain(e)s à être écouté(e)s : Martin Luther King, Mandela, Sœur Theresa, etc.
Quelles qualités sont nécessaires pour avoir le pouvoir de convaincre ?
– Le pouvoir, c'est aussi le savoir, la connaissance : les spécialistes, universitaires, savants diplômés possèdent des arguments pour questionner, mettre en doute, faire réfléchir.

3. À tout pouvoir, il y a un contre-pouvoir
Le champ est vaste, aussi vous devez vous poser des questions à chaque document que vous étudiez.

> *Power can be political, economic or cultural. Of course, we are very much aware that we entrust power to our representatives when we vote. They represent the people. However, there are countries where you cannot vote or not everybody has the right to vote. Think of North Korea or the USA in the 1960s or South Africa. When people are not citizens, their political regime is a dictatorship or a totalitarian regime. But people can also fight to gain power. This is what happened with Mandela who was imprisoned for 27 years and in 1994 was elected president of South Africa. People protested also against the Vietnam war and in the civil rights movement alongside people like MLT, Rosa Parks, or Mr Young or Harry Bellafonte.*
> *In the newsroom, journalists are there to inform people to make sure that they are not taken for a ride. The press, TV, the internet now play a major role in informing us rapidly and exposing flaws or twisted deals between politicians and business people.*
> *So power and where it is exercised is a large topic that needs to be understood and analysed.*

4. Quelques expressions pour parler des lieux et formes de pouvoir
– Censorship versus freedom
– News media: the death of the American newspaper; the birth of new interactive ways and means of exchanging.
– Political regimes: democracy, dictatorship, etc.
– Readers are gullible, naïve, informed, credulous, candid, aware.
– The coming of news websites.
– Exercising your right to voice your opinion on the comment box.
– People can put pressure on politicians. They can struggle, threaten decisions to secure freedom.
– Opinions are valuable/valueless or worthwhile/worthless or meaningful/meaningless or pointless or insignificant.

5. Méthodologie : exemple guidé
Avant d'aborder un texte, rappelez-vous :
– Toutes les informations ne sont pas de même importance.

– Chaque paragraphe forme un tout.
– Questionnez la fonction des informations données.

> And there is also the question of space, Yola broods, studying the new girl as she makes her way past the men's caravan and up the field. Although there are more women than men, the women's caravan is the smaller. [...] that you might tow behind when you go off on holiday to the Baltic. Yola, as the supervisor, is a person of status, and although petite she is generously proportioned, so naturally she has a single bunk to herself. Marta, her niece, has the other single bunk. The two Chinese girls – Yola can never get the hang of their names – share the fold-out double bed, which, when extended takes up the whole floor space. That's it. There is no room for anyone else.
>
> The four of them have done their best to make their caravan seem bright and homely. The Chinese girls have stuck pictures of baby animals and David Beckham on the walls. Marta has stuck a picture of the Black Virgin of Krakow beside David Beckham. Yola, who likes things to smell nice, has set a bunch of wild flowers in a cup, hedge roses, campion and white-gold honeysuckle, to sweeten the air. [...].
>
> Yola likes things to be neat. The four women have become skilled at avoiding each other, skirting around each other in the small space with womanly delicacy, unlike men, who are defective creatures prone to be clumsy and take up unnecessary room, though of course they can't help it and they do have some good points, which she will tell you about later.
>
> This new girl – she skips straight up to the caravan and drops her bag down right in the middle of the floor. She has come from Kiev, she says, looking around her with a smile on her face. Irina is her name. She looks tired and disheveled with a faint whiff of chip fat about her. Where does she think she is going to keep that bag? Where does she think she's going to sleep? What does she have to smile about? That's what Yola wants to know.
>
> Extracted from Marina Lewycka, *Two Caravans*, 2007.

a) Compréhension globale

– *Who? Where? When?*
– 1ᵉʳ contresens à éviter : les mots *caravan* et *holiday* peuvent être trompeurs. En réalité il s'agit d'un habitat de fortune où de nombreuses nationalités sont mélangées et où les hommes et les femmes sont séparées.
– 2ᵉ contresens à éviter : le mot *Baltic* nous donne des indications sur la région d'origine de Yola et Marta.

b) Ce que vous devez retenir du texte

Vous devez aboutir à la conclusion que les personnages sont des migrants, peut-être clandestins. Même si le nom du Royaume-Uni n'apparaît pas, l'indice de David Beckham, répété à deux reprises, n'est pas une coïncidence.
Vous devez choisir une problématique en relation avec les 4 notions. Le thème « espace et échange » est le plus évident mais pas le seul.
Voici quelques questions possibles pour problématiser :

– *What makes people leave their country?*
– *Is it always for economic reasons?*
– *Are they welcome when they arrive?*
– *What is the UK's point of view regarding immigration?*
– *Is hierarchy legitimate among immigrants? Yola is the supervisor: she has more power.*
– *What makes the other women accept Yola's domination?*
– *Why is the UK an attractive destination for immigrants?*
– *Can we speak of a British dream?*

Savoir 6

Espace et échange

LU ☐
SU ☐
REVU ☐

La notion d'espace et échange évoque autant les mouvements migratoires, que les étudiants qui prennent une année sabbatique. Il s'agit donc de tous les thèmes en lien avec les voyages, les déplacements de personnes et/ou de marchandises, en un mot la mondialisation. Mais les échanges peuvent aussi être pensés par l'intermédiaire d'internet. Les déplacements ici ne sont plus réels mais virtuels.

1. Quelles raisons aux déplacements des hommes et des marchandises ?

- De tout temps, les hommes ont quitté leur village, région, pays. Il y a ceux qui sont partis de leur plein gré, pour visiter, explorer un autre pays. Et il y a ceux qui sont forcés de partir. La guerre, la révolution, la misère ou la persécution religieuse peuvent amener des hommes à tout quitter pour trouver une meilleure situation ailleurs. C'est le cas des nombreux Syriens, Erythréens qui fuient la guerre ou la dictature. Ou encore, des migrants qui quittent d'autres régions d'Afrique pour l'Europe, espérant de meilleures conditions de vie.
- Dans un tout autre domaine, l'échange de marchandises et de services amène les hommes à se côtoyer et à mieux se connaître. La mondialisation a accentué un processus qui a toujours existé et l'usage d'internet et des téléphones portables semble avoir réduit les distances et l'étranger.
- Les déplacements, qu'ils soient réels ou virtuels grâce aux nouvelles technologies, sont très nombreux.

2. Quelques expressions pour évoquer les déplacements virtuels et réels

– People travel abroad or to a foreign country to get to know a different culture, a foreign language.
– People might decide to leave their fatherland or native country to escape political or religious persecutions.
– People might have to pay a smuggler to get into a country illegally.
– People might believe in the American Dream or the French Dream and cross the Mediterranean Sea at the cost of their life. They might be willing to die for an ideal to fulfill their dream of a better life in a richer country.
– Exchanges of services or goods have become global or globalized but it is far from being recent.

3. Quelques problématiques

– Migrating to a different country is no easy decision to make : you do not know the language, you leave your family and friends behind.
→ So why do people take so many risks?
– Exchanging with China or developing countries is mostly done at the expense of the poorest. So trading is based on unfair principles.
→ Should we keep promoting it as the WTO does?
– Asylum seekers are forced to leave their country if they do not want to die. But it might traumatized them all their life.
→ Should totalitarian political regimes be erased so as to prevent asylum seekers?

ANGLAIS

4. Méthodologie : exemple guidé

> October 22, 2011
> ### A Silicon Valley School That Doesn't Compute
> #### By MATT RICHTEL
>
> LOS ALTOS, Calif. – The chief technology officer of eBay sends his children to a nine-classroom school here. So do employees of Silicon Valley giants like Google, Apple, Yahoo and Hewlett-Packard.
>
> But the school's chief teaching tools are anything but high-tech: pens and paper, knitting needles and, occasionally, mud. Not a computer to be found. No screens at all. They are not allowed in the classroom, and the school even frowns on their use at home.

a) Compréhension
- On étudie le paratexte du texte : source, date, titre.
- On peut en conclure qu'il s'agit d'un article de presse qui aborde un sujet d'actualité.
- Que peut-on déduire à partir du titre *"A Silicon Valley School That Doesn't Compute"* ?

  – It's about a school in the Silicon Valley (California, US).
  – It might be about computers as we recognize the word "compute".
  – A school that doesn't compute might be a school without computers. You will check if it's true or not by reading the article.

- Silicon Valley fait référence au berceau emblématique de la nouvelle technologie.

Ici un paradoxe doit vous sauter aux yeux : comment le temple de la nouvelle technologie peut-il abriter des écoles sans technologie ?
Dans le cas présent vous vous apercevrez que la thématique entière de l'article se trouve résumée dans le titre.
- On vérifie l'hypothèse trouvée d'après le titre.

b) Conclusion
- Une notion possible pour ce texte est celle du progrès.
- Une problématique possible :
→ *Are computers a tool to improve education? Or do new technologies represent progress?*

LES PRINCIPAUX MOTS DE LIAISON

EXPRIMER LE DÉBUT, LA FIN, LA CONTINUITÉ

- **As long as:** *du moment que*
  (As long as you call me back within 3 days : *du moment que vous me rappelez...*)
- **At the same time (as):** *en même temps que*
- **Every time:** *à chaque fois que...*
- **Since:** *depuis*
  (We have been marketing this product **since** 2011. : *Nous commercialisons ce produit depuis 2011.*)
- **The first / second / next / last time:** *la première / deuxième /prochaine /dernière fois*
- **Whenever**: *quand vous voulez / à n'importe quel moment*
- **While**: *tandis que*
- **By the time:** *le temps que...*
  (By the time you think it over, the product may be sold out.: *Le temps que vous réfléchissiez, il se peut que le produit ne soit plus disponible.*)
- **Until**: *jusqu'à*
- **At first:** *tout d'abord*
- **Meanwhile**: *pendant ce temps-là*
- **Eventually :** *en fin de compte, finalement, enfin*
- **As soon as**: *aussitôt que/dès que*
- **Following**: *suite à* (**following** our conversation)
- **Then / Next:** *ensuite*
- **First:** *premièrement, tout d'abord*
- **To begin:** *pour commencer*
- **Second / Secondly:** *ensuite, deuxièmement*
- **Third/ Thirdly/ Finally/ Last/Lastly :** *enfin, troisièmement, finalement*

CONCLUSION

- **So :** *donc / par conséquent*
- **In conclusion / to conclude:** *en conclusion, pour conclure*

CONTRASTE / CONCESSION

- **But:** *mais*
- **Yet:** *pourtant*
- **Although / Even though :** *bien que*
- **Despite / In spite of:** *malgré (+nom)*
- **Instead of:** *au lieu de*
- **Whereas:** *alors que*
- **While:** *tandis que*
- **By comparison:** *en comparaison*
  (ex: **by comparison** the price on the internet in much lower)
- **However:** *cependant*
- **In contrast:** *par opposition*
- **Nevertheless / Nonetheless:** *néanmoins*
- **On the contrary:** *au contraire*
- **On the one hand / on the other hand:** *d'une part/d'autre part*
- **Otherwise**: *autrement, sinon*

SIMILITUDE

- **Neither... nor :** *ni... ni*
- **Either... or:** *soit... soit... (ou bien... ou bien ...)*
- **In other words:** *en d'autres termes, autrement dit*
- **Likewise:** *de la même manière/façon*

Lexique

ILLUSTRER PAR DES EXEMPLES

- **Besides**: *d'ailleurs*
- **Furthermore / Moreover / In addition** : *de plus*
- **For instance / for example**: *par exemple*
- **Such as**: *tel que*

CAUSE

- **Because of:** *à cause de*
- **Thanks to :** *grâce à*
- **In order to… :** *de manière à*

CONSÉQUENCE

- **Accordingly / Consequently / As a result** : *en conséquence (de quoi)*
- **Therefore**: *par conséquent*
- **Thus**: *ainsi*

CONDITION

- **Even if**: *même si*
- **In case**: *au cas où*
- **Provided that / Providing**: *du moment que*
- **Unless** : *à moins que*

D'AUTRES EXPRESSIONS À L'ORAL

- **By the way**: *au fait*
- **Actually**: *en réalité*
- **To be frank / to be honest**: *pour être franc*
- **In a nutshell**: *en bref, en résumé*
- **As a matter of fact**: *d'ailleurs*
- **If I understand well/ If I get it right:** *si je comprends bien*

POUR ÉVITER LES BLANCS…

- well…
- you know…
- let me think…
- I mean…

Document 1

Thor actress teams with Marvel on new contest to connect girls with the most successful women in science, technology, engineering and mathematics

To celebrate the new Thor sequel coming out in November 2013, Marvel and Natalie Portman have partnered on a fantastic initiative/contest designed to inspire young girls to consider future careers in science. Titled the 'Ultimate Mentor Adventure,' the project aims to "empower girls ages 14 and up in grades 9-12 to embark on a journey that will allow them to explore their 5 potential in the world of STEM: Science, Technology, Engineering and Mathematics."

Portman, who plays astrophysicist Jane Foster in the Thor films, says in a short video that she loves science. "Today, I'm here to tell you about a life-changing opportunity for girls like you. Marvel has created a program that will give you a chance to explore science, meet amazing scientists and mentors, and even get some time in front of the camera yourself." 10 Entries will be accepted through Oct. 20. Jump here to learn more and apply!

TO ENTER:

STEP 1: Download, Complete, and Submit Your Form.

STEP 2: Go On Your Own Hometown Mentor Adventure!

Interview a successful woman working in a STEM field in your hometown. This is your chance to go out into the real world and ask successful women in STEM fields about what they do, how they got where they are today, and how you might follow in their footsteps.

STEP 3: Create a Video About Yourself.

Next, create a 5-minute, unedited video of yourself so that we can learn a little about you! You may use a Smartphone, computer, tablet, or a camera to make your video. Tell us about your interview. Whom did you meet? What does she do? How is her career related to STEM? What inspired you?

STEP 4: Upload your video.

Finalists of MARVEL's THOR: The Dark World: ULTIMATE MENTOR ADVENTURE will be notified by Thursday, October 24, 2013. Each winner and one legal guardian will travel to Los Angeles, California on or about Sunday, November 3, 2013 and will return home on or about Saturday, November 9, 2013 (the "Trip"). All winners must be available to travel to Los Angeles during this period and must be available to participate in the premiere screening of the MARVEL's THOR: The Dark World ULTIMATE MENTOR ADVENTURE documentary short at 4:20 PM on November 8, 2013. Questions? Click Here.

Adapted from: http://www.mnn.com/green-tech/
Wed, Oct 02 2013 at 12:42 PM

Document 2
Brian Cox says TV shows inspire a new generation of children to study science

Presenter cites BBC series as a big factor in the popularity of biology and physics
By Daniel Boffey (Policy Editor) He conquered the pop charts with 1990s
5 band D:Ream, explained the intricacies of gravity to a confused nation and even appeared in a magazine list of the sexiest men alive. Now Professor Brian Cox, one of the BBC's star turns, has laid claim to
10 a new achievement: inspiring a generation of children to take up biology, chemistry and
physics in school.
In an interview in the Observer Magazine,
15 Cox – who has been a ubiquitous présence on the BBC in recent years – says he believes there can be little doubt that science on television has been a factor in an upward trend in the number of children
20 taking up the subjects at GCSE and A-levels.
Cox said he believed that the series of science programmes, including his Wonders of the Solar System, aired during the
25 BBC's year of science in 2010, had had a major impact.

In 2012, there was a 36.1% increase in the number of students doing GCSE science exams, compared with the previous year. Biology and chemistry were two of the
30 three A-level subjects, including ICT, where attainment rates at A*/A3 rose in 2012. Cox, who is currently filming a new show about man's growing understanding of the universe, said: "It's kind of obvious when
35 you think about it. A public service broadcaster in my view is part of the education system, as it does change behaviour."
"I think the year of science did that. There has been an upswing in the number of
40 students applying to university to do scientific subjects. It's difficult to say why, as there are many factors. It's important to say that. But one of the factors is the popularity of science on television."
45
The presenter and academic, a graduate of Manchester University who is regarded by many as the BBC's successor to David Attenborough, said the success of the programmes in 2010 had also made it
50 easier than ever to pitch science to channel controllers.

The Observer, 05.05.13

I. COMPRÉHENSION DE L'ÉCRIT

Documents 1 and 2

A. Choose the right answer.

Both documents are about :

    1) girls choosing scientific studies.

    2) famous people promoting science.

    3) criticising the entertainment industry.

Document 1

B. Match each element with the corresponding definition from the following list. Some definitions will not be used.

a scientist in a film – a media corporation – a competition – a film – a science laboratory – an actress – a film director

    1) Thor: ....

S'entraîner au Bac

    2) Ultimate Mentor Adventure: ....

    3) Natalie Portman: ....

    4) Jane Foster: ....

C. The people who enter the competition.

    1) Who are they? Pick out the three necessary conditions to enter the competition.

    2) What do they have to do? Complete the following summary with words from Document 1 (one blank = one word).

To participate, the applicants must :

a) fill in and send a .... on-line;

b) make a .... which should contain information about the .... they did with a famous .... who works in the domain of ....

D. What is the prize of the competition? (2 elements).

Document 2

E. Copy the following table onto your paper and complete it.

NAME	Brian Cox
AGE	–
PLACE OF STUDY	–
JOBS IN THREE DIFFERENT DOMAINS	– – –

F. Match and write out the appropriate dates with the sentences in the list below.

    1) 1990s   a) British pupils got better results in science exams.

    2) 2010   b) Brian Cox and his group of musicians had a hit.

    3) 2010   c) More pupils took science degrees.

    4) 2012   d) Brian Cox's first show about our universe was broadcast.

    5) 2012   e) The national TV channel dedicated this year to science.

G. Pick out one sentence in the text for EACH statement showing that

    1) according to Brian Cox, TV has an obligation to help people to learn.

    2) Brian Cox thinks there will be more science on TV in the future.

H. Complete the sentence by using one of the following adjectives.

complicated – useful – unprofitable – elitist

→ As a conclusion, we can say that science programmes are ....

Documents 1 and 2

I. The following sentences are right. Justify by quoting the text.

    1) Natalie Portman thinks her action can transform girls' destinies. (Document 1)

    2) Brian Cox thinks the media can transform the way people think and react. (Document 2)

II. Expression écrite

Choose ONE of the following subjects (150 words minimum).

A. Write about a television programme that you find particularly inspiring. Choose any domain : arts, sports, travel, science, technology, cooking, etc.

OR

B. Here are the profiles of three successful scientists. You have interviewed ONE of them. Write out the interview.

① **NAME:** R. Rodriguez
JOB: Aerospace Engineer
ADDRESS: Phoenix, Arizona
OTHER INFORMATION:
took a trip to Space Center in Houston at the age of 11; 2 years at International Space University in Strasbourg; fluent in French & Japanese.

② **NAME:** G. Knopf
JOB: Professor of Biomedical Science
ADDRESS: Eagle, Idaho
OTHER INFORMATION:
High school dropout but ultimately got a PhD in physical chemistry; active in research in stem cell biology, diabetes, and blood vessel disease.

③ **NAME:** E. Sky
JOB: App developer for smartphones
ADDRESS: Franklin, Georgia
OTHER INFORMATION:
writes articles about video games for computer magazines and science fiction novels.

Corrigés

I. Compréhension de l'écrit

Documents 1 & 2

A. Both documents are about famous people promoting science

Document 1

B. 1) Thor : a film

2) Ultimate Mentor Adventure: a competition

3) Natalie Portman: an actress

4) Jane Foster : a scientist in a film

C. 1) You have to be a girl, aged 14 or more, in grades 9-12.

2) To participate, the applicants must

a) Fill in and send a form on-line;

b) Make a video/document which should contain information about the interview they did with a famous woman who works in the domain of STEM (Science, Technology, Engineering and Mathematics).

D. The winner travels to Los Angeles, California and participates to the première screening of the Ultimate Mentor Adventure documentary.

Document 2

NAME	Brian Cox
AGE	45
PLACE OF STUDY	Manchester University
JOBS IN THREE DIFFERENT DOMAINS	– was part of a band in the 1990's, D : Ream – was a BBC presenter (science programmes) – is a University Professor

F. 1) 1990's / b. Brian Cox and his group of musicians had a hit

2) 2010 / d. Brian Cox's first show about our universe was broadcast

3) 2010 / e. The national TV channel dedicated this year to science

4) 2012 / a. British pupils got better results in science exams

5) 2012 /c. More pupils took science degrees

G 1) line 31 : « A public service broadcaster in my view is part of the education system »
2) line 45 : « the success of the programmes in 2010 had also made it easier than ever to pitch science to channel controllers ».

H. As a conclusion, we can say that science programmes are useful.

Documents 1 & 2

I. 1) line 7 : « I'm here to tell you about a life-changing opportunity for girls like you ».
2) line 33/34 « as it does change behaviour ». Line 20 "...had had a major impact » pouvait également convenir.

II. Expression écrite

Quelques conseils – Sujet A

Conseil 1

Choisissez un programme TV et donnez l'heure, le jour, etc. et décrivez ce qui se passe et les raisons de votre goût pour cette émission. Dites s'il y a des invités, si ces invités sont connus, ce qu'ils apportent à cette émission.
Ces éléments factuels vous permettront d'utiliser des phrases simples comme :
– It is scheduled at 4 in the afternoon.
– It is broadcast on TV5
– The moderator is ....
– It is a programme about cooking where viewers learn new recipes.
– I like it because ... I am keen on this programme because... I do not like it but my mother watches it so I watch it with her.

Conseil 2

Utilisez des mots de liaison : *in addition*, *finally*, *in fact*, etc.

Corrigé – SUJET A

TV can be boring but it can also be life-inspiring especially if it has good programmes about topical issues, books or documentaries. I do not watch much TV but I have a favourite radio programme entitled The Why Factor. It is a programme which is broadcast on Radio 4 on BBC World Service. It only lasts about 17 or 18 minutes. When I miss it, I download from the BBC website.

Corrigés

The Why Factor is presented by Mike Williams and is also about a concept that is analysed and examined from different points of view. I have listened to the ones on loyalty, honour or memorialization recently.

My favourite was on memorialization or memorial mania or the fact that people are keener and keener to pay tribute to their dead. Two people were invited: a stone-cutter, Eric and a Cambridge professor from the UK, Dr Rose who has specialized in cultural heritage or the politics of the past. Eric said that graveyards and the name on tombs satisfy a need to leave traces of our loved ones. Dr Rose mentioned that there are more and more memorials after traffic accidents, natural disasters or violent act such as September 11 in New York. In her eyes, the reasons that explain more and more memorials are due to a need we have to have ties to event or places. She talked of roots.

I like this programme very much because I always feel more intelligent after listening to the programme and there are people with great ideas and I love ideas.

Quelques conseils – Sujet B

Vous étiez très guidé et des idées vous étaient fournies donc il faut utiliser des éléments qui doivent faciliter la rédaction.

Ici vous pouvez utiliser du discours direct ou indirect.

– I would like to know why you have chosen this job.
– I am interested in knowing how long you spent in Strasbourg.
– Can you tell me why you speak Japanese?
– Why did you decide to be an engineer?

SUJET B

An interview with a famous scientist:
– Hello Mrs Rodriguez. Thank you for speaking to me.
– Hello Sarah. It is a real pleasure to be here
– Well, first I would like to know why you became an aerospace engineer.
– This started when I was a little girl. My mum would spend a lot of time looking at the sky and telling us about the planets and constellations and it was incredibly beautiful. We would even sleep outside in the summer my brother and I. These memories are very dear to me and made me choose to have something to do with planets.
– But you speak French and Japanese. How do you explain that?
– Well, I spent a few months in Strasbourg and that's why I learned French and there were a lot of Japanese engineers with me and that is how I got to know people from Japan and then worked in Japan.
– You must have had an amazing life, mustn't you?
– Yes, I must say I was a lucky woman who was influenced by my mum and my trip to the Space Center in Houston.
– Thank you for answering me. This interview will stay with me.

Savoir 1

LU ☐
SU ☐
REVU ☐

Compréhension orale

Vous devrez rendre compte, en français, d'un document sonore d'1 min 30 énoncé dans un espagnol courant que vous écouterez 3 fois.

CONSEIL Soyez très attentif au titre du document, s'il y en a un, avant la première écoute, cela vous permet de mobiliser les connaissances que vous avez sur le sujet.

1. Première écoute

CONSEIL Écoutez l'enregistrement jusqu'à la fin lors de la première écoute car les mêmes idées sont souvent reprises plusieurs fois de manière différente.

- **Repérez** l'idée principale, ne prenez pas de notes.
- **Ne traduisez pas,** vous comprenez l'ensemble sans traduire et un seul mot ne doit pas vous empêcher de comprendre.
- **Repérez :**
  – le type de document : émission de radio, flash d'information, dialogue, interview, débat ;
  – qui parle ? : des hommes, des femmes, des enfants, des jeunes… ;
  – combien de personnes parlent ;
  – les indices sonores : les bruits, la musique, les accents, les sons des voix, les cris, les applaudissements, etc.

2. Écoutes suivantes

- **Notez les mots-clés** : ce sont ceux qui doivent éclairer l'idée principale. La suite de l'écoute vous permettra de préciser ce que vous avez compris.
Si des mots ou des expressions se répètent il y a forcément une raison, cherchez-la et expliquez-la.
- **Écoutez les indicateurs de temps** pour savoir quand se déroule l'action.

3. Préparation

- **Posez-vous les questions** *¿Quién? ¿Qué? ¿Cuándo? ¿Cómo? ¿Dónde? ¿Por qué?* pour rendre compte de ce que vous avez écouté. Les réponses que vous y apporterez vous permettront de retrouver le sens du document.
- **Classez vos informations** en fonction de l'importance qu'elles ont par rapport au type de document dont vous avez à rendre compte.
- **Revenez** sur ce que vous n'avez pas bien compris, mais qui peut vous sembler important.
Cette écoute active vous permet de comprendre les faits présentés, mais aussi le problème qu'ils posent ou l'issue possible de la situation exposée.

4. Rédaction

- Vous avez maintenant **10 minutes pour rédiger** votre compte rendu en français.
- **Faites un plan** en respectant le déroulement de l'enregistrement.
- **Donnez les idées essentielles** que vous mettrez en relief grâce aux détails que vous avez compris.
- **Définissez** le type de document et le thème.
- **Concluez**.

Savoir 2

Oral en continu

L'oral en continu se prépare pendant chaque cours, aussi travaillez régulièrement toute l'année.
Vous tirez au sort en entrant dans la salle une des 4 notions du programme : « Mythes et héros » ; « Espaces et échanges » ; « Lieux et formes de pouvoir » ; « L'idée de progrès ».

1. Déroulement de l'épreuve
- Vous devrez faire un exposé de 5 minutes pour développer différents aspects de la notion en fonction des documents vus en classe ou au cours de vos lectures.
- Vous dialoguerez 5 minutes avec votre examinateur. Pour vous aider durant ces 5 minutes, apprenez les expressions ci-dessous et habituez-vous à les utiliser.
- Vous avez 10 minutes pour préparer votre exposé.

> **CONSEIL** L'examinateur attend que vous vous exprimiez en espagnol avec **précision** et **clarté** et non pas que vous récitiez un texte que vous aurez préparé pendant 10 minutes.
> Vous démontrerez que vous savez **décrire**, **expliquer**, **commenter** et **défendre** votre point de vue.
> Cette épreuve est un test oral très rapide, soignez particulièrement l'**intonation**, la **prononciation**, le **plan** de votre présentation, le **vocabulaire** choisi ainsi que la **grammaire** et la **conjugaison**. En outre, même si vous êtes, dans la première partie, seul à prendre la parole, n'oubliez pas votre interlocuteur, regardez-le, appuyez vos propos par des gestes, soyez dynamique et essayez d'être convaincant et d'intéresser votre auditoire.

2. Liste non exhaustive de mots et expressions utiles

Lo siento	Je suis désolé(ée)
No sé decir	Je ne sais pas dire
¿Cómo se dice por favor?	S'il vous plaît, comment dit-on ?
En primer lugar	Tout d'abord. En premier lieu. Premièrement
Tambien podemos imaginar...	Nous pouvons aussi imaginer que...
Sin embargo	Cependant
Por lo tanto	Par conséquent
En segundo lugar	Deuxièmement
Luego, después	Ensuite
Así que	Ainsi donc
Por eso	Pour cela. Pour cette raison
Lo más importante	Ce qu'il y a de plus important
Para acabar	Pour finir
Si nos fijamos bien	Si nous prêtons bien attention
La verdad es que...	À vrai dire, en réalité
Muy bien	Très bien, bien sûr
Claro	Bien sûr
¡Como no!, Por supuesto	Évidemment
¡Verdad! ¡Verdad que sí!	N'est-ce pas ?

Savoir 3

Oral en interaction

LU ☐
SU ☐
REVU ☐

Cette épreuve de 5 minutes est une brève conversation avec un hispanophone sur un thème que vous êtes censé connaître.
Pour réussir cet oral, la meilleure préparation est un travail régulier toute l'année. Apprenez et retenez 2 exemples pour illustrer chacune des notions du programme (8 au total).
Révisez ou apprenez le vocabulaire, la conjugaison et la grammaire dont vous n'êtes pas sûr.

> **CONSEILS** Vous devez comprendre ce que vous demande votre interlocuteur, réagir à ses propos et répondre avec assurance. Vous devez bien observer ses gestes, ses expressions.
> Écoutez-le attentivement : un mot répété est souvent la clé de la question.
> Montrez que vous écoutez en réagissant.
> Parlez assez fort et clairement, corrigez-vous spontanément si vous pensez avoir fait une faute.
> Ne vous exprimez qu'en espagnol.
> Vous devez convaincre votre interlocuteur, c'est en maîtrisant bien les 4 notions du programme que vous parviendrez à élargir le sujet et à enrichir votre propos.

1. N'hésitez pas à ponctuer vos phrases

bueno	bon
pues	eh bien
mire	regardez
por supuesto	bien sûr
estoy seguro(a) de que	je suis sûr(e) que
parece obvio	il semble évident

2. Sachez exprimer votre accord ou votre désaccord

Estoy de acuerdo	Je suis d'accord
Comparto su opinión	Je suis de votre avis
No estoy de acuerdo	Je ne suis pas d'accord

3. Que vous soyez d'accord ou pas, justifiez votre position

No comparto su opinión porque… Je ne partage pas votre avis parce que…
Para concluir, quisiera decir que este tema es interesante ya que… Pour conclure, je voudrais dire que ce thème est intéressant puisque…

4. Utilisez des périphrases

Apprenez régulièrement le vocabulaire courant, n'inventez rien. Le cas échéant, utilisez une périphrase.
ex : si le mot «mi casa» ne vous revient pas dites «El sitio donde vivo»…
Si l'examinateur vous demande de répéter, ne stressez pas et corrigez la faute que vous avez certainement faite.

> **CONSEIL**
> Apprenez par cœur une liste de mots de liaison qui donneront de la fluidité à votre réponse.

Savoir **4**

Compréhension écrite

LU ☐
SU ☐
REVU ☐

Pour cette épreuve, vous aurez un ou plusieurs (maximum trois) documents en espagnol en rapport avec les 4 notions du programme.

CONSEIL
Travaillez méthodiquement :
– premièrement lisez jusqu'au bout tous les documents ;
– deuxièmement répondez aux questions.

1. Première lecture
- **Lisez** très attentivement le (ou les) document(s) proposé(s) en totalité.
- **Repérez** le (ou les) titre(s) et reportez-vous aux notes qui sont là pour vous aider.
- **Identifiez** le type du (ou des) document(s) : lettre, article de presse, etc.
- **Repérez** l'auteur, la date, les personnages, le lieu, etc.
- **Repérez** les thèmes présentés et le ton employé.
- **Recherchez** les informations principales sans vous attarder sur les mots inconnus et en étant attentif au contexte, il éclaire souvent ce qui ne vous paraît pas évident.
- **Déterminez** à quelle notion ces documents font référence.

2. Deuxième lecture
La bonne compréhension de cette lecture vous permettra de répondre facilement aux questions.
Dans le cas où vous êtes face à plusieurs documents, **identifiez** leurs points communs, leurs liens, leurs différences.
Expliquez pourquoi vous pensez qu'ils sont présents ensemble (rappelez-vous la notion).

3. Réponse aux questions
- **Traitez** les questions dans l'ordre où elles sont posées, elles suivent le déroulement du texte et souvent une réponse vous aide à mieux comprendre la question suivante.
- Après avoir bien lu et bien compris la question, **repérez** le passage qui vous a permis de répondre et **surlignez** dans le texte les mots, expressions ou phrases qui justifient votre réponse.

CONSEIL
Visuellement, utiliser des couleurs différentes vous facilitera la tâche.
Exemple : si la question 2 est surlignée en jaune, les éléments qui y répondent dans le texte seront aussi surlignés en jaune.

- **Sachez** bien situer vos citations dans le document :
"En la línea (x...) la palabra (...) /la frase (...) justifica..."
- **Introduisez** toujours votre réponse en reprenant les termes de la question.
- **Utilisez** dans la réponse le temps utilisé dans la question.
- **Apprenez** par cœur une liste de mots de liaison qui donneront de la fluidité à votre réponse.

Savoir 5
Expliquer – Argumenter – Décrire

LU ☐
SU ☐
REVU ☐

Vous allez trouver ci-dessous des listes non exhaustives de mots de liaison ou d'expressions.
Ils vous aideront :
– à expliquer un comportement ou les sentiments d'une personne, un problème d'actualité, le fonctionnement d'un objet ou ce qu'il y a d'implicite dans un document ;
– à défendre votre point de vue et discuter des arguments présentés ;
– à commenter des textes ;
– à décrire des documents iconographiques.

> **CONSEIL**
> **Choisissez** dans ces listes les mots et expressions qui vous correspondent le mieux, ceux que vous utilisez le plus souvent en français et **forcez-vous** à les introduire fréquemment en espagnol tant à l'écrit qu'à l'oral pour que cela devienne naturel. Cette stratégie est à mettre en place tout au long de l'année.

1. Les connecteurs

a) On présente des idées ou des événements en ordre

primero	tout d'abord
para empezar	pour commencer
en primer lugar	en premier lieu
en segundo lugar	en second lieu
segundo	deuxièmement
por un lado, por otro lado	d'une part, d'autre part
a continuación	pour continuer
luego, después	ensuite, après
a lo largo del texto	au cours du texte
por fin	enfin
en último lugar	en dernier lieu
para terminar	pour finir

b) On ajoute une idée

claro	bien sûr
por cierto, a propósito	à propos
en lo que respecta a	quant à
incluso	même
además	de plus
en realidad	en réalité, en fait
por ejemplo	par exemple

c) On exprime une notion de temps

dentro de una hora	dans une heure
desde hace tiempo	depuis longtemps
antes de	avant de
después de	après
a veces	parfois
durante (una hora)	pendant (+ durée)
mientras (duermo)	pendant que (+ verbe), (ici : pendant que je dors)

d) On exprime une conséquence

por eso	pour cela
por lo tanto	par conséquent
por consiguiente	par conséquent
así pues	ainsi donc

e) On s'oppose ou on approuve

en cambio	en revanche
más bien	plutôt
sin embargo	cependant
a pesar de eso	malgré cela
mientras que	tandis que
desde luego	bien sûr
eso es	c'est cela
vale, de acuerdo	d'accord
ahora bien	cela dit
por el contrario	au contraire

f) On récapitule

en conclusión	en conclusion
al fin y al cabo	en fin de compte
se puede deducir	on peut déduire que

2. Les relateurs

dado que + indicatif	étant donné que
puesto que ; *ya que*	puisque
igual que + nom, pronom ou verbe	tout comme ; aussi bien que
a pesar de + nom	malgré
aunque + indicatif	bien que
aunque + subjonctif	même si
de modo que + indicatif	de telle sorte que
con el fin de + infinitif	afin de ; dans le but de
así es como + indicatif	c'est ainsi que
basta que + indicatif ou subjonctif	jusqu'à ce que

Savoir 6

Commenter un document iconographique

LU ☐
SU ☐
REVU ☐

Un document iconographique peut se présenter sous différentes formes : une photographie, une publicité, un dessin humoristique, un tableau de maître, etc.
Quel que soit le document iconographique que vous aurez à commenter, vous procéderez de la même façon : décrire, analyser et conclure.

1. Décrire
- **Indiquez la nature du document.** *Se trata de una fotografía, un cómic, un cartel publicitario, un cuadro, etc.*
- **Annoncez le thème.** *El documento trata / habla de la educación, la inmigración, el turismo, el comercio, etc.*
- **Présentez** de façon ordonnée en allant toujours du général au particulier.
- **Situez les éléments :** *en primer plano* (au premier plan), *en segundo plano* (au second plan), *en el fondo* (au fond), *a la derecha* (à droite), *a la izquierda* (à gauche), *en medio* (au milieu), *al lado de* (à côté), etc.
- **Commentez les couleurs** *(los colores)*, ou précisez qu'il s'agit d'une image en noir et blanc *(blanco y negro)*.
- **Décrivez les personnages**, leur place les uns par rapport aux autres, s'il y en a plusieurs, etc.

Cette partie de description permet de mettre en relief les éléments qui créent la première impression, qui justifient l'importance d'un élément par rapport à un autre.

- **Terminez** cette description par l'impression générale qui se dégage du document : *Se desprende una impresión de… tristeza, alivio, miedo…* (tristesse, soulagement, peur…).
Este documento me parece interesante porque ilustra la noción… (Mitos y Heroes o Espacios e Intercambios o…)

2. Analyser
- Le peintre, le dessinateur, le photographe etc. veut **montrer, critiquer, dénoncer, ridiculiser…**
Quels procédés utilise-t-il pour cela : espace, couleurs, lumière, etc. ?
Se vale para eso de la luz, espacio, tonos oscuros o chillones, si es una pintura o una foto en picado (en plongée) *o en contra picado* (en contre-plongée) *un plano americano*, etc.
- **Émettez des hypothèses :**
Quizás quiere : peut-être qu'il veut..
Quizás no pueda : peut-être qu'il ne peut pas…
Es posible que no admita : il est possible qu'il n'admette pas …
Se puede suponer que : on peut supposer que …
- **Donnez votre avis** et justifiez-le :
me extraña , me sorprende, me molesta, me interesa, me gusta… (cela m'étonne, me surprend, me gêne, m'intéresse, me plaît…) *porque…*

3. Conclure
Terminez par **une ouverture** en rapprochant le document de l'actualité et en **élargissant** le thème : *este documento se refiere a…, se puede relacionar con…*

4. Vocabulaire

un cómic, una historieta	une bande dessinée
el dibujante	le dessinateur
el fotógrafo	le photographe
un cuadro	un tableau
conmovedor	émouvant
sorprendente	surprenant
caricaturizar	caricaturer
mostrar	montrer
criticar	critiquer
denunciar	dénoncer
potenciar	dynamiser
en el centro, en medio	au centre
en la parte alta, baja	dans le haut, bas
más lejos	plus loin
constar de	se composer de
hacer hipótesis	formuler une hypothèse
una escena	une scène
fijarse en	porter son attention sur
darse cuenta de	se rendre compte de
el propósito	le propos
incitar a reflexionar	amener à réfléchir
el artista se vale de	l'artiste utilise
el enfoque	le point de vue
en picado	en plongée
en contrapicado	en contreplongée
a contra luz	à contrejour
¿Cuál será la intención de…?	Quelle doit être l'intention de …?
¿Quién será el blanco?	Qui sera la cible de… ?
se desprende una impresión de…	il se dégage une impression de
respecto a	par rapport à
el decorado	le décor
en negrilla	en caractères gras
lo insólito estriba en	ce qui est insolite provient
facilitar datos	donner des informations
experimentar una emoción	éprouver une émotion
plantear el problema de	poser le problème de
revelar un aspecto positivo, negativo	révéler un aspect positif, négatif
el artista quiere que tomemos conciencia de	l'artiste veut nous faire prendre conscience de
este documento produce un efecto	ce document produit un effet
tiene un interés documental, artístico	il a un intérêt documentaire, artistique
Si tuviera que proponer un título sería… ya que…	Si je devais proposer un titre ce serait… étant donné que…
cambiar el punto de vista inicial	changer d'avis
la técnica	la technique
la intención	l'intention
las actitudes	les attitudes

ESPAGNOL

Savoir 7

Lire un graphique, un diagramme, un camembert

LU ☐
SU ☐
REVU ☐

1. Décrire
Identifiez la nature du document. Définissez son origine, son objet, la date et le contexte géographique ou social de l'étude.

camembert : *gráfico circular*
courbe : *curva*
graphique : *gráfico*
tableau : *cuadro*

histogramme : *histograma*
organigramme : *organigrama*
statistiques : *estadísticas*

2. Donner du sens
Les chiffres donnés aboutissent à des constatations sur les évolutions (*tendencias*).

a) augmenter : *aumentar, subir*
atteindre un sommet : *alcanzar un nivel máximo*
s'envoler : *dispararse*
se redresser : *recuperarse*
une augmentation : *un aumento, un incremento, una subida*

b) diminuer : *disminuir, caer, bajar*
chuter : *bajar en picado*
décliner : *rechazar, disminuir*
dégringoler : *hundirse*
s'effondrer : *hundirse, desmoronarse*
atteindre un creux : *alcanzar un mínimo*
une diminution : *un descenso, una disminución*

c) stagner : *estabilizarse, estancarse, permanecer estable*
atteindre un palier, se stabiliser : *nivelarse, estabilizarse*
varier, fluctuer : *variar, fluctuar*
être au même niveau que : *estar al mismo nivel que*

d) Attention aux prépositions :
augmenter de : *aumentar en*
augmenter/diminuer jusqu'à : *aumentar/caer hasta*
fluctuer entre... et... : *fluctuar entre... y ...*

e) Nuancer les tendances avec des adjectifs ou des adverbes :
brutal : *brusco, a*
important : *considerable, importante*
léger : *ligero*
petit à petit : *poco a poco, gradualmente*
soudain : *repentino, repentinamente*
spectaculaire : *espectacular, dramático*
environ : *aproximadamente*

f) Utiliser des chiffres, des comparatifs ou des superlatifs :
el, la más alto(a) - cifras más bajas -más, menos... que - mayor, menor en... que en...

3. Interpréter
Mettez les données en perspective : les statistiques décrivent un phénomène mais n'en donnent pas l'analyse. À vous de formuler :
Le graphique paraît indiquer... : *El gráfico parece indicar...*
À en juger par... : *A juzgar por...*
Cela signifierait que : *Esto significaría que...*
Nous pouvons en déduire que : *Podemos inferir que...*

Savoir 8 — Les nombres et les dates

1. Les nombres

a) Nombres cardinaux de 0 à 50
0 *cero*, 1 *uno*, 2 *dos*, 3 *tres*, 4 *cuatro*, 5 *cinco*, 6 *seis*, 7 *siete*, 8 *ocho*, 9 *nueve*, 10 *diez*, 11 *once*, 12 *doce*, 13 *trece*, 14 *catorce*, 15 *quince*, 16 *dieciséis*, 17 *diecisiete*, 18 *dieciocho*, 19 *diecinueve*, 20 *veinte*, 21 *veintiuno*, 22 *veintidós*, 23 *veintitrés*, 24 *veinticuatro*, 25 *veinticinco*, 26 *veintiséis*, 27 *veintisiete*, 28 *veintiocho*, 29 *veintinueve*, 30 *treinta*, 31 *treinta y uno*, 32 *treinta y dos*, 33 *treinta y tres*, 34 *treinta y cuatro*, 35 *treinta y cinco*, 36 *treinta y seis*, 37 *treinta y siete*, 38 *treinta y ocho*, 39 *treinta y nueve*, 40 *cuarenta*, 41 *cuarenta y uno*, 42 *cuarenta y dos*, 43 *cuarenta y tres*, 44 *cuarenta y cuatro*, 45 *cuarenta y cinco*, 46 *cuarenta y seis*, 47 *cuarenta y siete*, 48 *cuarenta y ocho*, 49 *cuarenta y nueve*, 50 *cincuenta*.

- À partir de 16, l'espagnol dit : *dieciséis* (le « z » de *diez* devient « c » et le « y » devient « i »). Il en est de même pour 17, 18 et 19.
- Pour les chiffres de 21 à 29, le même type de modification a lieu : 21 s'écrit *veintiuno*.
- Pour les autres dizaines, il n'y a aucune contraction. On écrit donc *treinta y uno*...
- On n'emploie pas la conjonction **y** entre les centaines et les dizaines ni entre les centaines et les unités. *Ciento treinta, ciento dos*.
- Devant un nom masculin, **uno** devient **un**. *Veintiún días*. Au féminin, *una* ne varie pas. *Veintiuna chicas*.
- Il n'y a que *uno* et les centaines qui peuvent être masculin ou féminin : 400 *cuatrocientos(as)*, 500 *quinientos(as)*, 600 *seiscientos,(as)*, 700 *setecientos(as)*, 800 *ochocientos(as)*, 900 *novecientos(as)*.
- **Ciento** devient **cien** devant un nom masculin ou féminin ou un nombre qu'il multiplie. *Cien casas, cien mil euros*.
- **Mil** est invariable : 2 000 *dos mil*, 5 000 *cinco mil*.
- Au pluriel, **miles** est synonyme de **millares** : des milliers. *Miles de músicos, millares de músicos* : des milliers de musiciens.
- milliard se dit *mil millones*.

b) Les nombres ordinaux
1° *primero(a)*, 2° *segundo(a)*, 3° *tercero(a)*, 4° *cuarto(a)*, 5° *quinto(a)*, 6° *sexto(a)*, 7° *séptimo(a)*, 8° *octavo(a)*, 9° *noveno(a)*, 10° *décimo(a)*, 11° *undécimo(a)*, 12° *duodécimo(a)*.
On notera que deux de ces adjectifs, *primero* et *tercero*, subissent le phénomène de l'apocope lorsqu'ils sont placés devant des noms masculins singuliers.
En el primer párrafo... Dans le premier paragraphe...

2. Les dates
Estamos en el siglo veintiuno, hoy es lunes, once de mayo de dos mil quince.

Quel jour sommes-nous ? ¿Á qué día estamos?
Quelle est la date d'aujourd'hui? ¿Qué fecha es hoy?
Le jour de son anniversaire. *El día de su cumpleaños.*
Attention ! *un aniversario:* une commémoration

Savoir 9

Le vouvoiement, les possessifs, les démonstratifs

LU ☐
SU ☐
REVU ☐

1. Le vouvoiement

Quand on dit « vous » en espagnol, il faut déterminer à qui on parle.

• **Si l'on vouvoie une seule personne,** on emploie *Usted* + verbe à la 3e personne du singulier :

Usted tiene cuatro hijos. Vous avez quatre enfants.

• **Si l'on vouvoie plusieurs personnes,** on emploie *Ustedes* + verbe à la 3e personne du pluriel :

Ustedes no han hecho las compras. Vous n'avez pas fait les courses.

N'oubliez pas d'employer, en cas de vouvoiement, les possessifs (*su*, *sus*), le pronom réfléchi (*se*) et les pronoms personnels COD et COI correspondants (*lo*, *la*, *los*, *las*, *le*, *les*) :

Sus preguntas son muy complejas. Vos questions sont très complexes.
Se interesan por los idiomas. Vous vous intéressez aux langues.
Se lo dije dos veces. Je vous l'ai dit deux fois.

• **Si vous vouvoyez plusieurs personnes que vous tutoyez individuellement**, utilisez la **2e personne du pluriel** (*vosotros*, *vosotras*, *vuestros*, *vuestras*, *os*).

Habéis perdido vuestros documentos. Vous avez perdu vos documents.

2. Les possessifs

Leur forme dépend de leur position dans la phrase.

a) Placés avant l'objet possédé

mi	mis	nuestro/a	nuestros/nuestras
tu	tus	vuestro/a	vuestros/vuestras
su	sus	su	sus

Mi amigo es muy alto. Mon ami est très grand.

b) Placés après l'objet possédé

mío/a	míos/as	nuestro/a	nuestros/as
tuyo/a	tuyos/as	vuestro/a	vuestros/as
suyo/a	suyos/as	suyo/a	suyos/as

¡Vida mía! Mon amour!

c) Pour indiquer la possession, après le verbe *ser*

Lo tuyo es más importante. Ton problème est plus important.
¿Es suyo? C'est à lui/vous ? (politesse)

3. Les démonstratifs

• Il existe **trois types** de démonstratifs selon qu'on parle de quelque chose de très proche, de proche, ou d'éloigné.

este/a	estos/estas (aquí)
ese/a	esos/esas (ahí)
aquel/lla	aquellos/aquellas (allí)

Su amiga es aquella que tiene el pelo largo. Son amie est celle qui a les cheveux longs.

Démonstratifs neutres : *esto; eso; aquello.*
Esto es tuyo. Cela est à toi.

Les adverbes

Les adverbes donnent des informations, apportent de la précision aux propos.

1. Les adverbes simples

así	ainsi
bien	bien
mal	mal
mejor	mieux
peor	pire
aprisa	vite
despacio	lentement
adrede	exprès

2. Les adverbes en *-mente*

• Ils sont formés à partir de l'adjectif qualificatif au féminin auquel on ajoute la terminaison –mente :
lento/lenta/lentamente
alto/alta/altamente

Attention aux adjectifs terminés par « e » qui ont la même forme pour les deux genres (*inteligente > inteligentemente*) et aux adjectifs qui se terminent par une consonne (*fácil > facilmente*).

• Quand deux ou plusieurs adverbes se suivent, seul le dernier porte la terminaison –mente, ceux qui précèdent gardent simplement la forme d'adjectifs au féminin singulier :
Este joven, que habla confusa y lentamente, debe estar medio dormido. Ce jeune, qui parle confusément et lentement, doit être à moitié endormi.

Attention ! *Poco* (peu), *mucho* (beaucoup), *bastante* (assez) et *demasiado* (trop) placés devant des noms deviennent des adjectifs et s'accordent avec le mot qu'ils quantifient :
Hay poca gente en la calle. Il y a peu de gens dans la rue.

3. Les locutions adverbiales

por otra parte	d'autre part
dondequiera	n'importe où
a propósito	exprès
de buena gana	volontiers
de mala gana	à contrecœur
de veras	vraiment
a medias	à moitié
cada vez más	de plus en plus
cada vez menos	de moins en moins
hasta, incluso, inclusive	même
por/en todas partes	partout
a continuación	suivant, à la suite
a diario	tous les jours
ahora mismo	maintenant
por/en todas partes	partout
ahora bien	cependant, néanmoins

Savoir 11 — Les prépositions

Les prépositions sont fondamentales, elles lient les mots entre eux et peuvent leur donner un sens différent.

A
• **S'emploie devant tous les COD représentant une personne.**
Veo a Mercedes en la tienda. Je vois Mercedes (une fille) dans la boutique.
Veo un Mercedes en el garaje. Je vois une Mercedes (voiture) dans le garage.
• **Dans les tournures affectives avec les verbes :** *gustar, doler, encantar, importar, apetecer, dar pena,* etc.
A Diego, le duelen las muelas.
Diego a mal aux dents.
A su abuela, ya, nada le apetece.
Sa grand-mère, maintenant, plus rien ne lui fait envie.
• **Après les verbes de mouvement.**
El año que viene iremos a Irún. L'année prochaine nous irons à Irún.

DE
• **Indique la provenance, l'origine.**
Los Sevillanos vienen de Andalucía. / Les Sévillans viennent d'Andalousie.
• **Une caractéristique.**
La señora de gafas rojas / La dame aux lunettes rouges.
• **La matière.**
Un abrigo de piel. / Un manteau en cuir.
• **La propriété, l'appartenance.**
El cuadro Las Meninas *de Velázquez.* / Le tableau *Les Ménines* de Velázquez.
• *De* **peut marquer la cause.**
Partirse de risa. / Se tordre de rire.

EN
• **Indique l'endroit où l'on se trouve.**
Los pasajeros esperan en la estación. Les passagers attendent dans la gare.

POR
• **Indique le lieu par où l'on passe.**
El tren París-Irún pasa por Dax.
Le train Paris-Irún passe par Dax.
• **La durée**
Salimos de vacaciones por quince días. Nous partons en vacances pour quinze jours.
• **La périodicité**
Salimos de viaje una vez por año. Nous partons en voyage une fois par an.
• **S'emploie dans les locutions de temps :** *por la mañana* /le matin, *por la tarde*/ l'après-midi, *por la noche*/ dans la soirée, *por el momento*/ pour le moment.
Viajamos a San Sebastián mañana por la mañana y volvemos por la noche. Nous partons à San Sebastián demain matin et nous revenons dans la soirée.
• **La cause**
Los esquiadores no van a Baqueira este invierno por falta de nieve. Les skieurs ne vont pas à Baqueira cet hiver à cause du manque de neige.
Por se place devant le complément d'agent :
El programa fue adaptado por famosos informáticos. Le logiciel a été adapté par des informaticiens célèbres.

PARA
• **Indique une destination**
Este AVE sale para Sevilla.
Ce TGV part pour Séville.
• **Une échéance précise**
Hay que estar listo para las tres.
Il faut être prêt pour 3 heures.
• **L'attribution**
Este regalo es para tí.
Ce cadeau est pour toi.
• **Le but**
Emigra para encontrar trabajo.
Il émigre pour trouver du travail.
• **Le point de vue**
Para mí, esto es lo de menos.
Pour moi, cela n'a pas la moindre importance.

Dans la plupart des cas **POR** marque la cause et **PARA** marque le but.

Les pronoms

Savoir 12

1. Les pronoms personnels sujets

yo – tú - él/ella/usted – nosotros/as – vosotros/as – ellos/ellas/ustedes

Les pronoms sujets sont peu utilisés, la terminaison du verbe suffit à identifier celui qui parle.
On les emploie pour insister :
Yo trabajo mientras que tú descansas. Moi, je travaille pendant que toi, tu te reposes.
On les emploie également si la terminaison du verbe prête à confusion :
Yo, sí lo decía mientras que él, no lo decía. Moi, oui, je le disais alors que lui, non, il ne le disait pas.

2. Les pronoms COD

me – te – lo, la – nos – os – los, las

On peut dire **le, les** au lieu de **lo, los** si le pronom se réfère à une personne de sexe masculin :
Elle attend Juan. *Espera a Juan* / Elle l'attend. *Lo espera* ou *Le espera*.
Attention ! Elle attend l'autobus = *Lo espera*.

3. Les pronoms COI

me –te – le – nos – os – les
Le hablo. Je lui parle.
Les doy la carta. Je leur donne la lettre.
• En espagnol le pronom COI se place toujours devant le pronom COD :
Me lo dices. Tu me le dis.
• Lorsque deux pronoms de la 3e personne se suivent, le premier (donc *le* COI ou *les*) devient toujours *se* :
Les doy su regalo. Je leur donne leur cadeau → *Se lo doy.* Je le leur donne.
• Lorsque le verbe est à l'impératif, à l'infinitif ou au gérondif, le pronom est placé à la fin du verbe et se soude à lui, c'est **l'enclise** :
Donne-moi la main. *Dame la mano. / Dámela.*
Tu vas me donner la main. *Vas a darme la mano. /Vas a dármela.*
En me donnant la main. *Dándome la mano. / Dándomela.*

4. Le pronom neutre *lo*

lo remplace une phrase :
Lo que hablamos no lo sabe nadie. Ce dont on a parlé, personne ne le sait.

5. Les pronoms réfléchis

me – te – se – nos – os – se
Me miro al espejo. Je me regarde dans le miroir.
Nos cepillamos los dientes todas las noches. Nous nous brossons les dents tous les soirs.

6. Pronoms précédés d'une préposition

a/de/para/por… mí – a/de/para/por… ti – a/de/para/por… él/ella/usted – a/de/para/por… nosotros - a/de/para/por… vosotros - a ellos/ellas/ustedes
Mais avec la préposition *con* :
Conmigo : avec moi / *Contigo* : avec toi / *Consigo* : avec soi-même, avec lui, avec elle, avec vous

Savoir 13
Le vocabulaire des notions du programme

LU ☐
SU ☐
REVU ☐

Idée de progrès

las nuevas tecnologías	les nouvelles technologies
la investigación científica	la recherche scientifique
la paradoja	le paradoxe
la red	la toile
el inconveniente, la desventaja	l'inconvénient
un suceso	un événement
el exceso	l'excès
el balance	le bilan
el aislamiento	l'isolement
rechazar	repousser / refuser
el reciclaje	le recyclage
el ecoturismo	l'écotourisme
el turismo ecológico	le tourisme vert
el rumbo del turismo	l'orientation du tourisme
el mercado laboral	le marché du travail
el desarrollo	le développement
el logro /el éxito	la réussite
el auge	l'essor
desconfiar	se méfier de
las redes sociales	les réseaux sociaux
el cambio climático	le changement climatique
la sequía	la sécheresse
los abonos	les engrais
la capa de ozono	la couche d'ozone
un aerogenerador	une éolienne
la ganancia	le gain
el coste/el costo	le coût
el medio ambiente	l'environnement.
la toma de conciencia	la prise de conscience
el riesgo	le risque

Espaces et échanges

la frontera	la frontière
el desarrollo	le développement
enriquecer	enrichir
une inversión redituable	un investissement lucratif
el paro	le chômage
la ayuda mutua	l'entraide
comprometerse	s'engager
dedicarse a	se consacrer à
huir de la miseria	fuir la misère
mandar/enviar dinero	envoyer de l'argent
la esperanza	l'espoir, l'illusion
una temporada	une période
el afán, el deseo	le désir
trabajar de	travailler comme
el presupuesto	le budget

el encuentro	la rencontre
compartir	partager
añorar	avoir la nostalgie de
favorecer	favoriser
la apertura	l'ouverture
ser responsable de	être responsable de
el comercio justo	le commerce équitable
la empresa	l'entreprise
el mercado	le marché
el poder de compra	le pouvoir d'achat
la emigración	l'émigration
la deslocalización	la délocalisation
estar indocumentado	être sans papiers

Lieux et formes de pouvoir

el gobierno	le gouvernement
la prensa	la presse
los medios de comunicación	les médias
un evento, un acontecimiento	un événement
aludir a	traiter de, parler de
lograr	obtenir
desconfiar	se méfier
calar, propagarse	se propager
un impulso	un élan
una queja	une plainte
conseguir un dato	obtenir un renseignement
influyente	influant
acechar	guetter
el peligro	le danger
una trampa	un piège
una herramienta	un outil
las manipulaciones	les manipulations
un asunto	une affaire
la prensa sensacionalista	la presse à scandale
investigar	enquêter
la opinion pública	l'opinion publique
la protesta	la protestation
la corrupción	la corruption
oponerse a	s'opposer à
unirse a, unirse contra	s'unir à, s'unir contre
aguantar	supporter
un artista comprometido	un artiste engagé
influenciar	influencer
un partido	un parti
la democracia	la démocratie
la dictadura	la dictature
el poder	le pouvoir
las elecciones	les élections
la ley	la loi
un sondeo	un sondage d'opinion

Mythes et héros

tomar por modelo	prendre pour modèle
una referencia	une référence
un ideal	un idéal
idealizar	idéaliser
identificarse	s'identifier
superarse	se surpasser, donner son maximum
simbolizar	symboliser
encarnar	incarner, représenter
luchar por	lutter pour
combatir	combattre
tener ganas de	avoir envie de
dar ganas de	donner envie de
soñar con	rêver de
las cualidades	les qualités
las hazañas	les prouesses
la leyenda	la légende
heróico(a)	héroïque
idealista (masc. y fem.)	idéaliste
la fuerza	la force
valiente	courageux
el valor	le courage
altruista	altruiste
egoísta	égoïste
generoso(a)	généreux(-euse)
honesto(a), honrado(a)	honnête, honorable
leal	loyal
el sentido del honor	le sens de l'honneur
sensato(a)	sensé(e), raisonnable
ejemplar	exemplaire
cobarde	peureux, vil
corromper	corrompre
famoso(a)	célèbre, fameux(-euse)
la fama	la réputation, la célébrité
tener fama	être célèbre
rico(a), adinerado(a)	riche, fortuné(e)
el dinero	l'argent
un(a) deportista	un sportif, une sportive
un(a) cantante	un chanteur, une chanteuse
un personaje ficticio	un personnage fictif
juegos televisivos	des jeux télévisés
el éxito	le succès
valores superficiales	des valeurs superficielles
hacer soñar	faire rêver

S'entraîner au Bac

Documento 1

La narradora, Patricia, es modelo en una agencia.

Antonio Magistrelli, el presidente de la empresa era encantador. Al principio de entrar en la agencia de modelos llegué a pensar que se había enamorado de mí. Me sonreía de una forma que creía que era solo para mí, con una comprensión que creía solo para mí; parecía que me protegería ante la adversidad, que me defendería ante cualquiera que deseara atacar mi trabajo. Me llenaba de euforia cuando me invitaba a comer o a las fiestas de alto copete[1]. Mostrarse en público a su lado era como estar a la diestra del padre, todo el mundo me respetaba inmediatamente de una manera exagerada. Los diseñadores se fijaban en mí solo porque antes se había fijado Antonio. Su despacho era famoso por no albergar un solo papel, solo ordenadores, una pantalla gigante y fotos de chicas y chicos. [...] Algunos decían que era un genio negociando y a mí alguna vez también me lo había parecido. [...] – ¿Qué tal están Karim y su esposa? – preguntó nada más verme entrar en su despacho, al día siguiente de mi ajetreado viaje de Nueva Delhi. Todo había ido bien. Por supuesto no le conté que casi nos estrellamos[2] en el viaje de vuelta porque a Antonio le aburrían las pequeñeces y las anécdotas, le distraían de los grandes planes que tenía en la cabeza para todos nosotros. [...]
– Bien. Tengo mucho que hacer. Tienes un nuevo desfile en Berlín, un pase[3] privado muy importante. Si les gustas, te llevarán a Nueva York. Ya sabes que el trabajo no está como hace dos años, ahora hay que pelearlo todo con uñas y dientes[4]. Irina os acompañará a Manuela y a ti y os dará todos los detalles. [...]

Un coche nos recogió a Manuela y a mí en el aeropuerto de Berlín. Íbamos directamente a la pasarela. Por las ventanillas desfilaba toda la nieve del mundo. Irina había llegado en un vuelo anterior para prepararlo todo y nos había advertido de que por mucho frío que hiciese no se nos ocurriera llevar unas de esas botas enormes forradas de piel de cordero porque quizá alguien nos fotografiase al bajar del avión o al entrar en el hotel, en cuyo caso debíamos parecer modelos y no leñadoras[5]. Una modelo, en cuanto sale de su casa, ya está en una pasarela, repetía una y mil veces. Una modelo no siente frío ni suda[6]. Una modelo es como una bailarina del Bolshoi: jamás se le debe notar el sufrimiento. Una modelo es una flor que puede marchitarse[7] al día siguiente y por lo tanto ha de aprovechar su esplendor al máximo, y más cosas por el estilo. Imaginaba el esfuerzo que debía de haber hecho Antonio para que me contrataran con Manuela. La agencia me estaba muy agradecida[8] y yo a la agencia por lo bien que nos había ido juntos durante estos años, pero ahora todo el mundo quería a Manuela.

Clara Sánchez, *El cielo ha vuelto*, 2013

1. De alto copete : *huppées, chics*
2. Estrellarse : *s'écraser*
3. Un pase : un desfile de modelos : una pasarela
4. Pelearlo todo con uñas y dientes : *se battre bec et ongles pour tout*
5. Una leñadora : *une bûcheronne*
6. Sudar : transpirar
7. Marchitarse : *se fâner*
8. Estar agradecido : *être reconnaissant*

Documento 2

El triunfo de las modelos 'reales'

Carla Trujillo [...] a sus 17 años, con una cara preciosa y un cuerpo proporcionado y esbelto, pero curvilíneo (el sueño de cualquier mujer), ha comenzado a despuntar[1] como modelo... de tallas grandes.
Sí, de tallas grandes, o XXL, o Plus, que así se conoce en las pasarelas a quienes no son capaces de embutirse en una 36. Porque Carla tiene hechuras[2] de mujer y eso es algo ante lo que los popes de la moda, que diseñan para modelos[4] andróginas, tuercen el gesto[3]. Y hoy con más recelo, porque se afianza[4] una tendencia que busca devolver[5] su lugar de privilegio a la mujer con curvas, real.

MUJER HOY/ María Borja, 3/11/2010
http://www.mujerhoy.com/moda/modelos/triunfo,modelos,reales,129125,3,2010.html

1. Despuntar = distinguirse
2. Hechuras = formas
3. Torcer el gesto: *faire la grimace*
4. Se afianza = se confirma
5. Devolver: *rendre*

Documento 3

Carmen Dell'Orefice, modelo de ochenta años

* El palacio de Hierro: tienda online en México.

I - Compréhension de l'écrit

Contesta en español.

Document 1

1. Cita dos elementos que revelan el poder de Antonio en la agencia.

2. La narradora se sentía en seguridad gracias a Antonio. Cita la frase que lo evidencia.

3. Irina es:
a) una modelo de la agencia
b) una clienta de la agencia
c) la ayudante de Antonio
Elige la respuesta correcta y justifica con un elemento del texto.

4. Manuela es:
a) una modelo de la agencia
b) la esposa de Karim
c) la secretaria de Antonio
Elige la respuesta correcta y justifica con un elemento del texto.

5. Di si las afirmaciones siguientes son verdaderas o falsas y justifica cada respuesta citando el texto.
a) Ahora ser modelo es más fácil que antes.
b) Una modelo tiene que viajar mucho.
c) Manuela se ha convertido en la rival de la narradora.

6. Apunta cuatro elementos que evidencian las difíciles condiciones de trabajo de una modelo.

Documents 1, 2 et 3

7. Répondre en français : en quoi les documents 2 et 3 s'opposent-ils au document 1 ? (environ 5 lignes).

II - Expression écrite

Le candidat traitera l'un des trois sujets au choix.

1. Relaciona los tres documentos con la noción "Mitos y héroes" y/o "Lugares y formas de poder". (unas 12 líneas)

OU

2. Carmen Dell'Orefice (documento 3) cuenta en una revista su vida de modelo. Imagina su relato en unas 12 líneas.

OU

3. ¿Te parece ideal la vida de los modelos? Argumenta en unas 12 líneas.

Corrigés

I. Compréhension de l'écrit

1) « Antonio Magitrelli, el presidente de la empresa era encantador » « Algunos decían que era un genio negociando… ».

2) « Me sonreía de una forma que creía que era solo para mí, con una comprensión que creía solo para mí ; parecía que me protegería ante la adversidad, que me defendería ante cualquiera que deseara atacar mi trabajo ».

3) La ayudante de Antonio. "Irina os acompañará a Manuela y a ti y os dará todos los detalles".

4) Una modelo de la agencia. "Imaginaba el esfuerzo que debía de haber hecho Antonio para que me contrataran con Manuela".

5) a) Falso. "Ya sabes que el trabajo no está como hace dos años, ahora hay que pelearlo todo con uñas y dientes".
b) Verdadero. "…al día siguiente de mi ajetreado viaje de Nueva Delhi" "…tienes un desfile en Berlín…" "… te llevarán a Nueva York".
c) Verdadero. "…pero ahora todo el mundo quería a Manuela".

6) "Una modelo no siente frío ni suda" "Una modelo es como una bailarina del Bolshoi: jamás se le debe notar el sufrimiento" "Una modelo es una flor que puede marchitarse al día siguiente…" "… y nos había advertido de que por mucho frío que hiciese no se nos ocurriera llevar unas de esas botas enormes forradas de piel de cordero…"

7) Dans le document 1, on perçoit la vie que mènent les jeunes mannequins. Pour réussir, ces femmes doivent répondre à des critères très stricts comme être belles et minces tout le temps, ou ne pas montrer leur souffrance. Dans les documents 2 et 3, elles sont plus réelles, car elles peuvent être plus fortes et même très âgées.

II. Expression écrite

N'oubliez pas de présenter vos idées dans l'ordre et d'expliquer votre point de vue avec des arguments clairs et concis.